浙江文獻集成

李慈銘日記

第三册

咸豐十一年正月初一日起
同治二年十二月二十六日止

〔清〕李慈銘 著
盧敦基 主 編
何勇强 副主編

浙江大學出版社 ZHEJIANG UNIVERSITY PRESS ·杭州

本册目録

咸豐十一年正月初一日至同治二年十二月二十六日
（1861年2月10日—1864年2月3日）

孟學齋日記甲集首集上

孟學齋日記甲集首集下

越縵堂日記辛集上

咸豐十一年正月初一日至九月十一日（1861年2月10日—1861年10月14日）

咸豐十一年（一八六一）

咸豐十一年龍集辛酉春正月建庚寅元日庚寅　晴，辰刻微雪旋止。上在木蘭。豫王義道、恭王奕訢、滿大學士桂良、（此處塗抹）漢大學士賈楨、周祖培以下百官俱留京師。扈從行在者，惟諸王勳戚，及滿協辦大學士户部尚書肅順、講官漢少詹事許彭壽、軍機大臣穆蔭、匡源、杜翰、焦佑瀛、軍機行走司員數人，其百司僚屬月一二人以次赴直而已。

家慈年五十七歲，予年三十三歲，居京師。黎明望南叩頭，書紅勝三枚。叔雲、珊士各衣冠相賀。五樓來。凡賀客不見者不記。午後同叔雲、珊士游廠甸買春物一事，至吕祖閣後一賣骨董家觀董香光、王烟客山水兩立軸，俱逼真，董畫尤佳，近來所罕覯者，書此以誌眼福也。廠甸百貨鱗集，士女漸盛，都市歲華，足暢羈抱。傍晚歸。夜蚤睡。

初二日辛卯　晴。德甫來。紱翁來。子恂來。夜同珊士就叔雲卧裹觀湘蘭子馬守貞畫梅蘭水仙册葉，有翁覃谿題詩。

初三日壬辰　晴，風。芝郎來。雪甌來。晡初同叔子小游廠甸即歸。

初四日癸巳　晴，風小止。出門拜客半日而歸。下午同叔子、珊士游廠甸。定子來。閱徐位山

《管城碩記》。

邸鈔：曾國藩奏候補四品京堂左宗棠等收復德興、婺源等縣。詔以三品京堂升用。

初五日甲午　晴。同珊士游廠甸，傍晚歸。子恂來。月坡來。夜同子恂、珊士、叔子、月坡爲牌九之戲，四鼓而散，珊士大勝。夜陰晦，四更微雪。

邸鈔：上諭于二月十三日回鑾。王有齡奏湖州解圍。賊大股圍湖州府城四十餘日，記名道趙景賢等自十一月十五日至二十二日屢擊敗賊兵，殺千餘人。二十三至二十六日，還盡平楊家莊、奚家莊、龍山、弁山、後山諸處賊壘，殺賊二千餘人，生擒二百餘人，湖州解圍。詔：趙景賢加按察使銜，記兵總兵文瑞賞加庫木濟拉依特巴圖魯，餘升賞有差。李定太以青銅門橋橫塘設卡禦賊功，賞還總兵銜。

初六日乙未　陰，終日黄沙障天，連日極寒，今日尤嚴凜。

初七日丙申　晴和。薙短髮。午後同叔子、珊士游廠甸，至火神廟，珍貨山積，百戲殷填，寶馬鈿車，道不容趾。往往貴相墜燈，冶倡墮舄，固都市之極觀，風俗之漸壞矣。晚後月坡來。得紱翁書，即復。

邸鈔：上諭：二月二十四日御經筵，三月初二日謁東陵後駐蹕避暑山莊。

初八日丁酉　陰，終日風。月坡來。德甫來。得紱翁書，並以曾南豐《隆平集》、包孝肅《奏議》、余忠宣《青陽集》、合肥周給諫璽《春光集》諸書屬售。晡後同叔子、珊士、杜五樓、翁馥生舍人在璣、謝晉山舍人錫蕃作牌九之戲，遂徹夜不休，珊士又大負。粵賊陷常山、江山等縣，大股盡聚江西，其虎視終在吾浙。奈何！

雨水亥正三刻。　初九日戊戌雨水。　晴，風不止。辰後博徒始去，略睡一時許。德夫來。陳棣珊户部來。下午同叔子、德夫、棣珊游廠甸，晚歸。

邸鈔：督辦徐宿軍務山西太原鎮總兵田在田，以剿賊並分援山東清淮功，賞加提督銜。幫辦徐宿軍務淮徐道吴棠以籌餉勞，賞加按察使銜。

閲趙曄《吴越春秋》。吾越人之著作，以長君此書爲最古。長君在《後漢·儒林傳》，史稱其從杜撫受韓詩，究竟其術，凡二十年。所著此書之外，尚有《詩細》及《歷神淵》。蔡邕至會稽，讀《詩細》而善之，嘗稱《詩細》過於王充《論衡》。及還京師，傳之學者，咸誦習焉。顧仲任《論衡》爲中郎所秘，今乃盛傳；而《詩細》久亡，殊可惜也。此書則紀述疏舛，辭意蕪僿，頗覺遠遜《論衡》。其云越王無疆傳子王尊，孫王親，始爲楚所并，與《史記》言無疆以争伯爲楚所滅者大異。長君越産，習於故老傳説，東漢時周末紀載多有存者，必非無因之言。况其時《史記》已盛行，長君博學，豈未之見？而故爲此異説，則必實有援據，校《史記》自爲可信耳。

晚後月坡來。

初十日己亥　晴。得紱翁書。訪紱翁并晤令姪譜琴庶常。德夫來，遂同叔子、珊士游廠甸至火神廟，擁擠特甚，日旰不散。以錢二十五緡買得臨海洪筠軒先生頤煊《讀書叢録》二十四卷，歙縣金輔之先生榜《禮箋》三卷，江都焦里堂先生循《群經宫室圖》二卷，高郵王文簡公《經傳釋詞》十卷，栖霞郝蘭皋先生配王婉佺安人《列女傳補注》八卷，又《敘録》一卷，《列仙傳校正本》二卷，及馬令《南唐書》一部。計前日博進錢二十二緡，今日盡以買書，亦一快也。尚歉二緡，借之叔子。日晚捆載而歸，適奴子告煤乏，默無以應。據案縱閲，自憙而已。

南唐有馬、陸二書，陸書頗多，而馬書殊少，家居時曾購得明代仿宋刻本，紙槧殊佳，而首册乃鈔補者，字多訛舛。今此本不知刻於何時何地，尚端整無大誤。

洪氏、金氏、焦氏諸家，皆近儒經學之尤異，向求其書未能得。洪氏著作尤罕見。先生尚有弟震煊，亦精經學。台州爲吾浙濱海僻郡，而同時洪氏兄弟外，尚有金先生鶚、字誠齋。沈先生河斗及黄巖施先生彬，皆專精訓詁考訂之學，有名於代，今則鮮能舉其姓氏者。諸君書皆不傳，惟誠齋先生《求古録》，長洲陳氏奂爲刻之吴門，予未之見也。

王安人名照圓，字瑞玉，山東福山人，所著尚有《詩經小記》。蘭臯殁後，安人爲梓其遺書以傳。臧在東序《列女傳補注》，謂其時父子著述者，惟王石渠觀察、即懷祖先生。曼卿學士；即文簡公。夫婦著述者，惟郝蘭臯户部及安人也。倡隨之樂，冠絶儒林，訖今令人艷羨。其書援據古籍，别正文字，甚爲精細，殆不免户部所助。國朝乾嘉間，周秦漢古書悉經諸儒校勘，罔不真審，而此書出於才媛之手，尤千古罕見。末附臧氏、王氏父子及馬瑞辰、胡承珙、洪頤煊、牟房、王紹蘭諸先生校正六十五條，皆精確。牟字星農，山東栖霞人，嘉慶戊寅舉人，官浙江知縣，曾署會稽縣事。其父廷，本名廷相，字默人，以優貢官訓導，著書數十種。但牟君爲縣時，試童子，曾拔予第一。其人絶不知文，予曾接其言論，全無學問，此又不可解也。錢塘梁諫庵先生玉繩嘗謂向與孫頤谷侍御志祖及仲弟處素履繩校正《列女傳》，欲刻入盧抱經《群書拾補》中，未果。嗣元和顧之逵字抱冲重鐫是書，其季廣圻即千里先生作考證，多與舊校者相同。因取顧所未及者數十條，刻於所作《瞥記》之末，中亦多盧校語云云。顧氏書揚州阮氏所刻，其考證又刻入《學海堂經解續集》，暇當取梁氏所校者與此本參勘一過也。眉批：顧氏《列女傳》即近所行上截圖像下截文字之本。顧氏所刻《列女傳》另是一書，仿宋畫者，乃阮氏校刊，今人《文選樓叢書》。

十一日庚子　家慈生日。風恬日麗，天氣雍和。晨起叩謝天地畢，望南叩頭，遥祝千秋百福。得紱翁書，并以王石谷清暉堂同人尺牘一本見贈。子恂持片來請。作書致張問月。作片致紱翁。（此處塗抹）晡前獨游廠甸至火神廟，買盧抱經先生《群書拾補》及所校刻《方言》《逸周書》、偃師武虚谷先生億《群經義證》，俱不成。盧氏三書俱爲人購去。又買江都秦敦夫先生恩復所刻《列子》《鬼谷子》、趙元一《奉天録》、《吕衡州集》《李元賓集》《駱賓王集》共一套，還價十二緡，不答，甚爲眷戀，以無錢而止。至南横街訪子恂、問月，俱不值，晚歸。夢漁來，不值。月坡來。夜氣温暖，大有春景，暫去爐。以印章遍印昨所購書。月坡招同叔子、珊士飲得鳳堂，四鼓始歸。

邸鈔：上諭：安徽巡撫翁同書、藩司張光第俱著來京，另候簡用。以李續宜爲安徽巡撫，賈臻爲安徽布政使，甘肅甘凉道蕭浚蘭擢四川按察使，候補道張學醇擢安徽按察使。

十二日辛丑　陰濕，巳刻微雪即止。雪甌來。得張問月書，並爲予代購得興化任子田先生大椿《小學鉤沉》十九卷、嘉興馮柳東先生登府《三家詩異文疏證》六卷、《補遺》三卷。任先生字幼植，乾隆己丑傳臚，由禮部主事官陝西道監察御史，所著尚有《弁服釋例》《深衣釋例》及《釋繒》《釋色》等書，事具國史《儒林傳》。馮先生字雲伯，又號勺園，嘉慶庚辰進士，由翰林改教授，以填詞名。月坡招同叔子、珊士至三慶園聽四喜部，傍晚同月坡、珊士過韋娘家茶話，賞其僕婢錢十緡。韋娘留飲，晚歸。作片致子恂，知其病篤。晚後月坡來，招同珊士飲歌郎蘭仙家，予招芷郎侑觴，四鼓歸。

邸鈔：曾國藩奏廣東南韶連道吴坤修等收復都昌、彭澤兩縣。毓科奏左宗棠等收復饒州浮梁縣。

十三日壬寅　陰。連日稍温，地凍融釋，泥濘殊甚。午後偕叔子視子恂疾。復游廠甸，至火神廟，以錢兩緡買得武虚谷《群經義證》，以十緡買得茶壺一具，方鏡一枚。晡後歸。夢漁來。叔子夜設飲放花。月坡來。作書致問月。閲《群經義證》。武先生乾隆庚子進士，官博山縣知縣，所著尚有《群經考異》《三禮義證》等書。

前日邸鈔：李續宜補授安徽巡撫，賈臻補授安徽布政使，張學醇補授安徽按察使。續宜字希庵，爲故浙江布政使贈總督李忠武公續賓之弟，以布衣從戎。兄弟俱血戰積閥，而續宜以皖臬超擢巡撫，尤爲異數。賈臻爲御史時，以狎優童與一部郎忿争，爲所訐革職，捐復知府，稍遷至豫藩。近以與豫撫慶廉互劾，復免官聽勘，今獄未結，忽有此授。學醇，吾邑人，故南河總督户部侍郎文浩從子，貧乏不能自存，文浩子學襄以安徽青陽縣死于賊，其弟某以鹺吏官淮上，學醇依之，流轉至京師，乙卯歲得一從九職謁選，旋從袁公甲三軍，累以軍功擢至道員，加按察使銜，今躐授皖臬。聞其每戰輒爲士卒先，軍中壯之。三君者皆以不次得用。朝廷破格，以收干城，皖事當有生色矣。

十四日癸卯　晴暖。作片致五樓。問月來。五樓來。連夜舊疾復發。

十五日甲辰　重陰微雨。夢漁來，招同珊士至三慶園聽四喜部，晚歸。夜叔子設飲。得紱翁書。月坡來，邀至韋三家小飲，予招寶真堂張小佐觥，小名秀卿，京師人。此人亦有盛名，而厚唇歷嘴，膚作紫光，殊無足取。然善於酬接，一面之頃，殷勤繾綣，若甚留情，臨別再三，訂其往過，細告以居址門户。校之程三，妍媸雖判，而冷熱頓殊矣。四鼓歸。就叔子卧裏閑話，五鼓大風起，天明始睡。

十六日乙巳　晴，風。作片致紱翁。夢漁來。晚後月坡來。叔子招同月坡、珊士飲得鳳堂，予招張小，月坡招韋三侑觴，三鼓歸。夜睡極美。

十七日丙午　晴。得張問月書，並爲代購得郝蘭皋先生《春秋説略》十二卷、《春秋比》兩卷。作書致德甫。作片復問月。德甫來。偕叔子、德甫視子恂疾。晤晉江黄霽川侍讀，壽臣少宰子也，傍晚歸。定子來，同德甫談至夜飯後去。月坡來。蚤睡。

有詔減刑，援純皇帝乾隆十一年、睿皇帝嘉慶十一年、成皇帝道光十一年故事也。世以十一年爲小元年，故上諭有紀年開秩語。

十八日丁未　晴。夜卧舊疾三作，曉憊不能起。問月來。五樓來。

閲郝氏《春秋説略》。郝氏書以《爾雅義疏》爲最精，其用力亦最久，儒者推爲此書絶學，幾出邵氏《正義》之上。其書阮儀徵先刻入《學海堂經解》，至咸豐辛亥故兩江總督陸建瀛始刊版單行于江寧。癸丑粤賊陷城，遂毁焉，故流傳絶少。《春秋説略》多主《左氏傳》，而時有所匡正。其持議在涵泳經文，自得其旨，不必强立義例，一洗自來以法家解經之蔽，亦可謂卓然獨立者矣。

晚後月坡來。

十九日戊申　陰。夢漁招至慶樂園聽三慶部，同叔子、珊士赴之，並晤廣西人梁承光舍人，即去年夷事之警政府遣其犒勞議和者，貌極委瑣，語尤卑陋，而喜習儇佻之狀，强剌風流之詞。觀演弋腔《送燈》一齣，摇首哆口而吟曰：『所謂風清月白之時，有美一人也。』予始而匿笑，繼而嘔噦，極爲不堪。傍晚歸。叔子招同夢漁、珊士夜飲廣和居，梁舍人者復來，予輩偶談經史中事，極嘵嘵强與。嘗論黥布之反，夢漁謂佳兵不祥，漢祖以此中矢而殂，與闔盧樵李傷指同，皆非正命。予謂布之英勇，樊、灌皆非其敵，漢祖此行，固非得已。舍人拍案曰：『此本我知之，所謂僞游雲夢者是也。』其紕繆皆類此。此輩本不足記，書之以見宰相知人耳。其人與仁和龔孝拱爲友。龔孝拱者，名橙，故大宗伯文恭公守正之從孫，禮部主事自珍之子。自珍號定庵，道光己丑進士，持行亦詭怪，而少學於外祖段懋堂氏，得其師法，所著有《春秋决事比》六卷，《太誓答問》一卷，《尚書馬氏家法》一卷。孝拱以諸生小有才，而狂譎百出，屢更其名。近聞入夷酋幕，爲其謀主。梁極力承奉之，故政府倚以求和云。月坡來，雪鷗來，皆不值。

邸鈔：恒福賞假一月養疾。文煜署理直隸總督。譚廷襄賞二品頂戴，補授山東巡撫。鄧爾恒調補陝西巡撫。何冠英賞二品頂戴，署理貴州巡撫。何，丙申榜眼，以貴東道驟擢者也。命天津道孫治專辦天津、河間兩府團練事宜。以地與山東毗連，防捻匪竄越也。

夜雪。

二十日己酉　晴。訪月坡，並晤雪甌及同鄉傅鍾麟舉人。偕叔子視子恂疾，已稍差，爲之忻慰。夢漁招同叔子、月坡至廣德樓聽四喜部，晚歸。雪甌來，夜談至五鼓始寢。是日天氣甚和。陳同叔比部名景綸，子鶴冢宰從子也。來訪不值。

二十一日庚戌　陰。作書致月坡。陳璧軒喪妻，送奠分兩緡。德甫來。得月坡復。爲月坡撰其尊人教諭君七十雙壽序。教諭尚有母，年百歲，可爲人瑞。夜氣稍寒。

二十二日辛亥　上午雪，下午晴。連日疾發憊甚。作書致月坡。作片致德甫。

閲歙縣吴小巖雲蒸《説文引經異字》三卷，寶山毛清士際盛《説文解字述誼》二卷，《説文新附通誼》二卷。清士爲錢氏大昕弟子，此書多載其子生甫嶽生説，及生甫弟子嘉定王宗涑字叔侯説。蓋清士既著是書，生甫續加考訂，王君復增益之，經父子師弟三人而始成，亦可謂難矣。吴縣潘榕皋奕儁《説文蠡箋》一卷。榕皋爲太傅文恭公世父，以曹郎致仕，重宴瓊林，加四品卿銜，著有《三松堂集》，以詩及書法名。吴氏書備載經典文字之與《説文》所引異者，據《石經》爲本，而參考他書。毛氏《新附通義》，取徐鼎臣所附字而證以古即某字，博稽故籍以發明之。潘氏書本名《説文通正》，乃備列古字之通用假借者，於經傳史子金石，搜括靡遺。三書皆《説文》支流之學，然非綜貫群言，又多見古本，不能爲此，有益於學者甚大。乾嘉間，許氏之學極盛一時，窮探旁討，各信其説，而要以段氏玉裁《説文解字注》爲集大成。次則嘉定錢可廬先生大昭《説文統釋》六十卷，曲阜桂未谷先生馥《説文義證》五十卷，皆此學之奥區。錢書未刻，而近儒諸書引其説者已多。桂書曩歲始刻成於京師。後之治小學者，以段爲之經，錢、桂爲之緯，餘子爲之翼，則文字之精無不究矣。吴、王、潘三書皆最後出，名不甚著，而古今字之增減，正俗字之分合，一覽了然，尤便記誦，其資助來學，誠非淺鮮。前賢爲其勞，後人爲其逸，即此是也。今日神思極昏，心目不接，閲之殊若罔罔。

晡時倦極小睡。問月來，不見而去。定子招同月坡、珊士、巳蘭夜飲，叔子小疾不赴，肴饌皆精潔，多鄉味之美。聞僧郡王復喪師，有嚴加議處之旨。曹州郡界捻賊連營數百里，東事大壞矣。夜分就叔子卧裏快談達旦。

邸鈔：僧格林沁奏菏澤失利。詔交部嚴加議處。

二十三日壬子　晴和。巳刻起薙短髮。出門答拜陳同叔，並晤德甫，訪潘紱翁、王月坡，俱晤。視子恂疾。答問月，不值。以事詣杜五樓、沈雨村，晡時歸。問月來。得紱老書。得月坡片，明日招宴維新堂。作片致巳蘭，要其夜飲，不至。夜招月坡、珊士飲寶珍堂，秀卿、素芸主觥局，鷄鳴始歸。

驚蟄　二十四日癸丑　是日亥初一刻驚蟄節。晴，風。改舊作《弔金陵向帥》詩第一首，《聞官軍收復處州》第二首，存集中。

予詩集昨從德甫處取歸，其中頗有塗乙。德甫伉爽有志節，與人交久而益摯，傲視貴游，屢以氣陵折之，而待同輩極虚懷服善，尤推挹叔子及予，而與予爲昵。所作詩文，槼矱先氏，一軌于正。顧質稍鈍，學力又淺，未能窺見堂奥。然都中所見名下士，如趙樹吉給諫、林壽圖侍御、郭嵩燾編修、尹耕雲侍御，及子恂、德甫者，雖皆未成家，已非餘子可及矣。林、郭二君未嘗識面，趙、尹二君雖識面而甚疏，林君僅見其寄叔子古詩兩章，郭君見其題潘木君中丞《洞庭歸帆圖》古詩四章，皆矯矯自異，窺豹一斑。趙、尹兩君皆睹其全集，尹麄疏而頗有氣力，趙簡潔自愛而局於才。子恂質美未學，而高朗之作往往直逼古人。近詩膚闊，殊鮮有尚處，蓋塵務經心，天分有限，所以都不復進也。予受姿駑下，而幼喜詩，時有所會，十餘年來，用力益勤，未嘗一日去手，於古今諸家，源流正變，研究極微，又必平心求是，絶不敢黨同伐異，得偏失全。閉門造車，出而合轍，凡三四變其詩格，始稍敢自信。洎得交子九、孟調、叔子、（此處塗抹）蓮士，斆學相長，遂底於成。有爲四子訾呵者，應時改定。此中甘苦深淺之境，閱歷甚備。嗚呼！作詩到此地步，豈易事哉！今德甫所甲者，皆予學杜門面浮侈之作；所乙者，皆息心冥會直湊單微之作。人生識詣，如其分量，固不可以强爲者，因屬仲雁盡爲剜去之。然良友直言之惠，終不敢忘。記之於此，以見知音之難如是；且示後人學未到此分際，不可輕加是非。嗟乎！孟調已矣，（此處塗抹）子九窮居故鄉，老累昏嫁，蓮士汩于治生，珊士勞於官事，雪甌亦不恒理故業，寥寥天壤，同心之言，惟叔子與予耳。斯文將絶，來者無人，雖喜人譏彈其文章而不可得矣。

作片致紱翁。問月來。夢漁來。夜赴月坡維新堂之飲，叔子、珊士、夢漁、定子、巳蘭咸集，蘭仙主觥局，予招芷儂，珊士招寶林，巳蘭招旺兒佐觴，極歡而散，二鼓歸寓。

二十五日甲寅　晴。去年七月所遣福建專足自越回京，得仲弟十一月十四日書，家中自老母以下均平安，鄭氏妹張氏妹亦安好。計不得家耗十閲月矣，對之喜泣。書後言薛氏姑母家表弟元瀚於八月初二日去世，表妹適汪氏者于七月末去世，張氏昌容甥於九月中殤。又得季覝十一月十三日書，任友薌十一月十三日書。晚偕叔子視子恂疾。始製姑子緦慘服。

閲嘉定吴客槎明經凌雲《經説》三卷、《小學説》一卷、《廣韵説》一卷。客槎字德青，與錢辛楣氏同時，錢氏《養新録》中已采其説。《經説》本名《十三經注疏鈔最》，乃取其文字、聲音、訓詁之互異者，折衷許氏，爲之辨覈，至《爾雅》而止，尚闕《孟子》一經。《小學説》乃其較讎《説文》之稿本。《廣韵説》亦本名《廣韵鈔最》，嘉定王叔侯宗涑爲删節勘定，而海鹽陳偉長其幹刊行之，易以今名，多附王、陳兩君按語，皆能有所是正。

作片致潘譜琴庶常，爲詩舫弟丐其尊人星齋侍郎書楹帖也。月坡來辭行。晚風稍止。夜得月坡書，知奉其尊人教諭君諱，即偕珊士往唁之。

二十七日丙辰　晴，風未息。午後偕叔子視子恂疾。再唁月坡。歷游曲中寶珍堂、遇春堂、聯芳堂而歸。

邸鈔：硃諭：賈楨爲武英殿大學士，官文爲文淵閣大學士，周祖培爲體仁閣大學士。

二十八日丁巳　晴。作片致德甫，致五樓。家雅齋三兄來。德甫來。看杜集。夜作書致陳璧軒索舊欠銀七十六金。

夜初更後叔子招飲遇春堂，予招秀卿爲觥録事。二鼓歸。

二十九日戊午　晴。再作片致五樓索所匯銀。得潘星齋侍郎書並專書楹帖，即復。得五樓書。

邸鈔：慶端、瑞瓆奏十二月初三日粤賊由浙江突入福建，陷汀州府城。諭旨：二月十三日啓鑾，十九日還宫，三月初二日由京啓鑾，初六日祇謁東陵，禮成後十四日駐蹕避暑山莊。

二月己未朔　晴，天氣温嫗，春光大佳，下午風。定子來。得潘譜琴庶常書，並以令弟味琴觀察《桐陰待月圖》屬題。夜作書致杜□□，貧薄無行，性尤險躁，人畏其口，士夫無加禮者，乃諂事胥吏賈客，因緣爲奸，醜狀百出。予自己未入都，憐其落托，頗曲意周旋之，而□□以予官事不成，又落第，遂漸肆輕侮。其人文章不通一字，而妒賢嫉能，無人足當其意。以予頗有時名，益忌很，其日記中極口毁巇，若有殺其父母之恨。予初不知，洎有人爲予言，予亦笑置之，反待之益謹。去年冬，再三求予爲匯寄其家銀二十兩，具言歲末僅能還其半，以半期來年春。予哀而許諾。至除夕，僅還低色銀四金。予相需頗急，再往索，復得四金，而辭色已甚惡。今年正月，杳無嗣音，月杪往責償，□□初言家書必不能達，繼遂言須俟家信返時始還，反覆狡獪，莫能殫述。吁！世途之險如此，可勝嘅哉！此輩齷齪寒人，市井亡賴，本亦不足記録，特欲以示子孫無近小人，故不惜污吾筆耳。閲杜集。

初二日庚申　晴和。作片致德甫。雪甌來。下午同叔子、雪甌詣定子，遂偕定子同詣子恂，談會極歡，日旰而歸。傍晚偕雪兄步訪月坡，即歸。雪甌留宿齋頭。

邸鈔：瑞麟賞四品頂戴，辦理吉地工程。

夜作稟家慈書，致仲弟書，致詩舫弟書，致秋舫叔書，致任友薌書。舊疾連發。

初三日辛酉　晴，有風。雪甌早去。得德甫書。得雪甌片，以同鄉錢秋訪孝廉求觀所著樂府，爲之代索，即復之。昨日雪甌來言，同鄉賈琴巖比部索觀予除夕詩甚切，屬雪甌録稿去。吾越人心險詐，士習尤儇薄樂禍，鄉誼甚惡，予家居時，自社中同志數人外不與還往。比來都，益一切謝絶，鄉人頗少之，然尚恨不能絶杜五樓爲平生之累。今賈、錢兩君皆數致殷拳，亦可謂不虞之譽也。下午詣月坡，以家書及詩舫貂帽、楹聯、絹册託其携去，傍晚歸。聞苗沛霖叛。沛霖，安徽鳳臺人，以諸生練鄉民拒捻賊，兵力漸盛，勝保招致之，積官至布政使銜川北兵備道。

初四日壬戌　薄晴。上午同叔子、珊士送月坡行，不及而返。剃頭。傍晚同珊士小飲廣和居，即歸。定子來夜談。

初五日癸亥　晴暖。子恂來。得紱翁書，即復。作書致陳璧軒，索逋不得。昨日恭邸及桂相、文侍郎考試撫局司員，題爲『言忠信行篤敬論』。惟刑部司員不得試，以夷人所惡也。

初六日甲子　晴。曉卧疾復動。連日蚤睡蚤起，自離家後久不嘗此况味矣。定子來。夢漁來。閲宋周煇《清波雜志》十二卷，《别志》三卷。自丙辰閲一過後，訖今重覆，多已茫然。其中論古者寥寥，考據尤疏陋，惟《儲胥》《六詔》二條稍可取。所載宋官制，則多可補史志之闕，其記神、哲、徽、高間事尤詳。於宣和北伐之舉，備載鄧洵武及柴欽、趙隆、安堯臣等諫阻之言；而於陳公輔所記蔡京不欲伐燕一節，亦詳書之，而疑其言出于高棟，謂恐不足憑，殊得好惡之正。《四庫書目提要》謂其以其祖與王介甫爲中表，故親串之間，不無迴護，猶王明清《揮麈》諸録曲爲曾布解，云云。按其中如荆公爲錢公輔撰母夫人墓誌一條，言其執拗不止新法；目録一條，言《神宗實録》，王、蔡造端矯誣，亦未全爲左袒。惟屢稱秦會之，且言其文字簡古，是則可議者耳。

初七日乙丑　春陰匝日，下午小雨，傍晚雨稍密，夜晴。題潘味琴《桐陰待月圖》，譜《買陂塘》一闋：『鎮愔愔、嫩涼庭院，月痕黄到金井。碧梧商略風廊語，占得幾分秋影。蘭夜静。恁水樣階陰、剛要疏幰襯。茶香漸近。想理罷冰絃，緑雲摇夢，秋外藕花醒。　年時事，回首青鸞瑶訊。紅鑾深鎖妝鏡。琴心鬢影都何許，零落蒨絲銀綆。休更問。剩盞曲闌干，閑煞無人憑。畫中暗省。辦水口從君，苧衫藤篁，來共鷺鶯聽。』叔子譜《桂枝香》一闋，珊士譜《月底吹簫譜》一闋，皆用鄙作聽字韻。子恂來。

初八日丙寅　晴，風。連日疾發甚憊。雪甌及其從兄竹軒來。

閱胡稚威先生《石笥山房文》，乃道光丙午山東所刻本，嗣又有淮上本，所載較多，訛舛亦稍正。聞杜徵君煦有手校本，搜采更廣，惜未梓行。此本文僅六卷，魯魚帝虎，幾不可讀。先生文之工，固不待言，其經學尤絶。乾隆丙辰舉鴻博，辛未舉經學，皆以先生爲第一。惜其書無傳。今惟散見文集中，若《湯陵考》《古冀耿地辨》《耿非祖乙所遷辨》《論周尺》《與周内翰論洪範書》數篇耳。先生自言嘗作《地表》一書，今亦無存。相傳其著述爲阮文達以千金購去。然儀徵經學，自有本末。其所傳若《詩書古訓》《考工記車制考》《十三經注疏校勘記》《曾子十篇注》，纂述歲月，皆可考見。他若《大戴禮注釋》《儀禮注釋》，皆其專治之書，而未見於世。眉批：或疑文達《揅經室集》中諸經説，當有取之先生者，然以文達爲人大概觀之，斷不至是。其未爲諸生時，已爲汪氏中、凌氏廷堪諸經師所盛推，豈肯攘他人之作以爲己有？況儀徵表章同時諸儒，不遺余力，贍其家，刻其書，惟恐知之不盡，何獨于先生而遺之，且效郭象、何法盛之故智耶？蓋先生詩文皆隨手散棄，其所撰纂，尤不自愛惜，遺失殆盡，固非儀徵所能見矣。吾鄉之碩儒，以王方川先生及先生爲最，次則家松雲先生，皆無著作傳世。即儀徵詁經精舍中人，若何先生蘭汀、顧先生廷綸、劉先生九華，亦泯然無聞焉，足見傳者之難矣。王先生名增，乾隆辛卯進士第二人，由編修左遷知縣。松雲先生名堯棟，乾隆壬辰進士二甲第二人，累官至雲南巡撫。鄉先生之有遺書者，惟茹三樵先生敦和《易學》十種，最爲漢學之精詣，顧世不甚行。樊□□先生廷筠《孟子注疏校補》，其書未完，亦鮮獨絶之義。稍傳于時者，爲范衢州先生家相《詩瀋》及《三家詩拾遺》兩書。國朝山、會人著書收入《四庫》者，亦惟此兩書耳。

初九日丁卯　晴，大風。定子來，予卧未起，聞其入予室坐翻書，數頃而去，竟不知也。小極喉痛。作片致德甫，得潘味琴觀察書。作片致巳蘭，索書扇。得潘星翁侍郎書，以《桃花紅煞釣人居》畫册屬與叔子題詞。復星翁書。作致季况閩中書，屬摺差寄去，並近作詩四首、詞三闋。今日珊士病卧，叔子及予亦俱疲茶，抑抑鮮歡。念明日已是春分，故鄉此際，花事正繁，湖舫山轝，竟無我輩足跡，平水芝塘，柯谿花溼，舊游歷歷，如在世外，何日得還我笻屐耶？

邸鈔：上諭：袁甲三奏幫辦大員因病咨請開缺一摺。幫辦軍務廂黄旗蒙古都統穆騰阿傷疾舉發，不能督隊，著回京供職。

春分　初十日戊辰　是日亥初二刻七分春分節。晴。得巳蘭片。得德甫書，即復。叔雲生日招食麵。作片致定子、致子恂、致巳蘭邀夜飲。子恂來。得定子書辭飲。夜同子恂、叔雲、珊士詣聯芳堂，座客已滿，乃從子恂飲芷卿家，三鼓歸。飲酒稍多，喉痛大作，又咳嗽，終夜不寧。

十一日己巳　晴。巳蘭來。作片致子恂招飲。夢漁來。巳蘭來。得子恂書約明日飲。晡時同叔雲、巳蘭、珊士詣聯芳堂，客滿如昨，辭出。而僕婢輩苦留少待，因呼（此處塗抹）之妹（此處塗抹）出，命具酒。（此處塗抹）以姊妹之嫌不應，屬予致其姊于家，婢媪復繼進，敦勸坐俟。予以與（此處塗抹）別久，都不復思，不欲再召之，遂徑出。至（此處塗抹），而（此處塗抹）爲其父所禁止，不接客，屬予過月望後始可重敘。乃詣（此處塗抹），詣（此處塗抹），設飲款洽。巳蘭招雪卿佐觴，至日入三商而歸。二更風作，三鼓後轉盛。偕珊士就叔子卧裏閑話。喉痛未愈仍嗽。

十二日庚午　晴，風未息。雪甌來。德甫來。剃頭。閲杭大宗先生《石經考異》。晡時巳蘭來招同叔子、珊士飲韋娘家，叔子招金小卿，予招佩芳侑觴。佩娘名最北里，予於正月間飲秀娘家，鬫見之，風姿秀出，清艷照群。頗形愛慕。昨特過訪留飲，明筵初覿，語笑無多。而鏡側燈隈，時承眄睞；兜鞋舉釧，微示殷勤。酒散，贄以纏頭，固却不受。臨行私訂宵分再來，予笑頷而出。今日綠楠甫去，碧幰遽來，眼波乍馴，眉語漸狎，巾承粉屑，杯接脂香。席次語予曰：『君姓太著，妾不能分別其人，以後見召，請以君字爲信。』佩娘遽曰：『若輩尚不屑以真姓自通，肯以名字劵人耶，姊此言取客嗔耳。』乃低首久之，曰：『然則去君姓之木字，僅留子字，使妾得持爲憑，可乎？』予笑曰：『名字得蒙記録，已爲萬幸，敢自惜耶？』諸君從而笑之始已。噫，予自幼禀受家戒，少年蹤跡，未嘗稍涉冶場。作客以來，偶緣游覽，間及風情，篇什所傳，已獲疑謗。今則四海睢刺，隻身蕭條，眷屬孤懸於海隅，性命苟存于劫後，戚友乞米以供饋，主僕易衣而出門，謀生已窮，救死不暇。去冬以王月坡等苦相牽致，勉遂闌珊，躡柳尋花，寄于痛哭，徵歌賭酒，繪其佯狂。潘丈紱庭見予客冬日記，慨然曰：『此真志士窮途之所爲，可令人慟哭者。』予深感服，以爲劉尹知我，勝我自知矣。乃佩娘惓惓之情，若不能已，爲記於此，以供笑嘲。自惟膩帢敝裘，黧面垢髮，不知何以得此于彼姝也。今日始見白髮，天地蒼黄，吾儕老矣。君親未報，謂之何哉！口占一律書感：『三十衰如此，飄蕭見鬢絲。虚生多事日，難贖少年時。出處終何倚，饑寒豈久持。孤身千里外，幸未老親知。』子恂來赴約，不值。

十三日辛未　晴。十一弟小圃來言，將應拔萃科，貧無以濟。爲叔子撰《芝村讀書圖記》：

《芝村讀書圖》者，周子星譽偕其季星詒所爲作也。越西門曰迎恩，自迎恩而西曰霞川，霞川而北汔東浦，皆爲靈芝鄉。而東浦之北有村曰賞祊，獨以芝社著。霞川予所居，賞祊則二周子居焉。周子自其曾祖著籍河南之祥符，而家常在越。洎咸豐癸丑，東南寇亟，周子赴官京師，不得達，乃奉其母繇郡城賃地芝村，蓋予識周子兄弟自此始矣。時天下初亂，浙東西尚帖無事，周子因得躬耕養親，益奮發讀書，務爲有用之學，思所以濟艱難致太平者。季子年少氣豪甚，視一世無可當意，獨師事其兄友。其兄之友而同郡若孫子垓、王子星諴、周子光祖、陳子壽祺、孫子廷璋、徐子虔復、陳子潤等，咸矯首厲翼，以昌明絶學爲己任，於是有言社之舉，推周子主盟，從而和者數十人，皆都邑之望。蓋有負重名而不得入者，有勢位赫赫自命鄉老求一與會而不獲者。未幾，江南北浙西，争以所業來贄，書幣車馬，日萃于越，越必主芝村，于是有益社之廣，好事者定爲益社六子、續六子、後六子，廣六子之目，而芝村之名脛千里矣。周子日鍵户治經史，絶不與世事，社中自故交數人外，亦罕見其面。如是者三年，而周子之學愈進，季子亦大成，如驂之靳。丙辰，周子補官，半載又奉諱歸，而陳子潤殁，王子星諴客汴，陳子壽祺以庶常客于滬、于甬，周子光祖官户部，君兄弟以貧故屢游吴中，不能復講故業如昔時。忽忽及今，又四五年，而周子復起官，季子入閩，予亦走京師，王子以客死矣。悲夫！今人平居，未睹一寸書，治亂之故，棘閿於胸，出而爲國，支離紛拏，無所取决，滋釁於隙，潰禍于成，至於焱沸蹴連，不可救止，而士之淬厲有以自信者，又苦不得用矣，又堙鬱冗僚散秩中，未得稍自見，乃并窮居誦讀之事，亦奪于事變，而不得竟。蓋自寇禍以來，十年之中，吾黨之盛衰離合不復可紀，而才且賢者已半老且死矣，若周子與其弟，效職中外，共馳王路，固吾道之所僅恃；而天於亂生之初，特畀以暇日，窮至其業，其果無意者乎？此《芝村讀書圖》之作，周子固有隱焉者于其中。而還念里居晏安，兄弟朋友春酒秋燈之樂，皆已渺如隔世，不又重可感與？予學識檮昧，幸得交諸君子，越人以與二周子並稱曰城西三君；（此處塗抹）益社六子之目，復忝其一。荒落無成，爲同社點。今周子復以圖記見屬，予與周子，猶兄弟也，又申之以昏姻，於誼益昵，其言不足以取信，而青雲驥尾，藉以不朽，後之論世，亦必有取於是者。且願周子發抒蘊蓄，以章明讀書之功，而予得還與孫子、徐子輩著書終隱，以觀其成也。眉批：此文不必刻。

作書致紱翁。作書致子恂、致巳蘭招飲。定子來。是日午後和甚，幾不可小袭。

邸鈔：上諭：朕偶抱微疴，改于二十五日啓鑾，三月初二日還宮，十二日啓鑾祇謁東陵，禮成後駐蹕避暑山莊。

珊士爲予刻青田凍石一方，文曰『越縵三十以後作』，秀健渾成，近人楊澥、陳鴻壽之匹也。夜月甚佳，極思出遊，而諸君皆不至，悵然無聊，與叔子、珊士小步至街唇，看一人家懸燈謎，殊無佳者，興盡而返。二鼓就卧，三鼓後舊疾動，次晨復動。

十四日壬申　晴，風。再作片致子恂、巳蘭。得子恂復書。德甫來。得巳蘭復。以任渭長畫杜鵑、任建齊畫茶籃菊枝、孫蓮士小楷書詩詞舊扇面三枚，付裝表作直幅。秀勁蒼渾，各極其工，亦可謂三絶矣。渭長墓草已五宿，其畫尤可寶也。子恂來。巳蘭來。傍晚同德甫、子恂、叔子、珊士、巳蘭詣三樹堂訪佩娘，置酒室中，子恂招梔卿，叔子招小卿，巳蘭招素芸，諸鬟皆名甲樂籍，德甫酒酣大言曰：『今日可稱名士名妓一大會矣。』滿座幾爲噴飯。戌刻散歸。

十五日癸酉　晴。題潘星翁《桃花紅煞釣人居畫册》。卷中凡張□□、黄鞠、程庭鷺等十餘人皆作江南小景，乃少宰舊句也。

憶桃源慢

新水魚床，小風鷗幔，依約花深處。斜陽門巷，都與流鶯分住。門外橛頭船子過，聽打隔花敲鼓。青山前面，橋通路轉，剛宜一角垂楊補。更漁娃，紅裙裹鴨，争唱侍郎佳句。可堪重問江南，恁春來，頓迷前度。舊家谿上，誰認紅泥小户？還恐仙原無處避，零落千重烟樹。雨蓑吹笛，晴磯結網，幾時重作花間主。待商量、帛槌茶臼，畫裏從公歸去。

邸鈔：瑞昌、王有齡奏上年十二月二十五日，福寧鎮總兵曾玉明調飭副將銜儘先參將林文察等收復江山縣城。正月初三日，已革廣西提督張玉良、已革衢州鎮總兵李定太收復常山縣城。詔：曾玉明加提督銜；林文察擢副將，並賞烏訥斯齊巴圖魯名號；張玉良、李定太俱開復原官；已革浙江按察使段光清督率練勇，協同攻剿，迅克兩城，著免其拏問，仍令帶勇，以觀後效。餘升賞有差。上諭：瑞昌、王有齡請飭令已革徽寧池廣太道李元度赴浙差委，著曾國藩即飭其前赴浙江，差遣委用，其應得失守罪名，仍歸曾國藩查辦。

夜分後至叔子卧裏快談達旦。

十六日甲戌　晴。午後偕叔子訪子恂不值，遂詣廠肆看書。購書汲板初印《三國志》、全謝山《鮚埼亭外集》，汪氏《學行記》三書，俱不成。《學行記》乃汪氏中之子喜孫所輯，皆近儒著述之論其父書，及同時往返論難之作，并墓志傳贊，共成二卷。又購學海堂所輯《皇清經解》，亦不成。便道訪素娘、佩娘而歸。

邸鈔：玉明奏庚長到京。詔：留京王大臣會同刑部定議罪名具奏。

夜月凉甚，擬出遊不果。聞苗沛霖圍壽州，與粵賊連和。此人觀望有年，威信頗著，乃中原之大患矣。

十七日乙亥　陰寒，上午雪，下午晴。作書致潘星翁、還畫册。紱翁。雪甌來。夢漁來。得星翁復書，言畫册中予詞清微窮眇，突過金風亭長；叔子詩澹逸高超，極似甕尾尚書得意之作。張問月來談，至夜飯後去。

閲《元遺山文集》。遺山詩格固高，文亦屹爲金元間一大家。元世潘文僖昂霄著《金石例》，屢引其所作爲據。詩集爲毛氏汲古閣刻本，所在多有，而文集罕得見。康熙間，無錫華希閔曾即元人刻本翻刻，流傳亦甚鮮。此本乃道光丁未定襄李鎔經合詩文刻之京師，錯迕訛奪，字畫甚惡。書有愈刻而愈亡者，即此是也。其文碑誌居十之八，多可考見史事。文亦落落大方，殊有風氣。而重滯平衍，時亦不免，頗覺遠遜于詩，與宋之周益公、樓攻媿，元之郝陵川、危太樸，先後相斠，蹊徑如出一致。其《東平行臺嚴公實碑》《雷希顔淵誌銘》，最爲佳作；《贈鎮南將軍節度使完顔良佐即陳和尚碑》獨拙劣，中敘其大昌原、衛州、倒迴谷三戰三捷，及鈞州之死，皆闒寞率易，毫無生氣，而前後敘述非要，乃轉蕪冗。他作往往以空議冠首，多宋人理學膚語，尤可厭耳。

十八日丙子　晴和。終日無事。去年定子太史以成容若《納蘭詞》屬評點，久庋不還，今日既暇，因爲加墨一過。容若詞，天分殊勝而學力甚歉，予于乙卯秋曾選其佳者録之，時於此事猶未深入，故别擇尚疏。其詞長調，殊鮮合作，小令、中令，多得鍾隱、淮海之悟。如『寄語釀花風日好，緑窗來與上琴弦。』『記得别伊時，桃花柳萬絲。』『妝罷只思眠，江南四月天。』『剛與病相宜，瑣窗重繡衣。』『没個音書，盡日東風上緑除。』『風也蕭蕭，雨也蕭蕭，瘦盡燈花又一宵。』『月上桃花，雨歇春寒燕子家。』『被酒莫驚春睡重，賭書消得潑茶香，當時衹道是尋常。』『烟絲欲裊，露光微泫，春在桃花。』『滿地梨花似去年，却多了廉纖雨。』『五月江南麥已稀，黄梅時節雨霏微，閑看燕子教雛飛。』『一般心事，兩樣愁情，猶記碧桃影裏誓三生。』『畫船人似月，細雨落楊花。』『帘影誰摇，燕蹴風絲上柳條。』『甚日還來，同領略、夜雨空階滋味。』『一鉤殘照，半帘微絮，總是惱人時。』皆清靈婉約，誦之使人之意也消。故所作不及伽陵、竹垞之半，才力亦相去遠甚。而汔今談藝家與朱、陳並稱，繇其獨契性靈，冥臻上乘，亦非二家所能及也。此本爲道光丁酉歲鎮洋汪元治所刻，合《飲水》《側帽》二集，又搜其遺剩，共得三百二十三闋，所作大約已備。惜校讎不精，又指其《琵琶仙》《秋水》等調爲自度曲，蓋全不知此事者矣。

夜月甚佳，就叔子卧裏閑話。跋《納蘭詞》。

邸鈔：僧格林沁奏二月初七日捻賊在東平州戴家廟等處渡河，三品頂戴前任副都統伊興額、徐州鎮總兵滕家勝追剿，殺賊甚衆，深入至楊柳集地方，衆寡不敵，同時陣亡。詔：二人久歷戎行，戰功迭著，兹以援絶，力戰捐軀，深堪憫惜。伊興額著開復原官，照副都統例議恤；滕家勝著照總兵陣亡例從優議恤。東平此警，山東湖路又絶矣。聞承德府朝陽縣礦匪戕官據城，地離熱河僅五百里，行在又當震驚矣。

十九日丁丑　微晴，大和。定子來。作片致紱翁。偕定子訪子恂，並晤黄霽川，少談而出。同詣韋娘家，遇巳蘭及惲姓、賀姓、劉姓三人，子恂繼至，遂設宴韋娘家，予招佩娘佐觴。傍晚子恂招同定子飲裕興居。夜招子恂、定子飲佩娘家，途遇德甫，邀之同往。並作片請叔子、珊士。叔子不至。子恂招梔卿，定子招素芸，德甫招南松堂老三，夜分而散。佩娘留宿，辭之。送德甫回家，三鼓返寓。得紱翁復書。

邸鈔：瑞昌、王有齡奏正月初七日收復富陽縣城，桐富一律肅清。賊以去年十二月由桐廬竄踞富陽，副將貴廷芳以廿三日赴剿。

二十日戊寅　終日嫩陰。德甫來。洗足。晡時德甫招同叔子、珊士飲裕興居。傍晚訪佩娘、韋娘，夜飲南松堂，予招佩娘爲觥録事。二鼓歸。得星翁書，並以近作五古六首見示，其《曉游天王寺》

云：『一雨却煩暑，清氣滿林麓。遂作招提游，塔影表初旭。拄笋挹朝爽，山容若新沐。疏花矜晚紅，娟然倚修竹。胡蝶飛兩三，依依媚凉緑。臨風試茶荈，一瓢汲秋渌。何當濯塵纓，逍遥謝羈束。證此清浄因，焚香禮金粟。』《坐慈仁寺見山閣》云：『塵外愜幽賞，一徑尋鶴跡。白雲在高閣，疑是雪初積。群峰方悄然，寒林寫蕭槭。危闌一徙倚，遠勢收咫尺。萬象一鏡中，毋許纖翳隔。此心同妙明，真景謝刻畫。松陰罨長廊，鎮日生空碧。清磬時一聲，烟蘿澹將夕。』皆清妙可誦，極似漁洋集中學韋、柳作也。

二十一日己卯　晴暖。作片致五樓。作書復星翁。閱《夏節愍完淳詩文集》，晡時出門詣雅齋兄，順道過佩娘。還纏頭。夜邀叔子、珊士置酒三樹堂，佩娘有姪福壽，慶雲堂雛伶也，携以見予，並命侑觴，三鼓而罷。叔子、珊士先返，予留佩娘家中，天明始睡。

二十二日庚辰　晴暖可單棉，春光極麗。午歸。得星翁書，並以扇面屬寫近詩。夢漁來。子恂來。雪甌來。作片致定子。夜同雪甌、叔子、珊士飲佩娘家中，三子先返。

二十三日辛巳　晴暖如前。侵晨步歸。雪甌去。午睡極美。夜蚤睡，舊疾復動。叔子奉差赴西陵書恭順皇貴妃神牌，以今日五鼓去。

二十四日壬午　春陰臣日，下午風作，兩時許稍止。巳蘭來，偕至曲中訪梔娘、佩娘、小卿、雪娘。訪子恂不值，晚歸。

邸鈔：鄭敦謹補授大理寺卿。李續宜奏帶江西知府陳濬、兵部主事李鴻裔等十餘人赴皖差委。又奏請飭湖南在籍翰林院編修郭嵩燾來營差遣。詔：俱從其請。濬爲御史，頗有論建。鴻裔蜀人，以能詩名。嵩燾初以陳尚書孚恩薦其知兵，召直南書房，旋命參僧邸軍事，已未以查辦山東海口事務被論還京，遂請告歸。時封疆大吏，惟楚撫胡少保最留心人才，招致名下士，厚資給之，今李撫其繼起者乎？予向有入楚意，他日託足，或當在此兩幕府也。胡林翼因病請假。詔賞假一月。

（此處塗抹）定子來夜談。

上諭：朕躬尚未大安，諸王大臣請暫緩回鑾，不得已勉從所請，俟秋間再降諭旨。

二十五日癸未　晴。得潘星翁書，並以石刻花卉二紙見貽，即復。子恂來。

清明　二十六日甲申　是日清明，春光極佳，天氣暄甚，可夾衣矣。午後偕珊士步詣五樓。復詣子恂，邀之來寓。同詣定子，快談逾時。晡訪韋娘、梔娘，子恂設飲，予招佩娘佐觥。巳蘭後至，更餘飯畢，同訪佩娘而歸。

邸鈔：上諭：翟浩著來京另候簡用。湖南巡撫著毛鴻賓署理。湖南按察使著倉景恬補授。硃筆：王發桂補授都察院左副都御史。

是日在定子家見梨花已茂，大有春暮之感，欲賦小令之不成。

二十七日乙酉　終日陰寒有風。夢漁來。作片致德甫、致定子、致子恂。

閱趙秋谷《談龍録》、南匯葉抱崧《説叩》。抱崧字方宣，諸生，所著雜載經史子中語，僅寥寥十餘葉，多直録本書，鮮所發明，亦多耳目所習者。惟據《封氏聞見記》，進士試時務策五道，雜文兩道，並帖小經，其後改帖六經。又據王貞白有《帖經日試宫池産瑞蓮》詩，謂明經亦有試詩，駁顧氏《日知録》唐以詩賦取者爲進士、經義取者曰明經之誤。據《通典》稱，明經先帖文，然後行試帖經之法，試帖之名，與詩賦無涉，駁西河毛氏以唐人試詩爲試帖之誤。據《儀禮》喪服傳鄭注：『繩菲，今時不借也。』賈疏云：『此凶荼屨，不得從人借，亦不得借人。』駁今詞人以草屨爲不借之誤。皆確。又辨福、副二字，謂福方遇反，副普力反。顔師古曰：『副貳之副，本爲福字，從衣畐聲。』今呼一襲爲一福衣，取充備之意。副義訓剖劈，《詩》云『不坼不副』，《周官》有疈辜，並其正義，今書史假借，以副代福云云。按所引顔氏語出《匡謬正俗》。《曲禮》曰：『爲天子削瓜者副之。』副爲剖劈，自是正義。《説文》有副字，無福字。金壇段氏曰：『副之則一物成二，因仍謂之副。因之凡分而合者皆謂之副，訓詁中如此者甚多。』福字雖見於《龜策傳》《東京賦》，然恐此字因副而製，豈容廢副用福，自以段説爲精。

夜讀永叔詞、杜詩、劉隨州詩，早睡，舊疾發。

二十八日丙戌　晴。得德甫書。定子以《餐秀堂法帖》二册見借，即復。以錢唐梁氏刻杭大宗《續方言》與南匯吴氏刻校讎一過，並録程東冶先生際盛《續方言補正》二卷于上。程原名炎，字奂若，江蘇長洲人，乾隆庚子進士，官御史，著有《周禮故書考》三卷，《儀禮古文今文考》《禮記古訓考》《説文引經考》《説文古語考》各一卷。（此處塗抹）夜不快，身微熱，早寢，至夜分起，看書至五更復睡。

二十九日丁亥　上午晴，下午陰，晚小雨即晴。叔子自昌陵歸，以道中詩十餘首見示，皆絶工。作片致德甫。潘味琴觀察來。午後又病，身發熱，叔子爲按脉，珊士爲定方。夜服藥。庭前藍子花開，錦夷星密，紅覆半庭，殊資愛玩。

三十日戊子　上午陰，大風，下午霽。身稍退熱，尚未快。夜服藥。舊疾連發。

附録二十六日至三月初六日詞：

百字令清明日同珊士、子恂、巳蘭飲曲中作，用稼軒韵。

故園何處，又清明芳草、斷腸時節。病裏東風吹夢去，曉枕醒來猶怯。破塚桃花，重門楊柳，事事成輕别。啼鵑難到，傷心誰替儂説。猶有兄弟天涯，茸衫瘦馬，莫放春三月。斷句酒邊唯寄與，花葉從頭親疊。羅帕兜香，銀屏熨影，薄福拼教折。明年今日，尊前重認華髮。

洞仙歌三月三日有贈

春來蹤跡，正殢花慵酒。客裏閑情恁拖逗。記小門纖月，三月初三，剛恰是、楊柳昏黄時候。銷魂誰見得，背解羅襦，燭影金釵鬢邊溜。人定翠幬香，小枕單衫，偏稱得、個儂消瘦。聽簾外，東風又三更，願人共梨花，一春厮守。

臨江仙上巳後一日病起同東謳青樽嘯詠花下，竟日有作。

一枕宿酲鶯唤覺，起來扶病閑行。游絲闌外午風輕。春衫人影薄，偏襯小桃明。三十餘年如夢裏，春來春去無情。夕陽又傍小墻陰。隔墻花缺處，微有捲簾聲。

浪淘沙晚坐花下讀書作

柳外日西斜。半臂凉些。花陰多上緑窗紗。讀罷道書人又倦，閑數歸鴉。短鬢惜年華。别恨偏賒。春深遊客倍思家。花落年年長病酒，何况天涯。

金縷曲東潘紱庭丈病起

春滿長安矣。又年前，鶯啼草緑，薄遊天氣。莫問江南今何在，猶有閑身堪寄。須病起，從頭料理。白髮壽山相嫵媚，更花前、容我疏狂地。鶺鴒舞，倩花記。騎驢三載春明邸。數平生，窮達知己，如公能幾。誰付金甌纖兒手，五嶽胸中平未。願日飲，亡何而已。天下即今多健者，便著書種菜都非計。長作達，從公耳。

三月己丑朔　晴。疾小愈　剃頭。夢漁來。五樓來。下午答拜潘味琴，不值，晤譜琴，問紱翁疾，談一時許而出。至廠肆看書。還佩娘纏頭。訪德甫，不值，日入而歸。徐領香孝廉來，不值。作片致子恂、巳蘭邀夜飲。得紱翁書，即復。得巳蘭辭飲書。

邸鈔：上諭：前因王有齡奏請派大員總司捐務，當降旨令王履謙督辦，嗣據王履謙奏浙東團練無人專司，當降旨令其幫同王有齡辦理浙江團練，並督辦浙江勸捐事宜。茲據王履謙奏王有齡將該前副都御史督辦之名，改爲總辦紹興勸捐事宜，並將請旨設立之局，擅行裁撤，歸地方官衙門辦理。並未奏明，殊屬非是，王有齡著交部議處。

夜疲苶特甚。

初二日庚寅　晴。雪鷗來。賈琴巖比部來。得紱翁書。上午詣五樓，訪佩娘而歸。作片致巳蘭。夜初更後叔子招同珊士飲小卿家，予招佩娘佐觴，三鼓歸。

初三日辛卯　晴。福建人萬珠湖郎中（培因）（培曾）來。得紱翁書，即復。作書招子恂、德甫、巳蘭。偕叔子遊慈仁寺，花開者未及半，匆匆登毗盧閣而出，訪土地廟買花。德甫來，子恂來。夜招德甫、叔子、珊士、子恂飲佩娘家，叔子招小卿，德甫招黛卿佐觥。三鼓諸子先返，予宿佩娘室。

初四日壬辰　晴。午歸。慧叔八弟來，不值。夢漁來。庭前藍子花開極盛，偕叔子、珊士嘯詠花下終日。

閲上海陸健男副憲錫熊《炳燭偶鈔》，不盈二十紙，皆考核史書誤文，多論《史記》、兩《漢》，其外僅《晉書》二條，《宋書》一條，《南史》一條，《隋書》一條，《金史》一條，蓋未成之本。然所考甚核，於地理之學尤精。健男號耳山，乾隆中與河間相國紀文達公同充四庫全書館總纂，《書目提要》多出其手也。

邸鈔：上諭：按察使銜直隸大順廣道聯捷著開缺，以四品京堂候補，仍帶三品頂戴，督辦直隸、河南、山西防河事宜。毛昶熙奏捻賊陷唐縣。

慧叔再來，與談頃許而去。

初五日癸巳　晴。夢漁來。雪鷗、五樓來。紱翁來。偕夢漁至廠肆閱書，復同訪佩娘、小卿而歸。巳蘭來。

閱《東觀漢記》二十四卷，掃葉山房翻刻武英殿聚珍本也。《東觀記》自明帝詔班固等撰始，至靈帝時蔡邕、盧植等訖功，而獻帝時楊彪復修補之，蓋屢經名儒之手，至三續而始成，其難至是。晉時以《史記》《漢書》與此爲三史，至唐而漸佚，南宋而亡，學者憾焉。乾隆間，館閣諸公捜殘拾墜，釐爲二十四卷，稍存梗略，其功誠鉅。顧考其中范書所無者不過二十餘人，亦鮮有事跡可紀。惟益州太守王阜事稍可録，而著其政績之異，並無實事，但侈陳瑞應，殊涉浮怪，蓋係其子孫家狀，或吏民碑頌之詞，全非國史之體，故蔚宗削之，但附見于《南蠻西南夷列傳》云：『肅宗元和中，蜀郡太守王追爲太守，政化尤異，有神馬四匹出滇池河中，甘露降，白烏見，始興起學校，漸遷其俗。』云云。益歎范書去取誠爲不苟，而蔚宗洵千古良史，遠非伯喈所能及也。其以王阜作王追者，案阜乃俗字，《説文》作𠂤，大陸也；又𠂤，小𠂤也。𠂤俗作堆，《儀禮・士冠禮》作追，注：『追，猶堆也。』《文選・七發》『逾岸出追』，李善注：『追亦堆字，今爲追，古字假借之也。』是蓋王名本作𠂤，傳寫者訛爲𨸏，世遂以阜俗字寫之，范書則用古假借字作追耳。

《四庫書目提要》言章帝之詔增修群祀，杜林之議郊祀，東平王蒼之議廟舞，皆一朝典禮之大，范書俱不詳載其文。他如張順預起義之謀，王常贊昆陽之策，楊正之嚴正，趙勤之潔清，概從闕如，殊爲疏略。案范書《章帝紀》：元和二年，已載詔曰：『今山川鬼神，應典禮者，尚未咸秩，其議增修群祀，以祈豐年。』云云。杜林、東平王之議，范書亦載其事與文，首尾略具。蓋作史者但見其大端，已足以示後世，固不必一一詳述之也。若張順、王常之事，《東觀記》但於《光武本紀》中帶敘一語，此則范書偶漏之者。然此等本不甚有關係，固亦易於忽過。惟楊正、趙勤二人行事可述，似不宜闕。而二人皆止於功曹，亦尚非史册所必不可少者。且正祇一事，去之尤無大害，要皆不足爲蔚宗病，亦讀蔚宗書者所不可不知也。予故采其事，爲補録於范書中，而記其略於此，俾後之讀者有考焉。

今日訪佩娘許，知其昨接一客張姓者，席卷其珠玉、金翠之飾以去，約直數百金。佩娘怏悵殊甚，舉家洶洶，謀四出縱跡之。向聞予鄉先達胡開益詹事未第時，慣爲此舉。近聞蘇撫薛煥、浙藩林福祥，亦曾爲之。蓋士處落魄時，不矜細行，固往往有作此狡獪者。當塗黄勤敏公鉞以舉人居京師日，窮甚，至行竊衢巷間，每攫得一衣，即徑質錢易酒食，日以爲常，今公卿間往往能道之。予謂此客當是快人，未必真緑林豪也。佩娘聲價頗高，素有閉門羹之目，又自言多病，不喜嬲，予定情初夕，佩娘言有所避，前夕語予曰：『妾去年以病，絶客期矣。今爲母所强，靦顔爲之，然亦未嘗與生客爲緣也。』予自惟與佩娘，殊不敢謬附雅故，此言殆忘并枕者之爲我耳。思其矛盾之故，不覺眤笑，然亦不敢言。不料一夕之隔，竟復得此快婿，可爲絶纓者矣。

邸鈔：克興額等奏賊匪由朝陽竄至波羅赤，焚燒擾掠，二月三十日官軍分路兜剿，獲勝于水泉地方。追殺四十餘里，斃賊四百餘人。上諭：嚴樹森著督辦河南剿匪事宜；毛昶熙著幫辦河南剿匪事宜，仍督辦河南團練。

初六日甲午　晴。晚坐花下看歐陽永叔詞。洗足。紫丁香花開。

初七日乙未　晴。得星齋侍郎書，以悼令子祖楨哀詞，並山水畫册見示，屬與叔子爲題詩紀之。讀《七發》《七啓》《七命》。作片致夢漁。子恂來。得夢漁復。夜叔子招同珊士飲小卿家，予呼佩娘佐觴，三鼓歸。

初八日丙申　嫩陰。白丁香花開。桃花開。

讀《後漢書·光武紀》《明帝紀》《章帝紀》《和帝紀》《殤帝紀》。《後漢書》中八志，乃晉司馬彪《續漢書志》，自來多誤爲范氏作。國朝朱氏彝尊、錢氏大昕、紀氏昀、王氏鳴盛、洪氏頤煊、趙氏翼，皆辨正之，今日爲遍録于汲板范書之首。惟錢氏、紀氏，謂以司馬書并於范書，始自宋乾興中孫奭、余靖等奏請，則尚未確。《梁書》及《南史》劉昭本傳俱僅云昭注范曄書，而昭自序云：『范志全闕，乃借司馬《續書》八志，注以補之，分爲三十卷，以合范史。』是合司馬志于范書，乃始於昭。故《隋書·經籍志》云：『《後漢書》一百二十五卷，范曄本，梁剡令劉昭注。』即今所傳帝紀十二卷、志三十卷、列傳八十八卷是也。計共一百三十卷，而云一百二十五卷者，寫偶誤耳。王氏謂章懷太子既用劉昭本《後漢書》，改其注矣，于志仍用昭注者，以注紀傳易，注志難，故避難趨易云云。錢氏謂章懷本但注范書，以志係司馬書，故仍昭之舊注，不爲更易，此説得之。當日有唐文治極盛，親王朱邸，文學之士甚多，況既有舊注，但加考正，集衆手以成完書，何難之有耶？

作片致巳蘭。得巳蘭復書。剃頭。閲厲太鴻、查蓮坡、弁陽老人《絶妙好詞箋》。巳蘭來。子恂來。得紱翁書。傍晚子恂招同巳蘭飲燕賓齋。晚後巳蘭招同珊士、子恂飲北韋家，予招佩娘，子恂招芝卿侑觴，三鼓歸。是日聞賊犯吾越之耗，有言二月初四日解圍，并有傳已陷者，雖究之未確，然已膽落失圖。烏乎！家國蒼黄，身世不知所屬，而天涯蹤跡，尚不免佯狂游冶間，生非渾沌，豈竟喪心至此歟！後人可以諒而悲之矣。

初九日丁酉　晴。得張問月書，並以武進臧玉林先生琳《經義雜記》見借。復問月書。

閲《經義雜記》，共三十卷。玉林先生爲康熙間諸生，與閻氏百詩爲友，所著尚有《尚書集解》一百二十四卷，《大學考異》一卷，《水經注纂》三卷，《困學鈔》十八卷，《知人編》三卷，顧世無知者。至嘉慶初，其玄孫在東先生鏞堂始表章其書，儀徵阮文達公爲刻《雜記》於廣東，復收入《學海堂經解》，於是先生之名始大著。其書精核訓詁文字之學，國朝漢學實開其先，閻氏作序極推重之，顧歷百餘年而後大顯，書之傳不傳固有數也。

夢漁來。琴巖來。（此處塗抹）子恂來。聞越耗皆妄，惟有諸暨失守之謠。

初十日戊戌　晴，風。卧起覺不快。作片致巳蘭。朱君邦彦來，並柬請十二日燕喜堂佽宴。子恂柬請十五日河東館佽宴。下午偕珊士小游曲中，並詣倪承寬司務而歸。子恂來，不值。傍晚得詩二首。

庚申暮春客居追念甲寅之春養痾柯山蘿庵朝夕景狀因賦二詩寫之用潘星齋侍郎曉游天王寺晚坐慈仁寺見山閣二首韵

曉起尋宿雨，笋鞋響幽麓。棲禽半已起，林端就新旭。入林路若暝，烟重濕堪沐。轉徑忽以明，晨光在叢竹。鐘聲自何來，因風出深緑。松屑無人收，時時墜溪渌。揭與山靈違，塵煩爲誰束。登高望故鄉，天遠樹如粟。

晚歸投僧居，芳蘚知我跡。松扉掩深林，暮雲倏已積。一磬繞廊去，衆響共清槭。龕燈納山影，暝翠去檐尺。經帷聞茶香，静與花氣隔。竹樹交廣庭，山月爲刻畫。永言别兹景，遠夢墜寒碧。獨客數歸鴉，何時返山夕。

邸鈔：上諭：大阿哥擇於四月初七日入學讀書，李鴻藻充大阿哥師傅。曾國藩奏二月初九日官軍攻克上溪口賊巢，殺賊二千餘人，生擒僞領天侯、僞將軍、僞點檢等二十八人，長髮老賊八百四十餘人，救出難民數千，奪獲僞印六十餘顆，即將休寧縣城克復。詔：此次尤爲出力之河南開歸陳許道張運蘭著以按察使遇缺簡放，餘升擢有差。清盛奏齊河之捷。薛焕、龐鍾璐奏前任閩浙總督季芝昌於上年十一月間病故，其妾吴氏於葬後三日吞金自盡。毛昶熙奏請爲降調湖廣道御史尹耕雲開復原官。硃批：因該員希邀寵榮，又無才能足録，處請開復，殊屬冒昧。毛昶熙著申飭，該革員如果始終出力，著有勞績，准其酌量保奏，惟斷不能仍列諫垣。欽此。

穀雨節巳正三刻。十一年辛酉三月十一日己亥　穀雨。晴暖。作片致巳蘭催書扇。下午答拜萬珠湖郎中、徐領香孝廉、朱松生秀才，並辭朱君明日燕喜堂之飲。謁潘星齋侍郎，久談而歸。子恂來，不值。是日得小詞三闋。

浣溪沙

睡起慵教貼翠鈿。日長啼鳥奈何天。客中花落又今年。　眉語金尊新燭底，鬢香團扇小風前。薄情贏得暫時憐。

又

側側輕寒護臂紗。梳妝纔妥上香車。小紅簾外即天涯。　憔悴一春常惜别，歸來無賴問桃花。日長何況更思家。

南哥子

裙衩文鴛窄，釵梁粉蝶嬌。纔離眼底已魂銷。難道忍心撇過、又今宵。　珮響聽銀箔，爐熏度紫綃。月斜花静夜迢迢。如此思量、魆地忒無聊。

夜月甚佳，同叔子、珊士小游曲中即返。夜睡覺不快，微嗽。枕畔口占《春晚日寄懷弟妹》七律一首：『故園弟妹憶燈前，照鬢緇塵一黯然。鄉夢醉中常萬里，病懷客裏又三年。亂書燕污梨雲地，破竈茶香穀雨天。領取貧家風景好，長安回首倍相憐。』

十二日庚子　陰晴不定。得子恂片，即復。作片致巳蘭再索扇。夢漁來。招同叔子、珊士至慶樂園聽雙奎班。晤巳蘭，日旰歸。作書致潘星翁、紱翁，並呈星翁七律兩章：『家世三公甲第高，星辰平步接雲霄。清名裴馬留銓部，素業韋平重本朝。密向常時傳涕淚，退閑結習尚風騷。鰤生得厠鄒枚列，咫尺龍門未覺遥。』『翠華猶爲吐蕃行，三輔倉黄漸被兵。憂國一身先老病，搜才十載急澄清。同舟誰共匡時策，去位難勝戀主情。雅俗即今資坐鎮，願公强起爲蒼生。』得星翁、紱翁復書。連日小受風寒，鼻嚏喉哽，今日尤疲茶。

十三日辛丑　晴，風。作書致子恂、致問月。爲星翁書扇。巳蘭來以扇見還。得子恂復書。定子來。作書致星翁，並以扇乞畫山水。子恂來。得星翁復書。朱松生來。慧菽來。作書致夢漁，爲子恂代請明日小飲。得德甫書，即復。得王月坡二月十九日濟南書。終日不快，身微發熱。夜舊疾兩發。

十四日壬寅　寒陰小雨。終日小病怯風。閲臧玉林先生《經義雜記》。

閲《三國志》辛毗、楊阜、高堂隆、徐邈、胡質、王昶、王基、王凌、毌丘儉、諸葛誕、鄧艾、鍾會傳。升平爲曹魏大儒，立朝正直，亦有古大臣風，而勸明帝改正朔，用地正建丑，以青龍五年春三月爲景初元年夏四月，此與唐武后之改用周正建子，新莽之改用商正建丑，先後何異。承祚譏其意過其通，於傳中略見其事，不詳載議論，可謂有識。王子師爲漢末忠臣之最，殺身湛族，僅遺兄子晨與凌二人，而彦雲盡忠於魏，復滅其嗣，此天道之不可知者。眉批：唐肅宗上元二年九月去年號，稱元年，以十一月爲歲首月，以斗所建辰爲名，次年復故。

夢漁招觀劇，不赴。子恂招晚飲，作書辭之。萬珠湖招飲三樹堂，不往。作片致子恂，辭明日河東館之飲。夜作稟家慈書、致仲弟書。夜卧疾發。

邸鈔：王有齡奏正月間賊竄太湖，總兵王文敬迎戰失利，東山失守。詔：王有齡交部議處，並著查王文敬下落。曾國藩奏湖南綏靖鎮總兵鮑超等克復建德縣城，殺賊六千餘人，淹斃者不下萬餘，饒州、九江兩府境内一律肅清。詔：鮑超以提督升用。上諭：張芾著幫辦陝西團練。克興額等奏收復潮陽。上諭：已故詹事府詹事龔寶蓮母龔惲氏等，於去年常州失守時闔門殉難，著交部優恤。

十五日癸卯　晴。作致沈瘦生書，并家書交上海公差航海寄去，此人以正月三十日自紹興赴滬，言越中安晏，省垣亦無警。

是日書家書後《蘇幕遮》詞一闋云：『燕銜花，蜂落絮。如此關山，夢怯都難度。三載飄零春又去。但見春歸，那有儂歸路。望吴雲，尋越樹。臨水登高，總是傷心處。落照平蕪天又暮。門外鴉啼，不爲愁人住。』又寄内七律二章：『蠶室田居分隱淪，三年誰遺事風塵。亂離莫更傷羈客，寒餓多煩慰老親。可使士安終失學，謂僧慧。漫疑孺仲未安貧。與君生小爲兄弟，法喜維摩本夙因。予姑母生内子後即病殁，予與内子幼皆育於祖母。』『絳趺閣上焚修地，齋版經帷大母傳。廿載米鹽貧裏淚，一家燈火佛前緣。

祖母自年四十即茹素奉佛，建絳趺閣供大士像，臨殁以屬内子，令居此閣焉。家慈三十外亦躭受净戒，内子未三十即誦内典，皆長齋繡佛經，唄誦之聲不絶朝夜。客居久懺閑情賦，鄉夢常依净室天。記取白頭山水裏，打鐘掃地補當年。』

夢漁復招觀劇，不往。

閱《三國志·魏·三少帝紀》。高貴鄉公經術文章，咸有師法，留心政事，常以夏少康爲念，真三代後不多見之令主。其決計討司馬昭，亦不失爲英雄。後人見其敗死，謂之寡謀輕舉，爲魯昭公之續。不知楚莊王之討鬥椒，叔孫昭子之討豎牛，衛獻公之討寧喜，漢桓帝之討梁冀；即同時若吴景帝之討孫綝，後世若宋文帝之討徐傅、謝晦，周武帝之討宇文護，皆冒險奮發，卒底於成。事機之會，間不容髮，勇决速斷，固除亂之首務矣。後世人君，狃於魯昭、高貴之事，因循容忍，以釀大禍者，不知凡幾，可勝慨哉！高貴自言『政使死，何所懼，况不必死耶！』二語慷慨激烈，千載下讀之猶有生氣。元魏孝莊帝謂寧與高貴鄉公同日而死，不與常道鄉公同日而生，二君英武，異代同符，其皆不免，則天也。觀《齊王紀》中歷載其通《論語》，通《尚書經》，通《禮記》，皆遣使以太牢祀孔子、顔淵；高貴養老乞言，親行古禮，以王祥爲三老，鄭小同爲五更，皆穆然有東漢之風，令人起敬。操尚權詐，丕尚詞章，皆不重儒，而二君乃有此事，不可謂非高堂、叔平等之功也。觀《高貴紀》所載太后追廢之詔，醜辭誣詆，令人髮指。以賢如髦，而致斯慘酷，操之餘殃甚矣。其時儒學重臣，若王祥、王沈、高柔、裴秀、盧毓輩，皆坐視此變，附和賊臣。經術之害，固有甚於匡、張、孔、馬者焉。

得星翁書並以畫扇見還即復。夜月甚佳，復譜寄内《蘇幕遮》一闋，並用前韵：『濕鴛綃，寒麝炷。一樣今宵，抛却春三五。别後月圓知幾度，不信天涯，猶有團圞處。卜金錢，裁尺素。鵲語燈花，總是無憑據。五月江城書到否，擁髻開緘，一枕黄梅雨。』

十六日甲辰　晴。

閲程大昌《詩論》，王柏《書疑》。程專攻小序，王割裂古經，無知妄作，議論皆無一可取，焚而絶之可也。

閲俞長城寧世《可儀堂古文》。寧世以制義名，故文殊未窺堂奥，然如《讀説命》《讀金縢》《放相辨》《叩馬辨》《坐懷辨》《輪迴辨》《晏嬰論》《漢高祖封項伯殺丁公論》《平勃誅諸吕論》《王祥非孝子論》諸篇，議論盡有佳者。文筆多以簡峭取致，乃其制義長技，然亦痛快可喜，較之蕪冗者固勝矣。其《宋太宗論》，謂宋非太祖之天下，乃太宗之天下，太祖之傳弟，勢所不得已，太祖不爲厚，太宗不爲薄。《明景帝論》，謂南宫之變，禍由王直輩勸立英宗太子，而于謙不能引大義以明斥其謬，英有辱社稷之罪，景有安社稷之功，天下在景之子，不在英之子，則于情事皆未確當。宋祖禪代之際，太宗居内，或有陰謀，然非太祖威名素著，豈足集事。觀其起事日，有司禁閉太祖家屬于佛寺中，太宗延頸待刃，固一無能爲。眉批：此據宋人説部。按正史，則陳橋之變太宗固在軍也。而俞氏乃謂唐之天下，父以子成；宋之天下，兄以弟集。不亦謬乎？至太祖踐祚之後，削平諸國，僅遺太原一隅，又杯酒解諸將兵權，内外安帖，功德日盛，豈不足傳業子孫者。而俞氏乃謂太祖以鼠竊狗偷之才，豈能以母后一言，棄萬乘如敝屣，朝爲盗跖，暮爲夷齊？誠恐德昭即位，太宗將爲劉曜、當作聰，俞氏作曜亦誤。石虎，皆無據之談。景帝固爲有功，見濟亦非不當立，然至見濟薨後，則上皇舊儲，復前星之位，夫復何疑。景帝、忠肅之失，在於此時不亟定東宫，使中外皇惑，變生意外。俞氏乃引晉元東遷，不立愍帝之子爲嗣；宋高南渡，不立欽宗之子爲嗣。謂亡國之子不可復立，尤爲迂謬。建興、靖康之元嗣，皆陷没胡虜，二帝亦未聞更有他子，何得援以爲比？羌無故實，空言取鬧而已。至《張説證魏元忠義》，謂元忠以唐臣仕周，張昌宗誣元忠欲挾太子反者，雖致之死，實加之美名，元忠當受其誣而死，不當辨而生；張説當證成其反，不當明其誣；而宋璟、劉知幾救元忠，勸張説，皆爲敗元忠之名；則尤迂腐偏譎，不近人情之論。元忠既無此事，乃欲受誣，以竊美名，則仍不得爲忠。張説故欲成人之名，乃以一言滅人之族，且自爲天下後世受黨附昌宗之惡名，雖喪心病狂者亦必不出此。宋、劉更坐視人之夷僇，而以虚僞之高名報其死友。此等議論，宋、明人最多。道學之弊，必至於此，思之真令人噴飯滿案也。

閲王述庵司寇昶《湖海詩傳》。此書去取頗爲失當，予素厭之。然所載《蒲褐山房詩話》，皆有資掌故。高廟六十年中，下逮仁廟之初，朝野文獻，多賴以足徵。其體裁全仿朱氏《静志居詩話》，幾亦足與相亞。惟過尊沈歸愚，謂爲一代宗主，雖師門之誼，然述庵於詩固無所解，宜其見嗤識者耳。卷中江浙人十居八九，其時海内富樂，三吴尤繁盛，爲群屐所歸。上而公卿，多投簪早退，優游山水；下至商販，亦争輦金結客，投轄題襟，風流駘蕩，飽享太平之福。烏乎！可爲羡艷者已。

陳棣珊來。萬珠湖來。夜小極早睡，支枕看月有憶，譜《人月圓》一闋云：『懨懨小病垂簾地，倚枕怯春寒。月明燈灺，花陰無賴，還上闌干。　麝巾暗解，螺杯偷遞，一晌追歡。露濃香細，銀屏剗襪，何日同看。』夜至五鼓後疾發。

邸鈔：上諭：捻匪竄擾山東地方，著勝保帶兵馳赴直隸景州、山東德州等處督辦剿務。　袁甲三奏總兵鄭魁士請告病回籍。詔准開缺。

十七日乙巳　陰，終日病苶。下午卧起譜《虞美人》一闋：『今年恁地人蕉萃，病裏春如醉。午陰孤館夢回時，疏幔茶烟剛襯柳絲絲。　添衣量藥無人顧，花底憑誰訴。客中燕子自無情，那解替人憐惜到飄零。』

十八日丙午　晴，風。補寫五日來日記。得定子書。夜與叔子、珊士清談竟三時許。予體粗可，尚形羸頓，頗有衛伯玉遇謝仁祖之憂。

邸鈔：義道等奏審定庚長罪名，擬斬監候秋後處决。詔：庚長失守清江，雖罪所應得，姑念其尚能隨同克復，著加恩改爲充發新疆，效力贖罪。上諭：崇綸、恒祺均作爲總理各國事務衙門幫辦大臣。

十九日丁未　晴，大風，下午稍息。閲王禮堂《十七史商榷》。夢漁來，知其新擢吏科給事中。慧叔來。晡時夢漁再來，擬出游，以鮮歡而罷。晚與叔子、珊士約小治酒肴，呼歌郎三四人爲半夕之飲，作片招夢漁不至，遂敗興不果。夜同二子聯句賦慈仁寺偃蓋松，用禁體至二十韵止，夜深而輟。舊疾復動。

二十日戊申　晴。早作書致子恂。麋叟來談。作片致德甫。夢漁邀同叔雲、子恂至廣德樓聽四喜部，餔時始往。傍晚詣寶元樓小飲，予招芷儂，子恂招亦秋，夢漁招梅莞侑觴，酒半珊士偕其同官三人來，叔子逃席去，予時已醉，離席獨坐，諸人轟飲，至人定後始散。予偕子恂至梔卿家，復獨詣小卿家，假卧其榻上，歷兩時許始醒，覓車而歸。

二十一日己酉　有旨换戴凉帽。上午晴，下午陰，終日有風。

閲王予中《白田雜著》。此書大略，予已述之於去冬日記。其中論史獨多名議，駁正《通鑑》諸條尤詳慎。先生篤信宋學，最致力於朱子之書，而時能匡正其失。説經不多，要皆推本漢儒。史學尤精密，惟及《史》《漢》《三國》，晉以下則不暇論；於《綱目》亦多辨覈，謂與《文公家禮》皆非新安手定之書，固乾隆以前諸儒所罕見者也。

得紱翁書，言新自昌平歸，以道中詩屬商定。爲叔子代撰擬副將黄莊勤開亮，廣西殉難。諭祭文、碑文各一篇。張問月來。夜閲武進莊葆琛先生述祖《弟子職集解》及《五經小學述》。再得紱翁書，以游記見示，即復。

二十二日庚戌　晴。許眉仙來。夢漁來。作書致定子、致德甫、致子恂。得定子復、子恂復。得紱翁書，復以近詩相商，即復。剃頭。夜飯後叔子招同夢漁、珊士飲小卿家，予招佩娘佐觴，二鼓歸。

邸鈔：克興額等奏三月十五日追敗潮陽遁匪於鳳凰山等處，十七日擒斬逆首李鳳奎。詔：即乘勢迅平餘匪。　廣東布政使周起濱補授太常寺卿。廣東按察使伊霖補授廣東布政使，惠潮嘉道彭玉麟補授廣東按察使。

二十三日辛亥　晴，極暖，晡後陰。曉睡疾發，終日鬱悶，體憊倍常。閲《三國志》關張馬黄趙傳及許靖傳。

閲《白田雜著》。其辨《書經》今文古文敘録諸條，及公子有宗道諸條，皆極精確。其論史自晉以下僅有辨陶威公心跡一條，及李衛公誅郭誼一條。衛公誅誼事，謂誼盡殺王涯、賈餗等子孫，欲以結宦官，求節鉞。衛公既欲誅誼，恐中人爲梗，故特聲王、賈諸人之罪，謂已就昭義誅其子孫。使若其事固出朝廷之意，則誼不得居功。蓋衛公心實痛王、賈寃死，特欲正誼等叛逆之罪，故假爲此詔以安内官耳。其説甚確，可謂得衛公大臣之心。王氏鳴盛《十七史商榷》第九十一卷中深取之，謂此論最精，可云卓識，而譏孫之翰《唐史論斷》、胡三省《通鑑注》詆諆衛公之謬。

夢漁來。夜閲《十七史商榷》及趙雲崧《廿二史劄記》。得紱翁書即復。

二十四日壬子　風霾。作書致子恂。同叔子坐聽事，啓北窗。

爲潘星翁少空題山水畫册十二幀各五絶一首：『荒林接遠疇，山寒自爲潔。日暮誰獨行，蕭寥佇風雪。』畫作古木荒厓。『秋水生遠汀，微芷著烟樹。扁舟無往還，只在天空處。』畫作疏林孤棹。『十里柯山路，蕭蕭紅樹林。别來秋幾許，滿目故人心。』畫作仿耕烟遠山紅樹小景，予最愛故鄉柯山紅樹，嘗屬亡友任熊渭長繪圖、王星誠孟調題詩，故云。『絶壁青萬重，下撫高樹頂。落日臨澄江，空翠見人影。』畫作斷崖獨立，下臨大江，隔江青林一抹而已。『浦樹蒸濕陰，嵐翠忽復積。柴門猶未扃，山氣黯將夕。』畫作仿瓜疇思翁屏山林屋，極蒼瀾之致。『歸路沿魚滬，江村月色新。依依渡旁柳，相識刺船人。』畫作仿瓜疇柳岸歸舟。『重嶂罨斜谿，夏木晝常暝。屋背飛泉聲，高眠孰爲聽。』畫作仿黄鶴巖泉溪樹山居夏景。『高樓結山阿，濕雲漲林莽莫補切。窗開風四來，跂脚看飛雨。』畫作仿海嶽山樓雨嶂。『人家占幽處，相望槲陰中。只隔東西崦，雲深路不通。』畫作仿大癡山居相背籬落深密之景。『畫到工官瀆，蘆漪帶鉤舲。秋容收不盡，永日上空亭。』畫作野亭秋水。予居室後爲官瀆，即《越絶書》所謂工官瀆，勾踐時工官所居，平湖百餘頃，瀆口有庵亭，極似畫境云。『著書對山光，水際結林屋。鷗飛不見人，盡日風簾緑。』畫作面山臨水，老屋數間。『畫境入渾茫，高懷不可寫。竹枝映吴裝，想見秋林下。』畫作冬山慘淡，林木清瑟之景。

星翁嘗寫山水小册付六公子祖楨，公子殁後，星翁以畫册並《金唐哀詞》寄閲，屬爲作詩傳之，因題一律：『璚樹亭亭最小枝，趨庭侍硯尚堪思。庾公感念同亡日，元相凄凉憶舊詩。遺札應多開篋淚，微言難遺罷棋時。郎君谷在歸何處，元鶴梅花夢裏知。』侍郎嘗夢入一古洞見公子，有紀夢詩及序甚詳，『元鶴梅花』皆序中語也。

得子恂復。子恂來。定子來。夜子恂書來招同叔子、珊士飲梔卿家，叔子不往，予呼佩娘佐觴，三鼓歸。連日疲乏，體中亦不快。今日天氣燥熱，愈不可耐。昨夕又得一夢甚惡，既念老親，復悲脆質，忽忽自失，驚疑益深，雖勉赴良友之招，接内人之坐，往往向隅咄咄，繼以長歎，憂生感遇，交集百端，乃强盡數觥，冀以排遣，然愁城萬仞，豈區區酒兵所得降乎！

邸鈔：上諭：候補總兵李定太著幫辦徐宿剿匪事宜。李定太現在浙江軍營，即著瑞昌、王有齡飭令迅速前往。

二十五日癸丑　晴，午後風又起。紱翁來。定子來。賈琴巖來不晤。作書并昨所作詩致星翁。得星翁復書。得紱翁書假觀《湖海詩傳》及新日記，即復。爲佩娘書扇。夢漁來。得德甫書。得紱翁片。

立夏節亥初二刻。　二十六日甲寅　亥刻立夏。晴，風。終日困憊，精神頹賈，幾不可支，蓋節氣交會，病境遂深，此以早衰之徵也。

閱《漢書》周勃、周亞夫、樊噲、酈商、夏侯嬰、灌嬰、張蒼、周昌、趙堯、任敖、申屠嘉、淮南王、衡山王、濟北王諸傳。又閱《廿二史劄記》，時時睡去。叔子、珊士俱他往，日暮始歸，益增寥落之感。誸《廿二史劄記》首尾兩通。

邸鈔：上諭：兵部尚書朱鳳標隨扈木蘭，前任大學士彭藴章署理兵部尚書。沈桂芬補内閣學士。

二十七日乙卯　晴，晡後陰。得星翁書，爲予畫《湖塘村居圖》，並題詩見贈，即復書申謝，詩録於此，用前《曉游天王寺》韵：『白雲何所依，繚繞柯山麓。夢覺蒼翠中，林扉淡朝旭。終日面湖光，烟鬟出新沐。朅與猿鶴睽，高情眷梧竹。羇辰易增感，庭草萋已緑。尺幅寫山心，塵襟滌寒渌。何時尋勝踐，俯仰謝拘束。白華潔晨餐，詎羨雲渠粟。』屬叔子爲佩娘畫牡丹。傍晚作片致夢漁、致萬珠湖招飲三樹堂。得夢漁復書以驟病辭，得珠湖片以有客辭飲。夜爲紱翁詩加墨。作詩《謝星翁惠村居圖》，即疊前韵：『結念楠隱鄉，環流面寒麓。凌晨理幽榜，人語出清旭。群鬟互濕翠，臨谿各爲沐。釣竿帶烟蘿，茶臼答風竹。卷簾交清暉，書帙映人緑。煩公營粉本，茆堂啓湖渌。畫圖幸取辦，魚鳥失約束。相期采金英，鹿蹊踏松粟。』四鼓始睡，舊疾又發。聞上疾甚篤。

二十八日丙辰　雨，京師久晴，亢燥殊甚，得此差慰。作書致星翁、紱翁。得星翁復書。雨窗有憶，成五律兩首：『花底重門路，櫻桃又餞春。麝巾心上事，蟬鬢眼前人。獨客難爲别，他生只懺貧。朝來羞對鏡，華髮更傷神。』『病枕支頤際，猶懷夢裏雲。簾陰明燭淚，雨色淡爐熏。鏤玉雙鉤扇，真珠百琲文。團圞將密意，青鳥爲殷勤。』時以小楷書近詞於團扇寄贈。再得星翁書，並以近作寄黄秋士七絶一首録示。夢漁來。慧叔來。作書並今日所作五律致星翁。得紱翁書即復。夜珊士招同叔子飲醇和堂，予招芷郎侑觴，二鼓後歸。屬珊士以團扇、楣帖代交佩娘。

邸鈔：四川提督郭相忠賜謚忠毅。病故。詔蔣玉龍以二品頂戴署理。

二十九日丁巳　雨至午止。紱翁來，久談而去。晚色漸霽，新緑滿庭，欄檻如畫，吟賞久之。夜得紱翁書即復。

邸鈔：胡林翼奏黄州失守，自請議處。詔免議。以胡遠在安徽太湖也。

三十日戊午　晴。午偕叔子、珊士遊慈仁寺，登見山閣，茗坐逾時，叔子乞得藤花升許，歸制糕相餉。得紱翁書即復。剃頭。連夕疾動。

夏四月己未朔　雨。得紱翁書即復。倦甚，閲《十七史商榷》。窗外雨氣深凉，緑陰如幕。簾几罨潤，長晝寂然，益覺鄉夢近人，逝華感我矣。

初二日庚申　上午薄晴，下午陰。雅齋來，知小圃弟得與順天府學拔貢。吾族自天山公以來，科第相繼，獨貢生一途，惟族曾祖諱壎者以歲貢終老，餘無聞，于今慧叔得優貢，小圃得拔貢，亦可爲吾家科目添色矣。得德甫書即復。傍晚偕叔子、珊士訪定子家看牡丹，花大如盤，老幹杈枒，蓋已百年物矣。並晤張問月，同喫麵而歸。夜雨聲清密，偕叔子看珊士作畫，四鼓始寢。

邸鈔：候補四品京堂户部員外郎閻敬銘著開缺，以按察使候補。閻以副郎爲楚撫胡林翼奏調至營，故有此擢云。

初三日辛酉　晴，巳刻風起。閱《十七史商榷》。補作《春盡日同叔子和珊士心字韵》詩：『異國春歸客感深，烽烟滿目罷登臨。茂弘到處能胡語，莊舄無人和越吟。四海蒼黄留此日，十年閑散負初心。草驢禿尾天街側，吹笛纖兒莫見侵。』夜坐有懷，同珊士填《山江紅》詞一闋：『一翦紅靡，倩誰寫，銀鉤團扇。還記取，鸞紗窗下，那回初見。眉葉黛匀新恨淺，靨花香著春酲暖。恁畫中小劇鏡中癡，東風懺。　瑶璫寄，空相券。珠彄約，翻成怨。奈夢隨春去，鈿衫人遠。翠檻雲深鸚母睡，繡屏香重貍奴懶。衹粉巾留得唾脂痕，星前看。』《山江紅·初夏夜凉剪燈有憶同珊士賦》。

初四日壬戌　晴，巳刻大風起，午後益横。閱温飛卿詩。閱《經義雜記》。雪甌來。萬珠湖貽蘇州箋紙四匣。雪甌留宿齋頭。夜和珊士《山江紅》詞一首。今日凉甚，可御小裘，夜寒尤甚，風稍止。聞聖躬稍安。

前調 珊士賦此懷吴中舊眷，依韵贈之。

曉枕啼鸎，剛夢到、謝家庭院。聽水樣，房櫳曲處，鈿簫低唤。簾幕語通香篆細，鞦韆影隔東風軟。正緗桃花底教鸚哥，春愁淺。　蕭郎鬢，年年换。真珠字，題都遍。恁新詞琢就，相思難遣。懷裏緑筠重疊淚，奩中紅豆團圝懺。又鯉魚，風信到江南，傳椾慣。

附珊士作：

第四橋西，閑認取、小桃庭院。最記得，春酲初起，嬰哥偷喚。芍藥香屏紅玉暖，梅花晝帳泥金軟。正銀紗，窗底看梳頭，春衫淺。　芳意晚，流年换。些個事，思量遍。但慵香病酒，怎生消遣。燕子瑤釵花底淚，蛛絲翠合燈邊懺。算相思，未許繡衾知，無眠慣。

初五日癸亥　晴。雪甌早去。珊士復和予《山江紅》詞見示，因疊前韵一首。

前調 夜寒如水，纖月隔窗，擁枕無眠，追歡拾恨，疊韵有寄。

悄悄簾櫳，恰深掩、猩屏六扇。算除了、鬢花釵燕，更無人見。鈿枕偎偏腮印薄，玉衾睡重鞋香暖。指銀荷，畫蠟刻宵深，春紅短。　幸俊約，重門券。貽雜佩，芳皋怨。衹温存一晌，博山爐遠。艷月粉薔胡蝶夢，東風皂莢青驪懶。恁綺錢，如水映春星，誰同看。

前調 前屬東鷗生畫牡丹團扇寄人，自書小詞媵之。今日東鷗、珊士皆有和章，再疊前韵。

第一東風，最宜稱、鏤金羅扇。應記取、香盟密誓，是花親見。障面恰侵霞暈薄，上頭替護雲鬟暗。更夢中，彩筆寄相思，瑶椾短。　重錦帳，情天券。雕玉佩，芳年怨。恁冰蟾掩映，額黄山遠。小院常兜香絮滿，畫欄閑弄游絲懶。待近前，兩字問鴛央，從頭看。

附珊士作：尊客以團扇屬叔雲畫牡丹書自填《山江紅詞》寄所眷，即次原韵調之。

個樣風懷，剛寫上、砑羅小扇。算一捻、團圞深意，除花曾見。粉葉羞櫳衫影薄，唾茸嬌沁脂香暖。問鬟邊，春色畫中愁，誰長短。　巾麝冷，銀梔券。琴雁瘦，紅蘭怨。怎珠燈無賴，夢隨人遠。翠幔小風雛燕病，緑椾殘月啼鵑懶。待朝來，花下没人時，憑肩看。

徐領香來。夢漁來。子恂來。

邸鈔：上諭：禮部侍郎伊精阿爲大阿哥諳達。杜翩著幫同譚廷襄辦理山東團練。

初六日甲子　晴暖。閱柳耆卿詞。

閲陳子高詞。子高名克，臨海人，著有《赤城詞》一卷。中如《浣溪沙》云：『淺畫香膏拂紫綿。牡丹花重翠雲偏。手挼梅子並郎肩。病起心情終是怯，困來模樣不禁憐。旋移針綫小姑前。』《謁金門》云：『花滿院，飛去飛來雙燕。紅雨入簾寒不卷，曉屏山六扇。翠袖玉笙悽斷，脉脉兩蛾愁淺。消息不知郎近遠，一春長夢見。』《菩薩蠻》云：『綠蕪墻繞青苔院，中庭日淡芭蕉卷。蝴蝶上階飛，風簾自在垂。玉鉤雙語燕，寶甃楊花轉。幾處簸錢聲，綠窗春夢輕。』又句如『薄衣團扇繞階行，曲闌幽樹，看得綠成陰。』《臨江仙》。『簾額好風低燕子，窗油晴日打蜂兒。』《攤破浣溪沙》。『檀炷繞窗燈背壁，畫檐殘雨滴。』《謁金門》。『簾外落花飛不得，東風無氣力。』又『鯉魚不寄江南信，綠盡菖蒲春水深。』《鷓鴣天》。『梨花院落黄茅店，繡被春寒此夜同。』又『月朧朧，一樹梨花細雨中。』《豆葉黄》。皆清綺婉約，直接《花間》，在北宋諸家中，可與永叔、子野抗行一代，雖所傳不多，吾浙稱此事者，莫之先矣。

浙之詞人，兩宋爲盛，然仁、英以前無聞。自元豐、熙寧間，山陰賀方回鑄、慈谿舒信道亶，始馳聲南北。至錢唐周美成邦彦出，而《片玉》一集，遂爲天下所宗。南渡以後，則山陰陸務觀游、高賓王觀國、永嘉盧申之祖皋、四明吴君特文英、陳君衡允平、會稽王聖與沂孫，蔚然代起。夢窗、碧山，既爲眉目；放翁、竹屋，驂驔後先。而同時若史邦卿達祖、張叔夏炎、周公謹密，雖或稱汴人，或稱秦人、齊人，顧梅溪久居鄞，玉田、草窗皆世居杭，實皆爲浙産。是南宋百餘年中所號詞中大家者，惟辛幼安爲歷城人，姜堯章爲鄱陽人，餘皆浙人耳。予嘗論詞固莫富於南宋，律亦日密，然語蕪意淺，俚鄙百出，此事遂成惡道。蓋《金荃》《蘭畹》之旨，固蕩焉盡失，即小山、六一、淮海、安陸諸公之風神格韵，亦無復存者。嗣後延元及明，喫菜事魔，樂府幾絶於世。周叔子謂南宋骩骳之習，實清真開之，是則藝苑之公言，誠不能爲鄉曲諱也。蓋其先若耆卿之鄙俚，介甫之粗劣，山谷之率硬，皆爲南宋人權輿。而晁無咎、晁具茨、葉石林等，接續其間，向伯恭、陳了齋尤爲庸惡，皆以重名參會南北之際，正聲日替，群妖畢呈。清真喜用滯字沓語，後進效之，遂成風俗。就中作者，惟稼軒最爲清矯，不錮所溺。而石帚名最盛，業最下，實群魔之首出者。以吾浙而論，當首推赤城，次推慶湖。清真分別觀之，所傳名什，要自無愧作手。梅溪、碧山、夢窗、草窗亦皆有佳處，惟不宜學其累句以爲當家，刺其拙字以爲宗法，甘鄙僿以爲沉著，習粗疏以爲大方，則得失在人，鑒裁由我，博觀約取，夫復何傷？放翁詞格，殊清快近稼軒。《竹屋癡語》《日湖漁唱》，樸野之音，二家相似，雖間有佳唱，存而不論可矣。嗚呼，今世填詞家，方奉白石老仙爲周孔，見予此論，有不駭而却走者哉！

近日吴中填詞名輩，若戈順卿、沈閏生等，皆以《白石詞》爲金科玉律，斤斤於一字半字之辨，以爲樂府正聲，賴此不墜。夫大晟久亡，宫音不正，諸人生千百年後，徒墨守其去上之字，咀含其重𢡟之音，不計工拙清濁，以爲概可被之管弦，亦可謂至愚極陋者矣。

雪甌來。是日爲故鄉青田湖賽黄神日，游事最盛，夜坐追念，成競渡詞十六首。

初七日乙丑　晴，下午風起頓陰，暖甚可單衣。紱翁來談，歷三時許而去。得星翁書，以近作《題唐園紀游圖》七絶二首見示。剃頭。得王月坡三月初八日濟南書，言捻匪俱在泰安一路，署東撫清盛防堵齊河，省垣兵不滿五百。月坡偕同旅數人尚滯歷下，資費漸盡，殊爲憂之。得紱翁書。傍晚風沙捲天，昏霾益甚。夜間本欲出游，又以中止，復譜《山江紅》一闋。

前調 三疊前韵有寄

簾底銀薔，剛新試，單衫輕扇。偏不許、晝長人寂，暫時相見。寶甃睡猧梅子落，粉屏乳燕楊花暖。更小窗，低映畫蟬紗，芭蕉短。　尋漢佩，芳蘅券。留宓枕，叢蘭怨。恁章臺走馬，小重山遠。腰瘦畫裙聲更細，鬟慵鈿額妝都懶。記紗廚，隱卧繡芙蓉，移燈看。

補録昨夜所作詩：

四月六日青田湖競渡詞十六首 有序

辛酉歲，客居京邸，初夏積病，追念三十年來里居是日繁盛之景，不已於懷。越人勤苦，罕事游宴，獨以四月六日爲嬉春之補。予居霞川，又與湖比，景物前後，閱歷爲多，故泚筆所及，凡士女豐容之觀，村郭殷填之樂，俱可極太平於一覽，通羈思於千里。而風俗所尚，道里所名，亦多摭入，使後之志越事者有所考見，而國家復古輶軒陳詩之制，亦足以備采風云爾。

青田湖上相公祠，祠祀黄衣疫神，俗呼黄老相公，始於明代，見萬歷《紹興志》。四月嬉春未算遲。二百年來人事少，太平長日賽神時。

今年風景勝前年，半月先期約畫船。湖水湖風三百頃，家家修笛夜樓前。

道出霞頭直郭西，昌安門更接常禧。周迴十里鄉村路，時見桑陰出緑旗。

虹橋三里小紅樓，樓下人家早艤舟。釧影隔窗燈未滅，曉星簾幕各梳頭。

霞川一曲暖風初，畫槳聯銜逐隊魚。羅綺中央人兩岸，不容烟水一分疏。

金碧樓船緩隊來，錦衣細樂共徘徊。前頭忽擂春星鼓，更看魚龍舞一回。

花叢來往各西東，女伴回舟語笑濃。剛是與郎迎面過，轉灣橋畔又相逢。

萬人歌吹緑陰天，酒户茶檣處處連。誰坐水邊凉閣子，畫羅扇底看游船。

白馬絲韁年少郎，褰簾紅袖内家妝。會龍橋接蓬萊驛，離合前頭總不常。

旌鐃百沸集祠前，畫裏山川倏轉旋。荼火龍舟三百隻，一齊飛舞鏡中天。

誰家雀舫擅玲瓏，翠管銀琵别樣工。獨揀緑楊閑處泊，午陰低颭玉釵風。

堰南堰北逐行雲，陌上衣香勝草薰。難得夕陽偏解事，盡烘湖翠上羅裙。

綵棚忽斷見桑麻，少婦紅裙獨在家。爲念插秧時節近，青山影裏聽田車。

星火高城上漏遲，游人漸散夜闌時。一鉤纖月鐘山寺，過盡燈船總不知。

舞臺對起五雲高，永樂橋連菜市橋。風露漸深歌漸細，夜凉分占兩枝簫。

三載飄零滯玉京，今朝回首不勝情。遥知花底鉤簾路，多憶當年側帽生。

夜同叔子、珊士鬮韵賦鞋尖《滿江紅》詞，限燭一寸脱稿，似尚可觀，隨録於此：

滿江紅美人鞋尖。同叔子、珊士刻燭鬮韵作。

些子雙鴛，剛墮地，猩紅初染。偏略透、人前消息，牡丹芽淺。半黍細霑檀點濕，一絲輕熨莎痕軟。但鳳頭，依約畫裙邊，時遮掩。　看小立，閑庭院。纔半吐，情何限。似端相鸚舌，被伊偷翦。月茁簾前描影瘦，玉尖帳縫勾人暖。便將他，春笋比纖纖，誰還欠。

邸鈔：張之萬補授詹事府正詹事。吴存義補授通政使司通政使。薛焕奏三月初八日浙江海鹽縣城復陷，乍浦亦失守。副都統錫齡阿不知下落。初九日，平湖縣繼陷。瑞昌、王有齡奏二月間賊陷海鹽，二十九日收復，兹蓋再失矣。

初八日丙寅　上午晴，下午風起，陰霾。午後出訪潘紱翁、萬珠湖、吴碩卿，俱不值。詣鐵廠本家，賀小圃得拔貢。進城詣雪甌，晡後歸。朱松生來。吴澤甫來。夜復同叔雲、珊士限燭拈韵賦《滿江紅》抹胸詞一闋。

滿江紅 美人抹胸。同叔子、珊士刻燭鬮韵作。

窄窄纖袿，恰掩映、蘭襟深處。還惹得、絲絲香細，繡檀微炷。粉葉薄霑金鳳翼，紅椒對吐銀鶯咮。認一痕、珠絡領巾斜，春心露。　襯背衱，侵腰素。欣熨貼，都如許。望紅墻一抹，閑情能賦。香汗暖蒸重錦角，玉酥隱起纖羅縷。問檀郎，可解護温馨，癡情訴。

初九日丁卯　終日陰霾，午大風，晦冥如夜，食頃稍開，有雨頓涼。得吳碩卿書，即復。得張問月書，並以歙縣程易疇先生瑶田《通藝録》見借，即復。夜風止，月出，天氣甚涼，庭院清絶。閲《通藝録》戈、劍、璧、九穀等考。

初十日戊辰　晴。曉卧疾發。作書致潘星翁、紱翁、子恂、德甫。得星翁復書。雪甌來。爲問月題鄭康成先生像五律二章：『獨紹凫山業，遺經日再中。道高全亂世，名重懾群雄。聖證嗤王肅，師資惜馬融。龍蛇哲人夢，還與奠楹同。』『宋學蜩唐會，經蕪五百年。緯書原小累，性理豈真傳。復古逢昭代，追崇議近賢。自康熙中復文廟從祀後，近儒孫氏星衍請官其子孫世襲五經博士，洪氏亮吉請用其《禮記》注取士。肅瞻遺像在，願執後車鞭。』

邸鈔：雲南布政使陳景亮告病回籍，四川按察使蕭浚蘭擢雲南布政使，四川成龍潼綿茂道毛震壽擢按察使。

聞上疾轉劇。

十一日己巳　晴。曉卧又疾發。作字致子恂，致問月，并還鄭君像、《通藝録》。晡後出訪吳碩卿及佩娘，晚歸。夜月甚清，睡味殊美。

小滿節午初初刻。　十二日庚午　小滿。上午晴，下午陰，又風。曉卧疾又發，得子恂片。子恂來。吴碩卿來。晡時同珊士小游北里。還佩娘開發。晚訪潘紱翁而歸。珊士邀同叔雲飲廣和居。夜就叔子卧裏閑話。四鼓後雨作，有檐滴聲。

十三日辛未　風雨凄然。

閲趙明誠《金石録》。其首有李易安後序一篇，敘致錯綜，筆墨疏秀，蕭然出町畦之外。予向愛誦之，謂宋以後閨閤之文，此爲觀止。趙氏援碑刻以正史傳，考據精慎，遠出歐陽文忠《集古録》之上，於唐代事尤多訂新、舊兩《書》之失。當時新史方行，而德夫屢斥其謬誤，悉心釐正，務得其平；於《舊書》亦無所偏徇，真善讀書者也。此本爲德州盧氏見曾所刻，乃據義門何氏校本，而召弓盧氏，爲之參考群書，疏其得失，加以案語。又取丁敬身、鮑以文𣂏本，及諸藏本，遍爲覆勘，可謂精審。惜刊板未工，頗有誤字，與所刻《雅雨堂叢書》迥殊。蓋此書登木在後，或非盧氏親自付梓，故獨不入叢書中，爲單行本耳。

予嘗疑東漢人臣得謚獨少，三公以名位終者，往往無謚，蓋史傳不能無闕。是録所載《車騎將軍馮緄碑》，有『謚曰桓』之文，而范書無之。案緄官止於廷尉，秩爲九卿，雖有平定荆州功，爲宦官所扼，旋以長沙武陵蠻復反，策免車騎將軍。碑言軍還，臨當受封，以謡言奏河内太守中常侍左悺弟，坐遜位，與傳不同。其後起官復躓。傳云復爲廷尉卒於官，而碑云：『復廷尉，奏中官子弟不宜典牧州郡，獲過左右，遜位而薨。』是緄且罷官閑散以終者，尚得易名之典，據此則知史之遺落多矣。

下午風狂雨横，極似深秋，孤坐看書，蕭寥轉甚，倦卧兩時許，旅愁鄉夢，益復難堪。是日市又決盗十餘人。夜雨聲徹曙。

讀《后漢書》列傳。後漢之宋均及族子意，趙氏《金石録》據《靈帝本紀》《黨錮傳注》《姓苑》《姓纂》諸書及《宗俱碑》，考定宋字爲宗字之誤，其説最確。後之刻范書者，徑改爲宗可也。文章家用虎渡河等事，亦當稱宗均。

十四日壬申　晴。閱羊衒之《洛陽伽藍記》。子恂來。得問月書，即復。作書致潘譜琴庶常，索令祖太傅所編《熙朝宰輔録》及吴次平太常所刻《洛陽伽藍記》。得譜琴復書以二書見貽。晚偕珊士詣萬珠湖，並晤其弟蓮初禮部。夜招珊士、珠湖飲三樹堂，更餘乘月而歸。飯後同珊士坐欄檻看月，時宿雨初足，樹色晶蔚，凉陰滿院，鄉思黯然。讀韓致堯詩。夜五更叔子赴殿廷考差。

跋《熙朝宰輔録》，此書乃道光十八年吴縣相國潘文恭所編，滿相起剛林，訖伊里布，漢相起范文肅文程，訖湯文端敬釗，皆但載籍貫、科目及拜罷年月。予向欲與同鄉傅節子爲補其字號加銜及得罪者之略，未睹國史，不能爲也。

十五日癸酉　曉雨，傍午漸止，晡後密雨入夜。得譜琴書索日記，即復。

閲《洛陽伽藍記》訖，爲作跋。此書爲東魏撫軍司馬楊或作羊。衒之撰，述魏太和以來洛都佛寺之盛，分五卷，雖名專梵刹，而意主國是。故一寺之下，系以道里形勝、建置制度，旁及人物藝文，遺聞佚事，往往足以補正史傳。間雜談諧神怪，亦可資采摭，而於變亂事故，尤言之詳盡。《四庫》書入之史部地理類古蹟門。其文章秀雅，敘次簡古，足與酈道元《水經注》相頡頏。元氏一代，著作傳者寥寥，固可寶貴者矣。錢唐故太常寺卿吴次平若準據《史通》之言，爲分别其提綱子注，眉目較清，又參考《法苑珠林》《太平廣記》《魏書》《北史》《水經注》《文選注》《古文苑》諸書，毛氏《津逮祕書》本、何氏《漢魏叢書》本及諸刻本，作《集證》一卷，搜采頗備。惜斠刊未精，尚多誤字耳。

子恂來。今日部院諸員於太和殿考差，上自行在命題。《四書》題爲『其身正不令而行』，經題爲『而畏高明人之有能有爲使羞其行而邦其昌』，詩題爲『誰驚一行雁得樓字』。晡後叔雲歸。閱韋端己詩。初更後雨霽，二更月出甚清，三鼓風大作。

十六日甲戌　晴，蚤風，上午稍止。得譜琴書，並還日記，即復。讀義山詩、飛卿詩。作書致定子。

十七日乙亥　晴。得定子書。子恂來。閱清真詞、方回詞。閱厲太鴻《宋詩紀事》，晚同叔子、珊士飲廣和居。

邸鈔：李續宜幫辦湖北軍務，賈臻署理安徽巡撫。

十八日丙子　陰，下午小雨。作書致子恂、致德甫。偕叔雲、珊士訪夢漁，久談而歸。雪甌來不值。子恂來不值，留書而去。得雅齋片。

十九日丁丑　晴，大風，午後陰，晚晴，風止。定子來。紱翁來。作書致子恂，傍晚夕陽媚甚，欲出游不果。

二十日戊寅　晴。巳蘭來。夢漁來。

邸鈔：前左副都御史張芾會同瑛棨辦理陝西防堵事宜。候補三品京堂左宗棠幫辦曾國藩軍務。

二十一日己卯　薄晴。作片致定子索還日記。下午偕叔雲、珊士至廣和園聽三慶部，赴朱秀才之招也。晡後朱君招飲萬興居，晚歸。小雨。夜疾動。

二十二日庚辰　晴，風。得子恂書，即復。夢漁來。

二十三日辛巳　晴陰不定，風。作書致子恂、致巳蘭。得子恂書。傍晚招同子恂、珊士飲三樹堂，初更歸。雷電有雨。剃頭。

二十四日壬午　晴陰不定，風。夢漁來。雪甌來。杜蓮衢侍講來。邸鈔：前任閩浙總督王懿德病卒。詔：照總督例從優賜恤。賜謚靖毅。

夜疾動。

二十五日癸未　晴，風。作書致吴碩卿還所换銀。作稟家慈書、致仲弟書、致鏡人伯書，屬巳蘭轉交田某署正帶去。閲《北史》。

二十六日甲申　晴，下午風起又陰。朱松生來。洗足。

二十七日乙酉　晴，風。作書致德甫。子恂來。夢漁來，得定子書。聞聖躬稍安。

芒種丑正二刻。　二十八日丙戌　芒種。晴。曉睡疾發。夢漁來。紱翁來。得德甫書。

二十九日丁亥　先本生王父忌日。陰。作片致子恂、致巳蘭。得巳蘭復片。作家書一通，交浙江摺差帶去。今日福建主考放侍講學士楊秉璋、中允何廷謙；廣西主考放編修洪調緯、主事龔嘉儁。傍晚微雨旋止。夜爲陳同叔比部寫近作詩詞，册葉三紙。剃頭。

五月戊子朔　晴，熱甚。雪甌來。午後欹枕看《北史》，忽忽睡去，遂夢至家坐絳趺閣下賦詩，得『檐花一尺黄梅雨』之句，醒而足成七絶一首云：『檐花一尺黄梅雨，夢到山陰五月初。燕子日長人不至，簾垂茶熟卧看書。』晡後出門至東頭訪人不值，過人家門首，往往見小兒女繭人艾虎簇戴滿頭，不覺動羈旅之感，遂於車中口占七絶一首：『女兒節裹在天涯，時樣釵符出内家。節物誰爲孤客供，白團扇上寫榴花。』至米市胡同訪星齋侍郎，久談而歸。

近兩旬來，意緒煩雜，讀書俱無首尾，亦久不事吟詠，惟十日前，戲同東鷗生俳詩一首云：『醉遍英英盼盼家，一堆灰裹逐韶華。江湖十載尋春客，來賞齊安鼓子花。』予今年所顧得二人，一張姓，一馬姓，故用陳後山詞序中黃樓妓事。珊士和作云：『蘅皋彩筆又誰家，重向天涯感鬢華。怪殺尋春老詞客，銷魂偏爲馬纓花。』亦用其姓以相謔也。叔畇原作云：『揭來北道見生張，皮屐牙梳別樣妝。歌罷莫教當户立，有人評泊畫雲娘。』此所詠者乃又一張姓，頗眄睞叔子，故用魏楚遇生張八事。三詩皆信口嘲弄，不録於集，然俱小有風致，使後人更有續徐釚本事者，當亟以入選矣，故仍存於此，以待好事者。

初二日己丑　晴，下午陰，晡後雷電，小雨。星翁以所仿董香光山水團扇走使相示，作書復之。作書致定子、致五樓，一爲緩債，一爲索債也。日間熱甚，夜涼。

初三日庚寅　早陰，上午小雨，下午晴。作書致德甫。子恂來。付周僕節賞任裕十千、王升五千、俞芳五千，陳僕徐升五千，廚子五千，更夫三千，誠兒二千，王嫗六千，僕人王福十千。得德甫書。昨夢泛海歸家，瞬息即達，入門見老母以下，慰撫方畢，萬事釋然，忽憶都中惟有兩事未了：書肆所見《舊唐書》《舊五代史》未及買，一人家欠酒錢未還。殊覺耿耿，方欲急作料理，遽然而醒。思之失笑，可謂癡絶者矣。

初四日辛卯　晴。朱嵩生來。得定子書。傍晚詣定子，知杭人陳小鐵大令於定子處見予詩，頗致傾挹，欲薦之天津觀察。定子恐予不肯就，特以相告。予亦不能决也。夜偕叔子詣子恂，即歸。

初五日壬辰　晴，極熱。張問月來。

邸鈔：王有齡奏三月廿九日壽昌失守。賊於三月廿四日由婺源連破常山、江山，復分股竄入開化、遂安，遂陷壽昌。

初六日癸巳　晴。小圃弟來。陳同叔來。剃頭。詣才盛館賀子恂母夫人五十壽辰，叔子、珊士同往並晤德甫、棣珊、同叔、萬珠湖培曾、蓮初培因昆季、熊定庵昭鏡郎中、錢辛伯桂森編修，夢漁、定子均在，談讌頗歡。觀雙奎班演劇，繁鬧可厭，至夜分，予呼芷儂演《打番兒》一齣，四鼓歸寓。

初七日甲午　晴。紱翁來。

邸鈔：以陝西布政使瑛棨爲陝西巡撫。按察使吳春焕爲布政使。督糧道王承基爲按察使。張運蘭補授福建按察使。

初八日乙未　晴，酷熱。夢漁來。夜患齒痛。

初九日丙申　晴，酷熱異常。陳小鐵來訪，不值。齒痛，午後身熱頭痛，舉體不適。得定子書，以陳君小鐵元禄所著《抱潛集》詩兩册屬爲點定。陳君爲句山先生後人，現宰保定唐縣。得紱翁書，以翁覃谿集及趙味辛集屬售。

邸鈔：徐之銘奏新任陝西巡撫鄧爾恒行至曲靖府，夜居府署，爲盜所殺。爾恒，江寧人，閩浙總督廷楨子，癸巳進士，由編修至今官，頗無政聲。聞其死也，爲何有保及其子自清所殺。何有保者，雲南人，以戰功至副將，恣横不法。自清其養子，悍勇過其父，官至總兵，加提督銜，尤凶暴，督撫皆爲所制。

初十日丁酉　晴，三日來酷熱不可耐，几席灼然，南中伏日無此苦也。諸患少愈，病齒更劇。

十一日戊戌　陰，巳刻小雨，終日風凉，病骨頓蘇。得定子書，即復。答拜陳小鐵，不值。杜五樓來，招同叔雲、珊士飲廣和居，晚歸。作書致定子，得定子片，屬爲其鄉人陳麗生太守書團扇，此君與韋娘甚昵，因戲占《雙紅豆》一闋，用兩人名字爲書其上，詞不存稿。夜小雨。卧後疾動。

十二日己亥　午前薄晴，午後小雨嫩陰，終日凉可裌衣。剃頭。定子來。紱翁來。叔子製南中點心數種，招同紱翁、珊士小飲。夜雨凉甚，可夾衣棉被。

十三日庚子　晴。夢漁來。改舊作《鑑湖柳枝詞》十二首。夜風月甚佳。

夏至戌初二刻。　十四日辛丑　夏至節。晴。删改舊詩。

十五日壬寅　晴。

十六日癸卯　晴。夢漁來。夜同珊士小游坊曲，遇定子及陳麗生，同飲韋娘家而歸。

十七日甲辰　終日陰凉，下午可衣重裌，晚晴。叔子爲予畫湖南山桃花便面，踞几静觀，半日方罷，因成一絶爲謝云：『當年同賦尋春句，幾度溪頭放釣舲。山氣花香無著處，今朝來向畫中聽。』偶檢舊集中得删剩《癸丑春日遊梅山憇梅尉寺》五古半首，光景可念，爲改作二律存之：『湖陰忽地見山根，湖樹重重罨寺門。筧路時通雲裏瀑，鐘聲多在水邊村。龕花午映晴嵐色，燈纘春量碧漲痕。指點適南亭百尺，何當絶頂眄朝暾。』『靈源重溯子真泉，漢尉衣冠尚儼然。自是山名宜隱逸，多緣世亂託神仙。鮮花石徑留靡跡，松葉香臺覆鶴眠。避地入林須早計，借他繩榻證初禪。』夜睡疾動。

十八日乙巳　晴熱，晡後風起雷雨，晚凉。夜凉甚。

十九日丙午　晴熱。曉睡疾復動。偕叔子訪子恂，即歸。得定子書，即復。

偶閲《南史》，劄記三事：

李氏好述神怪，自是史家一病。即如吴興項羽神據郡聽事一事，自《孔季恭傳》載之以後，而蕭惠明、蕭惠基及從子琛三人傳中，皆言其爲吴興太守遇項羽神事，琛傳所載罷祠牛及著履登聽事，又與季恭傳相同。疑有一事分載兩人之誤。此等瑣詭，偶一見之，以廣異聞，未爲不可。乃屢出迭見，述之不已，殊屬可厭。

自晉武帝徙揚州刺史治所於建業，元帝東渡，即建康爲都，以愍帝諱業，改爲建康，《南史》皆稱建鄴，不知何據？遂以揚州刺史爲諸州統帥，多以上相領之，六朝皆然。惟宋孝武大明二年，以熒惑守南斗，乃移揚州於會稽，廢西州，依古制立王畿，刺史徙鎮浙東，見沈懷文等傳。此乃都會改易一大事，未數年罷。後梁武帝復升會稽爲東揚州，則建鄴仍置揚州，故加東字以别之，與此不同。《顔竣傳》出爲東揚州刺史，正大明時新移會稽之揚州，其時别無揚州，本無東揚之稱。史家欲别於建鄴，故亦加東字耳。自來讀史者多不明曉，特表出之。

六朝建業既置揚州刺史，復置丹陽尹，此猶東漢之既置司隸校尉，部河南、河内、河東、弘農、京兆、馮翊、扶風七郡，復置河南尹，皆治雒陽也。

剃頭。

二十日丁未　陰曀燥悶，熱甚，晚大雷雨，以風頓凉。夢漁來。晡後同叔子、珊士小游坊曲。夜從叔子飲小卿家，予招佩娘，珊士招韋三佐觥，夜冒大風雨歸，衣履沾濡，竟體如濯。湖南主考放編修王澎、主事胡家玉。胡係辛丑進士第三人，由編修改官者。夜二更後雨止，月晴凉快，無復暑意。偶占二律，題爲《夏夜坐雨書感》云：『方床凉意稱疏衾，夜静都無薄暑侵。風際樹聲鄉思亂，雨中燈影客窗深。才疏詎合投時用，身健差堪慰母心。都下出師還未已，祇將孤憤寄長吟。』『半載天涯斷雁書，故鄉烽火竟何如。一身涕泣終何補，八口蒼黄未定居。作客還求仁祖食，携家誰借范丹車。薊雲南去無時盡，常爲平安報倚閭。』

二十一日戊申　晴。得夢漁書。巳蘭來。傍晚珊士招同巳蘭飲廣和居，夜復冒雨而歸。

邸鈔：浙江金華府及湯溪、龍游、長興三縣相繼失守。詔：瑞昌、王有齡俱革職留任。　王有齡奏劾候選知府孫淳普、福建試用同知傅以豫等詐冒軍功。詔：俱革職交瑞昌、張錫庚審訊。

孫即蓮士，傅即節之，皆故人也。　蓮士以去年春赴京會試，行至中途，值淮警而返，乃投浙撫幕求自效，奉檄詣桐廬辦團練。　今被委員江蘇候補知縣倪某訐其訛索不遂，以軍功私其戚族諸人，因連及節之。　節子自戊午歲與予同入貲，得郡丞，以貧不能治行，逗留鄉里。　倪某訐其未與練務，冒得功賞，王撫遂據以入奏。　俱奏嚴旨，甚爲憂之。　吾社中自己未歲以後，珊士、雪甌均由翰林左官，叔子大考得下等，平子旅歿，予以貲郎格吏議不得到官，今蓮士、節之復同得罪，可謂吾道之厄矣。

四月間見邸鈔，王撫奏劾紹郡紳士福建同知陶慶章、江西知縣陶慶礽、員外郎銜王嘉謨等，辦理捐務，横行勒索，浚公肥己。　詔：俱革職，永不敘用。　眉批：二陶，兄弟也，慶礽字安軒，知江西餘干，頗有善政，故沈葆楨爲請開復。　丙子歲同年陶仲彝同寓都門，借閲此記，力求予滅去之。　仲彝安翁子也，與予交甚摯，又聞安翁復官後久寓湖北，不復求仕進，惟管宜昌鹽釐局以自給，人稱長者，日徇仲彝請塗滅姓名。　繼思此記國故，考當存其實，仍補注之，而志其略於眉間。

上諭：福建主考楊秉璋、何廷謙，無論行抵何處，即著折回。　以閩中軍警奏請停試，且道路不通也。

二十二日己酉　薄晴。　紱翁來。　得定子書，即復。　得德甫書。　晚微雨。

二十三日庚戌　晴，熱甚。　雪甌來。　作書致雅齋，得復。　作書致德甫。

二十四日辛亥　晴，熱甚。　子恂來。

邸鈔：周起濱告病。　左宗棠補授太常寺卿。

聞聖躬不豫。

二十五日壬子　晴，酷熱。剃頭。晚同珊士、叔子飲韋娘家，叔子招小卿侑觴。夜有星見西北方，光長數丈，直接斗垣，與戊午秋星變相似，不知是何祥也。

二十六日癸丑　晴，酷暑。得鍾寶田四月間南昌書。得紱翁書索日記，即復。

二十七日甲寅　晨陰有風，稍涼，午後晴熱。作片致譜琴、致夢漁，作書致子恂。得譜琴復。夜同珊士至邑館，邀同鄉高潄芷孝廉偕飲韋娘家，巳蘭繼至，予招佩娘，潄芷招金小卿，三鼓始散。小雨。

二十八日乙卯　昧爽，雨有聲，辰刻止，終日薄晴。夢漁來。夜偕叔雲、珊士小游坊曲，即歸。

二十九日丙辰　晴，酷熱。定子來。夜熱甚，同叔、珊二子坐聽事駃談達旦。

小暑未初一刻。　三十日丁巳　小暑節。酷熱。夜招同珊士、仲彥飲三樹堂，二鼓歸。夕見異星漸至天中，其芒稍斂，以麗天漸高也。聞一日行至七度，又言其躔次由文昌侵紫微掃天市垣，其分野起山西雁門至盛京鴨綠江。

六月戊午朔　日食。晴陰相間，炎歊稍減。夢漁來。作片致雅齋，得復。閱《北史》，夜卧疾發。夜稍涼。

初二日己未　嫩涼薄曦，下午小雨旋止。得定子書，即復。夜雨涼可夾被。

初三日庚申　早雨，上午陰，下午薄晴，涼可著袷衣。巳蘭來。剃頭。張問月來。問月食貧力學，今日與譚經次及禘祫、明堂、國學等事，歷舉諸家之説，折衷是正，具有本原，近來僅見者也。日來貧甚，今晨命奴子卷絮被質錢十五千，適問月携武進臧玉林先生《經義雜志》一書來，遂以購之。昔吾家元忠令婢卷褥質酒，時人歎其率素，若僕者，可謂不墜家風矣。書此一笑。

初四日辛酉　晴，復熱。萬珠湖來。得紱翁書即復。子恂來。

閱汪氏《述學》。汪氏喜騁雄辯，頗似毛西河。同時凌次仲爲作墓志，言其天資高邁，好嫚罵，尤惡宋儒，聞人舉其名則罵不休云云，亦與西河相似，惜其著述傳者僅此書耳。卷中《釋三九》三篇，最足爲初學讀書之法，不愧通儒，予已於去年正月日記中論之。此外若《周公居東證》，言居東之即東征，並非辟罪出居。《爲人後者爲曾祖父祖父服辨》，言爲人後者，服不二斬，故降其父母，期功無敬，並服何嫌？援女子子適人者但降其父母兄弟服，曾祖祖父皆不降之例，則爲人後者可知，俱極精確。又《廣陵曲江辨》，言《七發》所稱曲江，確在揚州，駁朱竹垞謂在錢唐之誤，尤援據極博。至其《明堂通釋》一篇，幾五六千言，謂周之明堂有五，連魯之太廟明堂共有六，繁徵博引，殊苦詞費。其力闢《月令》天子十二月所居宫室之謬，謂全乖古制，乃九宫太一之邪説，雖議論不盡可依，其雄辯亦不可及。

初五日壬戌　晴，晡後陰。連夕疾動。讀《考工記》。

閱陳子昂《感遇詩》。子昂人品不足論，其上《周受命頌》，罪百倍於揚子雲之《美新》。所爲詩雖力變六朝、初唐綺靡雕繪之習，然苦乏真意，蓋變而未成者。《感遇》二十四首，章法雜糅，詞煩意複，尤多拙率之病。緣其中無所見，理解不足。徒以氣體稍近漢魏，旋得張曲江起而和之，唐音由此而振，遂爲後之論詩家正宗者所不能廢。元遺山至有『黄金鑄子昂』之語，亦可謂幸矣。

邸鈔：曾國藩奏二品銜原任太常寺卿唐鑑病故，年八十五，著書二百餘卷，代遞遺摺，請特旨賜謚。詔：唐鑑學問優深，耄年不倦，著加恩予謚。賜謚確慎。鑑，山東籍湖南人，由翰林官至布政使，轉太常卿，告歸，主講江南鍾山書院。咸豐元年入京，召見十五次，加二品銜。

初六日癸亥　晴。

《月令》所言天子十二月所居之處，鄭康成注謂在大寢。其四仲月及土令所居，即明堂五室。其孟季月所居之左个右个，即四室之偏，仍合乎五室之制。但其説固有不可通者。《考工記》謂夏世室，殷重屋，周明堂，鄭注或舉宗廟，或舉王寢，或舉明堂，互言之以明其周制。然則三者不過異地而同制耳，非宗廟即正寢，正寢即明堂也。天子明堂爲受覲及宗祀之所，自在國之南郊，太廟在王宫之左，其路寢則在路門之内，爲天子每日聽政之所，雖或可稱明堂，然斷不可稱太廟。而《月令》四仲月皆言居太廟，此可疑一也。《月令》既稱路寢爲明堂，乃何以又有青陽、總章、玄堂三名，與明堂相配，一似各因四時方位，而明堂但以象夏令得名者，尤他書所不經見。此可疑二也。王者必居南面，而玄堂則必北嚮矣，殊乖向明出治之義。此本汪氏説。此可疑三也。汪氏闢其有五謬，予所疑者則有此三事，當俟博考，以就正於通儒焉。

甲夜雷雨，逾時始止。

閱胡竹村氏説經諸文。績溪胡氏五世傳經，與吴門惠氏相匹。國朝經學極盛，兩家尤爲眉目。惠氏以定宇先生爲集諸儒之成。胡氏累世所著經説，如樸齋氏匡衷《儀禮釋官》及竹村氏《燕寢考》諸書，阮儀徵刻入《學海堂經解》。竹村生於諸儒爲最後，其學尤精《儀禮》。嘗重疏《儀禮》，成《正義》十七卷，近儒稱其過賈氏遠甚，惜未得見。其他辨證之文，皆議論精博，折衷至當。詞尤明辨以晰，無愧通儒，爲説經家所僅見。今夜雨過稍凉，燈火可親，翻閲數首，心目爲之增爽。眉批：胡氏《儀禮正義》，故兩江總督沔陽陸建瀛於咸豐初刻之江寧，長洲陳碩甫爲校勘印行。未幾，而粤賊陷金陵矣。前年聞有人携一部至京師，索價四十金，予亦未曾遇也。

夜卧凉可裌衣。

初七日甲子　晴，酷熱。

閲江都淩曉樓先生曙《公羊禮疏》。乾嘉間諸儒多尚《公羊》之學，以西漢特重《公羊》，首立學官博士，而何氏作注，又在東漢，遂謂《公羊》最存古義，何注又最有師法。自武進莊氏方耕、曲阜孔氏㢸軒、武進劉氏申甫，皆專精其業，著有成書，淩氏與武進劉申甫起而和之，蓋自兩漢以來，言《公羊》者莫之先也。此書皆取其注之有關禮學者，條分件繫，博引群書以證之，俱詳贍而不蕪，名通而不滯，可謂必傳之作。淩氏字子昇，以諸生貢太學，著有《四書典故覈》六卷、《春秋繁露注》十七卷、《禮論》一卷、《公羊禮説》一卷、《公羊問答》二卷及《禮疏》十一卷，總爲《蜚英閣叢書》，皆精確得漢儒家法。先生食貧力學，阮儀徵督兩廣時，曾延教其子，并刻其《禮論》等入《皇清經解》。先生有自撰《禮論》前後序，述其貧悴之況，令人酸鼻。三旬九食，忍餓著書，真有不愧古人者。同時若戴東原氏，嘗一月斷炊，注《離騷》成始得食。郝蘭皋氏官京，師日惟一食，力疾作《爾雅義疏》，爲户部主事二十年不遷，皆貧而樂道者矣。

五樓來。夜熱甚。

初八日乙丑　晴，酷暑。浴，剃頭。珊士交來京平銀十兩一錢，屬匯寄其家。近日銀價踴貴，一兩至换鐵錢廿八千有零，而一千文之票，僅换銅制錢六十二文，市物皆長價數倍，錢法極壞，民不聊生矣。自咸豐初以銅錢匱竭，鑄銕錢，復鑄當十銅錢，而錢質惡劣，民間汔不能行，乙卯丙辰間，江浙間有用當十錢者，未幾復停。次年吾越以一當五用，旋至當三而罷。今都城則以一當銅制錢二，當鐵錢二十。朝廷設官鼓鑄者有年，思以濟銅之乏，而轉齮齕於商賈，抑使更賤，立法不嚴，其弊至是，可歎也。付質衣錢二百十二千。付王福工食錢十六千。六月分訖。夜熱甚，同叔子、仲彥談達旦。

初九日丙寅　上午晴陰不定，燥熱特異，下午大雨，頓涼。

偶考禘及明堂事，雜閱孫氏星衍《問字堂集》、金氏榜《禮箋》、凌氏曙《公羊禮説禮疏》、孔氏廣森《禮學卮言》及《公羊通義》、段氏玉裁《説文注》、凌氏廷堪《校禮堂集》、胡氏培翬《研六室文鈔》。孫氏力申禘爲祭天之説，繁徵博引，其言甚暢。金氏之論亦同。惟孫氏以冬至圜丘，夏正月郊天，及明堂大祀爲三禘；金氏以圜丘、方澤、宗廟爲三禘。孫氏《周禘表》亦言鄭注以夏至方丘及夏正月北郊皆爲禘，則三禘實五。孫氏以王者禘其祖之所自出爲祭感生帝，金氏以爲祭后稷，孔氏亦主祭天之説；而金氏謂冬至圜丘之禘通得稱郊，孔氏謂圜丘必不得稱郊。孫氏説亦同。凌氏廷堪、段氏皆主禘爲祭天，而言宗廟人鬼之祭亦得名禘。凌氏曙、胡氏則皆以禘爲宗廟之祭。諸家各有援據，互申其説，而終不免遺此失彼，互有格礙。其多主祭天之説者，以此義出於康成，爲王子雝所攻，宋儒又主王説，遂以禘爲宗廟之祭，諸儒力扶鄭學，故極辨王氏之非。聚訟紛如，莫知所決。客中儲書不多，無能再考也。

雨入夜不絶，乙夜後大雷雨，徹曉，涼可袷衣裌被。疾發。

初十日丁卯　陰雨，傍晚稍有霽色，涼。作稟家慈書、致仲弟書，又別作兩函交珊士，附其家報寄去。

閲莊氏述祖《珍藝宧文鈔・禘説》，言禘爲明堂追享其祖所自出，非郊，非圜丘，亦非宗廟之祭。魯以袷爲禘，秦以禘爲郊，春秋列國之所謂禘，皆魯禘也。又是一説。

十一日戊辰　晴，復熱。

閲劉氏逢禄《禮部集・諦議》，則以爲周有二禘：禘嚳以配上帝于明堂，以諦祖宗之功德；禘文王以配上帝于明堂，以諦子孫之功德；而不取鄭康成以冬至圜丘之祭爲禘，及南北郊皆名禘之説。又言郊祭配天爲配祈穀之帝，鄭氏謂配感生帝者非。諦謂審諦功德，漢張純謂審禘昭穆者非。禘謂王者之大祭，魯自僖公八年秋八月禘於太廟爲諸侯僭大禘之始。鄭氏注禮每混舉禘祫，不辨天子諸侯之義爲非。然劉氏但言五年一禘，而不能言禘之在何時。又言《春秋》閔二年夏吉禘於莊公者，此乃犆祭於莊宫，非《明堂位》所謂以禘禮祀周公於太廟之比。然則周既惟二禘，諸侯又但有祫而無禘，此吉諦之禮，魯人何以行之？劉氏亦不能言其所自始。劉氏既云周人以嚳與文王同爲文祖，同禘於明堂，乃又云周人祖文王而宗武王，並配上帝，下及有功德之君臣，凡毁廟未毁廟主之主及功臣皆配。然則嚳與文武二禘禮必相同，當禘嚳之時，將仍合文武之主否乎？如其合也，則文武且饗二禘之祭；若其否也，則祖宗咸秩而獨闕文武，將何以序昭穆？其説頗多牴牾。劉氏雖精于禮學，然偏信《公羊》，左祖何邵公而好攻鄭氏，故不能無失也。山陽魏默深源跋其説後云：『其異於鄭氏者，在不信《周官》《月令》而取徵六藝。惟是禘嚳之禮，終不可知。今既不取圜丘昊天之説，又云非冬禘春郊季秋大饗之謂，則未知同於五年夏禘行之而時有先後乎？抑别有説乎？郊祫明堂，古今聚訟，前修既逝，請益無從。』云云。蓋默深亦有不滿其説者矣。予在家時，嘗閲惠氏棟《禘説》，亦主配天之祭，其説頗醇。素性健忘。客中今無此書，不能記憶。要之此等事，學者不可不考，但得其大義已足，不必鉤抉遺文佚義，决臆逞辨，以争勝前人也。

以家書交政大信局託浙撫摺差帶去。子恂來。

上諭：欽天監奏八月初一日，日月合璧，五星聯珠，並繪圖呈覽。五月間欽天監奏彗星見於西北，仰惟天象示警，方滋兢惕，兹復奏此瑞，自非虚詞附會。惟念朕御極之初，即以侈言符瑞爲戒，矧值東南賊匪，未克殄除，惓念民生，惟增矜惻，即使實爲世運亨嘉之兆，亦惟有夕惕朝乾，冀邀上蒼眷佑，其不必宣付史館，用昭以實不以文之意。

邸鈔：薛焕奏五月初一日至初七日，浙江平湖竄匪撲犯金山，總兵銜副將黄金友屢戰皆捷，旋被賊匪包抄，於廣陳地方陣亡。署提督曾秉忠擊退賊衆，其乍浦出竄之賊，亦經已革總兵米興朝擊敗回巢。詔：以黄金友屢立戰功，茲以剿匪捐軀，殊堪憫惻，著照總兵例從優議恤。賜謚武烈。

夜酷熱。

十二日己巳　晴，酷暑。

予於戊午日記，曾疑東漢《袁閎傳》言字夏甫，而《黄憲傳》又稱其字奉高，謂古人有二字，始見於此。今閱洪氏頤煊《讀書叢録》，言奉高是袁閬字。因按范書第五十六卷《王龔傳》，言龔遷汝南太守，引進郡人黄憲、陳蕃等。憲雖不屈，蕃遂就吏，龔不即召見，乃留記謝病去。龔怒，使除其録，功曹袁閬諫曰云云。又云閬字奉高，數辭公府之命，不修異操而致名當時。又按第五十三卷《黄憲傳》，言潁川荀淑至袁閎所，章懷於閎下注云『一作閬』。然則閬字奉高，史書具有明文，而憲傳之袁閎，皆爲閬字之誤。章懷所注者乃是誤本。其云『一作閬』者，乃别據一不誤之本。獨思憲傳與龔傳僅隔兩卷，章懷又見他本之作閬，乃不能援以改正，反注奉高爲閎字，可謂率謬。足見當時東宫僚屬，各人分注，不相證核也。予於各史自謂於范書最留意，乃亦未曾檢出，看書鹵莽，深可愧汗。自來讀史者亦無人糾及，詩文家遂相承用，以奉高爲袁閎。夫古人無二字，閎傳又言其恬静不事交遊，後遂居土室不出，固與《黄憲傳》中所言不符。顧非經洪氏指出，世無覺者。甚矣讀書之難也！

日來市上交易銀價至三十吊以外。票錢一吊，僅得銅制錢五十二文，以户部先揭示盡廢鈔票不用，近復議廢錢票，民間惴惴，故銀價日增，制錢日少，京師久乏銅錢，而鐵錢又不能行，惟恃虛票以通有無。倘此議果行，亂必作矣。

晨起整理書籍，汗浹單衣。此雖小事，亦頗費布置之功。昔郗嘉賓謂謝遏雖履屐之間，亦得其任，賞其使才皆盡，必能立勳。予深契此言，嘗舉以告弟姪。家居時每好排比書籍，往往前軒後室，上樓下閣，終日捧三尺高策，往反不止。家人或以晏小山之乞兒搬漆碗誚之。然既整之後，部居秩然，披閱爲便，殊覺勞少而逸多，嘗謂此亦閑日尋樂之一法也。午後微有風，看叔子臨井檻作畫，殊灑然自喜。

初伏　十三日庚午　晴，酷暑。作書致夢漁，昨夢漁以臥病來告，故往問之。雪甌來。萬珠湖來。雪甌言近得正月間家書。珊士家亦附書至。獨予不得老母一字，家弟懦弱，不能覓便郵，深可悵恨。雪甌又言越人有以三月間泛海來者，言越中爲三吳僑人所聚，城市繁盛，燈火徹夜不絕，百肆競開，而貨物昂貴，斠昔數倍，菜一斤至錢十文，蘿蔔至十六文。既有誨盜之憂，又有絶食之慮，貧家八口，以虀鹽爲命者，將何以堪。思之淚下。剃頭。傍晚萬珠湖招同叔雲、珊士飲燕賓齋，更餘始歸。夜雨即止。

邸鈔：上諭：前因壽州團練殺害苗練，諭令袁甲三、翁同書秉公查辦。本日據翁同書奏，圍城練勇現已撤退，請將被害各練議恤等語。苗沛霖所部練勇，因勇目都司李學曾等被害，輒敢不候查辦，糾衆圍攻壽州，經袁甲三等派令按察使張學醇等往返開導，始行悔悟撤隊。當該練勇滋事之初，苗沛霖不能約束其衆，仍令尋仇構衅，幾至釀成巨案，本應從重治罪；姑念其統帶練勇隨同官軍剿賊，屢立戰功，現在各練衆因徐立壯正法，孫家泰監禁待訊，均情願撤隊，仍隨苗沛霖立功自贖，該員亦知感激圖報，惟約束不嚴，咎有應得。四川川北道苗沛霖著交部議處，以示薄懲。仍責令聽候袁甲三等調遣，剿賊自效以贖前愆。如該練等打仗立功，即當立予重賞。前任安徽巡撫翁同書于團練仇殺，未能速爲訊斷，實屬辦理不善，著一併交部議處。被害之遊擊銜都司李學曾等七人，曾經剿賊立功，均著照陣亡例議恤。署安徽布政使按察使張學醇辦理尚屬妥速，著交部議敘。其餘出力各員候補游擊鄒學鏞等十餘人均升擢有差。

上諭：曾國藩、胡林翼奏逆賊陳玉成率黨回援安慶，總兵鮑超等會剿，進逼集賢關。陳逆潛遁，留四壘於赤岡嶺。自四月十一日至五月初二日，官軍盡平四壘，擒斬長髮老賊四千餘人，内有僞官二百八十餘名，劇賊劉瑲琳經提督楊載福訊明，支解梟示。詔：此次尤爲出力之副將余大勝著以總兵記名簡放，副將顔紹榮賞加總兵銜，并標勇巴圖魯名號。參將王衍慶以副將補用，並賞猛勇巴圖魯名號。餘升擢有差。陣亡之總兵銜副將蘇文彪等三十二人均交部從優議恤。

十四日辛未　晴，酷暑。改舊作日記。閲劉申甫先生《禮部集》中諸經説。

十五日壬申　晴，酷暑。閲《劉禮部集》，夜月甚佳，坐涼久之。

大暑卯正二刻。　十六日癸酉　大暑節。曉卧疾動。作書致定子，並余某經歷貴州清江殉難五律二章。得紱翁書索閲日記，即復。

跋《劉禮部集》前後兩通。禮部承其外王父少宗伯莊方耕氏存與之學，專究心于《公羊》，著書至十餘種，皆深造有得，精深博大，不專事章句，可謂經緯典謨，不與守文同説者。又從其從舅莊葆琛氏受《書經》《夏小正》及六書小學，從同邑張皋文氏受《易》學，皆著述裒然，成一家言。此集係其子承寬屬邵陽魏默深源所編輯，多其諸經説之緒餘，而附以他文及詩詞。其學由《春秋》以通三《禮》，欲發明七十子微言大義，爲天人之學，故深慕董相，兼備體用，尊西京而薄東漢，好與康成爲難。其言《公羊》，則以同時孔㢑軒氏不用漢儒三科九旨之舊説，爲尚不知《春秋》，而深斥錢辛楣氏、郝蘭皋氏言《春秋》無襃貶之非。言《尚書》，則力詆孫淵如氏、王禮堂氏尊主馬、鄭説之繆。於《詩》則謂毛《詩》不如三家。皆未免偏譎。然其得失皆有家法，非同宋儒之逞臆妄斷。他如《禮無二適議》《姑舅從母之女子不得爲昏姻議》《嫡孫爲祖父母持服議》《張貞女獄議》《馬貞女論》，皆援經定律，深得《禮》意，具見明體達用之學，固可謂通儒矣。

今日廣東主考放閣學沈桂芬，編修周恒祺，陝甘主考放中允何廷謙、給事唐壬森。先是，戊午科福建主考侍郎徐樹銘、編修浦安亦中道撤回，旋命徐爲福建學政，而（普）〔浦〕安得分校京兆試，竟以事伏法。今何君以福建副主考再膺使命，亦僅事也。再得紱翁書，即復。

十七日甲戌　晨大風雨，巳後薄晴有風。得定子書，即復。

閲莊葆琛氏《珍藝宧文鈔》，皆論辨經説之文，而附以詩賦及誌銘、行狀數篇。莊氏究心《夏小正》一書，謂其中有經有傳，經者即孔子所定之夏時，因爲之著説義音讀等例，而更考定其文字。據季冬『納卵蒜』三字，謂古文民字似卵字，蒜即《説文》祘字之訛，當爲納民祘，即《周禮》孟冬之獻民數，遂盡以隸古字校正其文，改其名曰《夏時明堂陰陽經》；謂即此可以得夏禮夏數，并知《連山易》之不亡。皆好高之過。予嘗謂本朝經學極盛，而如孫淵如之酷信讖緯，主以説《詩》《書》；劉申甫之言《春秋》，力主黜周據魯，以《春秋》當新王之説，謂夫子借此行天子之事，損文用忠，變文從質，爲通三統；及莊氏之以《夏小正》爲《連山易》，皆意過其通，不免於驚世駭俗。其後姚姬傳倡言宋學，異論一出，方植之、陳碩士輩起而和之，至詆諸儒爲異端，雖瞽談狂吠，眴就銷滅，而乘間抵隙，因緣爲難，亦諸先生授之以口實也。莊氏諸論難之文，皆考證邃密，確有本原。其所爲《先妣彭恭人行述》，言其外王父芝庭尚書與其祖南村觀察，同舉雍正丁未進士，讀卷官擬莊一甲第一，彭一甲第三。憲皇親定彭爲一甲第一，莊爲二甲第二。其後莊之長子存與即方耕宗伯。爲乾隆乙丑一甲第二人，次子培因爲乾隆甲戌一甲第一人，即先生父也。科名先後，天若有意爲之報，亦可謂盛事矣。先生成乾隆庚子進士，殿試二甲第四，以知縣待銓，後任山東昌樂及濰縣。所著書以《尚書考證》《毛詩考證》《弟子職集解》三種爲最佳。《説文古籀疏證》本名《古文甲乙篇》。僅刻其目，謂即此可以考殷之《歸藏易》，其僻殆與《連山易》同。《五經小學述》二卷，亦有可采，而辨糜、饘、鬻三字至居半卷，亦太繁碎矣。

國朝經學，首推徽州、常州，次揚州及蘇州，又次吾紹興及寧波，而太倉州下嘉定一小縣，其人物乃與常、歙相埒，尤爲盛事。常州即以莊氏一家論，方耕侍郎啓之，葆琛先生繼之，而侍郎有孫曰綬甲，先生有子曰又朔，皆有撰述，而綬甲尤有名。李氏兆洛序《珍藝宧遺書》，稱莊氏又有若士、申受兩君，皆著《公羊》學，不知其名，蓋皆宗伯之孫。先生集中又有《答族孫大久論説文書》，稱其所著有《春秋》及各經小學考；《劉禮部集》中言其弟子有莊繽澍，邃於經學，足稱份份彧彧矣。吾越自黄梨洲氏權輿于前，毛西河氏起而和之，已有廓清宋學之功。至邵二雲氏、盧抱經氏出，遂爲漢學之大宗。范蘅洲氏名輩間於盧、邵，雖著述未富，成就卓然。茹三樵氏、王汾原氏名不甚著，其書皆足不朽。而王方川氏、胡稚威氏皆博學有盛名，所業竟無傳者，可惜也！

《劉禮部集》中有《古今百里考》一條，甚精核，録之於此。云：『古者三百步爲一里，《穀梁傳》《大戴·王言篇》。唐宋三百六十步爲一里，李翺《平賦書》、馬氏《文獻通考》。元二百四十步爲里，見陶宗儀《輟耕録》，明如宋，見《洪武正韵》，今仍之。自明至今，皆依唐宋，大于古六十步。古一步六尺，《司馬法》《漢·食貨志》。今一步五尺。見杜氏《通典》，宋、明及今因之。今步尺乃乾隆元年工部所頒，當今裁衣尺之九寸。以古尺較今尺止七寸四分，此據周尺《漢志》劉歆銅尺、建武銅尺、晉前尺并同。今尺較古尺，乃一尺三寸五分。古步較今步，止四尺四寸四分；今步較古步，乃一步有七寸五分。故今三百六十步，當古四百又五步，百之爲四萬五百步。其今之三萬六千步，眉批：『今之』及『六千』字，原書所無，想係脱誤，今以意增補。爲古之百里，以四百又五步除之，則得七十四里强也。』眉批：舉足爲跬，二跬爲步。

晚偕珊士步訪子恂，不值。夜熱稍減，改舊作《雜詠後漢事》小樂府二首，删一首，增三首。

十八日乙亥　晴。天氣甚清。小圃弟來。

國學在西郊及四郊之説，顧澗蘋氏據《王制》『周人養國老於東郊，養庶老於虞庠，虞庠在國之西郊』文，謂當主西郊。段懋堂氏據《祭義》天子適四學注四學謂周四郊之虞庠，《正義》引皇氏以爲四郊皆有虞庠，謂當主四郊。臧在東氏、陳碩甫氏皆從段説，然不如莊珍藝説之爲得也。莊氏《與臧在東書》云：『西郊四郊，自熊皇以來已有兩説，故疏家並存之。如天子設四學，疏既云四代之學，又引皇氏説以爲四郊皆有虞庠。其祀先賢於西學注西學周小學也，疏云謂虞庠也。』又云：『瞽宗則在國，虞庠爲小學者則在西郊。《王制》疏亦言西郊，以西序虞庠，與東序東膠對文故耳。然則鄭《祭義》注所云四學謂周四郊之虞庠，又何所本？豈鄭注《禮》時，《王制》已有四郊、西郊之本，鄭注《王制》則從西郊，注《祭義》則從四郊，爲此騎墻之見耶？其實四郊皆有虞庠，而養庶老、祀先賢，則在西郊之虞庠。非敢以此爲兩家調人，蓋漢學之存於今者，苟有一字一句之異同，要當珍若拱璧也。』云云。具爲名論。

偕珊士詣慶和園聽四喜部。晡後雨，晚晴涼，宜重葛。傍晚同珊士至福興居小飲，予招芷儂，珊士招新寶、采苓侑觴，初夜始散。夜同珊士飲韋三家，遇佩娘及錢辛伯編修，留之共飲，二鼓返寓。夜涼可夾被。

十九日丙子　薄晴。閱《研六室文鈔》。胡氏諸經説甚明白曉暢，考據邃密，而議論和平，粹然有儒者氣象，閱之甚足樂也。錢辛伯來。

作書致陳德甫云：『不見幾三月矣，相隔不及一里。海内兄弟，志同道合，無有如吾兩人者。又同在冗散閑廢中，而蹤跡疏闊若是，可笑可憐。弟不好訪人，又艱於行步。老兄日日出門，且聞常在子恂許，而竟不見及，豈竟不我思耶？前承告我以意興頽賣，不能作劇談。又子恂述兄語，每欲見訪，必期振厲精神，共參名理，非可虚作閑寫。而日來胸懷作惡，風味轉墜，故輒中止。此非深相知愛之言也。論難相苦，養生所戒。倘兄肯來，則苦茗敗床，默坐相對，亦足終日，何必奮塵絶倒、然後爲樂耶？弟貧悴日甚，家書竟不至，生理殆絶。浙中軍耗甚惡，一日數驚，痛憤幽憂，筆墨所難罄。近惟日治經史，遍考近儒撰述。蓋考證之學，國朝爲最，國朝尤以乾嘉之間爲盛。能讀其書者，庶於經史無誤文别字、繆辭枝説，士生其後，可謂千載一時之幸。故日盡一寸書爲度，或據案劄録，或仰屋梁思其疑義，頗亦有所論列。此外惟咄咄歎咤而已。以視兄之痛飲酒、熟讀《離騷經》爲名士者，又有苦樂之間，孰得孰失，不必辨也。昨雨後稍涼，天氣清煦，因偕珊士出作小游，酒肆樂坊，尋覓曩蹟，不特何戡。歌者仍依依于舊人，即南國盛叢，東州部蔡，亦皆瞻睞老顛，勤勤叩叩。訝羊車之罕出，責魚嶺之愆期。益令羈旅蕩魂，英雄短氣。歎錢神之不靈，書淫之爲累矣。吾兄諒同斯苦，故以相聞，發一笑耳。今日若能過我，幸甚幸甚。叔子、珊士亦甚欽遲也。涼暑未平，想無虧攝，伏惟珍重，不具。慈再拜上德甫大兄比部左右。』

予致人筆札，例不起草，即上尊長箋，或論難往復至數萬言，皆信筆爲之，故一無留稿，今日作此書畢未發，叔子見之，頗稱其工。叔子雅擅谷子雲之勝，顧亦不屬稿，與予正同，常彼此聳慂録副存之外集，皆以懶廢，因寫此牘，以誌一端。

雅齋兄來。夜雨，二鼓後漸密，徹曉淒聽，凉甚如秋中矣。剃頭。

二十日丁丑　終日苦雨，凉甚。曉卧疾動。

閲黟縣俞理初孝廉正燮《癸巳類稿》，皆經史之學，間及近事紀載，皆足資掌故。書刻於道光癸巳，故以此爲名。新安經學最盛，能兼通史學者，惟凌次仲氏及俞君。其書引證太繁，筆舌冗漫，而浩博殊不易得。其《女吊婿駁義》，謂《曾子問》云取女有吉日，而女死，婿齊衰而吊，既葬而除之，夫死亦如之，云：『夫死亦如之者，言女家使人往吊，不須齊衰葬除，其所「如」，僅在吊耳。注謂「如其齊衰，而推之以斬」，則應如其「葬除」。古禮婿於女之父母禮簡，婿吊女家可也；女於婿之父母禮重，又吊者吊生人，女未識男面，於其家人不能正名之，何以爲吊？女弱非能成吊禮，其婿葬或緩弱，女斬焉喪服他行，匝月、三月而後歸，曾不如死之爲愈矣。鄭君雖大儒，其説不可用也。』云云。慈銘案：《禮》文明言夫死亦如之，鄭注謂未有期三年之恩也，女服斬衰，此鄭君補經之簡文。蓋由夫爲妻服齊衰推之，而知妻爲夫服斬者，則女亦當爲婿服斬，既葬而除，此正大儒之明乎《禮》意善説經旨處。自武進莊氏存與謂斬衰非吊服，經不曰婿死而曰夫死，成之爲夫也。成之爲夫，則斬而不除者正也，齊而除者非正也，是則謂女直當斬而不除。且既以鄭注女服斬衰非指吊服言，則女之初至婿喪所，當服何服？且女無持夫服斬衰於父母家之理。如葬而不除，則將三年居婿家乎？抑葬而以斬服返母家乎？俞君譏其非人情，誠不爲過。但如俞説謂婿死女不親吊，亦不齊衰，則女死婿吊之禮，反重於女之於婿，是何言歟！俞君頗好爲婦人出脱，其《節婦説》，言《禮》云一與之齊終身不改，男子亦不當再娶。《貞女説》言後世女子不肯再受聘者謂之貞女，乃賢者未思之過。未同衾而同穴，則又何必親迎？何必廟見？何必爲酒食以召鄉黨僚友？直無男女之分。《妒非女人惡德論》，言夫買妾而妻不妒，是恝也，恝則家道壞矣。明代律例，民年四十以上無子者，方聽娶妾，違者笞四十。此使婦女無可妒，法之最善者。語皆偏譎，似謝夫人所謂出於周姥者。一笑！

邸鈔：瑞昌、王有齡奏江西股匪由江山縣境竄至遂昌，松陽相繼失守。五月十六日竄陷處州府城，武義之賊由宣平竄至永康，亦於十八日失守。嗚呼，浙東殆無完土矣！區區明、越，既無良有司，又無兵食，其足恃乎？前失湯溪，今失永康，皆與越之諸暨接壤。老母在堂，不知避居何所。聞瑞闓、王撫皆志保省城，聚兵自衛，可痛恨也！

夜凉甚，可重棉，被褥去席。密雨徹曉。是日銀價稍平，一兩换票錢二十七千，千换銅制錢五十八文。

二十一日戊寅　雨，至午晴，凉。張小蓮比部聯第招同叔子、珊士飲韋三家，傍晚歸。是日身微熱，小極。閲《後漢書》，夜凉如昨，疾又動。

二十二日己卯　晴，稍熱。出門答拜錢辛伯、家雅齋、慧叔兄弟、潘紱翁，並晤令姪味琴，俱久談。訪佩娘，還纏頭二百二十千，晡歸。定子來不值。得德甫書。雪甌來，以家書屬寄去。聞上疾又劇。

邸鈔：上諭：前因王履謙先後奏參王有齡創立捐缺名目，並任用私人等情，迭經諭令張錫庚訪查具奏。兹據張錫庚奏王有齡因軍餉支絀，曾有捐缺之議，並未舉行。山陰縣知縣臧均之等撤任後，接署之員，查無調劑實據。會稽縣知縣劉履泰因派捐致令金涌自盡一案，現未訊結。此外尚無贓私案件，幕友門丁亦無爲州縣謀缺情弊。署寧紹台道張景渠與該撫結拜師生一節，並無實據。委員孫士達、孫淳溥、甘應槐亦無實在劣跡。惟一月間更換州縣二十餘員，實有其事，並開具委署知縣各缺清單呈覽。王有齡一月之内調署知縣至二十餘員之多，實屬任意紛更，有乖體制，著交部議處。至文案委員候選知府孫淳溥，前據王有齡奏該員被控舞弊，業經降旨革職，交瑞昌會同張錫庚提訊，仍著該將軍等秉公嚴審確情，據實具奏。

吉雲副憲爲族父青田先生門下士，素懦而愿。洎通籍，齷齪廉謹，馴至九列，奉命防河，一無建畫，後以憂歸。王撫小有才，不學無術，恃功驕蹇，自偕瑞帥劾罷團練使者邵燦後，其視副憲庸瑣易與，益肆陵轢。副憲殆不堪其侮，拜章上聞，顧蓮士與副憲素厚，乃亦連及其罪狀。吾越鄉誼之惡，真出理外。獨惜蓮士家計尚饒，當此亂世，閉户著書，儘足自遣，何必謀老兵之記室，作癡人之參軍。吾道不昌，屢罣彈事，亦不自愛毛羽之過矣。

二十三日庚辰　晴。張曉蓮來。洗足。剃頭。晡後叔子招同曉蓮、珊士飲小卿家，予招佩娘，珊士招潘四佐酒。夜復從珊士飲潘四家，叔子招小卿典觥政，予招佩娘，曉蓮招王紫珊，俱辭以疾，酒畢，珊士止宿，予等歸。兩夜寢不寐，今日服黑棗心辰砂茯神湯睡，始稍安，侵曉疾復動。

二十四日辛巳　晴，午稍熱。潘味琴來晤。子恂來。昨日銀價已減至廿六千，每千换錢六百，今早忽增銀價至六十千，乾益、乾亨、乾元、乾豫四家官號錢票，皆屏不用，以户部議錢票太多，度支無銀可抵，奏請以四乾官號票搭三成用，俟票盡收後，令各錢鋪另出新票，不出者斬決，昨已得旨准行。上諭以四乾錢號浮開空票，私鋪奸商串通把持，銀價日貴，嗣後著以去年奏定錢價之日起，扣出三成，作爲各商罰款，俟票收盡後，將官號撤去，改爲民鋪，另出新票，其各錢鋪皆一體出票。如仍前把持，抑勒平民，官號商人即行正法，私鋪從重治罪，其五天字號錢鋪著内務府妥爲照料云云。自此詔出，民間但有用五天字號錢票，户部揭示凡四乾字號錢票，准搭三成充捐輸職官費，其加成捐復請封贖罪，仍不准搭用。夜二更後大風，旋止。

二十五日壬午　曉雨，終日陰涼。閲《癸巳類稿》。傍晚子恂招同叔子、巳蘭飲毓興合，夜招曉蓮、珊士、巳蘭、子恂飲三樹堂。（此處塗抹）二人已飴蜜甚浹，浪情媟語，爲之不堪。勉强終席，思之可哭。二鼓後歸。是日凉甚，可衣棉。作致仲弟書，得四紙而輟。

二十六日癸未　上午陰下午晴，稍熱。終日疲苶。

閲《後漢書·靈帝紀》：光和二年，『中常侍王甫及太尉段熲並下獄死』，並字下當增有罪二字。《羊續傳》：『輸東園禮錢。』東字當是西字之誤。案此條已見《十七史商榷》，當删。《獻帝紀》：建安五年，『曹操殺董承等，夷三族』下，當增曹操殺董貴人一句。十九年，『曹操殺皇后伏氏』，殺字當作弑。改皇后傳爲紀，創於范書，明帝后匹也。臣子害母后，何得云殺？中平六年董卓殺皇太后何氏，殺亦當作弑。靈帝崩時，皇子辯即位。皇后臨朝，而未逾年改元，謚之曰靈。其時何進爲大將軍，袁隗爲太傅，劉虞爲太尉，在幽州，丁宫爲司徒，劉弘爲司空，不知何人竟能據正直言，加君父以惡謚？三代而下，惟此事最存古道。其陵號曰文陵者，蓋以靈帝好文學，嘗自撰《皇羲篇》五十篇，又詔諸儒正五經文字刻石立於太學門外，又置鴻都門學生，又詔公卿舉能通《古文尚書》，案：今《後漢書》各本《靈帝紀》、《尚書》上皆脱古文二字。《毛詩》《左氏》《穀梁春秋》各一人，悉除議郎；故昭其政治之闕於謚法，而存其好文之美於陵號，謚與陵美惡不相應，尤千古僅事。蔚宗論曰『靈帝之爲靈也優哉』，從《左傳》『君子是以知齊靈公之爲靈也』句，更申一義，語極有味。

《獻帝紀》：建安元年，『封衛將軍董承爲輔國將軍、伏完等十三人爲列侯』，按此下四年云『衛將軍董承爲車騎將軍』，是承未嘗爲輔國將軍。伏完世襲不其侯爵，時已早爲列侯。據《獻帝伏皇后紀》：『建安元年，拜完輔國將軍，儀比三司。』是則此紀當云拜執金吾伏完爲輔國將軍，封衛將軍董承等十三人爲列侯，史文傳寫脱誤故也。王氏《十七史商榷》謂董承下衍一爲字，尚失之不考。《董卓傳》云『封衛將軍董承、輔國將軍伏完等十餘人爲列侯』，亦誤。章懷於卓傳注引袁宏《後漢紀》，誤與此同。范氏蓋承袁氏之誤，其十三人當云十二人。

北鄉侯以三月即位，至十月薨，尚未改元，史稱少帝。弘農王以四月即位，九月被廢，已兩改元。光熹、昭寧。而北鄉侯係枝屬，爲閻氏所私立，順帝時尚有追加尊謚之議。弘農王乃靈帝皇長子，繼體正位，時年已十七，爲賊臣所廢弑，謚曰懷王。乃獻帝時未有議追尊者。蓋王允誅卓後，即遭李、郭之亂，未及建議。及李、郭平後，曹操專政，操雖名討卓而實以卓爲法，豈尚念弘農之事？獻帝危若累卵，自不能追崇其兄也。《獻帝本紀》初平元年董卓殺弘農王，殺亦當作弑。

《馬融傳論》雖貶其屈節梁氏，然頗存恕辭。蓋以季長大儒，不欲深斥，故别創議論，爲留餘地。而辭曲旨晦，其義未安。末後數語，尤爲乖謬，全失史家懲勸之旨。蔚宗良史，其議論尤别白忠佞，無少隱貸，獨於此傳失之，足見作史者不可存私意。而文人自相回護，亦結習使然。

崔氏自駰以後，世載名德，烈亦有重名，歷位郡守九卿，徒以自廷尉入錢五百萬拜司徒一事，遂爲千載口實。然同時若段熲、樊陵、張温等之登公位，皆先輸貨財，史家已有明文，其時要尚不止此數人。按《靈帝本紀》，光和元年，『初開西邸賣官』，『私令左右賣公卿，公千萬，卿五百萬』。至中平六年靈帝崩，其間十二年中，爲太尉者則有張顥、陳球、段熲、劉寬、許馘、楊賜、鄧盛、張延、張温、崔烈、曹嵩、樊陵、馬日磾、劉虞；爲司徒者則有劉郃、楊賜、陳耽、袁隗、崔烈、許相、丁宫；爲司空者則有來艷、袁逢、張濟、張温、楊賜、許相、丁宫、劉弘。其中或惟楊賜、劉寬，以侍講之恩，尊同帝師，不必以禮錢進，他人未必不由乎此。而古今皆盛傳崔烈爲衆醜所歸，雖由其子以銅臭一語，揚名顯親，作史者遂於其傳中故加采色以爲寫照，蓋亦以烈爲名士，故責備者多耳。其後李傕等陷長安城，烈時爲城門校尉戰死，是烈且殉國難，終不失爲名士。乃蔚宗於《獻帝紀》尚書其戰殁，而烈傳但言爲亂兵所殺。豈死節之賢，尚不足洗入錢之臭乎？讀史者所當爲昭雪焉。烈子鈞既以兩字雅謔寵其父，而後爲西河太守，與袁紹俱起兵山東，棄親不顧，致陷父于獄，其不爲太傅袁隗之續者幾希。烈雖幸脱卓之虎口，鈞之罪不足贖也。蔚宗於《李通傳論》深譏其從光武起兵，陷父于死，自湛其族以取封侯，若鈞者真證父攘羊之罪人矣。

《靈帝紀》言賣公千萬，卿五百萬。而《崔烈傳》言因傅母入錢五百萬。拜日，『帝顧謂親倖者曰：「悔不小靳，可至千萬。」程夫人於傍應曰：「崔公冀州名士，豈肯買官？賴我得是，反不知姝耶？」』按漢拜三公，多由九卿，其以光禄大夫、太中大夫、將作大匠及諸校尉得之者，十不一二。烈以中平二年拜司徒，去光和元年始開賣爵時已越八載，獨僅入例錢之半，蓋以名士故減價得之。是其時名士猶值錢也。靈帝雖私賣公卿，然考本紀，中平五年五月永樂少府樊陵爲太尉。六月丙寅大風，太尉樊陵罷。史言陵以入錢得公者，乃居位僅逾月，即以大風策免。收西邸私賣之禮錢，而仍用灾異策免之祖制，直是詐取財貨，可發一笑。而陵以九卿出財千萬，作公一月，亦云屈矣！

東漢尚書之權，重於三公。故自安、順以後，大將軍及三公秉政者皆加録尚書事，始於章帝即位，以趙憙爲太傅，牟融爲太尉，并録尚書事。至安帝延光四年，北鄉侯即位，司徒劉憙爲太尉，參録尚書事。云參録者，蓋其時閻后臨朝，以后兄閻顯爲車騎將軍，專政，必以顯録尚書，故三公僅得參録。其後獻帝建安元年，曹操以鎮東將軍初至洛陽，自領司隸校尉，即録尚書事，遂專漢政。訖於南北朝，凡篡祚移鼎者，無不先録尚書事，稱爲録公。

《和熹鄧后紀論》有曰『建光之後，王柄有歸，遂乃名賢戮辱，便孽黨進』『故知持權引謗，所幸者非己』云云。是稱鄧后之德，直不亞馬后，而安帝爲不克負荷。乃《安帝紀論》則又曰『孝安雖稱尊享御，而權歸鄧氏』『令自房帷，威不逮遠，始失根統，歸成陵敝，遂復計金授官，移民逃寇』『既云哲婦，亦惟家之索』云云，則全歸過於鄧后。雖史家美惡，不妨彼此互見，然太相矛盾，未免輕重失倫。哲婦、家索之語，用之母后，亦有未合。

自漢以後，蔚宗最爲良史，删繁舉要，多得其宜。其論贊剖别賢否，指陳得失，皆有特見，遠過馬、班、陳壽，餘不足論矣。予尤愛者，其中如《儒林傳論》《左雄周舉黄瓊黄琬傳論》《陳蕃傳論》《黨錮傳序》《李膺范滂傳論》《竇武何進傳論》，皆推明儒術氣節之足以維持天下，反復唱歎，可歌可泣，令人百讀不厭，真奇作也。其他佳製，固尚不乏，而數篇尤有關係。范書以外，惟歐陽《五代史》、歐、宋《新唐書》諸論贊，雖醇疵互見，文亦時病結轖，然究多名篇，可以玩味。范書可指駁者甚少，宋人若趙明誠、洪邁、王楙輩，間及數條。近得王西莊《十七史商榷》、洪氏《讀書叢録》，考核加詳。予偶有所見，注於范書中者，往往爲二一書所已有，深歎後人著書之難。今日無事，静閲諸紀傳，取諸條摘出之，皆二一書所未及者。非好與昔賢爲難，亦讀范書者所不可少，思爲蔚宗之功臣耳。

夜汔三鼓始睡，作致仲弟書竟。

二十七日甲申　晴熱。

廢君多不加謚號。漢則惠帝子兩少帝、一太子，史不記其名。《高后紀》云：『皇后取後宫美人子，名之以爲太子，立之。』《張后傳》云：『呂太后使陽爲有身，取後宮美人子名之，殺其母，而立爲太子。』是少帝特非張后子。一恒山王弘，本名山，亦孝惠後宮子。史謂之他人子者，言非皇后子也。及周勃等誅呂氏，遂倡言少帝非孝惠子以誣之。俞氏正燮有《漢少帝本孝惠子考》，甚詳確。昌邑王、更始。東漢則北鄉侯、弘農懷王，北鄉雖非被廢，以未成君亦不加謚。魏則齊王、晉受禪，降齊王爲邵陵公，卒，謚曰厲公。高貴鄉公。吴則會稽王。晉則海西公。宋則營陽王、子業、蒼梧王。齊則鬱林王、海陵恭王、東昏侯。梁則豫章王。陳則臨海王。北魏則南安隱王余、幼主釗、長廣王曄、章武王融子朗、廢帝欽。北齊則濟南閔悼王。皆無尊謚。至唐始無廢帝之名，雖以温王重茂之爲韋庶人所立，數日即廢，且謚爲殤帝。而高宗至追謚其太子弘爲孝敬皇帝，玄宗追贈其兄寧王憲爲讓皇帝，肅宗追謚其兄靖德太子琮爲奉天皇帝，代宗追謚其弟建寧王倓爲承天皇帝。雖皆曰失禮，然惟高宗之加子以尊號，不可爲訓，餘皆不失爲厚。諸帝之無不稱宗，亦始於唐，後人或譏其濫。中宗被弑於后，幾至亡國，又無胤嗣，乃得中宗之號，尤爲不當，然睿宗之待其兄不可謂不厚也。唐以後，惟金有兩廢君：海陵煬王、衛紹王也。《謚法解》『疏遠繼位曰紹』，古今惟見此一用，於衛王亦恰合。蓋衛王世宗子，章宗世宗孫，而衛王係承章宗之統，於倫序本舛，故宣宗以紹字謚之。明桂王號唐藩爲紹宗亦此意。曹氏謚山陽公以獻，亡國而得此美謚，蓋謂其知人則哲，法堯禪舜，附於聰明睿智之義也。司馬氏謚陳留王以元，尤不可解，豈取行義説民之義乎？嗣後則故主多加以恭字：晉恭帝、西魏恭帝、周恭帝，而隋至有兩恭帝。唐之於代王侑，王世充之於越王侗，不謀而合。曹魏號漢獻陵爲禪陵，當矣。乃山陽之封，竟襲定安公之謬。南唐尊吴主爲讓皇，此最得體。既云法唐虞禪讓，何得加之以封爵，降之爲王公？惜華子魚輩不能爲曹丕言之。

三恪二王之義，當據《樂記》。武王克商，未及下車，封黄帝、堯、舜之後，及下車，封夏、商之後，云云。以薊、祝、陳爲三恪，杞、宋爲二王後，通已用六代之樂，此説爲最長。國朝如講求古禮，當立奇渥温氏、朱氏爲元、明二王後，唐李氏後、金完顔氏後、宋趙氏後爲三恪。蓋朱温、石敬塘爲篡逆之賊，固不足論；後唐朱邪氏亦不足數，劉、郭、柴皆不成天子；遼僅雄長朔漠，竊據燕雲十六州，無功德於中國，典禮所不當及。是皇清固當溯唐爲六代。其諸帝冑裔，譜牒猶多可稽，此亦職客臺者所當知也。

劉歆《三統曆》云：『顓頊水德。水生木，故帝嚳木德。木生火，故唐堯火德。火生土，故虞爲土德。土生金，禹爲金德。金生水，湯爲水德。水生木，周爲木德。秦在木火之間。木生火，漢爲火德。』此自是五德相代之理，取相生，不取相剋。秦始皇不學，用鄒衍説取五德相剋，又誤以周爲火德，遂謂秦滅周，從所不勝，自用水德。漢人正之，又以爲繼周不繼秦，故用火德。至魏因當塗高之讖，以爲火生土，乃用土德，色尚黄。然魏不得爲統，豈足稱代德。此猶王莽亦自稱土德，著黄貂也。今據《乾鑿度》孔子三百四歲爲一德之言推之，班氏《漢志》言一代一德，然五德之運，因乎天地之自然，必數百年始相嬗代。後世得國者，一姓或不及百年，或僅一二十年，豈亦得爲一德？近儒王氏鳴盛乃謂如夏、商、周傳世皆數百年，決無中更變易一德之理。孔子之言亦不必泥。予謂王説非也。統有正有閏，德亦有正有閏，凡一德之終，必有閏數，即如周歷八百，而平王東遷以後，即爲閏德。緯書惟《乾鑿度》最確也。漢爲火德，晉在火土之間。南北朝統緒雜糅，未有代德。元魏、周、隋亦不過餘分閏位，至唐始得土德。宋得金德。元在金水之間。明得水德，國朝得木德，故發祥於長白山，起自東方，帝出乎震，木之義也。

夜凉。

二十八日乙酉　曉雨，日高春晴。剃頭。作書致潘紱翁，得紱翁書，言有寧波失守之耗，即復書問之。再得紱翁片，言此耗未確。傍晚陰晦，小雨即止，凉須夾衣。

二十九日丙戌　晴熱。聞寧波人有以是月初二日泛海來者，言寧紹安堵，所傳皆妄，爲之稍慰。巳蘭來。作稟家慈書、致詩舫弟書、致沈瘦生書，并仲弟書，俱交浙撫摺弁帶去。夢漁來。傍晚訪毓興合，從巳蘭及叔雲、珊士小飲。夜從珊士、巳蘭飲潘秋娘家，予招佩芳爲觥録事，二鼓歸。秋娘貽予鬢花一枝。聞上疾瀕危，恭邸及諸司已赴行在。夜睡不安，天明始漸就寐。

七月丁亥朔　晴熱。致紱翁書，借錢氏儀吉《衎石齋集》。子恂來。巳蘭來。晡時偕巳蘭小游曲中，歷愛蓮、聯芳、寶蓮、桂緣、鏞慶諸家。日旰叔子招同巳蘭、珊士、子恂飲小卿家，珊士招素雲，予招佩芳，日夕始散。同珊士訪秋娘，夜飯於佩娘家，初更歸。二更風起旋止。

立秋子初初刻。　初二日戊子　立秋。晴。曉疾復動，憊甚。得紱翁書。作片致陳同叔比部，問德甫疾。

邸鈔：瑞昌等奏五月三十日賊由永康竄陷義烏縣城，處州鎮總兵文瑞援剿不力，節節退守，請從嚴治罪。詔：文瑞著即革職，暫留軍營，責令防守諸暨，進剿金華賊匪，效力贖罪。

嗚呼，吾越已受兵矣！使浙東西分境立兩節使，畫江而治，事寧至是耶？今瑞帥、王撫皆居省垣，不出一步，視屬郡之失，若秦越然。倘使中丞居守，將軍移填江東，彼此犄角，勢猶可爲。乃廟堂樞密諸公，既計不及此，守土大吏，亦未上請，而鄉士大夫立於朝者，又不以聞：肉食夢夢，真一丘之貉矣。諸暨離郡城不百里，其道皆山徑，重巖疊嶂，有險可搤；顧越無良守令，紳士皆賈豎牧兒，或罷退之贓吏，王副憲孱弱下材，不知軍事，又無兵勇可用，意外之變，不堪設想。諸暨入越之路，爲漓渚山，曾王父墓在焉。孤征道斷，不能奮飛，奈何奈何！

瑞昌、王有齡又奏五月初六、初八等日賊陷遂昌、松陽後，處州府知府李希郊迎剿於堰頭，衆寡不敵，力竭陣亡。十六日府城遂陷。十八日署温處道志勳、署總兵特保克收處州府城。詔：志勳、特保免其查辦，李希郊交部從優議恤。上諭：安徽捻匪屢次出巢竄擾，著欽差大臣兵部右侍郎勝保督辦安徽、河南剿匪事宜，兩省官兵統歸節制。俟北路通清後，即帶大兵馳剿。

河南主考放侍講學士楊秉璋、御史徐啓文。山西主考放修撰孫家鼐、編修沈秉成。

傍晚雲合有雷，晚雨夜止。叔、珊二君夜招歌郎二人來，予與采苓作象戲兩局。

初三日己丑　晴雨不定，地作潮似南中黰天。午前步訪德甫，並晤叔、棣、珊。晡歸遇雨。洗足。梳頭。珊士夜招同叔子飲盡春堂，叔子招方老五，予招佩芳，二更後歸。雨作達旦。

初四日庚寅　早雨，巳後晴。雪甌來。聞上疾稍痊。

邸鈔：王有齡奏五月初九日收復長興縣。

初五日辛卯　晴。上午偕叔子、珊士視德甫疾，詣慶樂園聽三慶部，晡後歸。雅齋來。夜小雨，今晚西天元字號錢票又不行。

初六日壬辰　晴。夢漁來。定子來。浴。甲夜大風雨。

初七日癸巳　先君子生日。薄晴。連夕舊疾發動。剃頭。

初八日甲午　晴。作書致德甫，借震川《史記評本》。潘紱翁來借觀日記，即復。晡後偕叔子、珊士訪素素，即歸。夜從叔子飲素素家，珊士招秋琴，予招佩芳。閱《史記》。

初九日乙未　晴，連日頗熱，今日尤甚。子恂來。

邸鈔：曾國藩奏劾江西布政使張集馨辦理九江通商事宜，聞湖北之警，輒行旋省，畏葸無能；按察使張敬修年老多病，難期振作。詔：張集馨革職，張敬修休致，以慶廉爲江西布政使，文輝爲江西按察使，閻敬銘署理湖北按察使。上諭：毛鴻賓奏湖南鄰氛逼近，驛路梗阻，本年辛酉科鄉試及補行己未恩科鄉試請展緩舉行，湖南正考官王泇、副考官胡家玉無論行抵何處，即著馳馹來京。

數日來私號錢鋪皆出新票，銀一兩换票錢十三千，每千换銅制錢一百，而天元、天亨、天利、天貞四官號錢票皆漸不行，每銀一兩换至四五十千，每千换錢不過二三十文，其四乾字號及西天元字號僅换十餘文。聞户部連日遞封奏，不知又何所更置也。縣官不知搜利之源，貪狃小利，因循壞法；至於勢窮情見，乃不顧本末，别創一議，以爲彌縫。其始以利猾商，而輕重之權，度支轉奪於駔儈；其既以勢猲民，而出入之際，閭閻歸惡於君上。徒有紛更之名，無補虧耗之實，示小人以不信，等匹夫之罔利。掌司農者，半皆黄頷纖兒，白面賈豎。上不益貧，下不可活。吁，是裴延齡、韋渠牟之罪人哉！

夜月殊佳，同叔子、珊士賞詠久之。

初十日丙申　終日嫩陰。閲翁注《困學紀聞》。王氏於宋末號爲博學，此書尤有名。然見聞錮於道學，考訂域于宏詞。雖取便初學，實鮮可觀，不解本朝閻百詩諸儒何以注之不已。翁太常此注，尤援引極博，然亦不無紕謬。今日偶爲訂正數條，不能盡也。夜凉，月色妍絶。苦無綺懷，賦詞不就。

十一日丁酉　終日雨聲凄密，凉意蕭條，秋思羈懷，殆難自遣。夢漁來談。

服子慎以吴闔閭爲夷昧子，僚爲諸樊之庶長兄，其説本於《世本》。杜元凱以闔閭爲諸樊子，僚爲夷昧子，其説本於《史記》。劉光伯從服説，孔沖遠從杜説。近儒臧氏琳據《公羊》襄二十(七)〔九〕年傳，闔閭刺僚，而致國於季子。季子曰：『爾殺吾兄，吾又殺爾，是父子兄弟相殺無已。』云云，謂季札稱僚爲兄，則服説爲確。何劭公注亦以僚爲季札兄。予按《左氏》襄三十一年傳，吴屈狐庸謂晉趙文子曰：『若天所啓，其在今嗣君乎！甚德而度。』『有吴國者，必此君之子孫實終之。』時爲夷昧嗣位之三年，故曰今嗣君。據此則闔廬爲夷昧子無疑。使從《史記》僚爲夷昧子，則僚嗣位十二年，即爲光所弑，母弟太子皆死亡相踵，左氏何得言有吴國者必此君之子孫實終之乎？與其信史，不如信經也。且《公羊》明言謁即諸樊。也，餘祭也，夷昧也，與季子同母者四。夷昧也死，則國宜之季子者也，季子使而亡焉，僚者長庶也，即之。則僚爲壽夢庶子之長，與四人不同母，其旨甚顯。

《史記》及《漢書·樊噲傳》，皆言噲以將軍從韓王信，擊陳豨，皆有功，遷左丞相。盧綰反，噲以相國擊燕。而《史記·漢興以來將相名臣年表》《漢書·百官公卿表》，丞相下皆無噲名。按高帝紀及蕭何、曹參傳，自高帝元年相蕭何後，終身未嘗更置相，直至惠帝二年何薨，曹參始代爲相國，而《高祖本紀》二年亦有以韓信爲左丞相之文。疑此是出軍時特假丞相之位號以重其權，如唐之使相，非真宰相也。

夜雨聲達旦，凉沁病肌，如中秋以後矣。

十二日戊戌　旱雨，上午晴。紱翁來。

《周書·謚法解》及《史記正義》所載謚法，頗有不可信者。如靖民則法曰皇，德象天地曰帝，仁義所在曰王，立志及衆曰公，執應八方曰侯，賞慶行威曰君。此爵號之稱也，何得云謚？他若威德剛武曰圉，治民克盡曰使，狀古述今曰譽，昭功寧民曰商，外内貞復曰白，官人應實曰知，凶年無穀曰穅，德正應和曰莫，施勤無私曰類，思慮果遠曰趕，嗇於賜與曰愛，教誨不倦曰長，逆天虐民曰抗，擇善而從曰比，皆不經見。商、白、穅、類、趕、長六字尤奇。而漢有中山穅王昆侈，爲中山靖王勝之孫，顔師古注好樂怠政曰穅，與《逸周書》《史記》皆不合，蓋牽於好樂怠政曰荒之文，而《史記》凶年無穀之穅，亦訛作荒，故致此誤。《王子侯表》又有安陽穅侯延年，被陽穅侯偃，皋虞穅侯定。案《説文》禾部：穅，穀之皮也。康爲穅之或體，然則穅王、穅侯，即康王、康侯也。康本義爲穀皮，而引申假借爲康樂康寧，故謚法安民立政曰康，而凶年無穀之謚，自當曰荒，不當曰穅也。至堯、舜、禹三謚，二書固無有，惟載湯字，亦謬。其周以前未用之僻謚，見於後世者：心能制義曰度，宋咸淳廟號用之；怙威肆行曰醜，魏吴質、晉王愷用之；柔質受諫曰慧，元魏廣陵王羽用之；又漢世謚愛者，有富平愛侯張延壽，《功臣表》有合陽愛侯梁喜、長羅愛侯常郉、成安愛侯郭遷、當塗愛侯魏聖。謚圉者，《功臣表》有曲成圉侯蟲達、强圉侯留肸、昌圉侯旅卿、高陽圉侯王虞人，戚圉侯季必。滿志多窮曰惑，後周滕王逌用之；疏遠繼位曰紹，金衛王用之；肇敏行成曰直，至我朝太祖追上興祖直皇帝尊號用之。又按謚法，民無能名曰神，揚善賦簡曰聖，二謚古未敢用。至齊神武、唐神堯始曰神矣；唐太宗以後始加大聖矣。《春秋公羊傳》以文公母聲姜爲聖姜，與二傳異，恐不可從。危身奉上曰忠，周時臣子亦無有用者，漢以後始多賜忠字矣。西漢諸臣尚無謚忠者，至東漢若馬援謚忠成侯，梁商、黄瓊俱謚忠侯，蜀漢至如陳祗亦得謚忠矣。眉批：《漢書・恩澤侯表》有黄霸孫建成忠侯黄輔，《功臣表》成帝時有駟望忠侯冷廣，疑皆思字之誤。

十三日己亥　晴。作片致德甫、致子恂。得子恂復、德甫復。

閲《漢書・諸侯王表》《王子侯表》《功臣表》《外戚恩澤侯表》。若王陵謚武侯，公孫弘謚獻侯，皆本傳所不載，幸見於表。惜其中訛錯脱落者亦不少。如周緤本傳曰謚貞侯，而表作制字。謚法無制字，而《功臣表》又有高宛制侯丙猜。其他字之僻異者甚多，如衍侯、《王子侯表》。式王、《濟北王傳》，又《功臣表》有樂成式侯、土軍式侯。虒侯、《王子侯表》，音斯。敦侯、《王子侯表》，顔注又作敫，古穆字。敷侯、《王子侯表》。子侯、《王子侯表》《功臣表》。息侯、《王子侯表》，疑思字之訛。祇侯、《功臣表》，疑祁字之訛。刻侯、《功臣表》。郥侯、《功臣表》，音臬。等，皆不得其義。又若謚終者，鄡文終侯外，《王子侯表》江都易王子有秣陵終侯纏，《功臣表》王陵孫有安國終侯斿。謚原者，《王子侯表》自菑川懿王子劇原侯錯以下，得此謚者凡十餘人。按《謚法解》，『思慮不爽曰愿』，無原字，疑原侯皆是愿侯之誤。《功臣表》弋陽節侯任宫孫有愿侯惲，尚作愿字也。餘若《王子侯表》有勤侯，《功臣表》有端侯，二字後世屢用之，實爲謚法所未有。漢世諸侯王得惡謚如煬、刺、荒、繆等字者甚多，猶存古制。其常用之謚，則有夷、頃、質、節四字，蓋亦如後世之通謚耳。又按謚法，愛民在刑曰克，漢功臣有隆慮克侯周竈；彰義掩過曰堅，漢功臣有臨轅堅侯戚鰓；皆古今所僅用者。

夜月甚清皎，同叔子、珊士坐欄檻賞詠久之。

十四日庚子　晴。閱唐武元衡、李德裕、權德輿與王涯四家詩。忠愍出入將相，名位崇重，而詩格清曠，殊有曲江、東川風味，近體尤高逸。衛公功烈震爆古今，所爲文章極華貴，而詩亦淡婉輕俊，皆似山澤之癯。其憶平泉山莊者十居八九，鄰叟村尨，皆入歌詠，固性情有獨至者。二公所業雖未能雋上遒鍊，警句絶少，然冰瑩霞潔，自足以祛煩解熱，遺俗離塵矣。栽之官亞二公，廣津亦歷登宰府，而詩皆似婦人女子。王詩稍清拔，較權爲健；宫詞高綺，不讓仲初。四家文字殊不肖其爲人，而忠愍受戕，廣津以奇禍湛族，衛公貶死，獨栽之雍容回翔，富貴壽考，則又知詩能决人禍福之妄也。

十五日辛丑　先君子忌日。晴，熱甚。剃頭。甲夜大風。得定子書。

十六日壬寅　晴熱。雪甌來。作禀家慈書，致仲弟書。

十七日癸卯　薄晴有風。作書致子恂，作片致雅齋。珊士招同叔子及其族人訪蓮秀才、同鄉朱庚解元至中和園聽四喜部。夜復從珊士及陳、朱兩君飲福雲堂，采菱、芷儂諸郎侑觴，三鼓後歸。得子恂書。夜三更後雨作，震雷達旦。

處暑未初二刻。　十八日甲辰　處暑。終日苦雨，凉。偕叔子、珊士廣德樓聽雙奎部，冒雨衝突，幾入於淖。作書致子恂。德甫來，不值。雅齋柬告廿二日爲小圃娶婦。

是日卯刻，行在六百里報到十六日硃諭，立皇長子載淳爲皇太子，載垣、端華、景壽、肅順、穆蔭、匡源、杜翰、焦祐瀛爲顧命大臣，盡心輔政。

十九日乙巳　曉雨旋晴。早卧疾發。夢漁來。雪甌來。傍晚招芷儂小飲廣和居。是日行在遺詔至京師。皇上於十七日寅時龍馭上賓，皇太子即皇帝位，時年六歲。

二十日丙午　晴熱。

上諭：母后皇后應尊爲皇太后，聖母應尊爲皇太后，所司議禮具奏。上諭：道光二十六年三月皇祖特降諭旨，以二名不偏諱，將來總體承緒者，上一字毋庸改避，亦毋庸缺筆。朕敬遵成憲，將御名上一字仍舊書寫，毋庸改避，下一字毋庸缺筆，凡臣工奏章内遇有此字，著用淳字。旨派睿親王仁壽、豫親王義道、恭親王奕訢、醇郡王奕譞、大學士周祖培、協辦大學士肅順，尚書全慶、陳孚恩、綿森，侍郎杜翰恭理喪儀。陳孚恩即星速前來行在。豫親王義道、恭親王奕訢、周祖培、全慶著在京辦理一切事宜。旨欒泰、楊春、李德立均著摘去頂戴。欒泰係四品卿銜太醫院使。

二十一日丁未　早陰午晴，熱甚。雅齋來告昨日已爲筱圃從權制納婦，請予過飲。剃頭。定子來。詣雅齋家道賀，即歸。傍晚雅齋又來邀飲，不往。

閲《新唐書》。唐待宗室最薄。其初高祖新有天下，太祖以下皆封王。太宗即位，詔疏屬王者皆降爲公，惟嘗有功者不降，然亦不許世襲。貞觀十一年，詔高祖諸王及諸子爲都督刺史者皆世襲，旋廢不行。其後諸王遭武氏之禍，殺戮殆盡。中宗復辟，求其遺嗣紹封，亦不過三世而止，後遂夷爲庶人。玄宗以後，王子皆居宅院，不分房，幼者至不出閤，遂莫能知其子姓多少。親王薨後無贈官贈謚之典，王子罕得疏封。邁安禄山、朱泚、黄巢之逆，死亡係踵。至昭宗時，韓建以兵攻十六宅，殺通、睦、濟、韶、彭、韓、沂、陳、延、丹、覃十一王，史載其被殺時冤慘之狀，尤不忍言；而昭宗十七子皆爲朱温、蔣玄暉所殺。嗚呼！大宗維翰，宗子維城，誠所以隆本支，固宗祏也。唐用魏徵、李百藥、封德彝之邪説，陵夷至不可救。劉秩、杜佑雖建正議，卒不采用。使太宗廣樹同姓以强王室，則霍、魯、韓、舒、紀、越諸賢王，何至駢首阿武哉！玄宗自以藩王起兵，有鑒前事，遂始作俑，錮其子孫，尤爲悖謬。韋庶人時設無臨淄起事，則唐之禍更慘於嗣聖、天授時。乃得志以後，不追原禍始，而痛矯前違，以懲後嗣，不其妄歟！歐陽氏謂周有天下，封國七十，而同姓居五十三。後雖有末大之患，然亦崇獎扶持，猶四百餘年而後亡。至漢鑒秦，務廣宗室，爲長久之計。故自三代以來，獨漢爲長世。唐有天下三百年，子孫蕃衍，可謂盛矣。其初皆有封爵，至世遠親盡，則各隨其人賢愚，遂與異姓之臣雜而仕宦，至或流落於民間，甚可歎也。《宗室世系表序》。而宋子京謂唐自中葉，宗室子孫多在京師，幼者或不出閤，雖以國王之，實與匹夫不異。故無赫赫過惡，亦不能爲王室軒輊。然則歷數短長，自有底止。彼漢七國，晉八王，不得其效，愈速禍云。《宗室列傳贊》。歐、宋之旨不同。然封建藩維，自爲有國者之至計。迂儒動以漢七國、晉八王爲言。然漢歷三世而有七國之亂，孰與秦之二世而亡？況七國亦終不能爲漢禍，而梁孝王且以兵當七國之衝矣。又其先吕氏之禍，使無齊王先起義兵，灌嬰將重兵禦齊於外，則平、勃亦不能誅産、禄如斯之易也。晉之八王構亂，孰與魏之三馬同槽？且琅邪東渡，非封建之效乎？晉之始起，德齊於丕，而功遜於操，三世而亡，未爲不幸。乃以劉、石之凶焰，而建康尚綿典午之祚一百四年，此其得失，不待智者而辨矣！惜乎以唐太宗之神明英武，三代僅見，與名臣蕭瑀等講封建事，喟然欲與三代比隆，而諸臣齗齗，無遠見深識，不能助成至計，殆亦運會使然者乎？ 柳宗元更推衍詖説，張其狂瀾，至以爲公天下之端自秦始。 斯言也，尤聖人所必誅。

自唐以後，惟明代稍用古制。 其封建諸藩，惟設護衛兵，食租賦，不得與郡縣事，故諸王國較漢强弱懸甚。 然有天下者，漢以後惟明爲强，其亡時宗室被禍亦獨少於前代。 而陋夫小生，尚以靖難事爲言。 嗚呼！ 自三王傳子以來，公天下者終不可得見矣，與其失之異姓，毋寧失之同姓。 後之人君，其當深思曹志、陸機之言哉。 宋待宗室，略同唐制。 靖康時幸以康王爲兵馬元帥，得少救徽、欽之禍。 顧寧人謂明末流寇之難，使有如唐之號王巨、嗣吴王祇者，分據州鎮以號召天下，其勢當猶可爲。 予按唐代宗室爲都統者四人。 天寶末，號王巨以河南節度使兼統嶺南何履光、黔中趙國珍、南陽魯炅三節度使事，此爲都統之始。《越國公峘傳》謂都統之號自峘始，此言以都統入銜者始於峘耳，其實巨固已爲都統矣。 乾元元年，越國公峘以户部尚書持節都統淮南、江西、江東節度使。 上元二年，殿中監劍南節度使李國貞以户部尚書持節都統朔方、鎮西、北庭、興平、陳鄭、河中節度使。 國貞爲淮安靖王神通玄孫，錡之父。 建中二年，汧國公李勉以永平軍節度使同平章事爲汴、滑、陳、懷、鄭、汝、陝、河陽(二)〔三〕城、宋、亳、潁節度都統。 考四人後皆無功。 鳳以魯炅兵屢敗，旋棄南陽，走臨淮。 峘以上元年與劉展戰於壽春敗績，走丹楊。 國貞旋以河中軍亂被殺。 勉以建中四年爲李希烈所攻，潰圍出，走保睢陽。 然皆不失爲賢者，巨與勉又先曾立勳。 而節度使則有信安王禕、嗣吴王祇、嗣曹王成，皆勞績懋著。 由是觀之，宗室亦何負於國哉！

《禮樂志》第三敘唐代廟制云：『唐武德元年，始立四廟，曰宣簡公、懿王、景皇帝、元皇帝。 貞觀九年，高祖崩。』『於是祔弘農府君及高祖爲六室。 二十三年，太宗崩，弘農府君以世遠毁，藏夾室，遂祔太宗。及高宗崩，宣皇帝遷於夾室，而祔高宗，皆爲六室。』云云。上文僅有宣簡公，此處突出宣皇帝，使初讀史者幾不知爲何人。下又載太常博士張齊賢議云：『唐受天命，景皇帝始封之君，太祖也，以其世近，而在三昭三穆之内，而光皇帝以上，皆以屬尊，不列合食。』云云，又突出光皇帝。按高宗上元元年八月，追尊六代祖宣簡公爲宣皇帝，五代祖懿王爲光皇帝，此雖已載本紀，然紀、志各自成文，亦宜彼此互見，則志於遂祔太宗下，宜增曰高宗上元元年尊宣簡公爲宣皇帝，懿王爲光皇帝，始接及高宗崩云云，敘事方有首尾。且志又載：『開元十年，詔宣皇帝復祔於正室，謚爲獻祖，并謚光皇帝爲懿祖。』按此亦已載於《玄宗本紀》十一年八月，志固不嫌重敘，而獨缺其加帝號一節，不特眉目不清，文法亦不畫一。志云開元十年，紀云十一年，小誤。懿、獻皆是廟號，志云追謚亦非，紀云追號固不誤。

二十二日戊申　晴熱如昨。雪甌來。雅齋來。

上諭：皇考大行皇帝尊謚廟號，著大學士、九卿等詳察典禮，敬謹具奏。上諭：朕應恭奉梓宫回京，進宫後暫安觀德殿。上諭：各省將軍督撫提鎮藩臬、各路統兵大臣并盛京侍郎、奉天府尹、西北兩路將軍大臣，及學政織造關差等，均不必來京叩謁梓宫。上諭：惇親王、恭親王、醇郡王、鍾郡王、孚郡王均係朕之叔，嗣後除朝會大典外，其尋常召對，以及三年後内庭宴賫，均毋庸叩拜。上諭：本年順天鄉試著展期一月，於九月舉行。上諭：四川總督著駱秉章補授，仍督辦四川軍務；雲貴總督著福濟補授；崇實著補授成都將軍；劉源灝著來京另候簡用。

夜雨聲徹旦，疾動。

二十三日己酉　雨至巳刻更甚，午刻止，未刻晴，仍熱。讀《漢書》。

二十四日庚戌　上午晴，下午小雨。洗足。

邸鈔：湖南巡撫毛鴻賓補授。江蘇布政使華日新補授。官文奏六月十四日已革徽寧池廣太道李元度收復江西義寧州。詔：李元度賞還按察使銜。

夜風雨蕭槭，蛩聲滿院，秋懷羈緒，彌復不堪。涼可絮衾，疾動。

二十五日辛亥　曉大風，終日陰雨，涼。得德甫書，索詩集。復德甫書，以近日日記寄閱。閱《太平廣記》。晚可衣棉。

二十六日壬子　晴。蚤起見窗下牽牛花盛開，賞玩頃許，已漸斂作淺紺色矣。秋花多朝開夕萎，此花尤見眼即枯。士君子遭際晚世，年質衰落，光華不常，亦若是乎？可感也。今年種此僅一本，經月以來，每旦輒作數十花，有并蒂者甚衆，薄植得地，倍覺可憐。得吴碩卿工部書，屬爲一處借銀事緩期半月，即復。

邸鈔：王大臣請喪制以日易月。詔不許，且諭所司詳考三年喪服典禮具奏。蓋故事必三請始許也。蔣益澧補授廣西按察使。

二十七日癸丑　陰。曉睡疾動。巳蘭來。庭下葵花開四枝，金色暄耀，殊可悦目。得德甫書，以日記見還，且告復病。夜蚤睡。

二十八日甲寅　蚤陰，上午晴。偕叔子、珊士詣德甫久談而歸。在德夫處見武英殿本前、後《漢書》，甚愛之，思借不得。生年三十以外，不得殿板廿四史讀之，貧士之恨如是。是日稍熱。

二十九日乙卯　蚤陰，上午晴，下午又陰，晡後風雨凄沓。作書致子恂索貼子及衣帳。小圃來。得子恂復。寫《漢書》兩葉不誤一字。得德甫書借《藝苑珠塵叢書》，以四帙與之并復書。朱嵩生來。上午鬱熱特甚，下午得雨稍涼。閱《太平廣記》，午後體中不適。

三十日丙辰　陰晴不定。得小圃書。

陸士衡作《兩漢辨亡論》，權載之作《兩晉辨亡論》，皆推原亂幾，其論甚美。歐陽永叔遂謂唐之衰由於宣宗。近儒王禮堂非之，謂文、武、宣皆令主，唐之亡實由乎懿宗之荒淫，與宣宗無涉。予謂漢、唐、宋、明之亡，皆由德祚陵替，氣運使然。漢之桓、靈，唐之懿、僖，宋之哲、徽，明之神、熹，雖皆云失德，然不過庸闇怠廢，或童昏好聲色，實無大過惡於民，亦未有肆虐好殺之事。諸帝質皆長厚，又俱能尊禮大臣，靈帝之大誅黨人，哲宗之去元祐諸賢，熹宗之殺東林諸君子，皆蔽於左右，非由帝意。嗚呼！桀、紂無論矣，三代而下，惟蒼梧、東昏、楊廣足正其罪，胡亥、高緯前人餘殃，尚其次也。

唐懿宗，史俱言其奢淫失德。迹其生平，惟寵任駙馬韋保衡及迎鳳翔佛骨二事，尤爲世之口實，要亦非大害於國家者。雖懿宗侈靡性成，刑賞未當，顧觀其聞龐勛、裘甫之亂，出師命將，猶見焦勞；宰鎮大臣，尤能禮任。惟時無賢輔，固寵竊權，王政不綱，職由乎此。而王定保《摭言》載大順中諫議大夫高逢休與僕射劉崇龜書，論顧雲、羊昭業等修史事，謂懿宗皇帝雖薄德不任，被前件人羅織，執政者亦太悠悠，足見當時國史已明著譏貶。大順乃昭宗初年元號，懿宗爲其父，逢休竟敢言薄德不任，固由其時唐政衰弱，亦可見懿宗不君之名，彰於遠近，雖在朝廷，亦無所忌諱耳。惟蘇鶚《杜陽雜編》稱懿宗器度沉厚，形貌瑰瑋；又言上仁孝之道出於天性，鄭太后厭代，蔬素悲毀，同士人之禮，公卿奉慰者無不動容。又《玉堂閑話》亦稱懿宗以文治天下，固唐人記載中所僅見者矣。

邸鈔：軍機處贊襄政事王大臣面奉諭旨，建元年號用祺祥二字。詔：孝德皇后作配皇考，懋著徽音，兹恭上皇考大行皇帝尊謚，宜並追崇尊謚，用展孝恩。詔：列聖尊謚未加至二十二字者，列后尊謚未加至十六字，均宜恭議尊崇，顯揚盛美。該衙門詳稽典禮，敬擬奏聞。曾國藩奏福建按察使張運蘭、記名總兵降補游擊唐義訓等收復徽州府城及黟縣。嚴樹森奏河南防堵緊要，本年鄉試請展限至十月。詔：考官楊秉璋、徐啓文即馳驲回京。

晚偕叔子、珊士進城訪雪甌，夜飯於東來堂暢談至曉而歸。

八月丁巳朔　晴。歸寓睡至午刻起。是日日月合璧，四星聚張，惟金星差三十餘度，至日加寅，人皆見之。

閲明人陳士元《江漢叢談》二卷。此書《四庫》收入史部地理類，皆言楚地故事，如風后、舜陵等，凡二十則，設爲問答，引證群籍，每事爲一篇，在明人中已爲博雅。然疏謬陋略，實無可取。如黄母化黿一條，以劉昭爲班昭，以梁武帝郗后爲齊高帝之后，且謂郗后化龍事出蕭子顯《南齊書》，尤爲紕誤。其他議論亦多可笑，以司馬彪《續漢書志》爲《後漢書志》，此本易淆誤，明人多不及知。至以注《續志》之劉昭爲班昭，真堪噴飯。明代看書鹵莽如是。

得定子書借觀日記，即復。夜大雨。疾動。

初二日戊午　曉風雨淒密，終日陰晦，凉甚。

《史記・司馬相如傳》贊末有揚雄語，《賈誼傳》末有孫嘉，孝昭時官九卿，《公孫弘傳》末提行載元始中太皇太后詔一節，自南宋人王楙、周密輩已疑之，固是後人羼入。予又讀《楚元王傳》，末敘文王子孫，直至地節二年，王純謀反自殺國除，此事尚未經人指出。而王純實未嘗謀反。據《漢書》，純立十六年薨，謚節王，子延壽嗣。宣帝即位，與武帝子廣陵王胥謀反，立三十二年國除。《諸侯王表》亦同。明是《史記》乖謬，皆褚少孫所補者也。

《漢書·劉德傳》，德封陽城侯，『傳至孫慶忌，復爲宗正太常。薨，子岑嗣，爲諸曹中郎將，列校尉，至太常。薨，傳子，至王莽敗，乃絶』。而《恩澤侯表》，陽城繆侯劉德以宣帝地節四年封，封十年薨，子節侯安民嗣，十八年薨。子釐侯慶忌嗣，二十一年薨。居攝元年侯颯嗣，王莽敗絶。與傳不合。案宣帝地節四年至孺子嬰居攝元年，計隔七十年，而《侯表》自德至颯僅四十九年，差二十一年，則慶忌後自宜更有一代。考《百官公卿表》，平帝元始三年，城門校尉劉岑子張爲太常，與傳合。子張，岑字。表雖不言陽城侯，然西漢爲太常者皆列侯，表例有爵無官者書爵，有官者雖有爵但書官，岑以列校尉爲太常，故具官不具爵。岑後至元始五年由太常爲宗伯，時王莽改宗正爲宗伯，傳不言爲宗伯，則偶失之，而《恩澤侯表》脱去岑一代無疑矣。

紅侯劉辟彊，年八十，由衛尉爲宗正，子德兩爲宗正，德子向由諫大夫爲宗正，德孫慶忌復爲宗正，慶忌子岑由太常爲宗伯。五世宗正，自來所未有。

漢高祖兄仲封代王，爲匈奴所攻，走歸長安，貶爲合亦作郃。陽侯，子濞始封吴王。《史記》《漢書》紀傳、表皆同。《漢書·諸侯王表》載仲以孝惠二年薨，亦不稱謚。案《漢書·平帝紀》五年，詔曰吴頃楚元之後。師古注：『吴頃謂高帝之兄仲也，初爲代王，後廢爲合陽侯，而子濞封爲吴王，故追謚仲爲吴頃王，頃讀曰傾。』云云。然則紀及年表皆偶失載耳。「而《史記·楚元王傳》徐廣注云：『仲以六年立爲代王，其年罷卒，謚頃王。』不知何據。」仲名喜。 高祖以其嫂轑釜之怨，不封兄子，太上皇爲言，始封羹頡侯，而仲封代王，乃棄之邊境以當盛彊之匈奴。及匈奴來攻，仲自歸雒陽，本無大罪，乃廢之爲侯。蓋尚以治産業不如仲力之言，耿耿於心耳。 光武亦有兄仲，追封謚爲魯哀王。

初三日己未　晴，風。子恂來言，内閣擬上大行皇帝廟號爲『文神熙穆康敬』六字，尊謚爲『顯莊定毅惠哲』六字。眉批：賈、周二相國擬上文宗、敬宗、神宗、熙宗、顯宗、莊宗、惠宗、毅宗、穆宗、康宗、定宗、哲宗，徽稱二十字：配天翊運執中垂謨懋德振武聖孝淵恭儉勤寬敏。吴碩卿來。是日小極，又身熱腹痛，以驟凉，又早起感寒也。珊士昨得其家中六月所寄書，言紹郡尚無恙，惟城外多潰兵紛擾。吾家不知遷移否。今年未得舍弟一字，可歎可恨。

白露　初四日庚申　白露節。晴，有風。昨夜早睡，至曉腹痛始止。終日疲茶。當國有議請母后垂簾者，屬爲檢歷代賢后臨朝故事。予隨舉漢和熹、和帝后。順烈、順帝后。晉康獻、康帝后。遼睿知、景宗后。懿仁、興宗后。宋章獻、真宗后。光獻、仁宗后。宣仁英宗后。八后，略疏其事跡，其無賢稱者亦附見焉，益爲考定論次，并條議上之，其稿别存。日來凉甚須重棉，天氣清朗，風日蕭瑟，秋聲滿庭，極難爲懷。夜疾動。

初五日辛酉　晴。憊甚。作書致德夫。作書致錢辛伯索還詩稿，并爲題其所作詞歸之。張曉蓮來。閲毛西河《勝朝彤史拾遺》。

初六日壬戌　晴。辛伯來。慧叔來告其婦王於初一日病殁。作書致雪甌。傍晚同叔子、珊士步訪夢漁，即歸。

初七日癸亥　陰雨。巳蘭來。晡後暫晴。讀《漢書》。

邸鈔：王夢齡奏江北淮海一帶肅清。官文奏收復德安府。

初八日甲子　晴。上午出門答拜潘紱翁、錢辛伯，俱不值。晤星齋侍郎、子恂，俱久談。詣慧叔家吊唁。見芸圃伯母及雅齋，久坐而歸。是日知行在上大行皇帝謚爲顯皇帝，廟號文宗。

邸鈔：瑞昌、王有齡奏處州全境肅清。焦祐瀛升太僕寺卿。近日凡進擬詔旨及章奏進御者，於首尾鈐兩印，然後降下施行。首爲御賞二字，尾爲同道堂三字。兩宮鈐其首，嗣子鈐其尾。同道堂印，傳爲宣宗賜大行者也。

初九日乙丑　晴。

閱王建詩一卷。仲初宮詞固佳，其他詩都有俗氣，樂府最名於代，雖稍有工者，亦多失之質直。七律格韵尤卑下，乃開晚唐五季庸劣一派，可謂惡詩。中唐以後人五律如姚祕監、王仲初等，皆極淺弱，稍於一二近景瑣事，刻畫取致，亦往往有工語。然道眼前景，每至取極俗極瑣小極無意味者，乃墮打油釘鉸惡道，仲初詩『小婢偷紅紙』等類是也。

作稟家慈書、致仲弟書。夜題家書後五律兩章：『消息初無定，全家寄海隅。烽烟三歲别，涕淚十行書。絶域飢寒裏，孤生患難餘。何時重聚首，貧賤樂窮居。』『有母持家苦，晨昏念遠行。單寒携弟妹，存問絶親朋。避寇居常徙，還鄉夢屢驚。間關逢去雁，莫更阻郵程。』

初十日丙寅　曉晴，午後陰小雨。午前步詣定子，不值。更詣德夫，少坐而歸。是日行在始須大行哀詔至京師。紱翁來久談而去。發家書，夜雨，疾發。

十一日丁卯　終日陰靄，時有雨聲。雪甌來。夜月出，甚清綺。

十二日戊辰　晴。早起庭下偶弄鳳仙花，餘滴在葉，沾濡衣袖間，蓋夜來又過雨矣。定子來。

邸鈔：勝保、譚廷襄奏賊首張喜繼擒獲正法後，續獲賊首張殿甲、程五姑等，濮州匪首王來鳳、范縣匪首丁聯芳俱悔罪投誠，河北一律肅清。詔：勝保從優議敘，餘升擢有差。上諭：向來臣工無具摺請皇太后安之例，本日勝保、譚廷襄聯銜，並勝保單銜，均具摺請皇太后聖躬懿安，且與請朕安同列一摺，實屬有乖體制，並於縞素期内呈遞黄摺，亦屬不合。勝保、譚廷襄均著交部議處。上諭：皇考大行皇帝以皇祖宣宗成皇帝遺命毋庸郊配廟祔二條，諭令王大臣、九卿敬議。嗣從禮親王全齡等請，仍行郊配祔廟，並明降諭旨，嗣後郊祀配位，以三祖五宗爲定，仰見我皇考曲體皇祖遺訓，定以限制。惟尊崇之禮，莫大於嚴父配天，我皇考功德昭著，洽于寰區，雖聖諭升配典禮不復舉行，朕不忍遽從，亦不敢遽定，著大學士會同九卿、翰詹科道詳議速奏。

十三日己巳　晴。作書致定子、致德夫。晚忽不快，旋腹下連胯腰作痛，至夜轉劇，初疑是疝氣，顧向無劉長卿之疾，或是肝氣。客中多病，極爲不堪。終夜寢不能寐。服荔子核灰，不愈，信是肝疾矣。

十四日庚午　晴。腹痛更劇，不能行坐，身熱中惡。作書致吴碩卿、致雪甌。得碩卿復，雪甌復。夜病甚。徐領香孝廉來。

十五日辛未　晴。上午身熱稍退，腹痛轉甚。子恂來。雪甌來。吴碩卿來。問月來。晚痛稍減，夜始可飲稀粥。連夕月甚佳。舊疾復發。

十六日壬申　晴。稍愈，始能强飯，體憊甚，腹猶時作痛。

邸鈔：上諭：九月二十三日由熱河扶柩啓行，十月初九日即位。

竊按天子崩，太子於柩前即位，古今不易之禮，國不可一日無君也，未有大行在殯，曠位幾三月，始行踐阼之禮者。夫天子所至爲家，君所在即位所在，非特木蘭行闕，密邇郊畿，即遠在萬里之外，受終正位，亦無敢有異議者。方今冲人在上，諸大臣皆不識一字，大行崩逝之次日，即奉嗣子下詔，稱上諭，稱朕，稱皇后爲皇太后。夫既未即位，猶太子也。《春秋》之法，未逾年尚稱子，况以六齡之幼孤，未履九五之尊位，則詔何自出？名何自尊？此真貽笑萬古矣！

又邸鈔：御史董元醇疏奏皇太后權聽朝政，請明降諭旨，贊襄政務王大臣八人以外，請更派親王一二人，皇上讀書請更擇一二品大員一人以爲師傅。

有詔切責，大略謂國朝聖聖相承，從無母后聽政之例，大行皇帝於十六日子刻派怡親王載垣等八人贊襄政務，自有深意。現在凡降旨批摺，一切由該王大臣擬進，經朕親用圖章鈐印，然後頒發，此中外所共知。該御史請再派親王一二人，是誠何心？

以上兩事，皆關係甚鉅，非臣下所得妄議。至朕之師傅，大行皇帝已派編修李鴻藻，亦無庸更議云云。竊謂垂簾之事，國家所戒，然必主器有長君，否則負扆有元老，若内僅在疚之藐孤，外無總己之良輔，京師孤弱，海内分崩，狂寇在近郊，强虜居輦下，乃猶拘守文之成説，避稱制之嫌名，嗣主深居於禁中，諸臣秉筆於樞府，宫廷隔絶，上下相疑，使非舍經用權，因時變法，假中宫之位號，收人主之威權，召見百官，號令四海，則蕭墻之害，不可勝言，社稷之憂，有難臆計。顧舉行此事，誠異尋常，首發是謀，尤非輕易，自必盈廷共議，群辟僉名，宰執面啓於前，臺諫力争於後，連章繼進，伏闕相持，謀既僉同，事庶有濟。董君不諳事體，泛及指陳，孑爾小臣，貿然嘗試，責以非分，豈曰無辭。獨是孺子何知，朝廷多故，雖聖德有夙成之譽，生知誠間出之祥，終未有以甫解語言，乍勝保抱，即能披尋封事，周覽除書。以此爲欺，夫誰見信。况宫闈萬里，指使多人，豈得據夫方寸之印文，決爲九重之手定。至云所派八人，自有深意。則大行顧命，倉卒施行，審擇所由，臣民未諭，此之答詔，非出他人，直是藉地自矜，援朋互救，假朝旨以蔽賢路，冒遺命以固政權，雖假王言，實由私意，宜其力箝異議，陰肆猜心矣。

朝廷之體，須因時制宜。當今主少國疑，一切之政宜以得人心爲本，不當因循舊制，墨守成法。國朝命令出入，皆樞長受旨，樞屬代言。乾隆以後堂廉過高，臣工過賤。綸綍之内，挾雷霆之威；爵賞之中，寓鞭箠之辱。入告之辭稍戇，則云非所宜言；表進之式稍殊，則云有乖體制。相沿成習，視爲固然。古來優旨異數，不可復見，然以施之今日，竊謂非宜。人君即位之初，例存謙抑。况爲少主，尤宜降節爲恭，卑躬修敬，禮大臣以資師道，崇方鎮以寵成勞。親王之長，隆以不名不拜之儀；文學之儒，簡爲侍讀侍講之職。此爲漢之華光殿侍講，宋之崇政殿説書之職，非今之翰林院講讀。庶使耳目改觀，中外屬望。今中書堂内皆坐將軍，侍郎省中盡供伏獵，著作既體中不達，郎官復列宿笑人，胸無古今，眼迷日月，不能建議更張，協和上下，良可歎也。

國朝即位改元，向由大學士及軍機大臣各擬數號呈進，天子擇而用之。今兹未告即位，先議改元，已爲奇事。而元號又用祺祥二字，無論文義不順，且祺字古無用者，祥字惟宋少帝祥興用之。真宗號大中祥符則四字。嗣子幼冲，自不知所檢擇，而廷臣亦無有言者，豈真國威所劫歟？不學之弊一至於此。嗚呼！國家可無讀書人哉？

近日來（此處塗抹）聞簡用外内各員皆拈鬮以決。是月初五日，放各省學政，部曹得者四人：吏部員外郎陸仁恬得貴州，户部員外郎洗斌得山西，刑部郎中畢應辰得陝甘，尚慶潮得山東。近數十年來所無者（此處塗抹）矣。

又邸鈔：胡林翼告病請開缺。得旨賞假兩月，湖北巡撫著李續宜暫行署理。

近日疆帥胡君最有名，今聞病甚，深可憂也。

夜月尤佳。

十七日癸酉　晴。腹下猶作痛，又病齒，小極。

十八日甲戌　陰。曉睡疾復動。得碩卿書。德甫書來，再索予詩集。復德夫書。致潘伯寅廷尉書。閲司馬温公集，係明刻本，中《疑孟》十二條，僅存一條。

邸鈔：有旨：母后皇太后徽號用慈安二字，聖母皇太后徽號用慈禧二字。

秋分巳正二刻。 十九日乙亥 秋分節。終日重陰，晚晴。得伯寅廷尉書。定子來暢談良久而去。得定子書，以朱氏竹垞《歷朝詞綜》屬加評點。定子虚心好學，稱人不容口，於叔雲及鄙人尤推獎逾分，近來士夫中僅見者也。

閲《十七史商榷》，因附論《新唐書·文宗本紀》書殺陳弘志、殺觀軍容使王守澄及李訓奔於鳳翔之謬，又李訓等傳贊之謬，皆至數百言，頗爲前人所未發。以文長不録。

夜雨，三鼓風大作，頓寒。夜又患腹痛。

二十日丙子 大風驟寒，上午晴，下午陰。蚤起見落華滿庭，蕭寥萬狀，思鄉感遇，俯仰爲愁，終日惟掩關著書，自爲排解而已。

二十一日丁丑 晴。潘紱翁來。謝杰生學博來。

閲吴縝《新唐書糾謬》。此書指駁歐、宋之誤，分二十門，爲二十卷，鮑氏刻《知不足齋叢書》本最佳。予自丙辰歲閲一過，迄今五年，已遺忘略盡矣。其書但即紀、表、志、傳先後互勘，吴氏自序稱方從宦巴峽，無他書可考，止以本史相質正，故亦不無小舛，爲前人所攻。近儒王氏鳴盛譏其并不取《舊唐書》一相證核，太爲省事，然亦稱其指擿精當。按吴氏專著一書，糾并時新出之史，而歐、宋皆大臣盛名，官修進御，吴欲以一人之力攻之，其用心自更精審，故得者爲多。其關係尤鉅者，如據代宗年，辨《吴皇后傳》林甫謀害肅宗，及玄宗詔高力士至掖庭選后之謬；又代宗生之三日，玄宗臨澡，而負姆取他宫兒易之之謬。據貞觀四年天下斷死罪二十九人，辨六年縱京師死囚四百之謬；謂此乃録囚時舉京師輕重繫者之數，非皆死罪。據高宗年，辨《孝敬皇帝傳》所稱蕭淑妃女義陽、宣城二公主四十不嫁之謬；據王承宗反及李吉甫再入相歲月，辨《鄭絪傳》言吉甫譖絪漏言於盧從史之謬；據楊子琳、楊惠琳二人時地先後，辨《劉昌裔傳》《戴叔倫傳》俱以子琳作惠琳之謬；據《穆宗紀》及《劉總傳》《温造傳》《崔植傳》，辨劉總所納盧龍軍八州、九州、七州不同之謬；據《玄宗紀》及《韋庶人傳》《劉幽求傳》臨淄王以夜入宫誅韋氏，辨《安樂公主傳》所稱方覽鏡作眉聞亂之謬；據《張孝忠傳》載其子茂宗尚公主，孝忠遺妻入朝執親迎禮，辨《蔣乂傳》所稱茂宗尚公主，母亡遺占丐成禮之謬。皆有功於史學甚大。其他可采者甚衆，不能備録。至參檢年月、姓名、官爵之差錯，亦讀史者所不可不知。

惟駁《鄭絪傳》，杜黄裳方爲帝夷削節度，不關决于絪，絪常默默，居位四年罷。謂黄裳與絪同以永貞元年爲相，黄裳以元和二年正月罷，絪至四年二月方罷，不得云默默而罷。按傳所云，乃終言絪之爲相，未嘗謂其因黄裳而罷也。駁《張九齡傳》，九齡不肯附武惠妃謀陷太子，故卒九齡相而太子無患。謂當議廢太子瑛時，九齡已爲中書令久矣，安得云卒九齡相？且九齡以開元二十二年爲中書令，二十五年太子竟廢死，安得云太子無患？案傳云卒九齡相者，謂終九齡爲相時。上文已明載惠妃告九齡爲宰相可長處，則傳本不誤，而吴氏誤會文義。又按《玄宗紀》及《宰相年表》，開元二十四年十一月九齡罷相，而太子瑛以二十五年四月被廢以死，故傳謂終九齡在相位時，太子得無患也。其義甚明。

餘若卷第十二《事狀叢複》一門，所糾亦多未當。蓋史事固有宜彼此互見者，吴氏概以一事數出者爲可刊省，亦屬偏見。卷第十三《宜削反存》一門，所糾《杜審權傳》，載其盡日少息，自起解帘徹鉤，手擁帘徐下乃退。《高智周傳》載蔣洌兄弟植父墓側松柏千餘，謂末節常事，所不足載，固當。至謂

《嚴綬傳》之載報閿鄉尉李達事，《韓滉傳》之載自始仕至將相乘五馬無不終櫪下，《李巖傳》載爲參軍時製一裘服修身，亦皆不當記，則非是。恩怨之事，人不能免，司馬遷傳范雎、韓信及李廣之報霸陵尉，昔人不以爲非；若韓、李二事，尤足見其生平節儉，不可不載。卷第二十所糾誤用字、不經字、訛錯字，亦多系傳寫之誤，或偶失檢者，乃一一具列，此則未免有私怨之見存。又卷第十八《與奪不常》一門，駁《宗室傳贊》論封建事，與十一宗諸子贊自相剌謬。按宋子京意固不以封建爲是，其《宗室傳贊》，譏李百藥、杜佑之説皆爲臆論，亦未嘗偏斥百藥，吴氏所糾亦誤。要其全書中瑕纇不及十之一，晁公武譏其不能屬文，多誤有詆訶，固未確論也。吴氏所未糾者甚多，則一時鉤稽未盡耳。

邸鈔：曾國藩奏八月初一日即用道曾國荃克復安慶府城。安慶自癸丑陷賊迄今九年矣，此舉深可喜也。二品頂戴署貴州巡撫何冠英病故。詔：照巡撫例議恤，以丁憂按察使銜記名道江忠義署理貴州巡撫加二品頂戴。

連夜舊疾發動。

二十二日戊寅　晴，有風。子恂來。慧叔弟來。

閲宋趙彦衛《雲麓漫鈔》十卷，係朱氏曝書亭寫本，訛舛甚多。其書皆記名物故事，考據簡核，議論亦鮮有南宋人腐氣，多載唐宋官制，尤足裨益史闕。自序謂可比葉夢得《避暑録話》，《四庫書目》稱其實勝夢得書。以予觀之，博洽似遜洪景盧之《容齋隨筆》、王厚齋之《困學紀聞》、王觀國之《學林新編》、吴虎臣之《能改齋漫録》，然亦無諸君駁雜之病。以當時人相較，正與朱少章之《曲洧舊聞》、朱新仲之《猗覺寮雜記》、戴埴之《鼠璞》、周公謹之《齊東野語》，可以驂驔雁行，張淏、姚寬、孫奕、沈作喆、陸游輩皆不能及也。惟卷第五一條云：《周官》其屬有六十，今有不止六十者，蓋冬官之屬雜於五官中，如染人等是也，以是知冬官亦非全闕云云。則殊開丘葵等妄書謬説之先矣。

予嘗引唐德宗取貞觀、開元改元曰貞元事，竊議國朝以康熙、乾隆爲極盛，近來世運頗艱，年號宜用熙隆爲佳。今觀《雲麓漫鈔》，言本朝改隆興，取建隆、紹興之義；或云趙稔曾用之，改乾道，又改淳熙，取淳化、雍熙。紹熙則法紹興、淳熙，慶元法慶曆、元祐，開禧取開寶、天禧云云，皆故事也。眉批：李心傳《朝野雜記》甲集卷三，孝宗即位，改元隆興，其説以爲務隆紹興之政。及學士草制，則合建隆、紹興之義，非初意矣。二年，王瞻叔爲參知政事，言趙稔謀逆，當欲以隆興紀元。明年，改乾道。乾道盡九年，時以爲乾元用九之數已極，乃改爲純熙。尋又易純爲淳，言欲致淳化、雍熙之美也。十六年光宗即位，將紹淳熙之政，遂以紹熙紀元，猶隆興意耳。而學士草制，則又合紹興、淳熙爲義，亦非初意也。五年，上繼統，趙子直爲相，鋭意慶曆、元祐故事，乃改慶元，云云。按李氏此書最詳密，所言尤可據。其書成於寧宗嘉泰三年，所謂上繼統者，謂寧宗也。頃潘紱庭京卿爲予言，咸豐改元初，伊官内閣，曾進擬熙隆二字，不用。

二十三日己卯　晴陰相間。閲《新唐書》列傳。

夜與叔眴、珊士共閲《桃花扇》院本。幼時甚喜此書，謂出《長生殿》之上，今日觀之，拙劣殊甚，《訪翠》《眠香》《寄扇》《觀畫》四齣最名於代，《訪翠》《觀畫》雖稍有色澤，亦未當行，餘則粗硬淺陋，不足寓目。又多拗句澀調。東塘北人，不知平仄，往往有甚可笑者。爨演科白，尤多可厭，事跡亦殊失實。傳奇固不礙與史相出入，大節目亦不可不依也。

二十四日庚辰　曉陰小雨，終日陰晴不定。晨坐得芷郎書。

閲周公謹《齊東野語》。宋末説部可考見史事者，莫如此書。公謹本文士，故其敘述獨爲簡明。其記符離之役張魏公與史魏公往復論難事，尤曲折盡情。蓋忠獻固非純臣，不得以其子爲道學而曲譽；文惠固是良相，不得以其子爲權奸而加誣。觀此一事，尤見直翁之老成謀國，進退裕如矣。公謹家世仕宦，具有舊聞，自較他書爲可信，其佳處，予已於戊午日記詳論之。

閱吴曾《能改齋漫録》。虎臣依附秦檜，趙景安《雲麓漫鈔》中深詆之。其書始出時已盛有名，並時説部如趙與旹、洪邁、王觀國、王楙、劉昌等，已指摘其失，然浩博終不可没。故自宋迄今，諸家雖駁之而不能不引之。其《事始》《辨誤》《地理》三門，頗有創發。《記事》《方物》兩門，亦足資考證，中多駁正王觀國《學林新編》、高承《事物紀原》二書。《學林》於宋代説部最爲精核，雖小有舛漏，固非虎臣所能及。《學林》誤處，予戊午日記中亦略及之。其所駁者，若錢文載年號，始於後魏孝莊，非起五代；《左傳》「周公蔡蔡叔」，上蔡字爲𥕛字之訛，已見孔穎達《正義》，非蔡字更有放義；「季氏介鷄」，當據《吕氏春秋》「鎧著鷄頭」爲訓，非蔽鷄之臆；《孟子》「以言餂之」，謂餂字即《管子·地數》篇「十人咶鹽，百人咶鹽」之咶，不當引《玉篇》之達兼切爲古甜字。數條則較勝《學林》矣。鼻不清亮者爲齆，本於王充《論衡》「鼻不知香臭曰齆」。婁師德唾面自乾之語，本於《尚書大傳》太公曰：「罵汝毋歎，唾汝毋乾，毋歎毋乾，是謂艱難。」婦女稱姐，始於魏繁欽與文帝牋之左騠、史妠、謇姐。皆出《漫録》。俗諺云：「盛喜中不許人物，盛怒中不答人簡。」二語亦見《漫録》。予最愛此十四字，謂宜書之坐右。

二十五日辛巳　晴。陳同叔比部來。偕叔子步詣德甫，暢談半日，日入而歸。作書致雪甌，得雪甌復。

閲《能改齋漫録》。《雲麓漫鈔》譏《漫録》於前人詩意偶同者輒以爲勦襲。予觀其書有《沿襲》一門，所載皆古今人詩詞語意偶相合者，輒以爲某用某，某本某，殊屬無謂。宋人詩話，往往如此。况虎臣本考據家，論詩自更非所長耳，然其采取，亦云博矣。塡詞中好語如秦七之「斜陽外，寒鴉數點，流水繞孤村」，本於隋煬帝詩「寒鴉千萬點，流水繞孤村」。歐九之「緑楊樓外出秋千」，《漫録》謂其本於王右丞詩『秋千競出垂楊裏』，此雖皆不礙爲佳句，然出處明白，學者亦不可不知。吴氏至謂張子野之『雲破月來花弄影』，本於《古樂府》『朱弦暗斷不見人，風動花枝月中影』，則無謂甚矣。

《漫録》刻本頗少，予惟見武英殿聚珍板，分《事始》《辨誤》《事實》《沿襲》《地理》《議論》《記詩》《記事》《記文》《方物》《樂府》《神仙》《鬼怪》十三類，爲十卷。《四庫書目》稱向無刊本，傳寫者以意分合，卷數門目皆各不同，此本稍有條理云云。予家所藏即殿板本也。今此本爲揚州馬氏裕叢書樓所鈔，烏焉豕亥，十而六七，寫手極爲率劣。其書分《事始》一卷，《辨誤》三卷，《沿襲》一卷，《地理》一卷，《議論》一卷，《記詩》一卷，《記事》二卷，《記文》一卷，《方物》一卷，《樂府》二卷，《神仙鬼怪》一卷，共爲類十一，爲卷十五，與殿本次序多合。惟少《事實》一類，卷數亦微不同。行篋中未携此書，無從勘核也。

二十六日壬午　晴和，晚雷電，小雨。

偶閲皮閣上破書堆中，得道光辛丑科會試房卷一本。其居首者爲是科第三名俞長贊，大興籍，會稽人。又一百五十二名張淳，山陰人。二君皆與吾家有交涉，因書其事於兩人文後，復記之於此。俞君從其父居京師，貧寠甚，予族父青田先生以計偕至都。先生自嘉慶時已以名孝廉聚徒教授，常數百人，至是垂三十年，聲氣滿輦下。俞君之父爲部曹書吏，介先生門下士爲其曹長官者，以俞君文來謁，時俞君初入京縣庠，先生見其文，謂必貴，詢知未娶，即欲以女妻之，舉家不願而止。未幾，俞君舉鄉會試，入翰林，而族姊嫁一縣宰，因事左官，遂不振，先生頗悔之。俞歷職清顯，至内閣學士兼禮部侍郎。張君者，幼寒微，其父爲予從伯中書君主質庫。張君隨其父學佐出入，偶以事爲中書君叱辱，次日，忽跽謝中書君，願歸受書，其父怒笞之，益流涕固請。中書君深異焉，遂資以入塾膏火費，令其歸。旋辭父游學京師，不十年，成進士，授縣令，謁告返越，具公服，贄所試文謁見中書君，執門客禮甚謹。

里人至今以爲美談也。

閲書既多，自不能盡憶，况我輩素性善忘，隨手所過，都不復記，偶有所得，即當筆之於書，不必計前人已及否也。今日雜閲架上書，知前日所糾《唐書》李訓謀誅宦官一條，已見顧氏《日知録》。又前日日記所糾《後漢書·羊續傳》東園一條，已見王氏《十七史商榷》，雖病複出，然本非勦襲者，亦不必爲嫌。近儒嘗以《日知録》所駁《漢書》有與《兩漢刊誤》同者，謂寧人未見劉書，足見著述之難。予謂《刊誤》刻本固少，然顧氏博極群書，不容不見，此乃偶忘耳。王禮堂綜究經史，其《十七史商榷》亦云精密矣。然其中如糾《後漢書》竇后父諱武一條，《黨錮傳》外黄令毛欽一條，《儒林傳序》立《毛詩》博士一條，皆已見《日知録》。王氏豈有不見顧氏書者？偶或忘之，不足爲病。又如漢成帝、哀帝、更始、光武時皆置州牧，唐武宗後改名爲炎，此皆略讀史者所共知。而《十七史商榷》以《酷吏·樊仲華傳》光武時拜揚州牧謂州牧始於靈帝，此乃追書；孫樵《西齋録》書裴炎爲名犯武帝諱，謂武宗諱瀍非炎；此二條殊大謬，予皆正之。然豈得譏王氏爲不知史者耶！

二十七日癸未　晴。曉睡，舊疾復動。德甫來。晡後邀德夫、叔子、珊士至福興居小飲，晚歸。

《漢書·成帝紀》：綏和元年，『罷部刺史，更置州牧』。《哀帝紀》：建平二年，『罷州牧，復刺史』。而《百官公卿表敘》言哀帝『元壽二年復爲牧』，《哀帝紀》失書。《平帝紀》：元始四年，『尊孝宣廟爲中宗，孝元廟爲高宗』。《王莽傳》：平帝崩，『奏尊孝成廟曰統宗，孝平廟曰元宗』。《後漢書·光武紀》：建武十九年，『追尊孝宣皇帝曰中宗』。蓋中興初以中宗等廟號皆新莽柄政時所尊，故盡去之，至是始復中宗之號，而高宗等終不復。章懷於《光武紀》注失引《平帝紀》及《莽傳》，而引《漢官儀》，光武以元帝爲父，宣帝爲曾祖，故追尊及之。此説殊謬。漢制：有德者廟稱宗，世祀弗毁，未嘗論遠近。若曾祖即當稱宗，則元帝尤近，何不復高宗之號乎？况宣帝乃元帝父，光武爲景帝六世孫，於成帝世次爲兄弟；元帝爲父，宣帝爲祖，非曾祖。又云光武於哀帝爲諸父，於平帝爲祖父，哀、平皆元帝庶孫，係兄弟行，光武於平帝亦爲諸父，此注所引世次皆誤。

高祖兄仲，以代王貶合陽侯，後以子濞封吴王，追謚仲爲吴頃王，見《平帝紀》。而《高帝紀》《諸侯王表》《吴王濞傳》皆失書。《史記》亦不載。《平帝紀》：元始五年詔書高祖兄弟吴頃、楚元之後云云。

二十八日甲申　上午微陰，下午晴。夢漁來。雪甌、五樓來。

閱王勉夫《野客叢書》，止十二卷，末附其父《野老紀聞》數葉，即明人陳繼儒删存本也。繼儒俗士妄人，聞見卑陋，全不知學問，自來欺世盜名無有如此人者。所刻《秘笈》，妄删古書，尤爲可恨。勉夫此書，向推南宋説部之傑出，本爲三十卷，今所傳皆《秘笈》本。予家所藏亦同。而《四庫》所收三十卷之原本，購之累年不可得，意必有可觀者。即陳本論之，於經史之學殊甚淺，蓋南宋人大抵如此。然亦間有摘録之功，足資考覈。其他雜載，亦多有據依。惜所存不及十之六七，其菁華刊落者多矣。

邸鈔：譚廷襄奏八月十四日捻匪攻撲山東省城，迎擊大捷。十五日賊東竄去。官文爲故殉難同知贈道銜曾國華請謚。詔：以近日曾國藩、曾國荃、曾貞幹等克復安慶府城，一門忠義，特恩准予曾國華謚。賜謚愍烈。

二十九日乙酉　晴。小極不食，腹痛暴下。

閲趙與旹《賓退録》十卷，此書在宋説部中亦以考據名。今觀其如漢高帝封兄子信爲羹頡侯一條，謂《括地志》有羹頡山，在嬀州懷戎縣東南十五里，注《史記》者失不引此。顔師古注《漢書》，但云頡音戛，言其母戛羹釜也。小司馬《索隱》又直謂爵號非縣邑名，皆弗深考。又駁《能改齋漫録》引《學林》謂即不羹是潁川地名之謬。又謂《後漢書·楊震傳》載安帝時河間男子趙騰上書指陳得失，收考詔獄，震上書救。《張晧傳》又載順帝時清河趙騰上言灾變，譏刺朝政，收騰繫考，晧上書諫。二事不應如是之同，疑只一事，而范氏誤以爲二。皆確核。漢世錢重一條，援證亦博而覈，所載故事，亦可與史傳相參考。雖餘多無可觀，且有疵謬，固亦足以傳矣。

東漢人無二名。張淏《雲谷雜記》舉蘇不韋、孔長彦兄弟、劉騊駼、丘季智、張孝仲、范特祖、召公子、許偉康、司馬子威十人。《賓退録》復舉鄧仲況、第五元先、張恭祖、鄭益恩、鄭康成子。桓元卿、成翊世、張闓陽、梁不疑、李文德、公族進階、公族複姓。羊元群、馬日磾、皇甫堅壽、夏長思、曹破石、王延壽十六人。眉批：按長彦、季智、孝仲、公子、偉康、子威、仲況、元先、元卿、元群、伯英、敬伯、伯高、齊卿、太伯，疑皆字而非名。《後漢》謝、范兩書往往有稱人之字者，班書亦或如此。予按尚有廣宗殤王萬歲、廣川王常保、清河愍王虎威、恭王延平、齊惠王無忌、阜陵恭王便親，皆見《後漢》諸帝紀及諸王傳。鄧禹曾孫河南尹鄧萬世，見《桓帝紀》及《桓帝鄧皇后紀》《鄧禹傳》。馬援幼子名客卿，見《馬援傳》。耿弇從子喻麋侯文金，見《耿弇傳》。仲伯、子春蓋亦是字。丘季智名靈舉，見《郭林宗傳》注引謝承書，乃東漢人二名之最可考者。張氏僅讀林宗傳文，反稱其字以爲二名，誤矣。趙無忌字世卿，見《趙岐傳》注。蘇正和見《蓋勳傳》。新平侯千秋，見《陳敬王傳》注。耕亭侯安國，見《陳敬王傳》。千秋，敬王子，安國，敬王孫。竹邑侯阿奴，見《彭城靖王傳》。阿奴，靖王子。然阿奴當是小字，史書所言小字，即俗云小名也。傅幹小字别成，見《傅燮傳》。曹操弟子安民，見《三國志·魏武帝紀》。安民於獻帝建安二年從操征張繡被害，是固爲東漢人也，况三國及西晉時亦鮮二名者。秦宜禄，見《三國志·曹爽傳》注及《關羽傳》注。秦宜禄爲吕布將，以建安三年死，亦在東漢時。鄭康成孫小同，見《鄭玄傳》及《三國志》注。小同仕魏爲侍中，然康成以其手文似己，故名曰小同，固在漢時也。樂安夷王寵一名伏胡，見《千乘貞王傳》。崔烈子州平，見《三國志·諸葛亮傳》注。

九月丙戌朔　陰。昨夜齒痛，舊疾復發。終日病齒不快。

閲明于文定公慎行《穀山筆塵》十八卷。此書《四庫》不著録，然其中載朝章國故甚爲賅備，於隆、萬間事尤詳，足以參核史傳。自卷一《制典》至卷六《閹伶》，卷九《官制》至卷十三《稱謂》，皆論明代典故，而上溯宋、唐及漢，敘述簡核，議論平允，最爲可觀。卷十五《雜記》《雜聞》諸條，卷十八《夷考》，亦多可備採掇。其餘考證經史，殊非所長。《雜説》《瑣言》等説亦有佳者，然多雜以迂腐語，此宋、明人通弊耳。

夜齒劇痛。

初二日丁亥　曉雨，上午薄晴有風，晡後陰霾大風。午偕珊士步詣德甫，并晤同叔、熊定卿，又訪定子，不值而歸。

閲明人黄瑜《雙槐歲鈔》十卷。此書《四庫》亦不著録。瑜字廷美，廣東香山人，由太學生官知縣。書成於弘治時，多載明代故事，足補史闕。其述科舉，尤詳於洪、永，以典例所始也。述軍政邊備及敵勢本末，尤詳於景泰以後，以邊事漸亟也。所附議論亦具有識見。惟載洪武乙丑殿試，有司奏花綸第一，練子寧次之，黄子澄又次之，太祖親擢丁顯爲狀元，子寧次之，綸又次之，三人皆拜修撰，而子澄抑置三甲，爲庶吉士。按《明史》黄子澄本傳及朱竹垞《明詩綜》、黄崇蘭《貢舉考略》，皆言子澄爲乙丑進士第三人，與此不同。餘亦有與史傳相出入者，要可以備見聞。至間及經史考辨，則頗多疏漏，又好雜載委瑣神異之事，自穢其書，殊類小説體耳。眉批：《歲鈔》最誤者，謂楊俊之誅，在景泰時，于少保以其勇健難制，主議誅之，其父洪由此憤悒而卒。按《明史》俊在景泰時兩下獄論死，皆宥。而洪卒後，子傑嗣，爲昌平侯，傑卒，俊襲爵，復以罪再論死，奪爵，命其子珍襲。及天順復辟，英宗夙恨俊，張軏又與不協，遂下詔獄誅之。祝允明《野記》亦言天順時，楊昌平俊、范都督廣，爲石亨所構誅，皆非其罪。雖石亨、張軏不同，而俊死在天順時則無疑矣，《歲鈔》傳聞之訛如此。惟《野記》言俊臨誅時有娼來哭，即自經于旁。而《歲鈔》載娼之名爲陳三，是可信也。

《筆塵》於嘉靖以後輔相無不詆斥，又頗指朝廷之失，《歲鈔》更顯陳闕政。時當孝宗之初，而一則曰憲廟初政昏極尤張，一則曰成化間憸邪雜進，左道論政，足見時無忌諱，直筆在人，爲可法也。

《歲鈔》載弘治乙卯，雲南鎮守太監劉袓、總兵黔國公沐琮、巡撫張浩等，保舉神童董元，紹興人，雲南知府復次子，八歲能詩翰。《詠胡桃》曰：『形狀如鷄子，剛柔實未分。擘開混沌殼，渾是一團仁。』《梅月》曰：『夢覺羅浮夜已闌，碧天雲静月團團。玉人不學桃花面，净洗紅妝鏡裏看。』九歲以來，真楷草書，歌賦序記，及三場文字，亦皆能之，今十三矣，請查照李東陽、程敏政、楊一清、洪鐘事例，考送翰林院讀書。疏上，召試，不如所言，命還籍，乃充會稽縣學生，更名玘，云云。此即吾鄉董文簡公也，後爲乙丑弘治十八年進士第二人，官至禮部侍郎，以清節儒學名。居郡城之筆飛坊，坊口有橋，曰探花橋，其第宅及綽楔至今無恙。眉批：乙丑董文簡以會元爲進士第二人，其第三人則餘姚謝少宰丕，文正公子也。文簡居第在筆飛坊，今子孫猶世守之，而宅旁有橋曰探花橋，有石坊曰探花坊，皆謝少宰所建，今里人遂誤稱爲董探花矣。黄氏又謂敏政、一清及鐘皆由翰林院秀才登進士，而鐘授中書舍人夭死，時年十八。惟東陽雖受上知，然爲順天府軍學生登第，未嘗讀書翰林也。今爲學士，與敏政、一清俱將大拜矣，玘其可量耶云云。黄氏是書成於弘治乙卯，固未及見文簡之貴耳。此吾鄉文獻之一大事，而郡邑志俱失載，故特記之。其後李文正、楊文襄果皆至極品，而程文儔亦終於禮部侍郎，與董公同。瑜即黄文裕（佐）之祖父。佐字才伯，嘉靖中官至少詹事，贈禮部侍郎，見《明史·文苑傳》，稱其撰述至二百六十餘卷，尤精者爲《樂典》。

初三日戊子　晴。得吴碩卿片，得杜五樓片，俱爲銀錢事。作片致五樓。

歐陽公《新唐書》本紀，疏舛不一，今復摘其兩事：

睿宗、玄宗禪位之際，事最轇轕。睿宗雖於延和元年八月立玄宗爲皇帝，自爲太上皇，然仍攬大政。是月即改元先天，史仍以此號繫之睿宗。至先天二年七月，太平公主等謀害玄宗，玄宗密計誅之，睿宗始歸政。是年十二月改元開元。愚謂《睿宗本紀》，宜於先天二年七月下書『甲子，皇帝誅太平公主及岑羲、蕭至忠、竇懷貞等』，下方云『乙丑，誥歸政於皇帝』，則情事始明。而《玄宗本紀》其首宜直敘至太平等謀害，悉書崔湜、薛稷、李晉、賈膺福、唐晙、常元楷、李慈等同逆謀者姓名，及玄宗與郭元振、王毛仲、姜皎等討逆大略。蓋此雖見於《太平公主傳》，然此等大事，本紀自宜略敘。又新紀例凡殺一命以上者皆書，而薛稷舊宰相，李晉等皆三品卿監將軍，其死豈容不書？崔湜不著其同謀，而下突書流湜於竇州，幾疑湜非與逆者。湜既流，旋復賜死，宜書『流崔湜於竇州，誅之』，而紀不書其死，亦誤。新紀例凡一年數改元者，皆以最後定之元繫年。而此年癸丑，既書爲先天二年，自正月至七月，歸之《睿宗紀》；復於《玄宗紀》提行書開元元年正月。一歲之間，兩繫帝紀，兩繫元號，兩見正月以至七月，自亂其例，令觀者雜糅，疑爲兩年之事。愚謂此年《睿宗紀》既以七月止，七月以後事宜並敘入《玄宗紀》首。至十一月戊子群臣上尊號曰開元神武皇帝訖，始别提行，書開元元年十二月庚寅大赦改元。雖稍爲變例，然此一年書法實爲窒礙。如但以開元繫年，則不可以玄宗之號入於睿宗之紀；如但以先天繫年，則是年十二月已改爲開元元年，次年正月即爲開元二年，不可令開元元年之稱不見於紀，而於次年突書二年。如予説調停，頗爲斟酌盡善，兩不觸背矣。又《睿宗紀》已書七月甲子大赦，《玄宗紀》復書七月丁卯大赦，僅四日間，不應兩次大赦。蓋祇是誅太平等及玄宗聽政之赦，一次分作兩書，亦誤。

玄宗天寶三載正月，改年爲載，既書於本紀矣。至肅宗乾元元年，復改載爲年，而本紀不書。如此大事，乃亦漏略，可謂疏矣。

初四日己丑　晴。雪甌來。閲明吏部尚書李文愍默《孤樹裒談》，中有辨黄子澄名次先後一條，引朱中丞《河上楮談》。謂子澄係二甲第一，而歷考諸書皆不同。又駁《雙槐歲鈔》所載太祖夢雙絲之謬。閲計有功《唐詩紀事》。

寒露申正一刻。　初五日庚寅　寒露節。晴，風。偕珊士訪吴碩卿。又訪德甫，並晤棣珊、同叔、熊定卿。珊士得秋審總辦。閲《唐詩紀事》，因撰《唐詩人達官考》。别存。

初六日辛卯　晴。今日午門宣旨，順天鄉試左都御史萬青藜爲正考官，刑部左侍郎麟魁、兵部右侍郎畢道遠爲副考官。夢漁得順天同考官。定子來。

閲松圓《浪淘集》，明季鄞人謝三賓所刊。合《涉江》《春盤》《山樓》《蓬户》《空齋》《詠古》《谿堂》《移居》《雪浪》《遇琴》《春湖》《荆雲》《春帆》《松寥》《雪江》《吴裝》《易水》《嘗甘》十八卷，都爲一集，分上中下三卷。孟陽詩於嘉定四先生中尤爲清妙，惟氣力薄弱，不能爲長古，然近體絶可愛。嘗謂采松圓及我朝厲樊榭二家詩爲摘句圖，懸之坐右，朝夕誦之，可以除煩去膩，解凡入仙也。叔子既於是集丹黄之，屬予加墨，因摘其佳句於此：『衆山擁市懸孤壘，片雨迴峰亂夕陽。』《山行》。『衆香凝户濕，空翠積階陰。』《法相寺》。『山虚日射孤根動，江坼天圍一柱高。』《江天閣》。『水樹風帆隱伎樓，微明遠岸濁河流。也知一望堪腸斷，暮雨無人在上頭。』《水上倡樓》。『田日倚茶磨，湖風落漁榜。』《横塘》。『小艇緣港入，疏春閉門度。』《經紫微村》。『行廚叢竹映，落盞長松清。』《郡城雜詩》。『城上雪聲游子屐，縣南風色酒人家。』《東山中親知》。『彈琴響動遊山帖，隱几風開種樹書。』《題張仲復西康草堂》。『谿雨捎歌扇，檐風落茗甌。』《遊石岡園》。『絃響帷間動，杯香燭下來。』《同唐叔達宿徐氏園》。『檻華當幔柳，窗裊隔池花。』同上。『嶽院夜眠春澗雨，浦樓寒醉雪山風。』《歲暮懷孫履和李茂脩》。『燭滅清歌高閣罷，酒醒疏雨小船歸。』《送春同婁子柔》。『月落蒹葭明，潮生楊柳曙。遊子耿不眠，歸人渡江去。』《送方平仲渡江》。『梅殘燭燼疏窗雨，雪冱香濃小閣雲。』《寄莊將軍》。『雨來孤嶼闊，月出衆山高。』《西爽亭》。『白拂花飛方丈雨，素屏灘響一床風。』《題長蘅吹醉閣》。『秋陰殢客思騰騰，木末荒臺盡日登。誰信到家翻遠憶，雨齋含墨畫金陵。』《憶金陵》。『最憶西風長板橋，笛床禪閣雨瀟瀟。只今畫裏猶知處，一抹寒烟似六朝。』同上。『不見林僧春復冬，夢經蘭若向鑪峰。西窗一榻今閑否，來聽霜天塔院鐘。』《崑山雜題畫絶句》。『江月酣林水透霜，水精禪院舊繩床。鄰房僧起啼鴉散，塔裏殘燈颭曉光。』同上。『日落風開吉貝花，茨菰葉壞映袈裟。隔谿煮豆燒松子，憶得山房夜焙茶。』同上。『一水菰城秋雨色，萬山譙閣舊灘聲。』《送林符卿自吴興遊新安》。『峰摇白雨水挹藍，萬木含風緑正酣。記得松毛初泊日，破船撑笠過湖南。』《雨中遊寶石山題畫》。『風堤霧塔欲分明，閣雨縈陰雨未成。我試畫君團扇上，船窗含墨信風行。』《西湖題鮑谿父扇》。『澗飲斷虹明積翠，湖飛片雨亂斜陽。』《登北高峰》。『雨濯松蘿泛早凉，竹聲寂歷澗聲長。林烟未散遠峰出，手卷殘經看夕陽。』《靈隱絶句》。『崖陰扶砌竦，松影卧階長。』《玄津上人房》。『遠雁如塵飛水面，亂帆疑葉下吴頭。』《李洋河舟中》。『山檻水添平入户，野亭樹密遠生香。』《仲夏偶過長蘅水檻》。『夢裏楚江昏似墨，畫中湖雨白於絲。』《春盡感懷》。『秋月當門秋水深，岸花寂歷野蟲吟。西窗舊事人誰在，谿雨梧風夜罷琴。』《八月夜過魯生題扇》。『瓜步江空微有樹，秣陵天遠不宜秋。』《送曹丈江行之六合》。『出寺經聲凉水遞，過橋人影夕陽多。』

《同隱峰長老過海慧堂》。『枕席雲流松際月，房櫳花發雨中山。』《寄懷瞿遠觀先生山居》。『松寥舊事滿僧窗，搖曳秋琴咽夜撞。颭颭曉燈風閣裏，半衾梅雨夢長江。』《憶焦山題畫》。以上皆自《涉江》至《松寥》十四卷中詩，松圓佳處即此備矣。松圓才力既局小，讀書又不多，錢蒙叟推爲一代宗主，自難服人，然其平生躭精詩畫，得於山水者深，所作風致絶世，自足名家。其《雪江》以後四卷，殊無佳什。蓋《雪江》《吴裝》係北遊時作，《易水》係居都下時作，長安風物，塵埃骯髒，無復烟霞泉石之習，所作遂頓無姿致，膚淺拙俗，氣體不倖。惟《除夕踏雪看松》絶句云『長安雪後無來往，報國門前獨看松』，二語稍有風味。《嘗甘》爲南歸以後作，則老手頽唐矣。

夜睡極遲。

初七日壬辰　晴，曉卧疾動。

閲《袁中郎全集》，係明季浙中所刻，合詩文共爲四十卷，不分《錦帆》《解脱》等集名目。公安之派，笑齒已冷，皆謂輕佻纖俗之習，創自石公。今觀其全詩，俚惡者固不免，如唐人『小婢偷紅紙，嬌兒弄白髯』之類，遝流愈下，幾同諧謔。然佳處亦自不乏，閑静之思，幽隽之語，觸目皆是。中郎一門風雅，出處可觀，其得盛名，良非無故。後人固不可專學此種，而論詩宜平心審定，公是公非，自有千古，不可執其瑕纇，因噎廢食，遂至埋没古人。今爲略采其佳句於此，棄短從長，芟蕪擢秀，可以泯門户之見矣。『孤塔銜人立，寒雲並馬歸。』《良鄉道中憶弟》。『侍兒偎火語，黠鼠背燈行。』《宿涿州》。『縱心搜樂事，信口釋群書。』《任意吟》。『好花營地種，熟鳥認枝栖。』《和江進之寒山詩》。『檀烟熏睡犬，松子食鶵雛。』《初夏同江進之坐池臺》。『白石連雲煮，青苓帶雨鋤。』《張伯起》。『近花安酒臼，避雨約床書。』《曹以新》。『菜香齊吐甲，樹暖欲蒸花。』《嘉興道中》。『畫壁屯雲族，紅欄蝕水衣。』《過龍井》。『花風香水氣，梅雨潤苔錢。』

《得錢字》。『茶烟和霧出，燈影入流青。』《宿落石臺山房》。『樹分菱藻月，灘響鷺鷥風。』《飲南池》。『愁聽傳事板，懶答問安書。』《病起》。『夜蟲親火語，窗鼠觸明迴。』《夜起》。『池容通國水，柳散一城風。』《柳浪館月中泛舟》。『角杯窮酒事，分帖記花時。』《除夕觀諸公飲》。『坐依藤架月，行傍藕塘風。』《月下偶成》。『野客團茶社，山僧訪芋田。』《夏五雨不止》。『水含蒼蘚色，窗滿碧疇風。』《柳浪雜詠》。『曉風棉子落，村院瓦松香。』《和散木韵》。『夜雨沉丹竈，秋花蔽井床。』《再和散木韵》。『迎風收栗子，過雨翦花頭。』同上。『衣紋粘草地，人影散花池。』《九月二日集二聖寺仍用散木韵》。『窗啣半嶺日，院鎖一池風。』同上。『小榜依蠻市，枯楊卧水祠。』《村居雜題》。『坐久衣粘石，人歸雪滿窗。』《和僧韵》。『柳繁風絮亂，波淺水芽香。老學耕田法，貧添省事方。』《清明》。『酒香知社近，村静識年豐。』《暑中舟行入村舍》。『暮烟慈竹嶺，秋水菊花渠。』《過龍君超新置山莊》。『漁樵分氏族，花果認干支。』同上。『霞光紅漲壁，水氣緑浮山。』同上。『高雲排鶴路，怒沫響魚梁。』同上。『寒泉鳴廢圃，鄰月影高幢。』《夜話清梵閣》。『風傳初稻信，雨應熟梅潮。』《夏日泛舟便河》。『山連内史宅，水到賀公門。』《送周觀國還會稽》。『沙平晴獻雪，樹老夜屯風。』《江上》。『白波吹日上，粉堞映江開。』《郊外小集》。『一漚淙石底，萬户枕泉聲。』《過荆門觀蒙惠泉》。『獵蹄晴捲雪，高隼怒盤風。』《鄴城道》。『山烟隨澗出，松火隔林香。』《雪中投宿栖隱寺》。『暮風欹鳥翮，春水玩魚紋。』《遊赤壁》。『鑿曲添魚舍，芟枝減鶴栖。』《柳浪館雜詠》。『橘皮消酒氣，栗尾亂書床。』《小集吴嗣仙齋頭》。『夢寒孤渚雪，茶響一爐風。』《揚州舟中晨起》。『方言從事譯，山景隸人知。廨舍巢鸚母，鄉田貢荔支。』《送洪子崖之歸化縣》。『廢橋穿竹嶼，小舫載茶烟。』《登蘇門山泛舟百泉》。『馬顧横橋水，僧歸别路松。』《書所見》。『故宫秋草裏，小邑水聲間。』《過華清宫》。『異沙千種色，密雨一湖泉。』《再泛百泉》。『菊殘將入枕，棉老漸裝衣。』《九月登高二聖寺》。『鹿皮充卧具，鵲尾薦經床。』《張幼于》。『問方醫病竹，郵水泛春茶。』《雙林寺逢本上人》。『譜石增新樣，和香覓舊方。』《雨中過王官谷香光林》。『樹頭懸笠子，經背寫花方。』《瀟湘舟中别某禪人》。『負暄梳敗髮，發篋理殘篇。』《病起偶題》。『飢鳥共分香積米，落花常足道人薪。』《遊虎跑泉》。『山水情多長愛畫，旃蘭氣少亦清人。』《齋中偶題》。『破懶始知經有味，送眠微覺酒多情。』同上。『研酒和來香泛帖，瓶花吹落濕沾書。』《戊戌初度》。『買鐙聊復歡兒女，弄筆粗能遣歲時。』《十六夜和三弟》。『公亭客過開生釀，石室僧來判種花。』《送夾山舅令太原》。『花前屢泛擯愁酒，架上聊存引睡書。』《和江進之雜咏》。『坐客始聞烹水法，高人時有乞花書。』《雨中坐方平弟旃檀館即事》。『幾回寺裏尋花去，獨自江頭看水還。』《初正偶題》。『柳態美如新櫛髮，山容親似遠歸人。』《久雪忽晴喜而有作》。『風信暖寒觀樹色，藥苗深淺記竿痕。』《花朝和坡公韵》。『松下壓槽經月醉，花間彈局一枰香。』《和萃芳館主人魯印齋韵》。『盡日竹烟消酒去，有時鷽語入帘長。 春塘雨過波紋亂，花塢風回蝶翅香。』同上。『桐葉烟中遮去艇，麥苗風裏散行人。』《雨中集龔名世平遠樓》。『蓮葉漏中傾研汁，木查花底讀方書。 叢篘傍屋多藏鳥，小市通江易得魚。』《四弟旃檀館即事》。『細雨小添澆藥水，落花時逐渡溪風。』《謝于楚陶孝若見訪柳浪》。『全栽芝菊爲疆界，畫寫雲嵐入券書。』《托龍君超爲覓仙源隱居》。『桐陰恰好當窗覆，柳色終宜近水看。』《郊外水亭小集》。『拾翠女來虛檻外，分蔬人立小畦中。』同上。『近日彈章中貴少，一時謫籍楚人多。』《贈人》。『幾年夜雨慈恩寺，十度春風柰子花。』《暮春遊韋氏莊憶十二年前先伯修暨顧升伯偕遊此地》。『空崖壁冷長留雪，古屋雲昏尚鏁龍。』《登華》。以上皆五七律，清新名雋，何減姚武功、賈長江耶？ 其五七古殊少可採，絶句尚有風致，不及備録，要以此兩體爲工，選擇已略遍矣。 集中打油釘鉸之作甚夥，幾有同於戲劇科諢，不成文字者，竟可焚棄。 朱氏《明詩綜》亦謂其才情爛漫，無復持擇，頗録取其佳者，而所登太狹，遺落甚多。 後人有讀予是編者，可以想其閑静高淡之概，亦煩俗中一服清涼散也。

初八日癸巳　薄晴。午後天氣和昫。梳頭。偕叔子步詣定子，不值。閲袁中郎雜文。

初九日甲午　晴和。作書致定子、致雪甌。作片致五樓。午偕叔子、珊士至南下窪子，遊窑臺。地爲都中登高處，僅土阜數尺，茅葹三間，略無眺詠之所，蓋遊跡久歇矣，近有優人數輩假此爲歌唱地，聽者頗繁。因舍之，訪陶然亭，往時士夫觴宴尤盛，今亦闃然。寺寂亭孤，略作登覽而出。寺後數武，有阜隆起，上有亭屋，亭前有小墳，墳有碑曰香冢，碑陰有銘及絶句一首，詞致凄婉，不具名氏。亭額曰襲光亭，亭後屋祀花神。詢之守亭老嫗，云此冢爲楚中一侍御曰張□□名□□者，有寵姬歿，火之，而宅其骨於此，並爲築亭蓋祠焉。出祠，循蘆町斜行，小徑互明，時時遇水。欲投龍樹寺，無路而止。復回坐車，經永樂寺，門閉不得入。過觀音院，由寺側度小閣，至對岸一小園，曲水窄橋，垂楊匝徑，秋聲滿院，欄檻陰晴。水邊寺屋數十楹，皆朝貴人殯所。園養一鶴，翛然可愛，徘徊久之而歸。都中車馬囂塵，廬舍稠密，惟南窪數百頃地，背市附城，曠冢蕭野，蘆葦彌望，多結僧寺。今日車行蘆花中，珊士語如鄉居時，棹小舟，溯窄巷，豐草夾人，颯颯作打篷聲也。雪甌、五樓來不值。得定子復。

邸鈔：曾國藩奏八月初五日楊載福等克復池州府城。

初十日乙未　晴。

十一日丙申　晴。閲宋人莫君陳《月河所聞集》。君陳，吴興人，書僅十餘頁，皆記北宋時雜事，兼及細瑣物類。閲《保越録》。二書皆叔子借之故家。鈔本訛闕甚多，幾不可讀，爲之悶悶。

閲《孤樹裒談》。書凡五卷，自洪武訖正德十朝之事，皆雜采諸家説部而成，多史傳所未見者。所引書爲《聖政記》宋濂撰。《野記》祝允明撰。《瑣綴録》尹直撰。《水東日記》葉盛撰。《立齋録》楊瑄撰。《革除遺事》黄佐撰。《北征録》金幼孜、楊榮撰。《餘冬稿》何孟春撰。《雙溪雜記》王瓊撰。《草木子餘録》葉子奇撰。《海涵萬象録》黄潤玉撰。《寓圃雜記》王錡撰。《傳信録》《客座新聞》沈周撰。《震澤長語》王鏊撰。《保齋録》《三朝聖諭録》楊士奇撰。《天順日録》李賢撰。《出使録》李實撰。《否泰録》劉定之撰。《菽園雜記》陸容撰。《郊外農談》張鈇撰。《懷麓堂稿》李東陽撰。《四明塵談録》沈儀撰。《蓉塘詩話》姜南撰。《篁墩文集》程敏政撰。《龍飛集》《燕對録》李東陽撰。《近代名臣録》《理學名臣録》，楊廉撰。共三十種，依時代先後録之，無所持擇。撰者李默，字古冲，福寧人，嘉靖時官吏部尚書，爲嚴惟中所陷，以策題譏刺下獄死。曰孤樹者，以李嘗爲廣東巡鹽使，鹽署中有大樹爲數百年物，號孤樹云。

越縵堂日記辛集下

咸豐十一年九月十二日至十二月三十日（1861年10月15日—1862年1月29日）
同治元年正月初一日至三月三十日（1862年1月30日—1862年4月28日）

十一年辛酉九月十二日丁酉　晴，是日天氣和暖，不減春時，最宜薄游。夜來舊疾連發。終日小極，隱几而已。閲李文愍《孤樹裒談》。得王月坡四月尾清江書。薄暮叔雲、珊士邀予訪江西人夏小笠縣令家。晚同飲東頭福興居。飲畢至韋三家茶話，燭静香濃，月艷如晝，聽夏君吹笛，久坐而歸。

邸鈔：東河總督黄贊湯疏奏八月初五日捻賊犯河南省城，突至黑堈，入其幕友楊傳第寓舍。楊母吴氏，年七旬，大罵賊，被殺。傳第於次日縋城出，見母死，瘞埋畢，撰次母行狀付其友，并爲書訣贊湯，告以賊勢甚盛，勿專守省垣，即服藥自盡，距母死八日。母烈子孝，大節凛然，請賜旌顯，以昭激勸。詔：楊傳第及其母俱交部優議旌恤。

傳第字廷臚，號汀鷺，常州人，己酉科舉人，報捐知府，少與吕定子爲執友，有詩名，輦下多稱之。去春自河南入都會試，見叔子及予所作，頗傾倒，屬定子致意結分契。未幾出都，終不一見。失此良友，曷勝盡然。楊君無子，又無兄弟，尤可傷痛。

夜睡極遲。

十三日戊戌　晴和。

校閲宋人李心傳《建炎以來朝野雜記》甲集二十卷。心傳字伯微，隆州人。陳振孫《書録解題》作字微之，陵陽人。父舜臣，字子思，官宗正寺主簿，著《易本傳》三十三卷，學者稱隆山先生。伯微兄弟三人皆以儒學名。伯微屢舉不第，隱居著此書及《建炎以來繫年要録》數百卷。嘉定中，吏部尚書修國史曾𡸣等薦之，詔令其弟太常博士李道傳取心傳《高宗繫年要録》送史館，嗣又就其家鈔録《孝宗光宗要録》。此書甲集成於寧宗嘉泰三年，俱記南渡四朝事，分十三門，自帝系后妃，君德朝政，以及制度沿革、時事治亂，而士夫間遺聞佚事，亦偶及之。原原本本，敘次簡嚴，載述詳核，蓋兼備國史及會要之用。陳氏《直齋書録解題》稱爲南渡以後野史之最詳者。《四庫》收入史部政書類。考南宋故事，固莫善於此書矣。心傳後歷官至工部侍郎，終日獨坐，用此自快。心傳弟性傳，官武學博士。今杭州尚有李博士橋，予於戊午冬寓居其地。

夜月甚涼。

十四日己亥　晴和。

閲《朝野雜記》乙集，乃伯微續成於嘉定九年者，亦分二十卷十三門，多記寧宗朝事，末及女真、西夏、蒙古三國本末。《雜記》一書，予購之累年不獲，頃叔子借得鮑氏知不足齋鈔本，訛錯甚多，校者丹黄數過，尚未及十之三四。又自卷十五以下盡失去，深可惜也。其《建炎以來繫年要録》，《四庫》尚存二百卷；入史部編年類。又《丙子學易編》十五卷，《四庫》尚存一卷，入經部易類。予皆未見。而《直齋書録解題》載其所著尚有《西陲泰定録》九十卷，記吴曦事；《國朝會要總類》五百八十八卷，蓋合王文恭珪《國朝六朝會要》、虞忠肅允文《續會要》、梁文靖克家《中興會要》三書爲一者，今皆亡矣。葉紹翁《四朝聞見録》屢引李心傳《朝野僉載》，疑即此書。日來貧甚，借此消遣，固極妙法。

十五日庚子　晴。定子來，久談而去。同叔子行藥廳軒。夕陽時，看墻頭紅薜荔極可愛。夜月清絶。閲《直齋書録解題》。

十六日辛丑　陰晦風寒。

手寫《保越録》，此書係元末吾越人記樞密副使吕國寶珍守紹興拒胡大海事，不著撰人姓名。自至正十九年二月己巳圍城至五月己酉解圍，編日紀載，大小百餘戰，所講守禦之法甚備。其述胡兵掘夷冢墓，殺掠村里，及節烈死義諸人，如山陰張正蒙字景思，湖州德清縣務提領。及妻韓氏莊節先生韓性之女。俱自縊死，長女池奴投厓死，次女越奴餓死。郁景文妻徐氏、蔡彦謙妻楊氏皆南池人。俱被執投井死。會稽仇近忠結鄉兵拒戰死，山陰項里徐本道妻潘氏投火死，會稽栅頭馮道二妻不屈死，皆史傳及郡邑志所無者。《四庫》收入史部傳記類，外間無刻本。予求之累年，在家時聞霞頭孫氏有此書，往借未得。叔子頃自内府借出，見之狂喜。書僅一卷，今日鈔得十二葉，已將半矣。吾鄉戒嚴將及兩載，近日粤寇自金華逼諸暨，爾時明兵亦先據婺州，破諸暨以臨越，先後正同。安得再有守土如吕公者，造吾桑梓福耶？公今爲山陰城隍神，甚著靈驗。聰明正直，當必有以默相者矣。客囊稍裕，將登是書于木，以寄守吏及鄉之主兵者。

夜月色稍寒，風益怒。

十七日壬寅　薄晴。

閲《南爐紀聞》。此書述宋徽、欽及鄭后、朱后北狩之事，污辱慘酷，非復人理。不著作者名氏，昔人多斥其妄。或謂其憤南渡君臣忘復仇之義，故作此以激之。然其中時地情事，觸忤甚多，如當時人所作，不應謬妄至此也。書僅一卷，載二帝至五國城而止。

晡偕叔子、珊士步訪定子，不值。

邸鈔：山東巡撫譚廷襄奏劾山東督兵大臣副都統德楞額於捻賊渡河時不派兵接仗，以致省城被圍，蹂躪數十州縣。詔：德楞額來京聽候部議。　河南巡撫嚴樹森奏劾副都統銜協領雙全於八月間賊圍省城時，託疾不肯出戰。詔：雙全革職留營效力。　劉蓉以三品頂戴署四川布政使。劉君，湖南湘鄉人，以同知銜候選知縣從軍，楚撫胡公林翼薦其可任藩臬，遂有是擢，以七品選人而驟躋三品，行二品官事，亦奇矣。

十八日癸卯　晴，稍和。朱嵩生來。午後偕叔子訪德甫、曉蓮、巳蘭，俱不值。詣河南人曹嵐樵給諫，觀書而歸。德甫來。陳棣珊户部、熊定卿刑部兩郎中來。夜夏大令獻烈來，二更始去。

十九日甲辰　晴。雪甌、五樓來。五樓以家書見示，知其子已見過家慈。即日取匯銀二十金，且言家慈去年業以三百金託季貺寄都。夜雪甌再來，止宿齋頭。

邸鈔：頭品頂戴太子太保湖北巡撫世襲騎都尉胡林翼病故於軍營。詔贈總督，照總督例賜恤，予謚，入祀賢良祠，並於湖北、安徽及原籍湖南建立專祠，其子子勳俟及歲時由吏部引見。以李續宜爲湖北巡撫。彭玉麟爲安徽巡撫，劉坤一爲廣東按察使。

胡公，字潤之，父達源，官至詹事，爲故兩江總督宫保陶文毅公之婿。丙申翰林，授編修，以事罷職，捐金得復官。胡以道光庚子科，副故相文文端文慶典試江南，携帶舉人熊某入闈，事發俱革職。久之援例入貲，得起爲知府。咸豐三年，調赴湖北軍營，名始振。不久擢巡撫，克復湖北省城及沿江諸郡，楚境肅清，又出師收復江西九江府城，加宫保及世職。戊午之冬，復提楚兵出安徽，駐太湖，功名爲一時冠。士之有一藝者，厚禮招致，幕中人才亦甲天下，中外以長城視之。及以病乞假，朝野爲憂。今兹不弔，郭林宗所謂『人之云亡，邦國殄瘁』者矣。

霜降酉正三刻。　二十日乙巳　晴。是日霜降節。作家書三通。

二十一日丙午　晴。發家書。

二十二日丁未　晴。已蘭來。梳頭。作致季貺書。是日名僧慧曰孝穀，取何允名敬容子以兩玉義也，字以彦瑜。予家自殿纂公以來，名取五行相生，而以『登廷建策勛』五字爲行次，至先君子世，次已盡，更以『傳家維孝友報國有文章』十字續之，然今族人多不用。先君子輩傳字多改光字或慶字，先君單行泰字。予兄弟輩家字多改嘉字或國字，予本名家模，以下一字行，又以殿纂公詩集中有示模兒語，疑是司馬公原諱，故改慈銘。而更名之後，汔今六年，顛沛益甚。予生命喜火，擬改名嗣燊，燊字據篆文或體作㶣，恐不無文誤。眉批：燊，《説文》火盛貌，音莘。擬改字興伯。蓋五行之義。歷世既久，子姓繁盛，其字易窮，予諸父輩已有取義不一者，兄弟輩益錯出，甚或先後相犯，轉亂譜系。予既更易者屢，又以通行下有報字，配名亦不便，今擬自予兄弟下，更定爲『嗣孝友恭紹文寶福』八字，眉批：嘗言族人以維字聲誼俱不協，有字與友字同音，報字從無取名者，當改爲『傳家孝友華國文章』八字，予家依用亦可。此雖不能行之闔族，但吾一家能世守之，亦可免昭穆雜糅之病。至以名字配生命五行强弱，雖似不經，然自唐以來，已有此説矣。閲黄才伯佐《革除遺事》。

二十三日戊申　薄晴。作片致杜五樓，得五樓書。晡後偕雲、珊二兄訪德甫、已蘭，俱不值。是日以外間傳言諸暨失守，又言杭州圍急，憂家念母，以《焦氏易林》筮之，得觀之離曰：『禍不更生，福過我里，入門笑喜，與吾利市。』又以旅況奇窮，銀信不至，復筮之，得謙之師曰：『邦傑載復，送至東里，百僚具舉，君王嘉喜。』差自慰藉而已。夜夏小笠大令來，聽其吹笛，作《折柳》《瑶臺尋夢》《絮園琴挑》諸曲，二鼓始去。

閲《新唐書》史大奈、竇國公。馮盎、越國公，子智戴。阿史那社爾、畢國元公。阿史那忠、薛國貞公。執失思力、安國景公。契苾何力、凉國毅公，子明。黑齒常之、燕國公。李謹行、燕國公。泉男生、卞國襄公，子獻誠。李多祚、趙國公，附李湛。論弓仁、撥川郡忠王，孫惟貞。尉遲勝、武都郡王。尚可孤、馮翊郡王。裴玢忠義郡節王。傳一卷。諸人皆出蕃夷，以功節著，宋子京故總列之爲《諸夷蕃將傳》。然裴玢已居京兆五世，與諸人或身爲國臣，或世爲酋領者，已是不同。至李多祚，史雖稱其先靺鞨酋長，然云後入中國，世系湮遠，則不知在何時何代，與諸人迥非等夷，固宜與張柬之等五王列傳同卷。李湛雖與多祚同預中宗反正之功，然爲李義府子，自當附義府傳，父子美惡，不妨互見，以附多祚，究爲不倫。《新書》以盧杞入《奸臣傳》，而杞子元輔乃附其祖奕傳，此猶稍可。若所敘阿史那元公之將略，執失景公之諫争，契苾毅公之忠節，黑齒燕公之戰功，華人中亦爲傑出。而阿史那忠立爲左賢王而泣，固請入侍，宿衛四十八年無纖隙。尉遲勝爲于闐王，聞禄山之亂，舍國赴難，遂留宿衛，讓國於弟，尤三代以下人所難。然亦足見唐初威德之及於諸夷者遠哉！

邸鈔：上諭：湖北按察使裕麟著開缺來京，交吏部帶領引見。閻敬銘補授湖北按察使。

夜雨。

二十四日己酉　雨，至上午稍止，陰寒特甚，晡後晴。得德甫書，即復，並以歸震川評點《史記》還之。是日天氣寒瑟，積陰黯黲，客思凄然，書卷都廢。

夜閲明工部侍郎湯陰崔文敏銑《洹詞》，及按察副使常熟楊五川儀《明良記》四卷。書爲江陰李鶚翀所合刻。《洹詞》僅摘録其紀事，兼及議論，目之曰《洹詞紀事鈔》，頗雜揉無次。崔公，嘉靖時人，事跡具《明史·儒林傳》。其論春秋申生事頗有特見，論宋代事亦具有識力，斥張魏公之不足用，尤確當。又言宋之君厚其臣，臣負其君；國有大政，不務審處而先抗論，不求濟事而先潔名。漢唐之結夷狄，將以取之，宋直畏之。漢之明經以修行，宋之注經乃衍詞。漢士質，宋士浮。金元之際，中州之文，氣雄而詞倔健，欲陳義而不精，故國易摧；南宋之文，氣浮而詞細靡，故國益弱。宋臣之疏，文繁而用寡，氣激而意肆，南渡益下云云。皆明儒議論所未及。又謂仁宗明不照遠，仁而容奸。富公、范公，剗弊升治，其志速，其規闊。南宋張浚失之罔，陳俊卿失之懦，趙汝愚失之疏。又謂元祐任相專矣，然天子幼而不英，未聞女主而可大有爲者。數語尤扼要，足爲千古龜鑑。惟論道學，力詆張無垢、陸子靜、楊慈湖、陳止齋，而過尊伊川。又論文章謂止齋雜，葉水心譎，周平園漫，而稱程伯子條暢，叔子簡肅，俱未平允。其論明代人物，頗詆劉忠宣大夏、周文襄忱、楊文襄一清，而稱李文達賢、李恭敏燧、劉文和珝、劉文肅忠，又謂文達之奪情非本意，而羅文毅倫醜言過斥，蓋以永樂以來，南士柄國，文達起北方之故。又極貶文毅與陳文恭獻章、莊文節㫤之道學，章恭毅綸、廖恭敏莊之黷貨敗節。所盛推者，李忠文時勉、薛文清瑄、王忠肅翺、王端毅恕四公，其聞見甚近，當必有據。至謂明有漢之全盛亡其彊，無宋之苟安有其弱，蓋由士業草略，登仕太易，鮮治經世之學，官多牽制，遷代太數，不予專斷之權。宣德、正統之間，其民樸，其君任人，最君子有爲之時。而楊東里乃日與其僚嬉燕。晉書唐律，遂失其時。孝皇信任內閣三臣及司馬劉忠宣，而閣臣皆善私己，忠宣亦無以廣德心者，致弘治之化遜於古。皆切中當時之弊，真名言也。楊亦嘉靖時人，其書皆雜綴明代事而多近小說，又詆謝文正遷之附張后，王恭襄瓊之傾陸完，皆不足信。崔文敏《明史·儒林》有傳。

二十五日庚戌　晴。比夕舊疾連動。以致季貺書交五樓。

閱《宋宰輔編年録》，自太祖至寧宗共二十卷，太常博士永嘉徐自明誠甫撰。其書於兩府之拜罷、編年紀述、制詞之褒貶、官制之沿革，詳載無遺；而出處始末、事業污隆，亦略舉其要，一代治亂之跡，瞭如指掌。蓋以李燾《續通鑑長編》、李心傳《繫年要録》及《宋代大詔令》三書爲主，而遍采群書，折衷至當，提綱絜領，眉目甚清，在宋世中，固與《長編》《要録》二書爲鼎峙矣。外間刻本甚少，極可寶貴。

夜夏小笠又來品笛，三鼓罷去。

邸鈔：前任左副都御史張芾疏劾陝西官吏於七月二十八日發喪成服，八月初五日以鄉闈謝恩即用常服挂珠，初八日青長袍挂入闈，不遵二十七日縞素之制，違棄典禮，駭惑聽聞，請從嚴治罪。有旨交部議。

國朝大喪以日易月，二十七日縞素，百日青長袍挂，大祀則吉服，中祀則青挂藍袍，一年之内青挂藍袍，朔望則常服挂珠。咸豐五年孝静康慈皇后之喪未及二十七日，順天鄉闈命以青長袍挂行事。今大行崩於木蘭，以梓宫回京日遲，故令縞素百日，而各省督撫及督兵大臣皆以二十七日後所遞章奏用黄摺，皆交部議處云。

二十六日辛亥　終日陰晦。許眉仙來。作片致定子。

予素愛唐裴伷先事，謂真奇男子也。爾日極無聊，擬演其事爲樂府，因即《新書》本傳及《太平廣記》卷一百四十七所采《紀聞》校核之。眉批：《舊書》無伷先傳，《新書》蓋即采之《紀聞》。《紀聞》所載，較《新書》幾詳三倍。伷先年十七，爲太僕寺丞，《新書》無年。《通鑑》有之。天后怒，命牽出，伷先猶反顧曰：『陛下采臣言，實未晚。』如是者三，《新書》無有。《通鑑》亦有之。在南中數歲，娶流人盧氏，生男愿，盧氏卒，伷先携愿潛歸，《新書》但言逃歸。北庭都護府城下有降胡夷落萬帳，其可汗禮伷先，以女妻之。可汗惟一女，念之甚，《新書》但言娶降胡女爲妻。伷先知將殺流人，會賓客計議，皆勸伷先入胡，伷先從之。

日晚，舍於城外束裝，時有鐵騎果毅二人，勇而有力，以罪流，仙先善待之。及行，使將馬裝橐駝八十頭，盡金帛，賓客家僮從之者二百餘人，甲兵備，曳犀超乘者半，有千里足馬二，仙先與妻乘之，裝畢遽發，料天曉人覺之，已入虜境矣。晚而迷失道，遲明惟進一舍，乃馳。既明，候者言仙先走，都護令八百騎追之，妻父可汗又令五百騎追焉，誡追者曰：『舍仙先與妻，同行者盡殺之，貸財爲賞。』追者及仙先於塞，仙先勒兵與戰，麾下皆殊死。日昏，二將戰死，殺追騎八百人，而仙先敗，縛仙先及妻於橐駝。《新書》但言仙先以橐它載金幣賓客奔突厥，行未遠，都護遣兵追之，與格鬥爲所執。此固史體宜如是。又言仙先授詹事丞，歲中四遷，遂至秦州都督，再節制桂廣，一任幽州帥，四爲執金吾，一兼御史大夫、太原京兆尹、太府卿，凡任三品官，向四十政，所在有聲績，後爲工部尚書、東京留守，薨壽八十六。《新書》無執金吾、御史大夫、太府卿三官，則《新書》之失。

去年欲編裴寬遇張建封事，爲《樹下樂傳奇》，久之未作。夏間又擬編馬周、韋皋二人事，皆以小技不足弊精神而止。然窮途困頓，消遣爲難，借此狡猾以自振省，經史之暇，偶一爲之，亦未爲不可，今擬舉裴仙先、馬周、韋皋及王仙客、劉無雙事，次其事蹟，分其齣目，爲樂府四種，與東鷗、青搏兩君共治之。其事既絶奇，文章易於生色，填成之後，當必有可觀者。嗚呼！不平之鳴，無聊之思，人或視爲博弈書空之比，豈知屈子賦騷，馬遷作史，亦同此用心耶！予去秋曾編東漢李燮事爲《酒隱繡》，唐張睢陽事爲《睢陽曲》，已撰定齣目，排比脚色，叔昀又屬約演唐武宗王才人事，皆院本中絶好文字。叔子、珊士皆驚才絶艷，雅宜此事。予雖駑鈍，亦當勉逐驂驔。擬晝今年之内，三人每日分撰二齣，次第成之，玉茗藏園，庶幾嗣響。至《樹下樂》僅一齣，入予樂府零種可矣。

定子來，久談而去。

二十七日壬子　晴。雪甌來。

洪文敏《容齋續筆》辨《百斛明珠》所載楊妃竊寧王笛事，謂明皇兄弟五王，至天寶初已無存者。楊太真以天寶三載方入宫，足見小説之不足信。因指元稹《連昌宫詞》「百官隊仗避岐薛」「楊氏諸姨車鬥風」之謬，其説甚詳覈。而王勉夫《野客叢書》非之曰：「唐史申王以開元十二年薨，岐王以十四年薨，薛王以二十二年薨，寧王、邠王以二十九年薨，而楊妃以二十四年入宫，號太真，遂專房宴。是時申、岐、薛三王雖已死，而寧、邠二王尚存。容齋誤認楊妃爲天寶三年方入宫，不知天寶初太真進册貴妃，非入宫時」云云。王氏可謂妄辨。按《新唐書·玄宗本紀》，開元二十八年十月以壽王妃楊氏爲道士，號太真，其時距岐王之薨已十四年，薛王之薨已六年，而是歲之次年十一月，邠王、寧王相繼薨。至天寶四載八月，立太真爲貴妃。是則妃之專寵，自在天寶時。而其初丐爲道士，形跡尚秘密，豈便得縱恣佚樂，交接諸王？况邠王薨時年七十，寧王薨時年六十三，距妃之召自壽邸僅一年，而謂有調戲狎褻之事，尤萬無此理。妃本傳云：「開元二十四年武惠妃薨，後庭無當帝意者，或言妃資質天挺，宜充掖庭，遂召内禁中，異之。即爲自出妃意者，丐籍女官，號太真，得幸，遂專房宴。」據本紀，武惠妃薨於二十五年十二月，傳偶誤一年。楊妃之召，亦必在一二年後。王氏更引張祜詩「太真簾卷畏人猜，不信寧王迴馬來」，及「金輿遠幸無人見，偷把邠王小管吹」爲證，謂祜固目擊其事。祜乃大中時人，而云目擊，囈語可笑。况詩人之言多無稽，唐時禁網寬弛，無文字忌諱之禍，故其文士多輕薄，喜造纖艷小説，以至斥言宫闈，污衊不根。如《百斛明珠》及《明皇雜録》《天寶遺事》等書，皆里巷小兒讆談妄説。祜本以浮薄著，所作宫體小詩，爲時所誚，故終不第。而唐人詩，若義山之「薛王沉醉壽王醒」等語，皆小子無禮之甚者，不特觸迕紕繆，而纖佻刻薄，亦全不識文章體裁。予嘗評《全唐詩》，類此等作爲名教罪人。蓋温柔敦厚，詩教也。發揚陰私，已非詩旨，况涉閨闈而君父者？唐人於楊妃事尤喜道之，毒諷醜詆，必至無可加而始快，是固沿六季衰亂之習，人不知綱常爲何事，此發明義理之功，不得不歸之宋儒也。《周秦行紀》至欲以楊妃侍牛僧孺寢，尤可駭異。

唐王同皎，相州安陽人，中宗之婿，尚安定公主。封琅邪公，以謀誅武三思而死，謚忠壯，在《忠義傳》。又王仁皎，同州上邽人，玄宗王皇后之父，封祁國公，謚昭宣，見《外戚傳》。二人名既易相混，又同時同爲外戚，特疏出之。

邸鈔：上諭：袁甲三奏道員甘心叛逆派兵進討一摺。四川川北道苗沛霖以生員辦理團練，受皇考大行皇帝厚恩，四年之間，擢任道員，以記名鹽運使賞加布政使銜，並賞給花翎勇號，乃因所部練勇被害，糾衆圍攻壽州，皇考不加譴責，諭令袁甲三秉公查辦，迨經翁同書查明起衅根由，將徐立壯正法，孫家泰監禁，旋亦畏罪自盡，該員自已無可藉口，乃圍攻壽州之練，不即撤退，復遣其黨苗金開等竄擾河南，日形跋扈。兹據袁甲三奏，該練圍攻壽州愈急，並令死黨張士端等據守懷遠，抗拒官軍，且受粤逆僞封，逼令練衆蓄髮，四出搶掠，是其甘心謀逆，自外生成，萬難寬貸。著即行革職，拔去花翎，撤銷勇號。即著袁甲三、李世忠會同賈臻、田在田、毛昶熙等各路兵勇，奮力追剿，以伸國法。各該帶兵大員祇將逆首苗沛霖擒獲，盡法處治。其餘黨與，如自拔來歸者，概免究辦。其從前立功得有官職者，亦各照舊，並著袁甲三等曉諭該練衆人等知之。欽此。四川川北道給事中包煒補授。

二十八日癸丑　晴。早起作致季貺書，致秦鏡珊郎中書。作片致許眉軒，以閩信二函屬轉交餘姚邵勳縣丞帶去。閲《新唐書》。

二十九日甲寅　晴，稍和。出門訪家雅齋刑部、小圃拔貢兄弟，俱不值。訪潘紱翁京卿、伯寅宗丞喬梓，俱晤。並晤曹嵐樵給諫，久談而歸。雅齋兄來，不值。德甫來，談至夜飯後去。

邸鈔：賀壽慈補太常少卿。

予日記至是日因病而止，是日乃皇上奉兩宮旋京之日也。自後朝局大改，耳目日新，而予病日益甚，卧四十餘日始起。嗚呼，豈知吾越即以是日失守耶！老母六十之年，遭此巨變，南北四千里，寇盜隔絶，不能通嚙指之夢，骨立一身，偷息人世，生爲愍隸，死爲轉屍，既不能麻鞋間道，星夜南奔，復不能結髮從戎，長纓自效，負罪嬰釁，飲食啜泣而已。一息尚存，結習難廢，因疾稍間，補寫如左，但記月日晴雨，及國之大政而已；朋友往來，經史功課，不暇記也。

三十日乙卯　晴。聞有旨削怡王載垣、鄭王端華爵，下請室，逮肅順于道。

冬十月丙辰朔　晴。時舊疾十餘日不發，以久不得家耗，又明日爲祖母忌日，故先齋戒，將以詰旦步禱前門關帝祠。適潘紱翁書來，言眼疾未愈，促予過談。因於午飯後步往，並晤伯寅、譜琴。伯寅屬代草新政陳言疏稿，時已見處分贊襄王大臣詔旨，予以伯寅去年夷警時，嘗抗疏請斬怡王等三人，詞甚切至，因勸伯寅今日轉寬三人罪以存國體。伯寅不能從。予論時事言過煩覼，覺傷氣不快。暮疲甚，胸鬲閔逆。夜舊疾復動，病遂作。

邸鈔：詔數載垣、端華、肅順罪，解任聽勘。景壽、穆蔭、匡源、杜翰、焦佑瀛退出軍機處。令王大臣、内閣、九卿、翰詹科道分別議罪，並議皇太后垂簾儀。詔略云：上年海疆不靖，由在事王大臣等籌畫乖方所致，載垣等復不能盡心和議，誘獲英國使臣，以致失信各國。皇考巡幸熱河，聖心萬不得已，嗣都城内外安謐如常，皇考原議回鑾，而載垣、端華、肅順等朋比爲奸，以外國情形反覆，力排衆論。皇考宵旰焦勞，兼口外嚴寒，以致聖體違和，龍馭上賓。追思載垣等從前蒙蔽之罪，朕與天下臣民所共痛恨者也。朕御極之初，即欲重治其罪，惟念伊等係顧命之臣，故暫行寬免，以觀後效。乃八月十一日，因董元醇疏請皇太后暫時權理朝政，又請於親王中簡派一二人，令其輔弼，大臣中簡派一二人，充朕師傅，皆深合朕意。雖我朝向無皇太后垂簾之儀，惟以國計民生爲念，豈能拘守常例。特召見載垣等八人，面諭著照所請。而載垣等嘵嘵置辨，無人臣禮，擬旨時擅自改寫頒行，總由朕冲齡，皇太后不能深悉國事，朕若再事姑容，何以仰對皇考在天之靈。載垣、端華、肅順著即解任，景壽、穆蔭、匡源、杜翰、焦佑瀛著退出軍機處，派恭親王會同大學士、九卿、翰詹科道會議其罪。皇太后垂簾之儀，一并議奏。

臣慈銘曰：大行末命，懿親如惠邸之尊屬，恭邸之重任，皆不得與聆玉几之言，受付金甌之託，中外駭惑，謂非聖意。自後行在諸所設施，失禮不經，多違祖法。而一切章奏，皆云軍機處贊襄政務王大臣奉旨處分，傳鈔天下。然先帝固未有載垣等三人入軍機之命也，是其乘間攘權，欺蔽耳目，而樞臣穆蔭、匡源諸人阿附朋比之罪，皆已不足於誅矣，顧未知其脅制兩宮，玩忽嗣子。肅順以御前大臣，出入無禁，冲人左右，跬步不離。至親王入對，恐其發露罪狀，輒隨入監制，使不得言。及董御史疏上，三人糾黨忿爭，聲震殿陛，天子驚怖，至於啼泣，遺溺后衣。而二后每相對涕泗，且憂不保。迨旋蹕有期，諸嬪御先行，入辭兩宮，兩宮泣謂曰：『若曹幸自脱，我母子未知命在何所，得還京師相見否。』而醇郡王福晉，慈禧妹也，得時入宮，兩宮密屬之，令醇王草罪狀三人詔，即携入，慈安藏之袙服中，無一人知也。前月二十三日，皇上、兩宮啓行，怡、鄭二王及景壽、穆蔭諸樞臣從，肅順及醇邸、陳孚恩、宋晉扈梓宮後發，二十九日至京。三十日，遂出醇邸詔草付恭邸，至樞省收載垣、端華，錮之宗人府。吁，三人者，被寵先帝，言無不從，小器易盈，不學無術，竊弄威福，馴取大戾，而兩宮受其猲猘，至於訣别妃侍，潛寫詔書，雖正其辜，亦危甚矣。紀綱未改，國威未移，三人者又皆庸駑下資，非巨奸桀黠者比，徒以孤兒寡婦遠處塞外，無九廟百司以壯聲靈，無宗臣元老以填宮府，而庸豎妄人，遂得侮易之。白龍魚服，困于豫且。然則京師者，人君之本；社稷者，有國之命。付託在兹，觀瞻斯係。據其勢，則人莫敢争；失所依，則患生於忽。可不戒哉，可不懼哉！

是日又詔數載垣、端華、肅順罪狀，盡削官爵，命睿親王仁壽、醇郡王奕譞逮肅順至京，皆交宗人府會同大學士、九卿、翰詹科道嚴行議罪。詔略云：前因載垣、端華、肅順等三人種種跋扈不臣，朕於熱河行宮，命醇郡王奕譞繕就諭旨，將載垣等三人解任，兹於本日特旨召見恭親王帶同大學士桂良、周祖培，軍機大臣户部侍郎文祥，乃載垣等肆言不應召見外臣，擅行攔阻，其肆無忌憚，何所底止！前旨僅予解任，不足蔽辜，著革職拏問。云云。詔醇郡王奕譞著即來京。

是日賈楨、周祖培、沈兆霖、趙光奏請政權操之自上，並請會議皇太后召見臣工禮節及一切辦事章程。勝保奏請皇太后親理大政，并簡近支親王輔政。詔：著王大臣、大學士、六部九卿、翰詹科道酌古準令折中定擬奏聞。慈銘曰：垂簾之事，予曾撰《臨朝備考録》一書，半采漢代以來可爲法者，而痛論近日之事勢，有不得不行者於後，屬叔子以貽商城，慫恿上之。商城亦心動。嗣董御史疏先上，被詰責，商城遂噤，不敢復言。及鑾輅還都，恭邸迎謁道次，偵知兩宮意，行至朝日壇，閣部諸臣出迎，恭邸風示之，黄縣等遂具公疏上，而勝帥疏亦適至云。

詔：以恭親王奕訢爲宗人府宗令，華豐爲宗人府右宗正。詔：恭親王奕訢爲議政王，在軍機處行走。户部左侍郎文祥仍在軍機大臣上行走。大學士桂良、户部尚書沈兆霖、户部右侍郎寶鋆均在軍機大臣上行走。鴻臚寺少卿曹毓瑛在軍機大臣上學習行走。瑞常工部尚書調户部尚書，愛仁左都御史授工部尚書，麟魁刑部右侍郎授都察院左都御史。詔：前命户部侍郎寶鋆爲朝鮮頒詔正使，著改派盛京户部侍郎倭仁，同副使穆隆阿前往。倭仁頒詔事竣，著來京聽候簡用。倭艮峰以道學直諫名，此舉從人望也。

初二日丁巳　晴。祖妣倪太君忌日。疲茶中懣，强食，至晚遂不能進。邸鈔：醇郡王奕譞爲御前大臣及正黄旗領侍衛内大臣。惇親王奕誴、豫親王義道皆爲閲兵大臣。華豐爲廂黄旗領侍衛内大臣。瑞麟管理健鋭營事。惇親王奕誴管理武備院事。

初三日戊午　晴。

力疾爲伯寅草疏，其中軍務一條，大略謂近日軍事之弛，一在統兵之人多不材，一在失事之臣多逃戮。如侍郎勝保屢敗屢用，卒無所效。欽差大臣漕督袁甲三庸懦無能，貴驕自大，先倚苗沛霖，今倚李世忠，因人成事，未嘗身履行陣。署漕督王夢齡逢迎進身，委鄙怯事。江蘇巡撫薛焕、浙江巡撫王有齡，皆奔走下材，素無幹略。薛焕擢任以來，蹲踞滬上，附英夷以自衛，不敢出一步窺三吳。王有齡與將軍瑞昌同據省垣，不顧屬郡。宜亟罷袁甲三、王夢齡，以安徽、山東軍事專責勝保；而以欽差大臣畀都興阿，令其進取蘇、常；以漕督畀吴棠，令其專事淮、泗；亟斥薛焕，以左宗棠爲江蘇巡撫；急飭瑞昌移駐浙東，或扼金華，或扼蕭山；以杭嘉湖道麟趾爲之副，而命王有齡固守杭州。諸臣有失事無功者，即行逮問。何桂清輕棄常州，首釀巨患，東南之人思食其肉，雖以寸磔，不足蔽辜。疊奉先帝嚴旨拏問，翱翔不至。衢州總兵李定太爲浙江督兵大臣，去年杭州被圍，觀望不進，省城遂陷，旋以微功，遽復其職。近日處州總兵文瑞專守金華，遇賊不戰，節節退守，致浙東七郡，半陷賊中。副都統德楞額督辦山東軍務，七月間捻匪渡河，不肯派兵接仗，致蹂躪數十州縣，濟南受圍，乃僅交部議處，旋以僧格林沁保舉戰功，即復其任。皆失刑之最大者。宜亟下詔何桂清、李定太、德楞額、文瑞等俱就地正法，以昭炯戒。其下如嘉興府知府張玉藩等，聞旨脱逃，迄今不獲，將來朝廷之法無所施行，宜急飭捕加等行戮。云云。皆近日行政之第一著也。

終日不食，有福建縣丞邵勳來，告以將返越，可附致家書。予不能見，辭之。張問月來，直訪寓齋，談經學，勉與酬答，遂益眩瞀。以疏稿還伯寅，即困卧，服厚朴湯。

邸鈔：恭親王奕訢爲總管内務府大臣，兼管宗人府銀庫。梓宫至京。

初四日己未　晴。下午大風。病卧，舉體發熱，胸胃塞悶，手足楚痛，喫柴胡湯。

邸鈔：詔籍肅順家産入官。詔略云：前因肅順招權納賄，跋扈不臣，令仁壽等拏交宗人府。乃肅順接奉諭旨之時，咆哮狂肆，目無君上，悖逆情形，實堪髮指。所有家産，在熱河私寓者，令春佑嚴密查抄，在京者，令熙拉布查抄。詔令中外臣工九卿科道有奏事之責者各上章言事。

夜病大困，終夕不交睫。

立冬酉正二刻。 初五日庚申 晴。是日立冬。病甚。（此處塗抹）

邸鈔：醇郡王奕譞爲後扈大臣，奕山爲御前大臣。

初六日辛酉 晴。病少間。强起食粥，朝夕畢一甌。始用火爐。是日肅順棄市，囚車過門，强出觀之，肅順白服，縛甚急，載以無帷小車，親屬無臨送者。

邸鈔：詔賜載垣、端華自盡；斬肅順於市；御前大臣景壽革職，仍留公爵及額駙品級；吏部左侍郎匡源、署禮部右侍郎杜翰、太僕寺卿焦佑瀛俱革職；兵部尚書穆蔭革職，發往軍臺。 詔略云：宗人府大學士、六部九卿、翰詹科道等定擬載垣等罪，請將載垣、端華、肅順照大逆律凌遲處死，景壽、穆蔭、匡源、杜翰、焦佑瀛革職發往新疆效力贖罪一摺。 載垣、端華、肅順朋比爲奸，專擅跋扈，七月十七日皇考升遐，即以贊襄政務王大臣自居，實則皇考彌留之際，但面諭載垣等立朕爲皇太子，並無令其贊襄政務之諭。 乃造作名目，諸事並不請旨，擅自主持；即兩宫皇太后面諭之事，亦敢違阻不行。 御史董元醇條奏皇太后垂簾等事，載垣等非獨擅改諭旨，且於召對時，言臣等係贊襄皇上，不能聽命於皇太后；即請皇太后看摺，亦爲多事。 當面咆哮，目無君上。 每言親王等不可召見，意存離間。 肅順擅坐御位，進内廷當差，出入自由，擅用行宫御用器物，内旨傳取應用物件，抗違不遵。 並請分見兩宫皇太后，至召對時，詞氣之間，互有抑揚，意在構釁，罪狀昭然。 兹據該大臣等按律擬罪，當即召見議政王奕訢，軍機大臣文祥、寶鋆、曹毓瑛，惠親王、惇親王奕誴、醇郡王奕譞、鍾郡王奕詥、孚郡王奕譓、睿親王仁壽，大學士賈楨、周祖培，刑部尚書綿森等，僉稱載垣、端華、肅順罪大惡極，於國法無可寬宥。 朕念其均屬宗支，遽罹重罪，悉應棄市，能無淚下？ 惟前後一切跋扈情形，實屬謀危社稷，是皆列祖列宗之罪人，非獨欺凌朕躬也。 若不重治其罪，何以仰副皇考付託之重！ 因國家有議親議貴之條，量從末減，姑於萬無可貸之中，免其肆市。 載垣、端華均著加恩賜令自盡，即派肅親王華豐、刑部尚書綿森，迅即前往宗人府空室，傳旨令其自盡。 肅順著加恩改爲斬立決，即派睿親王仁壽、刑部右侍郎載齡前往監視行刑，以爲大逆不道者戒。 景壽身爲國戚，緘默不言，穆蔭、匡源、杜翰、焦佑瀛於載垣等竊奪政柄，不能力争，均屬辜恩溺職。 穆蔭在軍機大臣上行走最久，班次在前，情節尤重。 惟念載垣等凶焰方張，受其箝制，均有難與争衡之勢，其不能振作，尚有可原。 御前大臣景壽著即革職，加恩仍留公爵及額駙品級，免其發遣。 穆蔭著革職，加恩改爲發往軍臺效力贖罪。 匡源、杜翰、焦佑瀛均著革職，加恩免其發遣。 主原議者，刑書趙光及諸御史也。

詔以明年爲同治元年。詔略云：建元大典，昭垂萬世，前載垣等擬進祺祥字，意義重複，本有未協。茲據大學士周祖培奏請更正，爰命議政王、軍機大臣恭擬同治二字，進呈母后皇太后、聖母皇太后，仰蒙允行，本月初九日朕御極頒詔，其以明年爲同治元年，布告天下。

臣慈銘曰：改號紀元，前代所慎。唐宋以來，多以法祖爲義。至元順帝欲法世祖，復號至元，則貽笑千古矣。祺祥二字，創見不經，奸庸不學，至於如此。今茲改元，蓋欲以法世祖也，但願聖敬日躋，宫府協力，臨朝勖任姒之德，負扆矢旦奭之忠，毋爲唐之貞元名而不實，毋爲宋之崇寧法而無補，則創業中興，先聖後聖，其揆一焉。商城本欲用熙隆或乾熙，然能建此議，可謂其平生之第一相業矣。

初七日壬戌　晴。上午起，不能支，喫羅菖餅一枚，愈不快，下午病又劇，夜大嘔吐，蓋氣體虧耗，積成虚寒。京師近患黄病者甚衆，濕毒所蒸，稍食即吐。予以質弱，又染時疾故也。

邸鈔：詔王大臣會同大學士、九卿、翰詹科道敬議大行皇帝郊祀配位禮。詔略云：前因郊祀配位，于道光三十年奉皇考諭旨，以三祖五宗爲定。朕不忍遽從，不敢遽定，令王大臣等詳議。旋據禮親王世鐸等先後奏上，本日復據潘祖蔭、許彭壽奏郊配大典，請飭廷臣再議，以昭慎重。著王大臣、大學士、九卿、翰詹科道敬謹妥議具奏，其禮親王世鐸等，睿親王仁壽等，吏部右侍郎黄宗漢等，並載垣等摺均發給該王大臣等閲看。

臣慈銘曰：郊配之禮，經文未詳。或曰太祖，或曰始祖，漢儒紛紜，各執其説，要未有數代並配者。自唐武后、中宗之世，以高祖、太宗、高宗三帝並配，失禮之大原於此矣。自後人君，務以虚文尊崇其親，而典禮淆雜，幾不可復。我朝自太祖以來，列聖功德，俱與天地並大，日月並明，故宗廟不祧，郊祀咸秩。然恩以義殺，禮貴稱情，竊謂高宗以上固無可議，仁宗恭儉守成，又有戡定山東、河南、川、楚教匪之功，勤勞夙夜，皆本廟算，而謨烈之盛，局於時會，以儗列聖，似有間焉。宣宗純孝，謹守追隆之制，七聖配天，而當時廷臣亦無有言者，宣宗蓋深知配位之主不宜代增，故自我作古，遺詔謙讓，以示率禮無愆，永爲限斷。先帝慎重其事，而諸臣不能推揚宣宗之意，務爲巽順，以揣時旨。僅有給事中王東槐一疏，引禮據典，勸先帝以順親爲孝，孤立無和，遂被詰責。而禮臣杜受田乃以三祖五宗爲定之説，調停其事。先帝遂下嗣後郊祀配位歷億萬年無得增減之詔，頒之天下，藏之金匱。先帝雖聖德無間，而至理猶鬱。升遐之後，遵述前詔，自無異辭。故禮親王世鐸等疏言郊配之典，請皇上恪遵聖訓，勉抑孝思。而睿親王仁壽等疏乃以宜舉隆儀爲請，載垣等遂附和之，請俟大行山陵奉安以後，即議升配大典，徒欲掩其決贊北狩之罪，可謂滅古違制者矣。

初八日癸亥　風，下午雨，大雷。病甚，日夜嘔逆不止。

邸鈔：詔：吏部尚書陳孚恩、吏部右侍郎黃宗漢俱革職，永不敘用。户部右侍郎劉崐、倉場侍郎成琦、太僕寺少卿德克津泰、候補京堂富績俱革職。詔略云：許彭壽奏參載垣等黨援形跡最著者，莫如吏部尚書陳孚恩；蹤跡最密者，莫如侍郎劉崐、黃宗漢。其平日保舉之人，如侍郎成琦、太僕少卿德克津泰、候補京堂富績，外間皆嘖有煩言。陳孚恩、德克津泰於上年七月大行皇帝命諸臣會議巡幸熱河時，陳孚恩即有竊負而逃遵海濱而處之語，其意在迎合載垣等，當時會議諸臣無不共聞。大行皇帝龍馭上賓，滿漢大臣中，惟令陳孚恩一人先赴行在，是該尚書爲載垣等之心腹即此可見。黃宗漢于本年春間赴熱河，皇考召見，即以危詞，力阻回鑾；迨聞梓宮有回京之信，該侍郎又以京城情形可慮，遍告於人，希冀阻止。其爲迎合載垣等，衆所共知。二人均係一二品大員，聲名如此狼藉，品行如此卑污，若任其濫厠卿貳，何以表率僚屬？陳孚恩、黃宗漢均著革職，永不敘用，以爲大僚軟媚者戒。至劉崐、成琦、德克津泰、富績，雖無交通實跡，而或與往返較密，或由伊等保舉，或拜認師生，衆人耳目共見共聞，何能置之不議？劉崐等均著即行革職，以示懲儆。許彭壽糾彈各節，朕已早有所聞，用特懲一儆百，期于力振頹靡。至載垣、端華、肅順三人，事權所屬，諸臣等何能絶無干涉？此後朕惟以寬大爲心，不究既往，爾諸臣亦無許再以查辦黨援等事紛紛陳奏，致啓告訐誣陷之漸。惟當各勤厥職，争自濯磨，守正不阿，毋蹈陳孚恩等惡習。朕日用厚望焉。將此通諭知之。眉批：許君先疏請究載垣等黨與，中旨令指名回奏，許乃首參新城爲形跡最著，臚述其去年會議之言，及今秋獨召辦喪儀事，極力痛詆，而下云伊等保舉者如侍郎成琦諸人，蹤跡最密者如侍郎劉崐、黃宗漢諸人，外間皆嘖有煩言云云，而無所指實，蓋不過連及之。此詔中所列黃宗漢罪狀，乃當事者增入之，非許疏本意也。

陳冢宰、黃少宰皆朝列所稱錚錚者。冢宰以拔貢爲部曹，直軍機，受知宣廟，不十年間，由主事致位卿貳，又以攝山東巡撫時獨拒漏規之獻，遂益被任遇，賜『清正良臣』扁額，以一品銜長樞密，旋正司寇。嘗許以揆席。未幾宣廟升遐，受顧命，陳亦感激圖報。時定王載銓最用事，屢與之争，力持正議，既勢稍詘，遂乞養親歸，天下高之，想望風采矣。及丁巳再入都，樞長穆蔭及怡、鄭諸王素惡之，沮抑不得見上。御史錢桂森疏薦之，嚴旨詰責，左遷桂森官。陳乃變計附諸王，階是得起貳刑部，旋正兵部。會戊午科場事發，陳受旨同諸王鞫問，又迎合載垣等，構成大獄。而其子刑部郎景彦亦連及下獄，陳不能庇也。去年京師夷警甫定，遂遷冢宰。冢宰故多用科甲，陳得之爲僅事，以此旦夕望入相。然陳殊便給，有奔走才，又好名愛士，編修郭嵩燾以知兵入南書房，主事何秋濤以博學入懋勤殿，皆所推薦，雖與三人者比，能狎玩且制伏之，三人者亦頗畏焉。當夷事甚急，車駕出狩，内外皇駭，獨騎馬出入塡撫，亦有勞。和議成後，又具疏請還都。至先帝賓天，其得獨召者，實三人恐其在京師創異議，固知公卿中才無出其右，特藉以羈縻之，使不得發。而竊負而逃之語，引用不經，贊决邪議，以此爲罪，夫復何辭？一生名節，至此盡敗，惜哉！少宰累任封疆，清强敢爲，有『黄老虎』之目。而自再任川督，被議入覲，左授卿貳，乃亦依附要人，助猖狂之論，成朋黨之勢。昔人云：『薑桂之性，老而愈辣。』若黄者，鄙夫患失，遂反其性，可不戒歟！

詔：以麟魁爲兵部尚書，倭仁爲都察院左都御史，工部左侍郎李菡爲吏部左侍郎，畢道遠兼署户部左侍郎，宋晉兼署禮部右侍郎，張之萬署兵部左侍郎，倭什琿布充國史館正總裁，醇郡王奕譞管理善樸營事務，載治管理上虞備用處事務，綿勳爲正白旗領侍衛内大臣，奕山爲鑾儀衛掌衛事大臣兼後扈大臣，僧格林沁管理奉宸苑事務。

是日發抄勝保所上政柄下移無以服衆疏，詞頗切直，其略云：皇上嗣位，尚在冲齡，全在輔政得人，同民好惡。怡親王載垣、鄭親王端華等，以臣僕而代綸音，挾至尊以令天下，實無以付寄託之重，而饜四海之心。在該王等以承寫硃諭爲詞，居之不疑，先皇帝彌留之際，近支親王多不在側，仰窺顧命苦衷，所以未留親筆硃諭者，未必非以輔政難得其人，以待我皇上自擇而任之，以成未竟之志也。今嗣聖既未親政，皇太后又不臨朝，是政柄盡付之該王等數人，而所擬諭旨又非盡出自宸衷，民岩可畏，天下難欺。御史董元醇條陳四事，既關繫甚重，應准應駁，惟當斷自聖裁，廣集廷議，以定行止。該王等果知以國事爲重，亦當推賢虚己，免蹈危疑。乃徑行擬旨駁斥，已開矯竊之端，大失臣民之望。命下之日，中外嘩然。自古天無二日，民無二王，禮樂征伐，自天子出，凡統兵將帥暨各省疆臣，皆受先皇帝特簡，雖當勢處萬難，無不思竭力圖報者，亦以統于所尊，故能一誠不貳。今一旦政柄下移，群疑莫釋，道路之人見詔旨，皆曰此非吾君之言也，此非吾母后、聖母之言也。一切發號施令，真僞難分，衆情洶洶，咸懷不服。不獨天下人心日形解體，且恐外國又將從而生心，所關甚大。昔周之世，武王崩，成王立，周公相之。本朝攝政王之輔世祖，亦猶周公之相成王。疏不間親，典策具在。現在近支諸王中能知大體過于載垣、端華者，尚不乏人，一切離間之言，應請毋庸過慮。又如垂簾聽政之制，宋宣仁太后稱爲女中堯舜；我文皇后當國初時，雖無垂簾之文，而有聽政之實。因時制宜，惟期至當。爲今之計，非皇太后親理萬幾，召對群臣，無以通下情而正國體；非別簡近支親王佐理庶務，盡心匡弼，不足以振剛紀而順人心。惟皇上俯納芻蕘，即奉皇太后權宜聽政，二聖並崇，而于近支親王中擇賢而任，秉命而行，以待我皇上親政，宗社幸甚云云。

前日發抄黄縣等所上政權上操以振綱紀疏，支離掩護，不敢正言，而其中引用古來垂簾事，乃取予所貽商城《臨朝備考》中雜舉數人，割截數語，前後不相聯屬。諸公不學至於如此，可爲駭歎。董侍御疏語尤葛藤，以視勝星使此疏，有愧多矣。星使自咸豐初上疏言時事，痛切極言，天下傳誦，遂以直諫名，其人固伉激可快也。

夜嘔吐徹曉，胸鬲間有物，冷氣如冰，叔子以黄土米麩和薑椒燒熱，用帛裹之，遍熨胸腹，亦不效。食玉桂子，亦不效。終夕倚枕危坐，不能卧。舉體沉惙，百苦交作，孤燈黯然，親庭萬里，家中止一蹇僕，轉側無人，藥餌俱絶。天之厄我，至此極矣！

初九日甲子　是日五更，皇上登極受賀。時微雨旋止，終日晴，有風，寒甚。病甚，兩日夜和衣偃側，氣息僅存。予自幼多疾，顧未嘗大病，先君子嘗謂之曰：『汝質劣殆非恒比，宜善自保，若不謹致寒暑稍深，必死矣。』予謹受誡，遇大寒暑，絶不敢出門。壬子以後，稍涉家事，不能如夙所戒。甲寅秋，遂病暑濕，至四十餘日，幾殆。戊午秋，又患痢，轉成傷寒疾，又卧四十餘日。凡兩遘危疾，雖屢瀕死，皆佹得愈。己未冒暑入都，每行一驛，則氣塞不可耐，乃竟不病，嘗作書告老母，以慰親心，且自壯也。今忽沉頓如此，蓋三年來憂憤内熠，饑寒外鑠，蒲柳之質，理不久長。馬革之願未酬，狐首之期難卜。嗚呼！自作之孽，何嗟及矣！

叔子爲請江春帆司馬來視，甫按脉，大駭，謂氣質幾盡，和扁難爲，非時下黄病可比。授以附子黨參生地湯服之。江，安徽人，道光初嘗宰大興，今年八十餘矣。都下醫者，皆不讀方書，不知脉理，殺人尤甚，江君老於此事，乃庸中佼佼者。叔子及珊士、仲彦殷勤撫視，窮海餘生，藉以自慰。

予甲寅病困時，三舍弟亦遘寒，疾甚篤。一日，予昏不知人，弟知之，必欲扶掖下樓就視，弟婦及家人苦止之，弟怒，自力而起，即倒，乃悲曰：『予死苦若輩耳，萬一兄不諱，吾家已矣。』因與弟婦相向泣。後兄弟幸俱不死。更二歲，而弟復病，竟死。又二歲，弟婦亦死。予復大病，復得不死，及今三矣。棄垂白之母不能養，棄六歲之孤姪不能撫，弟與婦之棺露棄野殯，家産盡破，盜賊日逼，天地罪人，死已晚矣！傷哉！

邸鈔：詔恭親王奕訢世襲親王罔替。王固辭，許之，命食親王雙俸。詔略云：上年京畿不靖，恭親王奕訢留駐京師，經權互用，内外安謐，皇考時常垂念，欲回鑾後殊恩嘉獎，及至大漸，猶念念不忘。朕奉兩宮皇太后旋蹕以來，王秉公持正，力矢忠勤，痛惟先帝遺言在耳，厥志未伸，曷敢不仰承先志，懋賞酬庸，以彰繼述。因宣示王以親王世襲罔替，論功行賞，允洽衆心。乃王至誠撝抑，灑涕固辭。母后、聖母再三申明，此系先帝恩旨。而王辭謝倍力，聲淚俱下。兩宮未忍重拂其意，不得已姑從所請，俟朕親政之年，再行辦理，先賞食親王雙俸，以示優禮，王其領承朕命，勿再固辭。

詔戒飭王公百官，力除積習，以載垣等爲戒。詔戒飭宗室。詔：以兵部尚書朱鳳標爲吏部尚書，左都御史萬青藜爲兵部尚書，禮部左侍郎孫葆元爲吏部右侍郎。順天府府尹董醇爲户部右侍郎。内閣學士單懋謙爲工部左侍郎。崇綸爲户部倉場侍郎。彭蘊章署左都御史。

初十日乙丑　晴。昨服藥後，嘔稍止，再請江君來視，仍用附子生地湯，加枸杞子。江君謂予病虚寒所積，宜服玉桂及於潛朮，京師藥肆無佳者，不可得也。

邸鈔：恭親王奏請飭中外大小臣工，各抒所見，切實直陳。詔告諭諸臣知之。詔：嗣後惇親王、恭親王、醇郡王、鍾郡王、孚郡王，除祭祀大典外，其餘諭旨，並各衙門奏摺，祇書王號，毋庸書名。詔：

以王慶雲爲都察院左都御史。慶雲，閩縣人，己未歲以四川總督調兩廣總督，告歸。内閣學士宜振爲禮部左侍郎。順天府府丞河南團練大臣毛昶熙爲順天府府尹。詔：樂泰、楊春、李德立均賞還頂戴。詔：奉母后皇太后、聖母皇太后懿旨，嗣後議政王軍機大臣繕擬諭旨，仍書朕字，作爲朕意，宣示中外。

十一日丙寅　晴。

邸鈔：詔：户部五字鈔票案，載垣等意存羅織，藉作威福，鍛鍊周内，株連至數百人，繫獄至兩三載，深可矜憫。著該部詳審案情，迅速議結。其監禁之官員、商民人等，應行省釋者，即昭雪之。詔：僧格林沁賞還博多勒噶台親王。恒祺補授内閣學士兼禮部侍郎銜。恒祺，内務府漢軍人，由武備院卿授漢缺内閣學士。故事：閣學漢缺必以翰林爲之，滿缺亦多授科甲出身者。恒祺此遷，實異數也。

十二日丁卯　晴。

邸鈔：詔議康慈皇太后配廟及加尊謚禮儀。詔略云：朕惟皇考大行皇帝，敬荷康慈皇太后撫育深恩，在位之日，迭晉尊封，奏事東朝，問安侍膳，數年如一日，祇以仙馭遐升，未申配廟之儀，暫行奉祀於奉先殿。我兩宫皇太后夙侍先皇，備知仁孝至誠之隱。朕以冲人，實承大命，繼述之禮，孰重于斯。追惟康慈皇太后侍奉皇祖宣宗成皇帝，徽柔素著，及保護我皇考，備極恩勤，允宜聿晉徽稱，媲隆三后，禮崇配廟，義本承先，用慰皇考在天之靈，以申冲人報本之恩，令大學士會同六部九卿詳議具奏。詔：晉皇祖宣宗成皇帝嬪御位號。琳貴太妃誕育醇郡王、鍾郡王、孚郡王、壽禧和碩公主，謹尊封爲琳皇貴太妃。彤嬪誕育壽莊和碩公主，尊封爲彤妃。佳嬪尊封爲佳妃。成嬪尊封爲成妃。順貴人尊封爲順嬪。蔡常在尊封爲蔡貴人。尚常在尊封爲尚貴人。李常在尊封爲李貴人。那常在尊封爲那貴人。詔：停止熱河避暑山莊所葺宫殿。

十三日戊辰　晴。

給事中孫楫奏進明臣張居正等所輯《帝鑑圖説》。詔：留覽。

邸鈔：再詔戒飭中外大小臣工。御史劉毓楠疏劾河南布政使邊浴禮玩誤廢事，縱子攬權納賄，賊臨城下，毫無籌備，請亟罷斥。詔：邊浴禮著即革職，交嚴樹森查辦具奏。以鄭元善爲河南布政使，王榮第爲河南按察使，周煦徵爲河南河北道。詔：添派大學士周祖培、尚書綿森同全慶等辦理平安峪工程。

十四日己巳　晴。江春帆來言胃氣不動，病不得愈，勸稍食麥餅及魚湯等以動之。

十五日庚午　晴。昨食麥物少許，覺漸能受。今日能力疾起坐，因食粳麵及蝦，入晚復嘔。

邸鈔：詔戒飭各路統兵大臣督撫提鎮。詔：以都興阿爲江寧將軍，多隆阿爲荆州將軍。詔：甘肅西寧鎮總兵馮子材督辦鎮江軍務，原任陝西陝安鎮總兵馬德昭幫辦軍務。督辦鎮江軍務京口副都統署江寧將軍巴棟阿病故，詔予優恤。

十六日辛未　晴。江春帆來言，宜稍食猪肉小鷄，勿食蝦蟹、蘿蔔及一切生冷物。

邸鈔：詔令南書房、上書房翰林擇歷代帝王政治及前史垂簾事蹟可爲法戒者，簡明注釋，彙爲一册，成書後交議政王軍機大臣覆看，再行繕寫進呈御覽。御史鍾佩賢奏請崇節儉以裕度支。詔：現在軍興日久，度支告匱，供億輸將，閭閻力竭，即菲食惡衣，猶覺難安寤寐。朕仰承慈訓，嗣後一切服御用物，有可以節省裁撤者，總管内務府大臣隨時奏聞。詔：兵部尚書麟魁、户部尚書沈兆霖馳馹往陝西查辦事件。詔：撥古北口馬隊八百名赴勝保軍營，命御前侍衛副都統明慶帶領前往。詔：恭親王、僧格林沁均管理火器營事務，奕山管理虎槍處事務。

十七日壬申　晴。

邸鈔：詔：博訪老成端謹學問優長之士，充師傅之任，令議政王、軍機大臣、大學士、翰林院掌院學士共舉所知，無論曾任現任及官階大小，擇優保奏。詔：以內閣學士沈桂芬爲禮部右侍郎。以宜振丁艱也。

十八日癸酉　晴。

邸鈔：詔：曾國藩派員赴江蘇押解何桂清來京，聽候審訊。

十九日甲戌　晴。

小雪申初一刻。　二十日乙亥　小雪節。晴。晚食肉餃，甚不快。

邸鈔：詔：欽差大臣兩江總督曾國藩統轄江蘇、安徽、江西三省並浙江全省軍務，四省巡撫提鎮以下各官悉歸節制。浙江軍務著杭州將軍瑞昌督辦，並著曾國藩速飭太常寺卿左宗棠馳赴浙江剿辦賊匪，浙省提鎮以下均歸左宗棠調遣。

二十一日丙子　晴。是日聞逮陳子鶴下獄，籍其家。下午叔子、珊士詣謝文節祠。視棣山、德甫。

邸鈔：瑞昌、王有齡奏逆匪李世賢于八月十七日攻陷嚴州府城，副將羅大春突圍而出，餘杭縣城同日失守。詔：嚴州被圍兩月，該將軍等未能及早救援，實屬調度乖方，瑞昌、王有齡均著交部嚴加議處。

二十二日丁丑　晴。始能强坐看書，得李申耆氏所選《駢體文鈔》，隨意取尺牘小文閱之，亦不覺勞。閲至仲長統《樂志論》、江文通《與交友論隱書》、蕭大圜《言志》諸篇，更悠然神往，足以起病矣。下午德甫來言，昨日查鈔時，新城盡出其貲，得銀九千兩，且言聖意未可測。

邸鈔：詔：瑞常、麟魁逮已革吏部尚書陳孚恩交刑部，籍没家貲，命大學士周祖培、軍機大臣文祥會議其罪。詔略云：昨日因睿親王仁壽等前次奏議皇考郊祀配位，與廷臣所議歧異。而此次禮親王世鐸等奏議郊祀摺内，仁壽等又復列銜，事關大典，恐有遷就，命仁壽及醇郡王、定郡王溥煦，尚書綿森、伊勒東阿，侍郎伊精阿，左副都御史富廉，另行具奏。乃本日據仁壽等覆奏稱，前在熱河會議時，陳孚恩言道光三十年大行皇帝以三祖五宗爲定之旨，係原任協辦大學士工部尚書杜受田所擬。又言在京王大臣之請恪遵遺訓，無庸郊配者，因大行皇帝去秋巡幸熱河起見，郊壇配位，宜據禮經。陳孚恩率以荒誕無據之詞，冀聳衆聽，揣其意，不過欲慫慂仁壽等一同列銜，以遂其諂媚載垣之計，謬妄卑污，至于此極。又查抄肅順家産内，多陳孚恩親筆書函，有闇昧不明之語。陳孚恩僅革職永不敘用，不足蔽辜，著派瑞常、麟魁前往將陳孚恩拏交刑部，將寓所資財嚴密查抄，並派大學士周祖培、軍機大臣文祥會同刑部定議罪名具奏。慈銘曰：新城此言，悖禮違詔，底藴盡露，然其罪未至藉没也。或謂有譏其受肅順寄貲者，故受禍獨烈云。

詔：起用予告大學士祁寯藻、翁心存，前任太常寺少卿李棠階，三品卿銜翰林院修撰劉繹。詔云：予告大學士祁寯藻，忠清亮直，學問優長；大學士翁心存，守正不阿，學問淹博；前任太常寺少卿李棠階，學養深邃，方正老成。朕當御極之初，亟訪耆儒，以資輔翼。翁心存尚未出京，著即銷假，聽候簡用；李棠階現在河南辦理團練，亦著即行來京候旨；祁寯藻著即來京聽候簡用，以副朕側席與賢，人惟求舊之意。翰林院修撰劉繹，學優品正，告養回籍有年，現在養親事畢，辦理本籍團練，著俟服闋後即來京聽候簡用。慈銘云：壽陽邃於經學，位至首揆，不改儒素，以在樞府時與諸王不合，致政而退。常熟尤粹然儒者，進退可觀，以長户部時持洋藥開税之議，大忤肅順，爲所齮齕，連疏乞退，肅順恨之不已，因五字鈔票案發，牽引其罪，必欲致之死，賴先帝英明，力保全之。少常清介恬静。修撰家居養親，十餘年不出，天下高之。此四公者，皆人望也。新政此舉，最爲可觀。雍容表率，衆正盈朝，中興之業，在於斯矣。

詔：都察院左都御史王慶雲即來京供職。趙樹吉補授工科掌印給事中。詔：追封皇祖宣宗成皇帝常嬪爲常妃，祥嬪爲祥妃。詔云：常嬪侍奉皇祖最久，謹尊爲常妃。祥嬪誕育惇親王，謹尊爲祥妃。

二十三日戊寅　晴。

閲柳柳州永州山水諸記。泓峥蕭瑟，讀之移情。僕性好山水，又得生越中，泉石膏肓，非恒人所喻。顧家居村郭間，面城背市，不見一山，惟困學樓之北窗，遥見卧龍一角而已。去家數十武，近市，有一酒家，其家有小閣，極陋而壞，開其牖，晝見西南諸山，予時過飲。肆主人釀酒極薄，而多儲魚肉、蝦蟹、蔬果諸佐酒物。予素不能飲，惟求酒一杯勺，多具食物。其閣雜陳瓶盎、敗床、破甕之屬，無一人登者。肆人見予至，輒掃地拭几席，進盤飧壘壘滿前。予每據牖，指點諸峰，遠近隱現，往往至晚歸。歸亦醺然有酒意，以爲樂。嘗買屋湖塘，又借柯山沈氏空宅以居，皆不成。欲置小舟載書恣其游，亦不就。以故家居三十年，笠屐游賞之跡可數也。平生所慕山水之名他州者，若杭之西溪，睦之桐江，台之天台，甌之雁蕩，歙之黄山，蘇之楞伽、鄧尉，吴興之道場、甓浪，以及太湖七十二峰，則近而不必亟。若洛陽之嵩、少，西安之太華、終南，池之九華，韶之羅浮，蜀之峨眉，閩之武夷，江之匡廬，以及粤西之桂林、陽朔、荔浦，則遠而不可兼，其寤寐飲食不忘。獨于楚南，每讀柳記輒神往，乃生長會稽巖壑之地，日相處而不得日相接。客游惟武林西湖爲稍數。而居京師塵壒中，乃忽忽三載。嗚呼！世人之能知山水者無幾，知之而深嗜之者更少矣。有能深嗜如予者而牽掣蹉跌如此，是可歎也。歲月有限，筋力就衰。予于天下，最不喜京師，而無事廢處者三載。京師惟西山稍可游，而閉門坐困不得往，比日病甚，一念及都市人物塵土之狀，益胸腑作惡，坱悶欲絶。而思故鄉之勝，即忻然忘病。又時覺身之在深山野寺中，烟雲如息，泉瀑爲聲，松蘿爲食，幽寂爲色，而猿鹿魚鳥爲群也。次律續涅槃之經，永叔悟神清之洞，夙根不昧，或由于斯。今日病少間，倚枕看西溪、鈷鉧諸小記，如見故人，如話前事。茶餘粥頃，爐火通紅，暖日滿窗，藥烟未歇，簾外鳥聲落葉聲，静若答和，空庭寂然，殊不知身世之苦矣。

邸鈔：詔遵皇考大行皇帝郊配以三祖五宗爲定之旨，世世遵循，勿更議升配。詔略云：自成周郊祀，后稷以來，歷漢唐宋明，或一帝，或二帝，至三帝，升祔而止，未有如我朝之聖聖相承，勳德並茂，郊祀配位，永極尊崇。惟配位遞增無窮，而壇壝規制有定。我皇祖宣宗成皇帝遺訓，恐世世視爲成例，率行無已，不獨有背于古訓，亦難示信于後人。聖訓精微，所以爲萬世慮者，義正詞嚴，允無遺議。我皇考大行皇帝，聖孝隆至，仍欲紹修配祀，用展顯揚，特詔群臣集議，旋從禮親王全齡等所請，仍行郊配祔廟，又恐後世子孫視先帝訓誡爲尋常謙德，用特明降諭旨，嗣後郊壇配位，歷億萬年，總以三祖五宗爲定，並恭録皇祖硃諭首條及此諭，懸奉南郊齋宮，垂示久遠，遵循罔斁，不得再議更張。又於甲寅孟夏郊祀齋宮，聖制詩什，有以後無須再變更之句，訓注周詳，至精至當。顧我皇考，功德並崇，若遽弗獲比隆列祖，朕心實有難安，而事關明禋大典，天下萬世觀瞻所系，兩朝遺訓遠大精深，又何敢不懍承志事，是用博採周咨，特命廷臣再三集議。今據禮親王世鐸等奏言，禮貴制宜，孝當順命，朕奉母后皇太后、聖母皇太后召見議政王奕訢，軍機大臣大學士桂良，尚書沈兆霖，侍郎文祥，寶鋆，鴻臚寺少卿曹毓瑛，惠親王綿愉，惇親王奕誴，醇郡王奕譞，鍾郡王奕詥，孚郡王奕譓，禮親王世鐸，睿親王仁壽，肅親王華豐，順承郡王慶恩，御前大臣奕山，貝勒載治，奕劻，貝子綿勳，大學士賈楨，周祖培，尚書瑞常，倭什琿布，麟魁，萬青藜，趙光，詳加垂詢，均稱宣宗成皇帝遺訓，大行皇帝諭旨準古酌今，足爲萬禩法守，不得已勉從諸臣所議，謹遵皇考諭旨，郊壇配位，三祖五宗爲定，世世子孫，永爲法守。凡此務求得乎天理人情之至，以慰在天之靈，天下後世必能共諒朕之苦衷也。仁壽等，載垣等，及黄宗漢摺，均無庸議。至皇考功德超邁，允宜稱宗祔廟，百世不祧，恭俟山陵禮成，祇奉神主升祔，以致孝享。將此宣諭中外知之。

詔：軍機大臣户部右侍郎寶鋆、吏部尚書朱鳳標、禮部尚書倭什琿布、兵部尚書麟魁、吏部左侍郎李菡、内閣學士兼禮部侍郎恒祺、廂白旗滿洲副都統輔國公載岱，均加恩在紫禁城内騎馬。詔：已革吏部尚書陳孚恩前在署理山東巡撫任，皇祖賞給御書『清正良臣』扁額；已革吏部右侍郎黄宗漢前在浙江巡撫任，皇考賞給御書『忠勤正直』扁額，均即行恭繳。

二十四日己卯　晴。

邸鈔：詔：添派沈兆霖、萬青藜會同周祖培、文祥定擬陳孚恩罪。

二十五日庚辰　晴。始能勉强喫飯。南方稻開花以晝，麥開花以夜，故稻性熱，麥性寒，病人不可食麥。北方稻夜華、麥晝華，性亦相反，病後宜食麥。予比日稍瘳，食米粉即不適，食麥粉則漸能受。今日以江春帆言，勉進飯一器，而胸腹塞滿，氣結如冰，下體沉重，若不能自持，唇舌枯燥，進茗飲即脹，又患口苦，稍食餳飴，輒脾胃煩膩，蓋中濕所致也。

邸鈔：詔：直隸團練大臣桑春榮回京供職，其團練事令文煜辦理。詔：曾國藩、左宗棠、瑞昌、王有齡及各省督撫嚴拏上年失守嘉興城潛逃之已革知府張玉藻，就地正法。自戊午春浙江麗水縣知縣顧泰以失守奉旨正法，潛逃不獲，法網廢弛，疆吏紛紛效法矣。詔：授趙景賢爲福建督糧道。以守湖州功也。

二十六日辛巳　晴。聞粵賊于前月二十四陷蕭山，二十九日陷紹興，乃蘇撫薛煥所奏者，以二十三日至京。嗚呼！事勢至此，無可復言，惟有待死而已！

二十七日壬午　邸鈔：王大臣、大學士、六部九卿、翰詹科道諸臣會議兩宮皇太后垂簾聽政禮節事宜奏上。詔：奉兩宮皇太后懿旨，即依議行。詔略云：本日據王大臣等議上垂簾禮節並一切辦事章程，開單恭呈慈覽，欽奉兩宮皇太后懿旨，詳閱王大臣等所議，援據典章，斟酌妥善。垂簾之舉，本非意所樂爲，惟以時事多艱，該王大臣等不能無所稟承，是以姑允所請，以期共濟艱難。一俟皇帝撫學有成，即行歸政，王大臣仍當屆時具奏，悉復舊制。欽此。朕祗承懿訓，謙抑慈愛之懷，實深寅感。兩宮皇太后不得已之苦衷，實可昭揭日月。粵稽往制，漢晉以來，至于有宋，章獻宣仁，史册頌美，欽惟母后皇太后、聖母皇太后聖德徽稱，迥超前古。肆予冲人，幸荷仁慈，參酌成規，折衷時事，暫理庶政，以待朕之躬親。中外文武臣工，務各忠赤爲懷，勤思輔翼，百爾庶司，恪共乃職，以襄郅治。俾予典學，日就月將，迨朕親政之年，孝養兩宮，上答慈懷，下慰民望，我皇考在天之靈，實式憑焉。將此宣諭中外知之。詔：嗣後内外臣工應進安摺，各書三分，於兩宮皇太后及朕前呈遞。禮親王世鐸等奏上皇太后召見臣工禮節及一切辦事章程：一、郊壇大祀，遣王恭代，皇上于宮内齋戒。一、太廟祭享，遣王恭代，皇上于祭期前一日，親詣行禮。一、謁陵、御門、經筵、耕耤暫緩舉行。一、元旦、萬壽、傳臚等大典，皇上升殿照常舉行。一、召見内外臣工，兩宮皇太后、皇上同御養心殿，皇太后前垂簾，輪派議政王御前大臣一人，帶領進見。一、京外官員引見，兩宮、皇上同御養心殿，議政王御前大臣帶領，御前乾清門侍衛等照例排班。皇太后前垂簾設案，進各員名單，將應擬諭旨分別注明。皇上前設案。帶領之堂官照例進緑頭牌引見如常儀，其作何簡用，皇太后于名單内鈐用御印，交議政王軍機大臣傳旨發下。一、宗室親王郡王以下，奉恩將軍以上，襲爵襲職，年終大考，王公子弟，應封授職，文職在京四品以上，及五品京堂，翰詹科道，在外道府以上；武職在京年終進譜五等世爵，在外副將以上，以及新進士授職，庶吉士散館，拔貢朝考，孝廉方正。文職期滿，京察人員，截取道府。各部院保送京堂，保送監督税差，蔭生授職，保舉勞績，保舉卓異，送部各項查辦。差滿回京，親老回京，邊缺俸滿，終養服滿，病痊開復，應行引見各員，並奉特旨交部帶領引見人員，均照常帶領引見。其陵寢盛京、吉林、黑龍江各缺，及在京各衙門候選人員，文武會試提調，新疆等處辦事司員，糧餉章程等差，在京各衙門保送直隸州以下人員，俸滿截取，應分别内外用，各選發人員，各省理事同知通判，均由各衙門進單恭候簡用。凡考試應行引見記名如内閣中書，國子監學正學録，軍機章京等員，均于考試後，由考官開單進呈，請將應行記名人員鈐印發下，交議政王軍機大臣繕旨。一、京外文職五品以下，武職三品以下，照例補缺人員，月選分發揀補，期滿俸滿奏留送部押運。舉人大挑截取調簡改簡改教，長史護衛等項人員，以及凡照例送部引見文武人員，均請欽派王大臣四人，赴内閣驗放奏聞。一、除授大員，簡放各項差使，請將應升應補應放各員開單，將除授簡放之員，鈐印發下繕旨。一、順天鄉試會試，以及凡在貢院考試，向係欽命詩文各題，均請援外省鄉試例，由考官出題，其朝考及殿廷考試題目，均令各衙門科甲出身大員，届日聽宣，候欽派擬題進呈。一、殿試武舉，請派王大臣閲視，照文貢士殿試例，擬定名次，帶領引見。一、慶賀表章，均照定例。其請安摺，令内外臣工敬繕三分恭進。一、皇上入學讀書，未便令師傅跪授，亦未便久令侍立，請於御座書案之右，爲師傅旁設一座。

詔：修《大行皇帝實録》，命大學士桂良爲監修總裁官，大學士賈楨、周祖培，尚書倭什琿布、麟魁爲總裁官，侍郎李菡、孫葆元、文祥、寶鋆、伊精阿、單懋謙爲副總裁官，理藩院侍郎察杭阿爲蒙古副總裁官。臣慈銘曰：文宗之世，國故頻仍，金匱之編，尤資良史，而諸公皆不知顓頊，惟習金銀，朝列之中，尤名不學。又以編修羅嘉福爲提調，某某爲總纂，以驢鳴狗吠之文，而秉成于伏獵弄麞之手，可太息矣。詔：於同治元年舉行鄉試恩科，二年舉行會試恩科。

二十八日癸未

二十九日甲申　邸鈔：周祖培等復奏，擬定陳孚恩罪名，照奏事詐妄不實擬徒例，從重發往新疆效力贖罪。詔依議。詔：添派軍機大臣户部右侍郎寶鋆、户部右侍郎董恂辦理總理各國事務衙門一切事宜。董恂即董醇，以避上嫌名改也。

十一月乙酉朔　晴。力疾。剃頭。計蓄髮百餘日矣。大喪例蓄髮百日。今年值秋冬時，天寒日短，殊不覺苦。

邸鈔：詔：查抄肅順家産内帳目書信，著議政王軍機大臣即在軍機處監視焚毁，毋庸呈覽，以示寬大，與百官更始。

初二日丙戌

初三日丁亥　邸鈔：駱秉章奏新授三品頂戴署理四川布政使劉蓉呈請俟服闋後接篆。詔：劉蓉情詞懇至，自難重違所請，四川布政使著毛震壽暫行兼署，劉蓉明年正月服闋後即飭赴任。

初四日戊子　邸鈔：詔：户部五字鈔票案内已革工部主事李椿育、國子監教習錢紹昌俱赦出獄。已革户部郎中王正誼、已革御史前任户部郎中台斐音、已革户部主事李守愚、榮溥、吴廷溥、李壽蓉俱赦出獄，令赴户部核算待結。暫革科布多參贊大臣熙麟、甘肅鎮迪道崇保、江蘇候補道忠廉，俱開復原官，回任聽候部議。解任郎中王熙震、解任員外郎忠麟俱回任聽議。已革員外郎景雯、崇貴，已革郎中宗室奕邏，已革主事豐瑞，以犯贓在恩詔大赦前，俱永不敘用，免其遣戍。已革内務府主事存印開復原官，其熙麟、崇保、忠廉、李椿育、錢紹昌、忠麟、王熙震、已故刑部主事石景蘧免議。員外郎承恩、筆帖式寶麟、薩炳阿及商人等查封家産，均即給還。王正誼、台斐音等供稱九號存票，實係買賣私項，與正項毫無干涉，肅順派員辦理奏銷，任意牽混顛倒，所送册籍多駕空誣陷，請面與肅順所派員核算。詔令萬青藜、愛仁會同户部堂官覆核定擬。時少詹事許彭壽、御史林壽圖先後奏户部五字鈔票各案株連太甚，請飭清理。詔下刑部分別擬結。刑部遂定擬上，且奏言此案係載垣一人主見，專務羅織，案内人證，均由宗人府密劄查傳，收禁空室，獨自研訊，不令本部堂司各官聞知云云。得旨釋免有差。詔：以載齡爲吏部左侍郎，載崇爲刑部右侍郎。崇綸爲工部左侍郎。德全爲倉場侍郎。

初五日己丑　邸鈔：朱鳳標充上書房總師傅。

大雪巳正一刻。　初六日庚寅　大雪節。

邸鈔：河南巡撫嚴樹森奏劾花翎鹽運使銜河南糧鹽道張昀漕務廢弛，懷慶府知府張景蕃才氣庸靡，均請原品休致。花翎鹽運使銜候補道河南府知府樊琨守平性猾，花翎知府用候補直隸州洛陽縣知縣任桂躁妄險詐，獲嘉縣知縣趙賓仁縱役擾民，花翎運同銜直隸州知州用新鄉縣知縣鄒越辦事顢頇，均請革職。運同銜新補舞陽縣署郾城縣知縣汪守正少年浮薄，請降爲府經歷縣丞，歸部銓選。運同銜遂平縣知縣劉鴻勳年力衰頽，請勒令休致。詔：俱依議。勝保奏十月二十四日、二十五日莘南地方督剿朝城縣教匪及莘縣陽谷會匪之捷，共殺賊二千二百餘人。

初七日辛卯　邸鈔：詔：陳孚恩家産交内務府查收，其婿熊昭鏡、族姪陳驥什物，及所賃原任刑部尚書李振祜房屋俱給還。

初八日壬辰　邸鈔：詔：兩廣總督勞崇光、廣東巡撫耆齡遵旨採買洋米，延不復奏，均降四級留任，不准抵銷。

初九日癸巳　邸鈔：勝保奏總兵成禄等攻破山東教匪及陽范捻匪屯踞之莘朝境上延家營老巢，殺賊無算，生擒賊首延輪秀、從世明二人，正法。

初十日甲午

十一日乙未　邸鈔：給事中高延祜疏言，近年肅順勢焰熏灼，各部公事往往受其箝制。如工部綵綢庫一案，承審司員因不敢抗違肅順之意，輒以希圖事後酬謝爲詞，勒令具供從重議罪，請飭刑部嗣後務持平定擬。詔：嗣後刑部議罪，務將案内證據審訊明確，不得以希圖等字，深文曲筆，憑虚科罪，致有冤抑。高君此疏，當爲同鄉翁惠舫水部事而發。翁，餘姚人，由拔貢爲工部都水司郎中，捷洽有幹才。前年以綵綢庫發賣舊料事，水部主稿，請堂官具疏，言其事向歸崇文門辦理，請改歸本部，自招商人議價。先帝命肅順覈之，遂坐罪下獄謫戍，同官得罪者數人。水部名學涵，已蘭從父也。高君以鄉誼有舊，故冀爲申雪云。延祜又疏訟柏葰、程炳采之冤，且言科場例文簡渾，請飭部詳注。詔：從前載垣、端華辦理科場一案，未能得情法之平，總由條例原文簡渾，故能任意周内，籍逞私忿。著該部將此例文分别情罪，詳細注明，以免牽混。高君此疏，首欲翻戊午科場案矣。然此獄雖爲載垣等三人逞威之始，而被罪諸人，皆由自取。柏相國之死，朝野多憐之，要不得爲無罪，徇私營賄，關節公行，按律誅流，豈云濫枉。特以禁綱久弛，上下容隱，賢書猥雜，視爲固然。先帝思懲其弊，載垣、端華遂四出蹤跡，力窮其事。士人滿獄，上相棄市，鄉貳庶司，或放或死，事出創見，以爲過當。今爰書久定，無可復言。而給諫欲重翻之，其不思爲先帝地乎？近日臺諫言事鋒起，未知旬月之先惠文獄獄皆在何處，乃至權要伏法，朝序清明，而仗馬齊鳴，蹀躞不已，豈果天日澄霽，朝陽之鳳，一時盡出耶？吾鄉官執法者，若給諫及朱海門、鍾六英兩侍御，言事尤數。朱君最廉謹，所陳多兵事吏治云。眉批：斷獄最爲允當。眉批：高君疏言柏葰未曾受賄，與溥安有間。程炳采事屬未成，與李鶴齡有間；且以授受同罪而論，程炳采與李旦華、陳景彦等事同一律，乃李旦華等竟得免罪，而程炳采與柏葰未蒙末減。載垣、端華乘間激大行皇帝之怒，特誅與己不合之人，以快其意云云。眉批：其言洞中，而刻核至當。

十二日丙申　邸鈔：詔：前任大學士翁心存開復革職留任處分，以大學士銜管理工部事。詔：都察院左副都御史富廉爲繙譯副考官，私帶伊孫及通曉繙譯人入闈，著照部議革職，以昭炯戒。孫楫補授兵科掌印給事中。

十三日丁酉　邸鈔：詔：爲政之要，首在得人。前胡林翼、嚴樹森、張芾、潘祖蔭均先後保奏人員，昨前任大學士翁心存又有臚舉人材，以供任使之奏，洵屬當務爲急，不失以人事君之義。各摺留中備覽，所保諸人業有宣召及擢用者，餘俟隨時徵起，同襄郅治，用副朕側席興賢至意。

十四日戊戌　邸鈔：欽差大臣兩江總督曾國藩奏前湖北撫臣胡林翼諸勳績。詔：宣付史館，並賞其子胡子勳爲舉人。曾疏略云：前撫臣胡林翼于咸豐五年三月，蒙先皇帝特達之知，由貴州道員，不及半載，擢署湖北巡撫。當是時，武漢已兩次失陷，湖北州縣大半淪没，各路兵勇潰散殆盡。胡林翼坐困于金口洪水一帶，無兵無餉，無官無幕，自兩司以至州縣佐雜，皆遠隔北岸數百里外，一錢一粟，皆親作書函向人告貸，情詞深痛。殘破之餘，十不一應，至發其益陽私家之穀，以濟軍食。士卒爲之感動。會湘勇自江西援鄂，軍勢日振，六年十一月攻克武漢，以次恢復黄州等郡縣。論者以爲鄂省巡撫可稍息肩矣。胡林翼不少爲自顧之計，悉師越境，圍攻九江，又分兵先救瑞州，督撫之，以全力援鄰省，自湖北始也。九江圍剿年餘，相持不下，中間石達開自江西窺鄂，陳玉成自皖北犯鄂者三次，胡林翼終不肯撤九江之圍，回救省城之急。或親統一軍，肅清蘄黄，或分遣諸將，驅歸皖豫，卒能克復九江，殺賊淨盡，爲東南一大轉機。潯功甫蕆，復以全鄂之力，辦皖北之賊。迨李續賓覆軍于三河，胡林翼先以母喪歸籍，未滿百日，聞信急起，痛哭誓師，不入衙署，進駐黄州。論者又以李續賓良將新逝，元氣未復，但可姑保吾圉，不宜兼顧鄰省。胡林翼不以爲然，即派重兵越三千里，援解湖南寶慶之圍。援湘之師未返，又議大舉圖皖。是時臣方奉入蜀之命，胡林翼留臣共圖皖疆，先滅髮賊，繪圖十紙，分致臣與官文暨諸路將領，晝夜諮謀，十年春間大戰于潛山太湖，相繼克之，遂定圍攻安慶之策，親駐太湖督剿。十一年回援鄂省，病中猶屢寄臣書，勿撤皖圍，力剿援賊。故安慶之克，臣前奏推胡林翼爲首功，此在事文武所共知，亦大行皇帝所洞鑒也。近世良將惟湖北爲最多，如塔齊布、羅澤南、李續賓、都興阿、多隆阿、李續宜、楊載福、彭玉麟、鮑超等，胡林翼均以國士相待，傾身結納，人人皆布衣昆弟之親，或分貲財以惠其室家，或寄珍美以慰其父母，自七年以來，每遇捷奏，盛稱諸將之功，而己不與。外省但知楚師協和，親如骨肉，而于胡林翼之苦心調度，或不盡知。此臣所自愧昔時之不逮，而又憂後此之難繼者也。軍興以來，各省皆以餉絀爲慮，湖北三次失守，百物蕩盡，乙卯丙辰之際，窮窘極矣，自荆州捐監，各府抽釐，鄂中稍足自存。胡林翼綜核之才，冠絶一時，每于理財之中，暗寓察吏之法，咸豐三年，部定漕米變價，每石捐銀一兩三錢，而各省州縣照舊浮收，加至數倍，鄂省竟有每石十數千者，上下因之交困。胡林翼于七年間創議減漕，嚴裁冗費，先皇帝硃批奬諭，謂其不顧情面，祛百年之積弊，甚屬可嘉。統計湖北減漕一項，每年爲民間省錢糧一百四十餘萬，爲帑項增銀四十二萬兩，又節省提存銀三十餘萬兩，利國利民。向來各衙門陋規，台司浮費，革除殆盡，州縣徵收正課，不准浮取毫釐，各卡委員，日有訓，月有課，批答書函，娓娓千言，謂取民贍軍，當使商賈皆知同仇敵愾，是以局員皆潔己奉公，樂爲之用。湖北瘠區，養兵六萬，月費至四十萬之多，而商民不敝，吏治日懋，斯又精心默運，非操切之所能致也。自頃八月以來，安慶克復，江鄂肅清，方幸全局振興，便可長驅東下，不圖大功未竟，長城遽頹。臣與該故撫共事日久，相知頗深，咸豐四年曾奏稱胡林翼之才勝臣百倍，近年遇事諮詢，尤服其進德之猛。謹將該故員以死勤事大略情形，據實牘陳，伏乞飭付國史館查照施行。翁心存奏陳衰病，懇辭管理部務。詔：翁心存著仍管理工部事務，該部應行引見人員免其帶領，一切應派差使免其開列銜名。于是常熟凡三疏辭矣。常熟老成典型，朝野矜式，故首詔起之，常熟以足疾又耳重聽，三疏力辭不允，始起視事。

十五日己亥

十六日庚子

十七日辛丑

十八日壬寅　邸鈔：四品卿銜掌四川道監察御史鍾佩賢疏請揚舉善之功，以收得人之效。軍興以來，如羅澤南、李續賓、江忠源、王鑫、張國樑、李續宜、左宗棠、田興恕、劉長佑等，或奮跡偏裨，或起家寒賤，皆能效命疆埸，卓著戰功，擬之古人，可無愧色。請旨飭下議政王軍機大臣，查明羅澤南等原保之員，即降温諭榮褒，加之寵秩，用以風示中外，使知推賢讓善云云。詔：進賢受上賞，古訓所傳，爲該御史所稱羅澤南、江忠源、李續賓、李續宜、劉長佑，均由曾國藩、胡林翼所保；王鑫、左宗棠、田興恕，由駱秉章所保；張國樑由勞崇光所保。均克盡以人事君之義。嗣後中外諸臣保舉人才，均當取以爲法，毋負朕諄諄延訪之意。御史劉有銘奏請開墾南苑地以裕民食。詔管理奉宸苑王大臣會同户部履勘。

十九日癸卯　邸鈔：前任都察院左副都御史王履謙奏浙江嚴州等處賊匪勾結八槳炮船由臨浦攻犯蕭山，並陷諸暨，即率領大股入寇紹興，府城腹背受敵。九月二十九日，賊用竹梯入西郭門，殺死守城兵勇數十名，奪開城門，賊衆蜂擁而進，民團抵禦，衆寡不敵，紹興府城于是日失守。請交部嚴加議處。詔：覽奏曷勝憤懣！王履謙以在籍大員幫辦團練，平時漫無布置，臨難倉皇出城，厥咎已無可逭，乃覽其摺内所稱，竟有並無統兵之責，縱欲收集隊伍，無奈呼應不靈等語，飾詞諉卸，居心尤屬巧詐。若照所請，予以嚴議，尚不足以蔽辜。王履謙著即革職拏問，交曾國藩查辦。如有棄城逃避情事，即行嚴參治罪。紹興等處文武各員下落，並著曾國藩、王有齡查明迅速具奏。

嗚呼！吾生之變極矣！閲邸報至此，五中崩裂，幾欲自裁。顧念老母在堂，未知消息，輕生貽憂，不孝滋大。吾家自明世以來，聚族越之西郭，汔今宗黨數百人，分二十餘宅以居，廬舍園墅，城内外相環也。予家居門外横河、直河間，宗廟重器皆在其地。生年三十三矣，既不能執戈以衛鄉里，復不能負母以逃山澤，偷息異鄉，慚見天日，彼蒼不仁，乃至於此！王副憲本委里下才，濫躋九列，帳中人物，隨人寢興，而朝廷過聽，付以軍事，又受制撫臣，號令不壹，狼狽失措，遂禍枌榆。撫臣王侯官荷任兩浙，僅保省垣，牽掣官吏，擁兵自衛。故事：境内失一城，巡撫坐之。時政太弛，鮮見科罪，遂委賊屬郡，如壑鄰國。越人不吊，罹此厚灾，二王之肉，其足食乎？可爲氣塞者矣！

詔：降調湖南布政使潘鐸以二品頂戴署理雲貴總督。鐸字木君，江寧人，曾任河南巡撫，以不戰聞，爲藩司，復以失事罷。詔：雲貴總督福濟革職，賞給四品頂戴，速赴雲南，交潘鐸差遣。詔略云：雲貴總督福濟由翰林洊擢侍郎，旋因獲咎褫職。皇考棄瑕録用，復權安徽巡撫，辦理軍務，種種乖張貽誤，以致地方糜爛。蒙皇考再造之恩，僅予處分，未經治罪。嗣又擢任將軍。朕於御極之初，復簡放雲貴總督，迭經諭令，查辦事件，並諭各直省督撫毋庸來京叩謁梓宮。迨該督具摺陳請，復批令毋庸前來，迅速赴任，乃該督仍折回西安，再請叩謁梓宮，並稱滇黔軍務諸多棘手，非奏牘所能罄述，必須赴闕面陳，於拜摺後，竟自起程北上。不勝駭異！滇省軍事棘手，何難于到任後詳細籌畫，據實密封上陳。今該督未抵新任，豈能悉知其情形，即以面陳爲請，顯爲心存畏葸，飾詞取巧。福濟以屢經獲咎之員，受兩朝知遇厚恩，當此軍務吃緊，不思力圖報效，輒敢巧爲嘗試，實堪痛恨。若僅予革職，轉得置身事外。著革去總督，賞給四品頂戴，仍飭迅速前赴雲南，交新任署總督潘鐸差遣。倘再不知愧奮，必當重懲治罪。

二十日甲辰　邸鈔：張祥河奏請因病開缺。詔：毋庸開缺，賞假一月，安心調理。兼管順天府府尹著萬青藜署理。　倉場侍郎廉兆綸、大理寺卿崇厚、御史鄂堃各疏言軍興日久，各路軍營官兵缺額愈甚，勇丁征調益煩，兵日少而勇日增，請酌裁勇丁，挨補兵缺。詔：令各路統兵大臣督撫即于存營缺額兵數挑選充補。詔：奉母后皇太后、聖母皇太后懿旨，所有內用金八件，改用銀鍍金外，其輿輪什物各件，即改用鐵鍍銀，以昭節儉。

冬至寅初三刻。　二十一日乙巳　冬至節。

邸鈔：御史鍾佩賢、給事中孫楫疏言，載垣等造作之諭旨，不應載之實録，登之册籍，請降旨銷除，以期信令傳後。詔：載垣等種種悖逆欺蒙之罪，中外臣民皆以備悉，所有造作贊襄政務諭旨，確係矯傳，惟遽將其銷毀，又恐無以示將來，而徵罪案。至董元醇所奏一摺，載垣等擅自改寫諭旨，次日堅請發下，又請用御印，斯時駐蹕木蘭，遠距京師，未能即日回鑾，若不暫允所請，載垣等跋扈情形，其勢將有不可問者，是以隱忍姑從，將所擅擬諭旨鈐蓋御印，實出于不得已。言念及此，能無痛恨！所有載垣等矯傳贊襄名目一道，及擅駁董元醇諭旨一道，著即銷除，仍録存內閣刑部本案檔册，以著信讞。並著軍機處即於此次諭旨後，照録一分存檔，另録一分交南書房收存，均著低二格書寫，以示區別。

詔：以毛昶熙爲太僕寺卿，擢天津府知府石贊清爲順天府府尹。石君守天津，素以廉幹聞。去年英人入城，官吏盡奔匿，惟石君坐署聽事待之，責夷人以背盟。夷人相謂天津惟有一知府耳。嗣和議成，夷居城中横甚，諸使臣大吏皆被挫辱，出不敢具騶哄，遇于道則趨屏路側，至不敢治事。民有訟者，輕重惟所命。石君獨力與之抗，屢折不回。夷以兵劫之，閉置空室，絶其飲食者三日，卒不屈。後更尊禮之，每相語毋犯石知府，津人恃以安。今驟擢京兆尹，可謂得人矣。京兆尹必以嚴爲治，自漢及唐，其卓著皆清彊吏，至宋稍弛，明代以來，則優游養資，待遷而已，民益不治，官益失職。今天下大亂，畿輔盗起，京師虚弱，上下交困，椎埋焚劫，遍于輦轂。自夷人入都，醜虜雜處，又遭大喪，國本未定，宵小竊發，其勢益危，民食將盡，肘腋可慮，非亟得良吏，静填内外，濟以威嚴，將不可問。朝廷擇賢，待以不次，當必知所舉職焉。詔：安徽巡撫彭玉麟幫辦袁甲三軍務。

二十二日丙午　邸鈔：僧格林沁奏本月初一日攻剿壽張會匪，殺賊四五千人，克其竹口圩，副都統舒明安中槍陣亡。詔：令督飭副都統德楞額會合吴棠兵勇追剿范縣、梁山等處踞匪，務將首惡擒獲。舒明安交部從優議恤。

二十三日丁未　邸鈔：禮部左侍郎文惠告病開缺，伊精阿轉左侍郎，存誠補右侍郎。熙麟補授馬蘭鎮總兵，兼總管内務府大臣。此鈔票案得罪者起用之始。已革翰林院編修徐桐賞給翰林院檢討，充實録館協修。此科場案得罪者起用之始。桐，漢軍人尚書澤醇之子。

二十四日戊申　邸鈔：勝保奏十一月十四日十五日廣平府督剿教匪之捷。

二十五日己酉　邸鈔：部選管壽仁爲浙江會稽知縣。管，安徽人，供事出身。

二十六日庚戌　詔舉人材。略云：前因軍務未竣，將材需人，令各路統兵大臣及各督撫留心諮訪，無論岩栖谷隱，均列剡章。因思吏治與軍務相爲表裏，近來吏治廢弛，率以奔走逢迎爲能員，悃愊無華爲迂拙，昨已超擢天津府知府石贊清爲順天府府尹，用樹風聲，俾資觀感。著各省督撫留心訪查，有循良素著者，即臚列事實，專摺保奏。至寒畯之士，或德行醇備，或學問淵通，伏處山林，未經登用。朕延攬人材，如恐不及。著各督撫學政公周咨訪，無論舉貢生監，以及布衣韋帶，均據實保奏，候朕徵召。其間濫保師生、年誼、姻戚及游譽公卿馳騖虛名者，概不准與，用副朕崇實黜華至意。詔令大學士、九卿會議鄭、怡兩王爵應否承襲。

二十七日辛亥　邸鈔：江寧布政使署漕運總督王夢齡降補五品京堂，令來京候用。以吴棠爲江寧布政使，兼署漕運總督，辦理江北糧臺，江北鎮道以下各員暫歸節制。駱秉章奏十月初一日至十一日進剿李逆巨股，連獲大勝，共斃賊二萬餘人，奪獲炮船二十八艘，民船一百六十三艘，遂解眉州之圍。詔：建昌鎮總兵胡中和等升賞有差。

二十八日壬子　邸鈔：致仕大學士祁寯藻疏請崇聖學，舉人才，敦節儉，清盜源。奉上諭：所稱粤匪跳梁，總由吏治廢弛，請綏輯民心等語。州縣爲親民之官，如前天津縣知縣謝子澄、六合縣知縣温紹原，皆以民情愛戴，保衛地方，生而立功，歿而優恤。各州縣牧令果能悉以爲法，何患地方不臻綏謐？其各省礦税厘捐，本屬利害相承，礦局多聚無業游民，易釀事端，除曾經奉旨辦理，著有成效外，如有各地方私行開挖，及試採礦廠，均即行停止。厘捐除各省奏明通衢要口設立卡外，其偏僻地方、小商零販經過之所，從前設立厘捐者，概行裁撤。並著各督撫查明，應留應撤，各厘局咨報户部，以嚴稽核。又所稱原任直隸總督孫嘉淦有三習一弊之奏，其言剴切，深中事情，著國史館檢録該督本傳，全文呈覽。

恭親王奏二十六日自軍機處散直，有現任兵部侍郎慶英到府求見，向懷中取出金錢二包，懇求收納，並將其現因葉爾羌案兵部議降二級調用奏底呈出，自稱彼時荒唐，未將動用銀兩報部，以致被議。俟具奏時，惟祈代求恩典，長跪不起。再三拒絶，並多方開導。乃又稱因見王清苦勤勞，持此爲贈，旋即倉皇趨出。今將其所奏底並金錢二包一併呈覽，請旨嚴審。奉上諭：恭親王曾經先皇帝簡任樞庭，平日公廉謹恪，衆所共知。自兩宫皇太后特授爲議政王，矢勤矢慎，期與在廷諸臣共濟艱難。慶英何人，輒敢嘗試，膽大無耻，其用心尤爲可惡。當此朝廷清明，不意儼然卿貳之班，竟有此卑污醜行。誠如王奏，如不從嚴懲辦，何以肅政體而儆官邪！慶英著即革職，交刑部會同都察院嚴行審辦，仍將其前在葉爾羌參贊大臣任内辦理捐輸抄産朦混銷算之案，一併徹底根究。　朱嶟奏因病懇請開缺。詔：加恩賞假一月。

二十九日癸丑　邸鈔：勝保調補兵部左侍郎，聯康補授兵部右侍郎。閩浙總督慶端奏九月十七日粤逆由松陽竄陷處州府城，署處州鎮總兵特保迎戰，衆寡不敵，退守石帆地方。詔令慶端即飭所派之游擊黄載清迅速赴援處州，責成特保等刻期收復。如再遷延，即將該署鎮嚴參治罪。浙江提督饒廷選革職留任，令帶兵督剿，以觀後效。　上諭：前任兵部侍郎王茂蔭志慮忠純，直言敢諫，著一俟病痊，即遞摺請安，聽候簡用。

十二月甲寅朔　邸鈔：上諭：已革河南布政使邊浴禮蒙皇考特達之知，由河南知府不數年間擢任監司，乃性躭安逸，諸務廢弛，又縱其子買妓作妾，分住署外，與門丁任廷選招摇納賄，衆怨沸騰，殊堪痛恨。邊浴禮著發往軍台效力贖罪；伊子捐納知縣邊葆鑅著即革職；嚴樹森未能破除情面，露章參奏，實屬不合，著交部議處。　嚴樹森奏十月二十一日道員張曜破捻匪徐四方于平輿，殺賊千二百餘人。　張鳳林匪黨竄擾息縣，十月二十五日知縣李鴻藻陣亡。詔：李鴻藻照同知例優恤。　龐鍾璐、毛昶熙、張之萬俱補授内閣學士兼禮部侍郎銜。

初二日乙卯　邸鈔：詔：前任户部侍郎羅惇衍、前任大理寺少卿田雨公、降調浙江布政使徐宗幹、前任雲南提督傅振邦、前任固原提督孔廣順、前任寧夏鎮總兵鄭魁士，均來京聽候簡用。

初三日丙辰　邸鈔：山東巡撫譚廷襄降三級留任，山東布政使清盛及其父前任刑部郎中柏齡均降四級調用。御史曹登庸疏劾譚廷襄於捻匪圍濟南時，閉門不戰，先携妾至城外，居趵突泉，品茶爲樂，不顧軍務。道員王觀澄、知府童正詩前爲僧格林沁參劾，已有旨，觀澄勒休，正詩降調，而譚廷襄復派令帶勇，委用非人。藩司清盛縱子納賄，又其父柏齡往遊泰山，泰安縣知縣方振業爲備置公館，並有獻納云云。詔令僧格林沁查辦。及僧邸回奏，言譚廷襄當捻賊圍城日，因兵勇寡弱，慎重不戰，其駐趵突泉，以地有土城，故先扼守，以聯絡内外，並無携妾品茶之事；惟仍委任王觀澄等，殊乖衆論；清盛亦無受賄等情；惟伊父遊山不能諫止，方振業輒爲預備公館，均屬咎無可辭。復詔：譚廷襄、清盛、柏齡、方振業均交部分别議處。吏部議奏譚廷襄等俱降調，而譚特得留云。

初四日丁巳　邸鈔：上諭：勝保奏教匪蕩平，濮范河口肅清一摺。山東省各股教匪迭經勝保督兵剿辦，窮蹙乞降。該大臣派令道員周士鍵等分赴沙鎮等處，推誠開導，該匪等均呈繳軍械，匍匐營門。業經該大臣挑選精鋭，責令隨營自效，餘衆悉令歸農，即著妥爲安插，從前所犯罪案，准予免究。其濮范股首劉占考，震懾聲威，率領各圩，薙髮投誠，尚知大義，劉占考著准其改名劉效忠，并賞給五品頂翎，以示獎勵。其辦理收復尤爲出力之大順廣道王榕吉，著交部從優議敘。道員陳顯彝著賞加鹽運使銜，道員周士鍵著賞加布政使銜。餘升賞有差。貢璜補授山東布政使，孫治補授山東按察使，李同文補授直隸天津道。

初五日戊午　邸鈔：僧格林沁奏十一月二十日至二十九日，剿賊曹州府境紅川口、劉家橋、郭家唐房、佃户屯、大張寺等處之捷，侍郎國瑞克復范縣，賊首郭廷珍降。

初六日己未

初七日庚申

初八日辛酉　邸鈔：王慶雲奏病未就痊，懇請賞假。詔：新授都察院左都御史王慶雲著賞假兩月，安心調理，俟病稍愈，即行來京供職。詔：前任湖北督糧道萬啓琛署理安徽按察使，以江蘇、安徽兩省道員簡用，江蘇候補道李榕署理江寧鹽道，二員並令隨同曾國藩駐劄安慶。

初九日壬戌　邸鈔：詔江寧副都統魁玉幫辦鎮江軍務。毛鴻賓奏粤逆石達開糾合潯州賊匪，竄入楚境，分擾靖州通道綏寧邊境，撲犯會同縣城。署貴州巡撫江忠義由洪江馳往策應，石逆親率大股來撲，江忠義督軍酣戰，殺賊二千餘人，賊遁走水坪馬鞍山。知府席寶田、副將周達武等亦分路力戰，殺賊二千餘人，會同縣城解圍。

初十日癸亥　邸鈔：軍機大臣奏，慈安皇太后、慈禧皇太后懿旨，恭親王之長女聰慧軼群，文宗顯皇帝最所鍾愛，屢欲撫養宮中，晉封公主，自應仰體聖心，用沛特恩，即晉封爲固倫公主。僧格林沁奏西淩阿、國瑞破賊於曹州大屯南路，殺斃四五千人。西淩阿復迎破皖賊于袁家圍、李家集，殺二千餘人。國瑞進攻馬家集逆首焦貴昌老巢，賊俱夜遁去。崇倫爲右翼監督，基溥爲左翼監督。御史任兆堅疏奏已革大學士柏葰老成謹慎，受恩兩朝，前因科場案伏法，係載垣等意存攬權，多方羅織，其交關既無實據，家人靳祥亦未有確供，傅會科條妄議結案，大臣伏法情罪未明，請旨加恩昭雪。詔令禮、刑兩部會同，將原案悉心確查，秉公詳議具奏。

十一日甲子　邸鈔：袁甲三奏十一月二十四日派提督張得勝等雪夜銜枚馳抵定遠縣城，民人吴殿元早密約爲内應，即乘風放火，官軍乘勢入城，逆匪多被焚斃，定遠地方一律肅清。得旨：民人吴殿元、吴永璧被賊裹脅，不敢順從，卒能約爲内應，克復城池，深明大義，甚可嘉尚，均著以游擊儘先補用，並賞戴花翎。

十二日乙丑　邸鈔：詔：奉母后皇太后、聖母皇太后懿旨，同治元年元旦同御慈寧宫受賀。

十三日丙寅　邸鈔：詔杭州將軍瑞昌、浙江巡撫王有齡俱革職留任。嚴樹森奏在籍前任廣西巡撫周之琦捐輸京餉銀二千兩。詔交部從優議敘。

十四日丁卯　邸鈔：曾國藩奏參丁憂候補鹽運使金安清辦捐劣跡。詔：先行革職，仍令吴棠派員押赴袁甲三軍營核算款項。嚴樹森奏十一月二十七、二十九等日，副將楊飛熊等會同在籍編修衛榮光大破東匪于衛輝、新鄉縣境，殺賊四千餘人。

十五日戊辰　邸鈔：賈臻奏安徽皖南道程鈺、廬鳳道何璟、徽州府知府童維翰、寧國府知府劉傳祺、池州府知府李應棠、廬州府知府馮志沂、鳳陽府知府楊沂孫、潁州府知府李元忠，俱未到任。詔令所司嚴催各員迅速赴任。

十六日己巳　邸鈔：詔：已革兵部侍郎慶英著照刑部都察院議，發往新疆效力贖罪。其前在葉爾羌辦理捐輸抄産所有奏報不符之銀三千兩、錢九百八十九串，著勒限如數賠繳，俟完贓後，即行發遣。

十七日庚午　邸鈔：上諭：彭蘊章奏請飭催定陵工程扣繳銀兩一摺。載垣、端華前蒙皇考派令辦理平安峪工程，輒稱辦工堂官向均扣銀一成，已屬非是；端華所扣銀兩，據彭蘊章奏稱並未存庫。即著恭親王等迅傳監督德克津泰等，詢明所扣銀兩現存何處，如果端華實係取往家中，即飭知該族長等著落該家屬賠補，毋任隱匿。其陸續派辦工程之全慶、瑞麟、基溥、明善、周祖培、綿森，所領辦工銀兩有無扣繳成數，均著明白回奏。定陵一切工程，及應行各事宜，並收發款項，著派恭親王、寶鋆總司稽查。其所辦工程，仍責成周祖培、全慶、綿森、瑞麟、基溥、明善敬謹辦理，毋許稍有草率偷減等弊，不得以恭親王等總司稽查，稍存推諉。欽此。張祥河奏請因病開缺。得旨准其開缺，以王慶雲爲工部尚書，羅惇衍爲都察院左都御史。馮子材、魁玉奏金陵逆匪及龍潭石埠橋諸賊分犯鎮江，十一月二十七日副將文龍德迎擊於劃子橋，游擊杜日新追賊至甘棠橋遇伏，把總黄興隆等陣亡。本月初五日副都統海全等渡江策應，合兵敗賊于甘棠橋，初六日進攻花村新營，河南河北鎮總兵富升中炮陣亡。官軍力戰始退。詔：富升等優恤有差。

十八日辛未 邸鈔：慶端奏總兵陳韶舞等收復福鼎縣城。嚴樹森奏追擊東匪出境，河朔肅清。御史華祝三奏參前任江西布政使張集馨家人張作霖報捐兵馬司副指揮，投效勝保軍營，現充巡捕。前任山西河東道黄經門丁夏雲龍報捐參將，並爲其子冒捐京職，取媳僭用八座，戴紅頂花翎。前任江蘇布政使倪良耀家人王錫齡報捐知縣，分發廣東。户部郎中倪仁垓門丁賈升冒稱賈臻本家，報捐知縣，投效賈臻軍營。種種冒濫，流品甚雜，請徹底根究查辦。詔：著各該管督撫按照所參各款，據實從嚴參辦。近來事例繁開，各省捐納人員，倘有如張作霖等出身卑賤者，著各直省督撫及統兵大臣指名參革，並將濫出印結各官，一體奏參。

江西巡撫毓科降補四品京堂，布政使慶廉勒令休致，以沈葆楨爲江西巡撫，李桓爲江西布政使。御史朱夢元、胡壽椿、華祝三合疏參毓科平日躭酒廢事，信任門丁書吏，舞弊營私，擅作威福，至粤賊竄陷數十州縣，一籌莫展。慶廉前任河南巡撫，辦事糊塗，聽從伊子，把持公事，及移師歸德陳州防剿，糜餉無功云云。詔令江西學政單懋謙詳查具奏。懋謙復疏言，上年賊擾南贛寧都、建昌、瑞州等處，毓科調兵援剿，緩不濟急，致吉安、瑞州相繼失陷，日久未平。慶廉被參各款雖無實據，然前任浙江藩司，經撫臣晏端書列款糾參，及任豫撫，與藩司賈臻互相參糾，聲名甚爲狼藉。有詔：毓科革職來京，以四品京堂候補；慶廉勒休，而以沈葆楨、李桓代之。葆楨字幼丹，福建侯官人，督師林文忠公之婿，由翰林出爲江西知府，政聲大著，以養親丐歸，擢九江道，再擢臬司，皆不出。桓字黼堂，湖南湘陰人，督師文恭公之子，由蔭起官，至江西督糧道，擢今職云。夢元、壽椿、祝三皆江西人。

詔：兩宫皇太后母家俱封爲三等承恩公。先是乾隆四十三年詔，后族世爵俱改爲三等承恩公；道光十二年詔，嗣後嫡后之父及誕聖推恩，所封者俱爲三等承恩公，其不係嫡后者，封爲一等承恩侯，皆世襲罔替。蓋國朝之制，以元后爲嫡后，其繼立者，雖正中宫之位，而不得爲嫡后。文宗元妃爲孝德皇后，宣宗所册立者，薨于道光末。文宗立，追加謚號，封其母家爲世襲三等承恩公，而進册貞嬪爲皇后，即慈安也，故援繼后例封后家爲世襲一等承恩侯。今上即位，吏部請推升外戚，昨下詔略云：朕煢煢在疚，惟賴母后皇太后、聖母皇太后親裁大政，撫育藐躬，宵旰恩勤，莫能殫述。若拘泥成典，于推封之例稍有區别，朕心實有未安。乃我母后皇太后謙抑爲懷，援據典章，力辭至再。我聖母皇太后申明顧復之恩，與誕育無異，推恩典禮，無復參差。朕思禮宜酌古，尤當因時，懿旨諄諄，權衡至當，天下臣民，所當共諒。今除孝德顯皇后母家業于道光三十年追封承襲公爵外，母后皇太后、聖母皇太后母家均推封公爵，以示尊崇。今日詔一等承恩侯廣科加恩晉封爲三等承恩公，照祥加恩封爲三等承恩公。慈安太后，兵備道穆騰額女；慈禧太后，兵備道慧徵女。臣慈銘曰：漢章帝以馬氏爲外家，而所生賈貴人不登極位，賈氏無受寵榮者，自是以後，汔于明代，皆嫡庶並尊。國朝定制，但以元后爲嫡后，既異前王，復乖名分，是典章之可議者矣。眉批：孝德皇后，（□□□）〔薩克達〕氏，曾祖崐山，官刑部員外郎，追封三等承恩公，謚簡勤；祖興德，官浙江烏鎮同知，追封三等承恩公，謚榮僖；父花良阿，官刑部員外郎，追封三等承恩公，謚敦敏。慈安皇太后，（□□□）〔鈕祜禄〕氏，曾祖策普坦，官陝西延綏鎮總兵官，追封三等承恩公，謚端勤；祖福克精阿，官西寧辦事大臣，追封三等承恩公，謚端敏；父穆揚阿，官廣西右江道，咸豐時追封一等承恩侯，謚榮敬。同治初晉封三等承恩公。慈禧皇太后，（□□□□）〔葉赫那拉〕氏，曾祖吉朗阿，官户部員外郎，追封三等承恩公，謚端勤。祖景瑞，官刑部郎中，追封三等承恩公，謚莊勤。父惠徵，官安徽徽寧池太廣道，追封三等承恩公，謚端恪。

詔：派議政王會同醇郡王督率都統瑞麟，侍郎文祥、崇綸，署都統福興，副都統遮克敦布等，管理神機營事務，所有神機營印鑰，即令議政王佩帶。

十九日壬申　邸鈔：詔：和碩鄭親王、和碩怡親王世襲爵秩，均降爲不入八分輔國公，其端華、載垣子孫，及親兄弟子姪，均不准與選。大學士九卿等會議奏上，略言鄭獻親王濟爾哈朗、怡賢親王允祥皆有功于國，故先朝所賜册文皆許其世襲罔替。而鄭親王有順治年敕書，謂子孫有悖逆不肖者，即行革爵。怡親王有康熙六十一年敕書，謂後世不得將朕加恩之典擅議削奪。今端華、載垣種種狂悖跋扈不臣，既負國家豢養之恩，且爲乃祖勳名之玷，身罹重辟，厥罪維均，自應永遠革削爵秩，以昭炯戒。疏入，奉上諭云：朝廷賞功罰罪，一秉大公，册文敕書所載親賢褒寵，或早深爲狂悖之戒，或不忍有逆料之詞。而端華、載垣之罪大惡極，直不爲祖宗少留餘地。惟念鄭獻親王濟爾哈朗、怡賢親王允祥功勳卓著，炳耀旂常，若以端華、載垣之故，遽使其支裔投閑置散，無歲時奉祀之人，九原有知，豈無餘痛。朕心究有不忍。著均降爲不入八分輔國公，照例于始封立功人之後裔内，擇其襲次，房分長幼，帶領引見。其端華、載垣子孫及親兄弟子姪，均不准其揀選。臣慈銘曰：載垣、端華死有餘責，固不當再錫苴爵，湔録子孫。而獻王太祖之佳兒，佐開遼瀋，有任城之風。賢王世宗之愛弟，治水畿輔，有河間之行。昔唐憲宗時李錡以浙西叛，宰相欲絶其屬籍，蔣乂争之曰：『淮安王神通有大功于國，不宜絶。』憲宗從其議。而漢景帝時，吴王濞率七國起兵，及敗，景帝念濞父頃王爲高帝兄，不可絶祀，欲仍擇支庶，以故封予之，廷臣不可，猶錫侯爵。嗚呼，親親爲賢之義，可爲法矣！

嚴樹森奏請以明末兵部尚書吕維祺從祀文廟。詔禮部議奏。照祥授爲散秩大臣。勝保奏大名濮州等處截剿豫捻之捷。田在田、吴棠奏十二月初九日大破賊首劉平于澤縣。候補四品京堂辦理河北防河事務聯捷降爲五品京堂來京。聯捷與河南在籍内閣侍讀學士段晴川同辦河北防河事，前奏軍務言段晴川現未在營，有詔令聯捷查明該員因何擅自離營，聯捷復奏言段晴川因母病回籍省親，又言臣亦有老母迎居懷慶，自後防務稍閑時，乞與段晴川輪代省親。詔：聯捷辦理河北防務，本屬未能得力，乃竟敢自以省親爲請。段晴川係告老回籍之員，既辦防河，省視母病，並未奏明，輒自離營，亦屬非是。聯捷帶兵防河是其專責，何得輒以迎養等詞入告？此等庸劣之員，即使常在軍營，亦必不能得力。聯捷著降爲五品京堂，即行來京，段晴川交部議處。

詔：加貴州糧儲道署按察使韓超布政使銜，並武勇巴圖魯名號。詔稱韓超在黔剿辦苗教各匪，卓著戰功，迨署臬司，于軍事官方均能整飭，洵屬有守有爲云云。從田興恕奏請也。田興恕奏貴州都匀協副將廷勝侵蝕餉銀八百餘兩。候補都司姚復鉞帶隊接應花山之役，屢催不前，幾致誤事。候補府經歷周鍾秀侵漁釐捐。均已軍前正法。詔：行軍以紀律爲先，籌餉以廉潔爲要，田興恕將此等貪劣之員軍前正法，洵足以昭炯戒。各路軍營似此等情弊恐尚不少，著各統兵大臣隨時嚴查，按律懲辦。

皂保、綿宜、祺慶俱補授内閣學士兼禮部侍郎銜。殷壽彭補授詹事府詹事。崇厚、志和俱補授都察院左副都御史。曹毓瑛補授順天府府丞。

二十日癸酉　邸鈔：給事中林壽圖奏參大學士周祖培恭辦定陵工程，用其甥主事張福佑等爲監修；刑部尚書趙光爲其婿工部主事光熙求送實録館校對。詔：周祖培所派監修委員刑部主事張福佑、户部主事賈致愔，均即行撤回。光熙事屬未行，姑免深究。聞林給事疏遍劾公卿以及庶僚幾萬餘言，詞甚切直，朝序多疾之。予謂今日在位者，皆(此處塗抹)麒麟楦，粥飯下材，以此爲先，而望其振厲新政，僶俛中興，是猶責瞽者以察秋毫，起痿人以追録耳矣。林君之言，足聳一時。惜僅指摘細故，毛舉衆聞，未能廓清朝廷，震動耳目也。福佑，長興人，侍郎鱗之孫。致愔，黄縣人，大學士楨之子。上諭：平安峪工程辦公各堂官，節省一成銀兩，本係相沿陋習。又兼端華等邪説相煽，遂以收受爲故常，朕亦不爲已甚。除周祖培、綿森扣出之一萬兩，明善正月扣出之三千兩，已存宗人府銀庫外，其全慶扣存之一萬一千七百五十兩，瑞麟扣存之二萬一千七百五十兩，基溥扣存之一萬四千七百五十兩，明善上年扣存之二千七百五十兩，均著即行繳還。上諭：宋晉奏慕陵規制樸實儉約，萬古可法，現在定陵工程可否飭照辦理一摺，著王大臣、大學士、六部九卿、翰詹科道敬謹會議具奏。

二十一日甲戌　邸鈔：毛昶熙奏本月初六日大破亳捻於歸德李家集、塢墻集、馬頭寺等處，殺八千餘人，陣斬逆首劉添祥、劉添福。昶熙又奏降調道銜御史保升、同知尹耕雲辦理河南歸德一帶團練，實心任事，屢挫凶鋒，請旨獎厲。詔：以知府補用，並開復原加道銜。詔：近年江蘇、安徽、浙江地方，被賊蹂躪，小民游離失業，慘不忍言，所有三省失陷郡縣，明年錢糧、漕米一概蠲免。　陝甘總督樂斌疏劾甘肅布政使林揚祖廢弛因循，耗損庫帑。　詔：林揚祖即行休致，並令樂斌將該員濫支款項查明，勒令賠繳。

二十二乙亥　邸鈔：賈楨奏請因病開缺。　詔賞假兩月，安心調理。　樂斌奏請入覲。　詔切責之。詔略云：樂斌于本年九月間奏請叩謁梓宫，業已降旨毋用前來，原以地方爲重，不在虚文，樂斌接奉後自當殫竭血誠，力圖報稱，兹乃再以叩謁等詞瀆請，并歷述寵遇，語多鄙瑣，不知大體，至於此極。朝廷用人行政，一秉大公，豈容此等伎倆，巧爲嘗試。樂斌著傳旨嚴行申飭。　江忠義奏請在籍終制。　詔貴州巡撫仍令田興恕暫行署理。　忠義疏稱自帶兵剿賊以來，轉戰數省，前在廬州軍營聞父憂，今丁母憂，俱以身在行間，被奏留營，兩次奪情，尤屬從來未有，瀝情懇請終制云云。　毛鴻賓奏十一月初七、初八等日，江忠義、席寶田等大破石達開于黔陽。　以恩麟爲甘肅布政使，劉子淂爲甘肅按察使，蔣凝學爲甘肅安肅道。

二十三日丙子　邸鈔：詔：順天府治中蔣大鏞、大興縣知縣白維、前任永清縣知縣王錫琦，俱即撤任交周祖培、德全會同刑部審訊。　先是，御史朱潮、薛春藜先後奏參蔣大鏞把持納賄，擅作威福，白維積案濫押種種貪劣，王錫琦加征苛派貪酷害民。有旨令周祖培、德全嚴密訪查。祖培等回奏，所參各款俱有因，故詔提問云。　詔：韓超以二品頂戴署理貴州巡撫。

二十四日丁丑　邸鈔：以左宗棠爲浙江巡撫，鄭元善爲河南巡撫，張曜爲河南布政使，李續宜調補安徽巡撫，嚴樹森調補湖北巡撫。

二十五日戊寅　邸鈔：彭玉麟以兵部侍郎候補。　昨日上諭：安徽巡撫彭玉麟奏稱向帶水師，不習吏治，懇讓巡撫之命，屢次陳奏，自係實情，未便拂其所請。彭玉麟著開缺以水師提督記名，遇缺題奏。今日復詔：彭玉麟本以文職出身，現在帶領水師，有節制鎮將之任，驟改武職，轉恐不足以資統率，著以兵部侍郎候補。朱嶟奏請因病開缺。詔准其開缺，安心調理。祁寯藻以大學士銜補授禮部尚書，未到任以前李菡署理。載齡、文祥俱充經筵講官。

上諭：薛焕奏報浙江省城失守，並代遞瑞昌、王有齡奏陳杭州久困危急情形等摺。浙江省城被困已逾兩月，卒以糧盡援絶，於十一月二十八日被匪攻陷，覽奏曷勝憤懣。閩浙總督慶端身任兼圻，遷延不進，著即革職，暫留本任，仍責令帶兵迅圖克復浙江失陷各城，以贖前愆。兩江總督曾國藩有節制浙江全省之責，咎亦難辭，著交部議處。杭州將軍瑞昌、浙江巡撫王有齡殉難情形，及在城文武下落，著曾國藩、慶端、左宗棠查明具奏。總兵黄開榜、羅大椿、吴再升，副將貴廷芳、陳步高等先後潰退，並著曾國藩、慶端查參。

二十六日己卯　叔弟忌日。

邸鈔：都興阿奏總兵黄彬等破粤賊于鎮江丹徒鎮及圌山關，又親督副將劉成元等破賊于天長，逆首龔長春遁去。

二十七日庚辰　予生日。

邸鈔：御史曹登庸降補六部員外郎。登庸，河南光山人，丁未翰林，素險躁無行，自爲御史，猜鷙喜言事。近以議定陵規制，登庸揣中旨，知宋晉請法慕陵議不可行，乃於會奏議駁公疏上後，復獨具一疏，言陵工規制已成，無庸率議更改，并請嚴防浮冒，以前日撤去之監修張福佑等爲詞，臚列多人，請撤回彭蘊章之子彭祖賢、綿森之子某，而二人實未與陵工之役。又參工部主事光熙轉託同知張載堃，向周祖培求派商人楊福爲工頭，將所交名條封呈御覽。載堃乃與登庸同居者，登庸陰搜得之，其傾危如此，故詔責其不稱御史之任云。

二十八日辛巳　邸鈔：孫治調補直隸按察使，吴廷棟調補山東按察使。慶端奏十一月初六日浙江遂安縣解圍。

二十九日壬午　邸鈔：詔追封皇弟二阿哥爲（閔）〔憫〕郡王。

三十日癸未　邸鈔：僧格林沁奏本月十八日破河南會匪郭秉鈞于曹州陳家集、崔家壩等處，曹郡一帶漸就肅清。官文、李續宜奏十月間擊退河南捻匪于棗陽及襄陽之吉家河，楚境一律肅清。嚴樹森疏劾前任河南按察使周士鏜聲名狼藉，其弟河南記名道周士鍵猥瑣卑鄙，較兄尤甚。周士鏜援引同入勝保軍營，弟兄往來盤踞，爲地方軍營之蠹。河南候補道朱燮元輕浮躁進，才具平庸。請分别懲辦。詔：周士鏜、周士鍵俱一併革職，並令勝保即行逐出軍營，毋許逗留。朱燮元以同知降補。士鏜、士鍵，湖州人，郎中爾墉子也。爾墉有時名，而二子皆以貪劣著。嚴樹森疏劾河南歸德鎮總兵雙文于防剿事宜漫不經心，且多疾病，平庸恇怯，難勝專閫之任，請旨勒休。詔：雙文即勒令休致，河南歸德鎮總兵著蕭孚泗補授。歸德地方緊要，該員現在曾國藩軍營，即飭令迅赴新任。

是日叔子招同德夫、子恂、珊士飲屠蘇酒，夜守歲，口占一律云：『慘慘鷄聲接大荒，南箕天際辨微茫。三年作客經千劫，八口偷生各一方。夢裏音書猶恍惚，旅中眠食寄猖狂。窮途戚友愁相對，燭影天涯淚幾行。』眉批：守歲乃作如此語，讀者殆難爲懷。僕正同病，尤難爲懷，而作者何如耶！

附録：

得常州楊汀鷺太守訃

一死從容萬口傳，麻衣殺賊誓重泉。威豪殉母應非匹，伯道無兒欲問天。君已拔心無復悔，我今嚙指更堪憐。文章慚負前期在，交臂千秋失此賢。庚申，君入都見予詩，特來訪，不值。予亦未答，深以爲恨。

辛酉生日作

又是懸弧日，偷存尚異鄉。祇今惟痛哭，何以慰高堂。亂世生何必原贅，中年苦備嘗。親恩憑寸草，未可問蒼茫。眉批：中年句，讀之嗚咽。

此章字字真性情，至工。（此處塗抹）

同治元年（一八六二）

同治元年龍集壬戌春王正月元日甲申　晴。家慈五十八歲。慈銘三十四歲。僧慧七歲。早起具衣冠南向遥叩老母。訪錢廠本家，拜高叔祖燕峰公、曾伯祖茂材公、伯祖中憲公、族伯芸圃觀察像，見伯母施恭人及雅齋、筱浦兄弟、二嫂、十一弟新婦。

邸鈔：詔：奉母后皇太后、聖母皇太后懿旨，恭親王加恩在紫禁内坐四人轎，惠親王之子奉恩輔國公奕詳、恭親王之子奉恩輔國公載澂俱賞載三眼花翎，惇親王之子載濂封爲二等鎮國將軍。麟魁以兵部尚書協辦大學士，曾國藩以兩江總督協辦大學士。禮親王世鐸賞戴三眼花翎，補授内大臣。

初二日乙酉　晴，風。

邸鈔：袁甲三、李世忠奏十二月二十二日攻克六合縣城，李世忠生擒逆首馮真林，殺賊三四千人，内賊首四人，僞官五十餘人。詔：李世忠賞穿黄馬褂，餘升賞有差。豫謀内應放火斬關之黄雅東准改名黄朝棟，以遊擊儘先補用，賞戴花翎。其子黄賢雙准改名黄承恩，與同謀蕭勝玉、蕭印汶、薛光誠俱以都司補用，賞戴花翎。

母后皇太后、聖母皇太后下詔恤民求言。略云：天生民而立之君，使司牧之。人君之職，所以理萬民而使之安居樂業，衣食各得其所也。我朝列祖列宗，宵衣旰食，無日不勤求民隱，是以蠲租肆赦之詔，歲不絕書。皇帝以冲齡寅紹丕基，若涉大川，罔知攸濟，惟出治之源，必以民生爲本，痌瘝在抱，寤寐時營。近日逆匪肆擾，連歲用兵，小民蕩析離居，顛沛失所。上年八月間安慶克復，官軍掃蕩東下，庶期拯救生民水深火熱之中，乃浙江省垣又被竄陷。小民何辜，致遭荼毒？哀此烝黎，寢食俱廢。山東、河南土匪紛擾，安徽捻匪迄未撲滅，四川、雲南、貴州、廣西等省，匪衆甚多。推原其故，孰非朝廷赤子，豈無天良，敢行稱亂？良由迫于飢寒，鋌而走險。每披覽奏章，見有殺賊多名者，未嘗不爲之惻然矜閔。因是深自刻責，菲食惡衣，未明聽政，日昃不遑。皇帝雖在冲齡，亦當存民飢民渴之思，不可稍躭安逸。前以軍餉浩煩，度支不足，不得已而設畝捐釐捐之舉。地方有司不知善爲經理，暴斂橫征，漫無限制，竟致民不聊生，殊堪痛恨，已屢諭皇帝飭令各省督撫酌量撤留，並將殃民官員嚴行查辦。至各省地方水旱偏灾，近因經費不充，地方官諱匿不報，仍復徵收，四野鴻嗷，豈忍坐視。江蘇、安徽、浙江失陷，郡縣本年錢糧，業經降旨，悉行豁免。第小惠未孚，民隱尚難遍舉。皇帝深居九重，豈能周知疾苦？是在內外文武大臣以及翰詹科道有言事之責者，博訪周咨，隨時具奏，直省督撫大吏，尤當妥爲撫綏，庶幾感召天和，共登郅治云云。

初三日丙戌　晴，風。

邸鈔：禮親王世鐸等奏定陵工程大局已定，若仿照慕陵辦理，則所備木植工料等項，均須變更，既多滯礙，轉恐稽遲，宋晉所奏，請毋庸議。詔從之。臣慈銘曰：宣宗儉德，冠邁百王，漢文霸陵以後，于斯僅見。文宗躬營兆域，必思繼紹前人，密勿之諭，蓋有非外廷所及知者。徒以端華等踵爲侈美，不能推揚聖意，宋晉久貳冬官，先時緘默，今日之言，是顯先帝之過矣。眉批：上諭云『使當皇考卜吉之時，該侍郎早建斯議，則經營伊始，聖心當自有權衡』云云，可謂直誅其隱矣。

上諭：記名提督湖南綏靖鎮總兵鮑超深諳將略，屢著戰功，上年正月破黄文經大股于洋塘，五月破劉瑲琳大股于赤岡嶺，七八月間克城破敵馳驅二千餘里，肅清江西全境，厥功甚偉，著賞穿黄馬卦。上諭：布政使銜花翎即選道王開化隨剿湖南、江西股匪，屢著戰功，繼入江皖，轉戰八載，均能以寡擊衆，每對壘時，獨當重險，奮不顧身，所到之處，賊皆望風潰散，功勳卓著。兹以積勞身故，深堪憫惻，著照布政使軍營立功後病故例從優議恤，並加恩予謚。賜謚貞介。從曾國藩請。江蘇按察使湯雲松衰病廢事，難期振作，著即勒令休致。從曾國藩請。江蘇按察使陳士杰補授。

初四日丁亥　大風。

邸鈔：廣西按察使蔣益澧補授浙江布政使，曾國荃補授浙江按察使，廣西左江道蘇鳳文補授廣西按察使。詔：蔣益澧即迅速馳赴新任，曾國荃、蘇鳳文俱即赴新任。

初五日戊子　邸鈔：上諭：慶端奏稱王履謙由寧波赴閩乞援。該督咨令赴温、處兩郡激勸民團，並據該革員附摺陳奏云于十一月十五日乘船渡海，十九日到閩等語。王履謙于紹興失守之後，猶不思激勸民團，力圖補救，乃徑行渡海赴閩，籍口乞援，實出情理之外。王履謙既赴閩省，距曾國藩軍營較遠，著改交左宗棠將該革員拏問，嚴行審訊，按律治罪。

履謙以九列清卿，受事田里，謀乖意阻，貽害枌榆。既以城亡，不能執義就死，下謝父老，上答聖明。而臨難遠颺，航海求救，負心蒙耻，殺有餘辜。顧其統任方隅，無兵無餉，令不行于官吏，言不信于士夫。名爲督餉，而軍府奪其利權；名爲辦團，而鄰郡不相援應。倉黄牽掣，狼狽奔逃，固曰才疏，亦由勢絀。而王有齡以販豎之資，驟膺開府，先帝諄諄手詔，待以頗牧，兩浙之命，寄於一身，乃娼忌驕横，不顧大局，既害邵燦，而攘其職，復齮履謙，而侵其官。吾越自庚申以來，履謙月以十萬金輸杭州，而有齡不出省垣一卒以渡錢江，朘我之脂膏，而膜視我之生命，言之痛心，恨不生食其肉！履謙涉歷中臺，視師河洛，雖無建樹，名位已高，墨絰即戎，故鄉持節，分鈞勢敵，噤不敢言，邦國殄瘁，身家獨全，欲逃顯戮，其可得乎？

上諭：慶端奏查明紹興、寧波郡縣失守情形一摺。上年賊陷蕭山、諸暨後，乘虚竄擾紹興，另股由奉化攻撲寧波，郡城相繼失守。署浙江提督陳世章、署寧紹台道張景渠不能力遏凶鋒，均屬咎無可逭，著一併革職拏問，交左宗棠嚴行審訊，按律定擬具奏。

立春辰正一刻。　初六日己丑　立春正月節。晴。

邸鈔：嚴樹森疏奏翰林院庶吉士吴元炳辦理河南光州團練，屢次剿賊，驍捷善戰，所向披靡，實爲營中得力之員，請于散館後仍令回豫。詔：吴元炳免其散館，即照原中甲第授職，留于河南，交鄭元善差遣委用。此因河南軍務緊要，防剿需人，嗣後不得援以爲例。嚴樹森、毛昶熙疏奏遵旨訪求將才，請飭丁憂刑科掌印給事中李鶴年、户科掌印給事中陸秉樞赴營練習兵事。詔：河南地處中原，當此軍務緊要之時，需才孔亟。墨絰從戎，古有明訓，自應移孝作忠，勉圖報稱。李鶴年、陸秉樞均令即赴河南軍營，歷練戎機，以資襄助。

初七日庚寅　晴

邸鈔：詔：欽差大臣兵部左侍郎勝保現在帶兵前赴皖豫督辦剿務。著派正白旗漢軍副都統遮克敦布馳往直隸、山東交界，會同直隸大順廣道王榕吉，接辦防務。駱秉章疏奏四川署永寧道楊觀曜、龍安府知府徐錫金、前涪州知州朱鳳標等九人，貪劣尤著，俱請革職。署鹽茶道成都府知府文良、候補知府袁祖惠庸鄙奔競，俱請勒令休致。前任成都府知府楊重雅明幹練達，卓著循聲，請以道員補用。馬邊廳同知孫濂廉明平恕，守正不苟，請以知府補用。詔：俱從之。鳳標，會稽人，進士，素無行，官蜀無政聲。

初八日辛卯　邸鈔：田興恕奏收復平越州城。駱秉章奏提督胡中和等克復丹稜城，陣斬逆首藍朝鼎，復大破藍朝柱于彭縣蒙陰場，追敗呰洪發于羅江，陣斬僞統領李姓、僞參謀楊朝德，餘黨俱竄遂寧。詔：逆匪藍朝鼎糾衆十五六萬，蔓延各州縣。總督駱秉章督辦以來，連次大勝，餘匪僅存數百，調度得宜，深堪嘉尚，先行交部從優議敘。其下諸將，升賞有差。

初九日壬辰　晴，風。

邸鈔：袁甲三、李世忠奏十二月二十四日克復天長縣城。詔：江南提督李世忠忠義激發，于三日内親督兵勇克復六合、天長兩城，謀勇兼長，賞給荷包、翎管、搬指、烟壺、玉佩等件，以示優獎。仍令督飭兵勇，將江浦、浦口一律收復。其首先入城之記名總兵李昭宸、王茂元，均以提督補用。投誠内應之陳仕成更名陳振邦，以游擊儘先補用，賞戴花翎。頭目余瑞龍等，均以都司補用，並賞戴花翎。

初十日癸巳　晴，風。

十一日甲午　家慈生日，天晴氣和，風恬日麗。早起肅衣冠南向八拜叩祝千秋百福。子恂來。紱翁來。夢漁來。邀叔雲、珊士、子恂、紱翁、夢漁、問月及雅齋、筱圃夜飲如松館。子恂、雅齋兄弟不至。子恂招飲北韋家，夜月甚艷。付周氏僕、陳氏僕及王福拜壽錢五千。買湖縐汗巾一丈二尺，錢廿六千四百文。得問月書，以王懷祖先生《讀書雜志》兩帙借觀，並以所著文話兩卷丐予作序。

邸鈔：田在田奏正月初二日參將閔鳳來等破賊于丁廟閘，斬馘三千人，擒殺劉平妻子及幅首劉兆燦、捻首趙鳳堂等，救出難民一千餘人。初三日進克穆家圩，生擒劉平，送德楞厄軍前正法。徐境東北一律肅清。上諭：福建督糧道趙景賢在浙江湖州府本籍督辦團練，殺賊守城，戰功卓著。現當杭州省城失守，尚能激厲紳團，力保郡城及所屬地方，並將遞送僞示之李元林、李元桂二逆立即正法，洵足以伸大義而固人心。著賞加布政使銜，以示優獎。

十二日乙未　陰。德甫來，下午偕叔子、珊士遊廠甸。傷風不快。夜半大風。

邸鈔：聯康調補盛京兵部侍郎，皂保補授兵部右侍郎。

十三日丙申　晴，風。頭痛小極，兩日連服蘇葉薄荷湯，至晚稍差。叔子設上燈小飲，連盡五卮，今年第一日酒興也。夜同珊士、叔雲話家鄉燈夕舊事，相對泫然。是日剃頭。

邸鈔：麟魁、沈兆霖奏查辦甘肅撒回滋事一案，請將陝甘總督樂斌、甘肅提督成瑞解任聽勘。詔：樂斌身任封疆大吏，縱匪殃民，冒功捏報，殊堪痛恨，著先行解任，仍交麟魁、沈兆霖，併將其被參納賄營私各款，徹底根究，務成信讞。成瑞于上年十一月間紅土坡之戰，帶兵駐扎青沙山，不能助剿，以致官兵敗退，賊膽愈張，遷延恇怯，貽誤事機，著先行解任，聽候查辦。陝甘總督著麟魁暫行署理，甘肅提督即著麟魁派員署理。先是，張芾疏劾樂斌，御史陳廷經、裘德俊繼之，故命查辦。田興恕奏總兵沈宏富等攻破甕安苗匪白巖老巢，進逼玉華山。薛煥奏粤逆由奉賢竄逼滬江，英人、法人協助官軍擊敗賊，于東西擺渡。詔：英、法兩國自換和約後，彼此均以誠信相孚，此次在上海幫同剿賊，尤見真心和好，克盡友邦之誼。嗣後英、法文武各員，續有協同助剿之事，著薛煥隨時迅速馳奏，不得没其勞勳，以彰中外和好、同心協助之意。

是日聞張西園死于刑部獄。張西園者，名其翰，山西人。家富于貲，少無賴，喜鬥，入貲爲坊官，日以樗博狎游爲事，出則多從諸不逞少年，人少迕之，輒奮毆，即士夫亦不免。旋以宿妓拒捕，革職論戍，遇赦釋回，益横行無顧忌，都市中無敢叏視者。或事發，吏人蹤跡之，皆畏其拳捷，又多死黨，不敢近，以是無不知有張西園者。復入貲，得郡丞，歲己未再以宿妓被名捕，乃投勝帥營，竄名軍府中。刑部奏請提問，有旨收繫，勝帥匿不遣，且抗疏爲力辨。司寇再執奏并劾勝帥，去年始解赴部下獄。又以恩詔得釋。刑部主事吴養原者，總督文鎔子，當訊其翰時叱之跽，其翰銜之。是月之二日，遇于廠甸，即率諸惡少捽養原痛擊敗其面。巡視中城給事中孫楫適至，睹其狀，亟督團防兵擒縛送刑部，而遽偕御史興奎入奏，言其翰著名光棍，挾仇毆傷承審官，請飭部嚴訊究辦。詔：張其翰敢于白晝通衢糾衆毆官，怙惡不悛，目無法紀，交刑部嚴行審訊，按律從重懲辦。同黨定四及助毆各犯，令步軍統領順天府、五城一體嚴拏，不許一名漏網云云。刑部諸曹官，素畏惡其翰搒掠楚毒，令首其黨惡者姓名，遂捕定四及陸葆德等五六人，皆置獄鞫問，血肉狼藉，輦轂稱快。定四，滿洲人，工部筆帖式；陸葆德者，巡撫蔭穀子，輸貲爲部曹，勝帥挈置軍中，以事逮問革職，儇薄狠鷙，與其翰結爲兄弟，亦銜刑部諸曹官，密袖鐵槌思報，未得間，而其翰先發。其翰之死，人以不及棄市爲恨。此輩都邑出没，不過狗鼠之技，非真安世大猾，武陽悍夫，遇威嚴京兆尹，立杖死車下足矣。即其黨與，恣睢倡和，亦不過慷慨酒食之側，矜耀绔褶之間，非同畜養椎埋，陰聚亡命，然使竟寢不治，則狼子野心，虺蛇變易，不幸一旦有事，小則爲行劫之閑子，大則爲倡亂之山棚，是亦京國之患也。覩其束手就斃，如磔孤雛，平時所羽翼者，奔匿不暇，亦可笑矣。

十四日丁酉　晴和。偕叔子、珊士遊廠甸，買得嘉定金璞園先生曰追《儀禮正譌》一部、閩人何邳海治運《何氏學》一部、宋人李心傳《舊聞證誤》一部。邳海深通小學，其書指駁潛丘、竹垞、謝山、竹汀、抱經、北江、淵如、覃溪、懋堂、伯申、匪石諸家之説，皆確有所據。以嘗爲西莊弟子，又受知于儀徵，故於二家之書，獨無所糾摘也。是日于火神廟購王氏《廣雅疏證》、萬氏《歷代史表》，皆不成。又見有近時青浦顧廣成《西夏書本》一書，亦不及買。以錢六千買水烟筒一具。夜同珊士、仲彦踏月至大街觀燈。

邸鈔：慶端奏上年十一月十三日逸犯王璣勾結另股賊朱畬鐮竄陷浙江玉環廳城，十五日署同知白讓卿會合水師收復。又奏十二月初四日收復浙江雲和縣城。詔：以李元度爲浙江鹽運使。又詔：浙江布政使蔣益澧、按察使曾國荃，到任需時，著李元度暫兼署浙江布政使，張銓慶暫兼署浙江按察使，蘇式敬署理浙江杭嘉湖道。

十五日戊戌　晴。巳蘭來。出門答拜諸客，午後歸。晡後偕仲彦遊廠甸，購得凌次仲先生《禮經釋例》一部，宋人劉邃父《七經小傳》一部，晚歸。得朱海門侍御書。得夢漁給諫書，招十七日午飲。萬珠湖來。

邸鈔：馮子材、魁玉奏正月初四日粵逆分竄烟墩山，提督賴鎮海擊敗之，是夜賊復潛行襲鎮江府城，復經官兵拒却，初五、初六日，賊又乘夜更番攻撲，各營拒戰，皆有斬獲。

十六日己亥　晴。吕定子來。作片辭夢漁之招。珠湖來。作片致海門。

邸鈔：協辦大學士兵部尚書麟魁病卒于蘭州。詔：照大學士例賜恤，賞其子恩壽爲舉人。陝甘總督著沈兆霖暫行署理。　愛仁調補兵部尚書，倭仁補授工部尚書，文祥補授左都御史。

十七日庚子　晴。昨夜至今晨連發舊疾，憊甚。夢漁再來邀飲，辭之。是日見吾鄉（此處塗抹）孝廉亂後致其族人書，言九月二十四日臨浦民與兵勇相仇殺，賊遂乘之渡江，陷臨浦，次日陷蕭山。

時官兵之守諸暨者，聞警欲還救郡城，賊逼其後，軍亂，大營盡潰，賊破諸暨，由山路徑犯郡城。其陷蕭山者亦由錢清、柯橋與陸路之賊夾攻，知府廖某所統八槳船勇，素爲民害，屢與鄉團鬥，多殺傷，日思内變，至是遂助賊攻剽，鄉團争禦之，毆廖幾死。二十九日晨，賊由西郭門入，無一人當者，賊遂分趨府縣署及義倉，知府死，知縣以下皆逃，王副憲率謝家團勇巷戰不勝，亦逃。次日賊焚西郭外諸村及昌安門外，四出劫掠，窮鄉僻壤無得免，丁壯盡虜爲兵，有船居避難者悉劫以去。數日後，始下令定各鄉貢獻例，顧掠猶不止。十一月初四日進陷寧波府，縱火燒江下江東，兩岸十里，廬舍皆盡。賊凡數萬人，有久踞寧紹意，禁殺戮小民，貿易往來如常，奸黠者反因以爲利。（此處塗抹）嗚呼，彼蒼者天，何其酷哉！　夜卧極遲，舊疾復動。

十八日辛丑　山西（此處塗抹）來。得定子書招二十日午飲。作片致定子、子恂。子恂來。是日憊甚，頗思早睡，驚感家耗，又苦不能成寐，忽忽咄歎，至三鼓就卧。

邸鈔：詔廣東巡撫耆齡即馳驛赴福建督辦援浙軍務。鮑超補授浙江提督。馮子材補授廣西提督。寶鋆調補户部左侍郎。熙麟補授户部右侍郎。文俊補授馬蘭鎮總兵兼總管内務府大臣。愛仁充實録館總裁。前任太子太保工部尚書張祥河病卒。詔：照尚書例賜恤。

十九日壬寅　晴和。得紱翁書。同珊士出外小游，夜與珊士、叔雲飲崇德堂。得德甫書。再得紱翁書。

紀夢

夢中田里尚分明，骨肉團圞話别程。母子初逢忘問訊，弟兄相看異平生。乍醒還喜歸來速，稍定方知事可驚。鼓角五更天萬里，披衣起坐淚縱横。

三聯情事固逼真，然『歸來速』對『事可驚』，尚須再商。（旁批：此古來大家如少陵、東坡多有之，不害於律法也。）結至佳。此詩固好，然萬萬非學杜之作，叔雲語豈得爲知言者乎？眉批：學杜至此，鍊意鍊氣鍊格，醇乎確矣。蕙客詩體凡三變，如造此境，甘苦唯僕知之最真，故工拙亦唯僕辨之最的，不足爲局外人道也。漚公。眉批：以此爲學杜，吾甘作局外人，不能隨聲附和也。

補録：

壬戌人日作

烽火倉黄裏，匆匆過立春。前一日立春。全家皆陷賊，今日尚爲人。生死俱難遂，傳聞總未真。東風將客淚，萬里達慈親。

補録：

壬戌元日作

爲國瞻新政，垂衣二后賢。病看元歲歷，夢想中興年。哀痛求言切，是日兩宫下恤民求言詔，凡數千言。憂危命相專。是日拜曾帥爲協揆。鄉邦勞聖慮，稽首戴皇天。批語：此乃真杜，不必云學杜似杜也。

邸鈔：袁甲三、李世忠奏正月初四日世忠親督總兵王茂元等克復江浦縣城，斬僞報王秦□□等，進攻浦口鎮，擊敗九洑洲援賊，初五日克復浦口鎮城。詔：袁甲三、李世忠俱交部從優議敘。投誠内應之劉元成准改名爲劉開良，單玉功准改名爲單提方，與頭目張星開俱以游擊儘先補用，並賞戴花翎。

二十日癸卯　晴。夢漁來。下午偕叔子、珊士赴定子之招，並晤常州蔣編修彬蔚，少飲説餅。晚同珊士過海門侍御談。

邸鈔：田雨公奏請在籍終養。詔允之。

雨水寅正二刻。　二十一日甲辰　晴和。始撤爐。得定子書。得雅齋片招晚飲。海門來。復定子書。是日雨水正月中。夜赴雅齋萬興居之飲，有客三人。

二十二日乙巳　晴。定子來。過海門侍御談。夜叔子招同珊士飲遇春堂。

二十三日丙午　陰。曉臥疾復動。海門侍御來。晡後風起，入夜益盛。剃頭。

二十四日丁未　薄晴，風。爲海門草疏。

掌山西道監察御史臣朱潮跪奏：爲痛憤時艱，合籌大局，請謹防西北，協剿東南，竭瀝愚忱，仰祈聖鑾事。竊惟粤寇之禍，滔天十餘年，陷地千萬里，爲史册中所罕見。自兩宫皇太后莅政以來，旰食宵衣，孜孜求治，屢飭各省督撫及各路統兵大臣，戮力同心，亟圖弭亂，乃池州、安慶，方幸收復，而浙江全省，十九陷没，賊勢益横。凡在臣民，無不枕戈泣血，盡欲致死于寇。顧一苦于兵力之分，一苦于餉需之絀，而河南、山東之捻匪、會匪，四川、貴州之苗匪、回匪，復從而擾之，顧此失彼，牽掣不遑。臣今再四籌維，西北之賊出没不常，勢分而易滅；東南之賊盤踞已固，勢合而難除。勢分者，但令郡縣各自爲守，而以二三知兵大臣嚴軍備之，使賊無可逞，久將自散；勢合者，非合數省之財、數督撫之兵，指臂相使，首尾相救，盡鋭于賊，不能平也。東南未平，則西北不能定。蓋南漕不繼，綏撫無所資；强寇不除，反側有所恃。故賊分者，我分以禦之，其勢緩；賊合者，我合以剿之，其勢急。而其事首在調度之得人。今皇上所用督撫，如兩江督臣曾國藩、兩湖督臣官文、四川督臣駱秉章、浙江撫臣左宗棠、安徽撫臣李續宜、湖北撫臣嚴樹森、江西撫臣沈葆楨、河南撫臣鄭元善、廣西撫臣劉長佑、署漕督臣吴棠，皆可謂極天下之選。兩廣督臣勞崇光、湖南撫臣毛鴻賓，雖非諸臣之匹，亦足勉副委任。惟閩浙督臣慶端、福建撫臣瑞璸、江蘇撫臣薛焕，皆貪劣素著，萬不足用。臣謹統籌天下大勢：雲南之賊，跳梁僻壤，非心腹之患，宜暫假殘息，俟其惡稔；貴州之賊，當責之提臣田興恕、撫臣韓超，可以保障黔滇矣；廣西之賊，專責之撫臣劉長佑，可以堵扼桂管矣；四川之賊，駱秉章草薙禽獮，逆黨漸盡，可以鞏固巴蜀矣；廬泗之賊，袁甲三、李世忠足以當之；淮徐之賊，田在田、吴棠足以當之；河南之賊，鄭元善、張曜足以當之。所最慮者，山東、直隸，無良督撫，天津海口，守備空虛，苗練一軍，陸梁皖豫。臣愚謂宜設直隸山東總督一人，駐扎德州。竊見嚴樹森自撫河南，歷著聲績，中原兵事，嫻習已久，楚中今不乏人，請以爲直隸山東總督，委其辦賊。彭玉麟既開安徽巡撫之缺，聞其所統水師，俱經百戰，現在金陵上江一帶，賊勢已衰，西有李世忠，東有楊載福，水陸並舉，都興阿、馮子材之兵扼其北，曾國藩又控其南，不難一鼓而克。臣謂宜調彭玉麟率領所部，駐扼天津，令兼直隸巡撫之任，俾得號令，以資統禦。苗沛霖狼子野心，叛迹顯著，撫之則禍遲而大，勦之則禍速而小。臣謂宜飭勝保、僧格林沁、袁甲三三路之師，環而蹙之，使不得發。京師天下根本，而營衛之士，弊羸單弱，訓練無人。聞今日朝議，欲用夷人。匪類異心，豈足爲恃？即令助我殺賊，將來恃功責報，何以相酬？唐代之用回紇、吐蕃，可爲前鑒。臣請亟調荆州將軍多隆阿及前日特旨所召傅振邦、孔廣順等至京，委以日討國人，勤蒐軍實，汰其老弱，治其獰頑，内鎮邦畿，外懾夷虜，此西北防禦之大略具矣。而東南江浙兩省，則財賦之薈區，國家之命脉也。今蘇、常、杭、嘉、寧、紹等郡，相繼盡失。曾國藩自庚申之冬，已欲悉軍南下，以餉寡兵單，顧望不進，終於蘇、常未復，而杭、紹爲墟。論者咸謂賊日支蔓，我日虚耗，横流之勢，將無終極。然以臣計之，方今湖北、湖南、福建、江西皆幸無事，四川、廣東亦漸底靖息，軍務既暇，民力稍舒。以江蘇之上海一縣，孤懸海隅，臣聞其捐税所入，每日不下數萬，推之數省之全力，則每日所入不下數千百萬矣。惟是官吏貪婪，上下朘削，民之所輸，及于軍餉者不過十之一，而帶兵之弁，復以其六充虛額，其三養私人，其得及于可用之兵者又不過十之一耳。聞慶端、瑞璸、薛煥等，皆貲財巨億，囊槖充盈，所用私人，率承其弊，此軍事之所以日棘，而臣之所以切齒痛恨者也。臣請亟罷三人，治以重罪。而前署貴州撫臣江忠義、降調浙江布政使臣徐宗幹等，皆可備封疆之用。江忠義雖新喪未闋，遘此時艱，宜從權制，請速飭起復，令其署理江蘇巡撫。而湖北巡撫如閻敬銘、劉蓉等，皆可采擇而用。皇上當亟下詔書，令兩湖、兩江、閩浙各督撫合力會剿，餉事責官文總之，兵事責曾國藩總之，諸人情意相孚，事無畛域，或捍牧圉，或效前驅，吏盡干城，士皆同氣，數省督撫，如出一人，千里指麾，若在肘腋。而四川、廣東兩省，爲地較遠，兵難赴調，可令駱秉章、勞崇光悉力籌餉，酌濟南軍，皆寄交官文隨時轉運。夫合湖北、湖南、江西、福建四省之人，兵非不足也；合四省而又濟以四川、廣東之賦，餉非不給也；以四省之兵，六省之餉，而辦此蘇、常、杭、嘉、寧、紹六府之賊，勢非不敵也。以官文治餉于內，曾國藩治兵于外，公忠共矢，各據上流，指揮號召，而李續宜、左宗棠、沈葆楨、楊載福、鮑超、江忠義、蔣益澧、李桓、曾國荃、閻敬銘、徐宗幹以及張運蘭、趙景賢等文武效命，同舟共濟，數道會師，聯絡聲勢，鼓其銳氣，剋期滅賊，熊羆之士，咸無二心。前者之無功，以兵自爲兵，餉自爲餉，雖立統帥，鮮所禀承，糧臺既不得人，督撫又多異趣。今皆反之，則壁壘一新，旌旗變色，逆賊聞之，已當喪膽。臣聞新任浙江鹽運使署布政使李元度屢次僨軍，頗不足用。新署浙江按察使張銓慶起于小吏，委鄙無能。然既統率得人，三軍敵愾，則雖有一二不肖者，亦可鼓厲思奮。臣見一二年之間，賊不足平矣。東南既定，西北諸匪望風震懼，可以不戰而平。然後濟師雲南，肅清蠻徼島夷，讋服四海，永清中興之業，實在于此。否則，賊日鴟張，我日糜爛，兵士解體，戎狄生心，天下之事將有不可問者。昔唐天寶之亂，房琯建議分道討賊，安禄山聞之痛哭，謂吾必不得天下。明季楊嗣昌建四正六隅剿賊之策，計非不善，而時無良帥，志力不齊，終至禍敗。蓋戡亂致治之法，惟在得人善用而已。臣目擊事勢，朝夕圖維，思竭涓埃，以報萬一。愚昧之見，是否有當，伏乞皇上聖鑒施行，謹奏。

另片奏：再自浙疆被陷以來，皇上軫念生民塗炭，宵旰憂勞。正月元日，伏讀兩宫皇太后詔書，有『小民何辜，致遭荼毒，哀此烝黎，寢食俱廢』之諭，仰見聖人哀矜惻怛，有不忍使一夫失所者。今聞奉天、直隸、山東各海口，有海船數百，皆稱江浙難民，不下數十萬人，地方官吏恐賊匪混跡其間，不許近岸，且欲施放槍炮。臣愚謂意外之事，固不可不防。然自前年蘇、常、杭、嘉之變，諸郡士民皆流寓寧、紹。今寧、紹繼失，百萬生靈，無所逃徙，計惟航海遠奔，或至上海，或至福建，或至天津及奉天、山東各境。此輩于干戈礮石之中，萬死一生，幸全軀命，波濤洶涌，冒險北來，誠以皇太后、皇上仁育萬物，薄海歸心，冀望天地父母哀而憐之。今守臣不加察視，概謂匪徒。此輩顛沛餘生，貲糧有限，退死于賊，進死于兵，滄海迷茫，浮沉一葉，瞻天無路，寄命須臾。加以海寇縱横，危怖萬狀，男號女哭，呼救莫聞。倘不亟賜收存，則不陷虎口，即葬魚腹。東南黔首掃地無餘，覆載之中獨遭巨劫，堯舜在上，豈忍坐視？請飭奉天府尹、直隸總督、山東巡撫，亟派官吏中籍隸江浙、生長南中者數人前往查閱。如有携帶家眷，並無器械者，立予驗放；其有單身孤丁，奔投親戚宗族或京官或京外官或候選及赴試在京者，或爲幕友，爲客商者，姓名確鑿，即令書明年貌、籍貫、三代，由該委員呈報直隸、山東督撫，順天、奉天府尹，分貼都中各會館，及各省官廳，令該親族人等，出結往領。則宵人不得潛蹤，窮民不致横死。拯苦海垂絶之命，成上天好生之仁。謹附片陳奏以聞。

邸鈔：詔：奉母后皇太后、聖母皇太后懿旨，三載考績，黜陟鉅典。此次京察，滿漢諸臣，恭親王首贊樞廷，賢親輔翼，公忠體國，事無巨細，綜核靡遺，交宗人府從優議敘。大學士桂良、户部尚書沈兆霖、都察院左都御史文祥、户部左侍郎寶鋆在軍機處行走，實力匡襄，和衷共濟。順天府府丞曹毓瑛自參樞務，克任厥職。均交部議敘。大學士湖廣總督官文久任封圻，虛懷延攬，吏治戎行，均能整飭。協辦大學士兩江總督曾國藩督軍勦賊，勤勞罔懈，江皖地方，迭復各城，戰功卓著，甄拔將士，賢能稱職。均交部從優議敘。四川總督駱秉章前任湖南巡撫，勦辦賊匪，不分畛域，薦舉人才，尤裨實用，自升川督辦理丹稜股匪，整頓地方，均能妥速，賞加太子少保銜，用示嘉奬。倉場侍郎廉兆綸辦事顢頇，聲名甚劣；福建巡撫瑞瓊老病昏庸，難期振作，均勒令休致。該二員各有牽涉被參之款，均聽候查辦。餘俱照舊供職。

以徐宗幹爲福建巡撫，畢道遠爲倉場侍郎。曾國藩疏劾前任安徽巡撫翁同書于咸豐九年六月間定遠失守，文武官紳殉難甚衆，該撫獨棄城遠遁，逃往壽州，復不能妥爲辦理，致有紳練仇殺之事；迨壽州城陷後，奏報情形，前後多自相矛盾。請革職問擬，以肅軍律。詔：翁同書實屬貽誤取巧，苟且偷生，著即革職拏問，交王大臣九卿會同刑部秉公定擬罪名具奏。袁甲三與翁同書共辦一事，且有督辦軍務之責，豈能辭咎，著交部嚴加議處。曾國藩疏請復前任浙江巡撫羅遵殿恤典。詔：仍遵先帝初次諭旨優恤。

夜大風，自昨日陰寒復冰，仍用爐。

二十五日戊申　晴，風。出門訪海門、子恂、夢漁、德甫、雅齋，晤海門、德甫，晡後歸。雅齋來。晚後夏鏡人比部來，以小笠書見致。

邸鈔：詔：彭玉麟補授兵部右侍郎，仍留軍營。桑春榮署理兵部右侍郎。鄭敦謹署理户部左侍郎。

二十六日己酉　晴。作片致子恂、致夢漁、致德甫。步詣廠肆，買《廣雅疏證》及段氏《經韵樓叢書》，俱不成。訪雅齋，久談而歸。夢漁來，不值。雪甌來，止宿齋頭。

邸鈔：詔：柏葰之子候選員外郎鍾濂令該旗帶領引見。承審此案之吏部尚書全慶交都察院議處。

二十七日庚戌　薄晴。連夜舊疾數發。今日上午始起，憊甚。小立庭院日影中，頗覺春氣之美。嗚呼，同此天地同此日月，殊不信人世之境有如我輩者耳！

邸鈔：詔：此次京察引見三品以下京堂官，内閣侍讀學士巴彦春年力就衰，以原品休致；光禄寺卿雷以諴聲名平常；少卿范承典品行污下；均勒令休致。餘照舊供職。潘祖蔭補授光禄寺卿，曹毓瑛補授大理寺少卿，林壽圖補授順天府丞。曾國藩疏奏瑞昌、王有齡查明均已殉難，懇請賜恤。詔：杭州將軍瑞昌追贈太子太保銜，照將軍陣亡例從優議恤。賜謚忠壯。前次賞給二等輕車都尉世職，加恩改爲一等輕車都尉，承襲六次後給與恩騎尉，世襲罔替。浙江巡撫王有齡照巡撫例從優賜恤。賜謚壯愍。慶端奏逆首李秀成自竄陷常山後，攻撲衢州府城，李定太等擊賊獲勝，陣斬僞主將姚姓，衢郡解圍，常山縣城亦即克復。

二十八日辛亥　薄陰。爲叔子代撰進擬順嬪册文：維同治元年，歲次壬戌，某月某日，皇帝某謹言。瑶樞錫瑞，彤闈襄内治之勤；璇御承輝，赤綬備上榮之典。寅儀玉範，申命銀綸。皇祖順貴人，淑惠中覃，徽恭外睟。椒庭履信，率璜佩以思虔；蘭掖修和，贊珠褕而積慶。既叶坤宸之吉，益徵兑寢之光。爰舉彝章，特尊懿號。謹以册印，封爲皇祖順嬪。於戲芝劵，雲回式景。曦鸞之蕙，問花釵星。賁懋期翼，燕於葱衡。謹言。

邸鈔：駱秉章奏岳池青神等處之捷。鄭元善、毛昶熙、黄贊湯合疏薦河南署祥符縣知縣朱光宇才守兼優，膽識並壯，惠足孚民，勇能禦寇，爲河南第一賢員，請破格録用。詔：朱光宇著免補直隸州知州，以河南知府補用，並署理開封府知府。石贊清兼署刑部右侍郎。

二十九日壬子　晴，大風。子恂來。

邸鈔：督辦雲南軍務前任雲貴總督張亮基奏調前任湖北按察使裕麟、湖南辰沅永靖道葆亨、候選道趙崧毓、丁憂江蘇候補道陳慶溥等，赴雲南差遣委用。詔：俱令前往聽候差委。

三十日癸卯　晴寒。得定子書，即復。

邸鈔：王發桂爲貴州正考官，倪杰爲副考官。貴州停鄉試五科矣，至是田興恕請以今年五月舉行。故事：貴州試官，止命編檢、主事、中書等員。今王君以副憲署少司馬充正使，倪君以通政參議充副使，爲自來所未有，蓋朝廷重其事，且欲以鎮撫邊人也。王君、倪君皆吾鄉人，倪君自己丑通籍，至今三十四年，未嘗與試事之役，此亦貧老之恩遇矣。慶端奏杭州將軍瑞昌、浙江巡撫王有齡、浙江提督饒廷選、處州鎮總兵文瑞、總兵銜署福建漳州鎮總兵副將繼興、廣西提督張玉良于杭州失守時先後殉難。詔：瑞昌著再加恩入祀京師昭忠祠。王有齡著入祀本籍昭忠祠。饒廷選、文瑞、繼興、張玉良均著交部從優議恤，並入祀各本籍昭忠祠，與瑞昌、王有齡一併在殉難地方建立專祠。饒廷選賜謚莊勇，文瑞賜謚果毅，繼興賜謚愍烈，張玉良賜謚忠壯。

二月甲寅朔　晴，風。夢漁來。

邸鈔：官文、李續宜奏克復來鳳縣城。

初二日乙卯　晴，風。紱翁來。作書致子恂。

邸鈔：慈安皇太后、慈禧皇太后懿旨：皇帝于二月十二日在弘德殿入學讀書。禮部尚書前任大學士祁寯藻、管理工部事務前任大學士翁心存、工部尚書倭仁，均老成端謹，堪膺師傅之任；與翰林院編修李鴻藻，均著在弘德殿授皇帝讀。禮部尚書倭什琿布，先皇帝曾派充總諳達；禮部左侍郎伊精阿派在上書房行走；玆再派兵部尚書愛仁，均著在弘德殿教習清文。惠親王著在弘德殿常川照料，專司督責；惠親王之子奕詳著在弘德殿伴讀。恭親王誼屬賢親，素爲皇帝所敬重，所有皇帝讀書課程，及弘德殿一切事務均著總司稽查。詔：倭仁在紫禁城内騎馬。

初三日丙辰　薄晴，下午陰。剃頭。雅齋來。

邸鈔：劉長佑奏上年六月二十七日攻克養利州城。吴棠奏清江等處之捷。詔：以曾國荃爲江蘇布政使，李元度爲浙江按察使。

初四日丁巳　晴寒。海門來。商城周允臣比部文俞來，致其尊人相國意，延予課其弟二人。

邸鈔：曾國藩奏逆匪楊輔清圍攻徽州府城，上年十二月二十八日，總兵張運桂、朱品隆、黄萬友、唐義訓等，迭戰皆捷，斬馘三千人，楊逆受傷遁去。左宗棠復敗賊于婺浙交界之大鏞嶺，徽圍立解，全境肅清。詔：運桂等升賞有差。慶端奏正月初三日收復浙江平陽縣城。又奏黄巖縣城復失，請將署黄巖鎮總兵張清標、署知縣李汝紹等革職。馮子材、魁玉奏鎮江解圍。

初五日戊午　晴，有風。夢漁來。閲震澤沈駕部鎬《毛詩傳箋異義解》，其書薈蕞自漢迄今諸儒之説，折衷其平，而以《説文》爲主，近時人之最有根柢者。聞其寓與夢漁鄰，暇當往訪之。

邸鈔：董恂兼署兵部左侍郎。潘祖蔭兼署都察院左副都御史。曹毓瑛兼署宗人府府丞。改派桑春榮充會試知貢舉。

鶩蟄寅初初刻。　初六日己未　晴。海門來。雪甌來。得定子書。是日驚蟄二月節。

邸鈔：上諭：翁同書即照王大臣等所議斬監候，秋後處決。柏葰之子候選員外郎鍾濂賞加四品卿銜，以六部郎中遇缺即選。

初七日庚申　晴，夜雪。是日市口決盜十餘人。

邸鈔：全慶降四級調用，仍辦理定陵工程。

初八日辛酉　微晴，下午雪作，旋止。市又決盜十餘人。商城相國柬請明日午飲。（此處塗抹）子恂來。是日聞賜胡林翼謚文忠，麟魁謚文端，張祥河謚温和。伯寅來，不值。

邸鈔：陝甘總督樂斌革職，發往新疆效力贖罪。西寧辦事大臣多慧、甘肅提督成瑞革職，交刑部分別定罪。候補知府署蘭州府知府兼護守道章桂文革職，發往新疆效力。候補道署西寧道和祥、階州知州署西寧府知府朱百川等均革職。沈兆霖奏咸豐十年十二月及十一年正月撒匪馬朵三等糾衆至西寧縣劫掠，成瑞一意主撫，遣游擊楊五芳向馬朵三求和。馬朵三佯許諾，至三月，復焚掠南川，殺守備陳治猷等。樂斌奏請移交多慧接辦，復蹈成瑞故轍，遣朱百川等往撫，即同樂斌具疏報捷，而馬朵三即于九月間焚掠洛巴溝、米拉溝等處。十一月間，復掠馬營、馬家河，本年正月擾及高廟。多慧置之不問，和祥輕撤團勇，致百姓受害甚慘。樂斌甘受蒙蔽，有心庇護，復失察幕友家人等，盤踞把持，令其妾與屬員章桂文之妻往來公署云云。詔：樂斌等貶謫有差，其先後調兵，動用庫款捐款，均屬虚糜帑項，即著樂斌、多慧、成瑞、和祥賠繳，仍勒限嚴追。被害生員王道顯等均議恤。　瑞常調補吏部尚書，寶鋆補授户部尚書，皂保調補户部右侍郎，察杭阿調補兵部右侍郎，增慶補授理藩院侍郎，崇厚補授内閣學士兼禮部侍郎銜，奎章補授通政司使，阿克敦布補授大理寺卿，桂豐補授詹事府詹事，衍秀補授國子監祭酒，倭仁充翰林院掌院學士，文祥管理國子監事。景壽補授廂紅旗蒙古都統。孔廣順補授甘肅提督。

初九日壬戌　晴。剃頭。星齋侍郎來。午後赴商城之招，草草具酒數行而已。學徒二人，周文龠爲商城第五子，恩賜舉人，年二十二；文令爲第六子，年十四。具衣冠出拜。（此處塗抹）夜邀叔雲、珊士及嚴州方孝廉鏡清飲遇春堂芝卿室。

邸鈔：祁寯藻奏陳衰病，懇辭部務。詔：免其帶領引見人員及一切應行典禮應派差使。毓科賞副都統銜，爲西寧辦事大臣。

初十日癸亥　晴寒。上午詣館。得夢漁書。

邸鈔：朱孫貽補授浙江鹽運使。

十一日甲子　晴，比日甚寒，今辰風猛，益覺凜烈。作片致星翁。

邸鈔：詔：奉慈安皇太后、慈禧皇太后懿旨，軍興以來，封疆將帥，藎瘁捐軀，其戰功卓著，忠績懋昭，足以表式人倫者，允宜特沛恩施，以示軫念。江寧將軍祥厚、諡忠勇。西安將軍扎拉芬、諡武介。湖廣總督吴文鎔、諡文節。江蘇巡撫吉爾杭阿、諡勇烈。浙江提督鄧紹良、諡忠武。直隸提督史榮椿、諡忠莊。樂善、諡威毅。江南提督張國樑、諡忠武，或作忠愍，誤。浙江布政使李續賓、諡忠武。江西按察使周玉衡、諡貞恪。廂白旗滿州副都統達洪阿、諡武壯。京口副都統綳闊、諡勇節。副都統佟鑑、諡剛節。伊興額、諡壯愍。肅州鎮總兵雙來、諡忠毅。通永鎮總兵虎坤元、諡忠壯。戴文英、諡武烈。南陽鎮總兵邱聯恩、諡武烈。徐州鎮總兵滕家勝、諡武烈。寧紹台道羅澤南、諡忠節。署廬鳳道金光筯、諡剛愍。候補道温紹原、諡壯勇。延津邵道趙印川、諡果毅。記名道蕭翰慶、諡壯節。黄淳熙、諡貞介。候補道劉存厚、諡剛愍。知府謝子澄，諡忠愍。均各賜祭一壇。安徽巡撫江忠源、諡忠烈。道員江忠濟、諡壯節。提督周天受、諡忠壯。周天培、諡武壯。總兵長瑞、諡武壯。長壽，諡勤勇。均弟兄歿于行陣；長瑞、長壽之父塔思哈，諡莊毅。道光年間在喀什葛爾打仗陣亡；湖北按察使李卿穀、諡愍肅。安徽布政使李孟群，諡武愍。父子殉節；九江鎮總兵馬濟美諡襄愍。三世殉難，忠烈萃于一門，尤堪憫惻。湖北巡撫胡林翼、諡文忠。湖北提督向榮、諡忠武。湖南提督塔齊布、諡忠武。記名按察使蕭啓江、諡壯果。記名道王鑫，諡壯武。未收全功，遽就溘逝，迹其功勳卓越，名播寰區，至今江鄂士民，猶能稱頌，歿于王事，閔念良深，並各賜祭一壇。其有未經予諡者，著禮部查明予諡，以光泉壤。內務府大臣文豐從容赴難，不愧完人，並賜祭一壇，加恩予諡。後諡忠毅。

詔：工部尚書倭仁呈進所輯古帝王事蹟，及古今臣工奏議方針一帙，洵足資啓沃而紹心源，著賜名《啓心金鑑》，陳設弘德殿，以資講肄。

十二日乙丑　晴。問月來。

邸鈔：僧格林沁奏亳捻竄入豫境，正月二十四日國瑞擊敗之于杞縣許岡，殺賊二千餘人。二十九日復敗之于史莊、馬樓等處，殺賊千餘人。次日又殺賊二千餘人。二月初三日大敗之于趙寨，殺賊八九千人，賊遂宵遁。

十三日丙寅　晴。子恂來。

邸鈔：上諭：陝西布政使吴春焕、督糧道沈壽嵩均著解任聽候查辦。毛震壽補授陝西布政使，劉蓉補授四川布政使，牛樹梅補授四川按察使。

十四日丁卯　陰。張曉蓮折柬邀明日夜飲。定子來。作書致問月。作片致雅齋，得復。

邸鈔：薛焕奏本月初七日英國人華爾敗賊于天馬山。詔：華爾賞給四品頂帶花翎。

十五日戊辰　晴。作片致夢漁，致海門，致子恂。作片辭曉蓮之招。五夕來舊疾連發，苦不可言。（此處塗抹）

十六日己巳　晴，微陰。得夢漁書。爲定子批點朱竹垞所選《詞綜》。定子來。

邸鈔：許彭壽補授太常寺卿，黄倬補授詹事府詹事。

十七日庚午　晴。輯國朝《儒林小志》，自吾鄉黄氏宗羲始。予自庚申夏欲輯録是書，以未得江氏藩《漢學師承記》、阮氏元《儒林傳稿》而止，今惟即所見者綴集而已。黄氏雖明臣，然開國朝之學，又卒于康熙中，故以爲始也。

邸鈔：左宗棠奏官軍由徽入浙，逆首楊輔清糾合大股竄擾開化之張村等處，官軍分股迎剿，陣斬僞應天侯李逆，殺賊一千數百人，救出難民數千人。正月十八日進駐張村，攻克馬金街等處賊巢，殺長髮悍賊五千餘人，陣斬逆首藍以道。開化一律肅清。

十八日辛未　晴，晡後風起，頓寒。得問月書。碩卿來，不值。作片致定子，致方蓉第、夏鏡人比部。邀同珊士及無錫秦麟士庶常名賡彤，小峴侍郎之孫，述其家世著作甚悉。夜飲麗美樓。珊士招歌郎蘭仙，二鼓歸。

邸鈔：薛焕奏正月初八、初十等日參將李恒嵩乘勝攻破天馬山陳坊橋等賊壘，賊退入青浦城中，華爾與英國副總領白齊文復破賊于高橋。詔：白齊文賞四品頂帶花翎。

十九日壬申　晴。兩夕發疾憊甚。剃頭。輯《儒林小志》。

二十日癸酉　晴。輯《儒林小志》。

邸鈔：上諭：本日吏部帶領引見之革職留任四川按察使蔣徵蒲，迭經御史白恩佑、給事中林之望奏參，帶兵怯懦，前署四川總督崇實復奏，亦稱該員督兵日久無功，蔣徵蒲著即勒令休致。毛昶熙奏庶吉士孫樹在河南本籍辦理團練，積勞病故，其妻孫常氏于立嗣後仰藥而死。詔：交部分别旌恤。

二十一日甲戌　晴暖，是日春分二月中。春分寅正一刻。

邸鈔：惇親王充上書房總諳達。田興恕奏綏陽湄潭之捷，正安一律肅清。

二十二日乙亥　晴。紱翁來。午後同允臣遊廠肆。

邸鈔：兩宫皇太后懿旨：添派惠親王之子奕詢在弘德殿伴讀。

二十三日丙子　晴陰相間，夜大風，三更微雨，是日暖，不可御裘。

邸鈔：上諭：多慧、成瑞均著照部議斬監候，秋後處决，並著沈兆霖派員將多慧、成瑞押解送部監禁。

二十四日丁丑　春陰微雨。允臣招同山西知府郝重慶夜飲福隆堂，飲畢同允臣遊北韋，晤子恂，復至安義堂而歸。

邸鈔：祁寯藻呈進摘録經史二帙。詔：陳設弘德殿以資講肄。　薛焕奏二月初一日華爾、白齊文率常勝軍，並英約兩國提督大破賊于蕭塘。詔：華爾、白齊文均賞加三品頂戴。　曾國藩奏請安徽省城仍建安慶，並專設長江水師提督及總兵以下等官。詔：付諸臣議。　韓超奏請貴州鄉試仍于八月舉行。詔：正考官王發桂、副考官倪杰即馳駉回京。　薛焕劾奏署江南提督福建陸路提督曾秉忠駐防洙涇要隘，當逆匪分股來撲，失去炮船，水陸各軍皆潰，以致逆匪闌入，請以副將參將降補。詔：曾秉忠著即革職，發往軍營差遣委用。薛焕疏中復劾其所部兵勇上年劫掠英國絲船，故有此貶。

二十五日戊寅　社日晴暖。連日疾動。郝知府重慶來拜。

邸鈔：王慶雲奏官弁、士子、兵丁吸食洋藥流弊，請嚴定限制。詔：所陳實爲切中窾要，自後吸食洋藥，除平民仍照變通章程不在例禁外，其官弁、士子、兵丁，仍一例禁止，犯者立予重懲斥革。

二十六日己卯　大風雨沙，天宇黄黲，屋瓦震飛，終夜不止，頓寒。評點《詞綜》。

二十七日庚辰　大風，霾，寒甚。評點《詞綜》畢，並題詖數通。

邸鈔：官文奏正月二十五日至本月初四日多隆阿等進剿廬郡連戰之捷，共計殺賊三千餘人。

二十八日辛巳　晴，風稍止。剃頭。出門拜客，晤吴碩卿、張問月。順道過芝卿。得夢漁書，知其來訪五次，皆不值。得張松麓、謝杰生山東書。

邸鈔：上諭：前直隸候補道王檢心，甘肅甘凉道郭柏蔭，前陝西西安府知府徐棟，前安徽候補知府李宗羲，前户部郎中楊寶臣，記名湖北知府張廷基、王璐、夏錫麟、文希范，湖南候補同知直隸州知州劉達善，前四川酉陽州知州蔣若采，前署山西襄陵縣知縣朱次琦，前湖南華容縣知縣徐台英，前四川東鄉縣知縣鍾昌勤，候選同知朱宗程，著吏部迅速行知各員原籍督撫給咨調取來京引見。如有在京者，並著該部查明即行帶領引見。丁憂刑部員外郎范泰亨，著俟服闋後由吏部帶領引見。如有經手地方公事未能起程，即著各該督撫查明該員年歲履歷，先行具奏，候旨録用。

二十九日壬午　晴暖。早出門拜客，晤潘星翁、夏鏡人、萬珠湖、陳同叔比部。作書致夢漁。陳德甫招同叔雲、珊士、熊比部昭鏡及其同鄉二人，夜飲福隆堂。叔雲、珊士各設飲遇春堂，予小有嗛于芝卿，芝卿復强予命酒，予因發怒，訶斥之。平生不喜駡坐，履舄之宴，尤恐失懽。近日以胸中憤塞，頓生芒角，打鴨驅鴉，殊可笑也。

三月癸未朔　晴，下午陰，大風旋止。芝翁自陵工所歸，來談。

前日從問月處借得張石舟穆所輯《閻氏百詩年譜》一册，謝蘇潭中丞《樹經堂遺文》一册，丁儉卿晏所輯鄭康成、陳思王、陶靖節、陸宣公四君《年譜》共一册。今日閲《樹經堂文》，僅二十首。蘇潭名啓昆，字藴山，南康人，官至廣西巡撫，所著《小學考》及《西魏書》，皆經史中必傳之作。《西魏書》，予日記庚集中已論之矣。其文久已散失，問月偶於琉璃廠書肆，得其稿二十篇，乃湯海秋户部家物。問月即以寄中丞孫陜西知州某，遂登于木，亦幸事也。其文皆原本經籍，簡絜詳明，具可寶貴。與孫淵如辨湯陵在山西榮河兩書，與趙雲松論《西魏書》體例兩書，與馮鷺庭辨浙東浙西書，俱考核精確，足垂之不刊。所論兩浙分合，尤字字不苟，吾浙考方輿者不可不采此文。予日記丁集中有言兩浙疆域形勢一條，與之吻合。因録存其書于此，以示予鄉人不可不知也。文附下方。其《與姚惜抱書》，言漢、宋小學之書，塗殊徑異，或者互爲尊抑，不知各有本原。六書九數者，《周官》(周)〔保〕氏之教也；三德三行者，《周官》師氏之職也。劉録、班志録《史籀》以下爲小學，而《弟子職》入乎《孝經》，本末兼賅，皆學者所當從事。宋以來師氏之職大明，而(周)〔保〕氏之教掩晦，近儒乃講求之云云，數語平允精當，足釋漢、宋門户之爭，與阮儀徵《國朝儒林傳稿序》見《揅經室文集》。并爲千古名論。蓋姚姬傳雖講求經術，然頗爲異論。以後桐城宛陵及江右新城空疏謬妄之學派，實自姬傳開之，若方東樹、陳用光、梅曾亮尤其著也。如謝氏、阮氏之言，則學者各行其是，國史兩存其人，騎驛既通，冰炭可化矣。

附録謝氏啓昆《答馮鷺庭書》：

承示嚴州應屬浙西，其稱浙東者流俗之失，具見考古雅懷。浙江省境，應稱布政司，不當沿元代行中書省之名，今姑徇時稱。西至徽州，東至海。浙江源出徽州，《水經》：『漸江水出三天子都。』酈注：『《山海經》謂之浙江也。』《地理志》云：『水出丹陽黟縣南蠻夷中。』東入於海。杭、嚴、嘉、湖四府在江北，金、衢、寧、紹、温、台、處七府在江南，使竟畫江爲界，稱爲浙南、浙北，則尺土不可移易矣。若東西，本無一定之界，即不必有一定之稱。按《宋書·州郡志》，孝建元年分揚州之會稽、今紹興。東陽、今金華。新安、今嚴州。永嘉、今温州。臨海、今台州。五郡爲東揚州。當時雖無浙東之稱，而東之名已權輿於此。唐以前無浙江之目。唐初，浙江全省隸江南東道。見新、舊《唐書・地理志》。乾元元年乃曰浙江分東西道節度使。見《唐書・方鎮表》。浙西領昇、今江蘇江寧。潤、今鎮江。宣、今安徽寧國。歙、今徽州。饒、今江西饒州。江、今九江。蘇、今江蘇蘇州。常、今常州。杭、今杭州。湖、今湖州。十州，浙東領越、今紹興。睦、今嚴州。衢、今衢州。婺、今金華。台、今台州。明、今寧波。處、今處州。温今温州。八州。貞元三年，乃以睦州隸浙西觀察使。見《方鎮表》。慈銘案：乾元二年即廢浙江西道節度使，置浙西觀察使，其宣、歙、饒三州于元年即罷領更置，宣、歙、饒觀察使自後更易不常，浙東節度使亦於大曆五年改置觀察使。十四年，廢浙東，合于浙西，數月復故。建中二年，復合浙東、西二道觀察，置鎮海軍節度使。貞元三年，復分爲浙東、浙西二道觀察使，于是浙西僅領潤、江、常、蘇、杭、湖、睦七州，與浙東同矣。慈銘又案：處州本名括州，建中初以德宗諱适避嫌名故，改處州，乾元元年乃肅宗即位之三年，其時尚爲括州，《新書・方鎮表》因沿後稱而誤，謝氏亦失於更正也。一朝之設官分地，因勢利便，具有經緯，其分爲東西者，統計大勢如此，非沾沾僅以浙江一水定數千里方位也。故稱嚴州爲浙東者乾元之制，稱浙西者貞元之制，皆無不可，豈必乾元誤而貞元是哉。如以嚴州在唐曾隸浙西，即不可更稱浙東，則嚴州在漢半爲丹陽歙縣地，今必當改隸安徽，不可復稱浙矣。具東西南北，移步換形，州郡分併，尤無定制。若今河南省兼領河北，江南省兼轄江北，湖廣之蘄、黄，舊領淮南，今安徽。慈銘案：唐肅宗至德元載初置淮南節度使，以蘄、黄隸淮南道，旋改隸淮西道，後又隸鄂岳節度使。其實蘄、黄固在淮西，非在淮南也。又按：淮南道初領揚、楚、滁、和、壽、廬、舒、光、蘄、安、黄、申、沔十三州，兼有今江蘇、安徽、湖北、河南四省地之一隅，以後光、沔、蘄、黄旋即他屬，廬、壽等亦移易無定，而其治所在揚州，終唐世不改，是淮南即今江北也，謝氏云今安徽亦非。廣西之桂林，漢屬零陵，今湖南。如此類者不可更僕數。以下原本尚有數語，因文有語病删去。國朝本無東西浙之制，不過相沿舊稱，未爲大失。惟謂嚴州在浙江之東，此不違地形之言，誠有如先生所譏也。故欲正今日之方域，必以浙水之來處爲西，則金、衢亦在浙西；江水之入海處爲東，則杭、嘉亦在浙東耳。惟先生好古而知其意，按地而辨其形，故不憚反復陳之，惟高明鑒察焉。

邸鈔：上諭：京師自去冬僅得微雪二次，入春雨澤又稀。現當農田播種之際，小民待澤孔殷。若循例俟常雩始行祈禱，殊非勤恤民隱之意。三月初四日，朕親詣大高殿拈香，時應宫、昭顯廟、宣仁廟、凝和廟，著恭親王等分詣拈香，以申虔禱。吏部奏前任雲貴總督劉源灝瀝陳衰病，呈請代奏，懇恩休致。詔：劉源灝著准其休致。

初二日甲申　晴和。下午詣鐵廠本家。夜同珊士遊坊曲。

初三日乙酉　晴，下午微陰，有風。珊士招同叔子、張曉蓮夜飲寶緣堂。

邸鈔：詔：奉兩宫皇太后懿旨，皇妣孝德顯皇后之弟三等承恩公德懋晉封爲一等承恩公。前任直隸總督恒福病故。詔：照總督例賜恤。

初四日丙戌　晴。珊士乞假迎親，將以即日泛海，間道入南，叔子今晚爲餞行，邀予同飲福興居。飲畢，予至三樹堂訪佩芳，不見者七閱月矣。並晤吕定子，亦言即日將往豫章迎親。

邸鈔：王映斗補授太常寺少卿。景壽補授御前大臣。詔：福建四品封職、前任翰林院編修加五品銜林春溥年逾八秩，蕊榜重逢，洵屬藝林盛事。著賞給四品卿銜，重赴恩榮宴，以示嘉惠耆儒至意。

初五日丁亥　晴。（此處塗抹）夜同叔子小食福興居。張曉蓮餞珊士于韵香堂，邀叔子與予作陪，予招佩芳侑尊。

邸鈔：薛焕奏華爾會同官軍破賊于泗涇。詔：華爾賞加副將銜。

初六日戊子　晴。是日命倭仁爲會試正考官，萬青藜、鄭敦謹、熙麟爲副考官。楊子恂招夜飲，不赴。夜初孤坐有憶，填百字令一闋，録存于此：

念奴嬌寒食旅居，小極早眠，添衣熨夢，凄然有憶，不止天上人間之感也。

廿年前事，正銀屏、鶯語嬉春時節。壓鬢董香都貼妥，替掩晝羅裙褶。翠帊分香，玉奩吹絮，一晌難輕別。打簾剛出，親妝鸚鵡能説。欣看臨水朱門，映門楊柳，柳下船如月。小扇低筝同載去，十里人家寒食。酒榼桃花，鈿囊燕子，一霎成追憶。舊歡如夢，唾絨襟上猶濕。

邸鈔：湖南提督周寬世奏湖南本境肅清，請開缺赴皖浙等省剿賊。詔：周寬世奮勇可嘉，著毋庸開缺，准其赴曾國藩軍營，帶兵剿賊。曾國藩疏劾新任浙江按察使李元度前因徽州失守，奉旨革職挐問，並不候訊，擅自回籍。旋于義寧、奉新、瑞州等處剿賊，並未接仗，賊皆自行退出。該員捏禀冒功，官文奏其出力，迭蒙賞還按察使銜，並加布政使銜。上年秋間，該員自率練勇，名安浙軍，由廣信抵衢州。後疊經王有齡羽檄飛催，並致函哀告，該員並不赴援，實屬法難寬宥。請將該員革職，念其從事多年，積勞已久，請免其治罪，交左宗棠差遣。臣奏保在前，並請議處。詔：李元度著即革職交左宗棠差遣，以觀後效。曾國藩交部議處。浙江按察使現在簡用乏人，著曾國藩、左宗棠于平日所知，擇其才堪勝任并嫻軍務者，不拘資格，酌保數員，候旨簡用。鄭元善奏新授河南布政使張曜以親喪未闋，懇請專辦剿匪事宜，據情代奏。詔：張曜准其專辦剿務，河南布政使仍著按察使王榮第署理。

清明辰正三刻。初七日己丑　清明三月節。上午陰，下午雨，聲凄緊，入夜愈甚，二更風起雨止。得定子書即復，並以《詞綜》還之。是日黄昏在館中聽雨，悲咽欲絶，復成《百字令》一闋，又成送珊士南歸《金縷曲》兩首，俱寫存于此：

百字令壬戌清明，風雨凄沓，夜坐用前韵寄故園弟妹。

客中風雨，又凄凉過了、清明寒食。小屋荒燈扶病坐，形影暫相憐惜。水市笙簫，山廚餳粥，故國三年别。杜鵑難到，夜深何處啼血。愁絶海北孤兒，江南老母，兩地無消息。更念松楸先壟在，濁酒一杯誰滴。冷月山花，天涯魂夢，應有歸時節。草間弟妹，今朝知倍相憶。

金縷曲表兄陳珊士棄官由海道間關入浙尋母，送以二首。

看爾揚鞭去。正愁人、東風滿目，亂花狂絮。故國蒼茫天萬里，不辨越山何處。更碣海、波濤洶怒。猰兒磨牙鮫舐齶，但隻身、掉臂遊行過。忠孝事，待君補。最憐少日傷孤露。耐荒寒，苧燈齏甕，半生艱苦。贏得科名酬母教，衣錦暫時團聚。詎轉足、便迷歸路。薄宦未成家陷賊，負高堂、總被微名誤。穿壘走，涕如雨。

慈亦窮民耳。廿年來、孤兒寡母，艱難生計。舊産池陽都割盡，乞食凄凉京邸。更慟絶，横流鄉里。宗族千人家八口，盡倉黄、乞命干戈裏。天地酷，有如此。與君己丑生同歲，數衣冠，崔盧中表，舊家門第。等是飄零傷亂客，説甚成名難易。只腸斷，今朝分袂。泥首馬前無别語，但思親、淚血煩歸寄。生死託，君行矣。

初八日庚寅　晴，大風，冰寒甚。黎明進城送秬香入闈，午偕允臣歸。夜邀珊士、仲彦飲福興居爲珊士餞行。

邸鈔：上諭：王茂蔭奏請飭議政王專心機務，事綜大綱等語，朕奉兩宫皇太后親政以來，因時事殷煩，特授恭親王爲議政王，在軍機處行走，原期事綜大綱，用資匡助。近聞各部院于應辦事件，往往窺探意指，先就議政王商議。在議政王，自不肯以一人之見，擅行裁定。而各部院大臣皆出自特簡，庶績釐凝，全賴該大臣等獻替可否，以臻妥協。即舉措或有未當，亦宜力争匡救，用輔不逮。其一切辦事各有專司，斷不准多所揣摹，藉口稟承，致負委任。其議政王所管各衙門隨同辦事之大臣，亦均身列卿貳，遇有意見不同者，不妨獨抒己見，毋得依唯畫諾云云。

上諭：王茂蔭奏請優容言官等語，我兩宫皇太后親裁大政，言路宏開，前因御史曹登庸于會議定陵規制衆論僉同之事，先自陳奏，不知大體，並以無據之詞，牽涉彭蘊章、綿森等，恐啓揣摩嘗試摭拾曖昧之漸，于世道人心甚有關係，特降補員外郎，用端習尚。其餘如博桂所奏，詞意龐雜，無裨政治，僅將原摺擲還，亦未加以譴責。本年御史劉慶奏請飭正奏疏體裁，所言甚屬非是。言官建白，豈必有故套可循？該御史茫昧無知，且意近迎合，亦僅將原摺留中，以示優容。至糾劾劣員，條陳時政者，無不立予施行。即或事有窒礙，言涉浮泛者，亦各節取所長，以宏達聰明目之意。嗣後科道等官，於一切政務確有所見，足以裨益時政者，仍著據寔直陳，無稍徇隱。朝廷將細察其才識言論，破格奬勵，以作敢言之氣，用旌直臣，而收成效。將此諭科道等官知之，劉慶摺並著交内閣叢鈔。

上諭：王茂蔭奏天象示警，急宜修省等語，所奏甚是。朕以冲齡，寅紹丕基，兢兢業業，罔敢怠荒。乃自正月以來，日星垂象，雨澤愆期，皆由修省未至，弗克感召和甘。所幸天心仁愛，懸象示警，深切著明，尤當益加寅畏，恐懼修省，以承天眷云云。

左宗棠奏大破賊匪於遂安之楊村，陣斬賊目完天安、盧有成，殺賊萬餘人，救出難民數千人，生擒僞符天侯羅青等，及僞檢點將軍等數十人，乘夜收復遂安縣城。上諭：刑部右侍郎著吴存義署理，石贊清毋庸兼署。

初九日辛卯　晴寒。珊士移寓萬珠湖家。剃頭。

初十日壬辰　晴。午後偕允臣進城，知會試題爲『此謂唯仁人能好人能惡人』三句。宿秬香小寓。

十一日癸巳　晴，午後大風。早送秬香入闈，晤同鄉諸公車。今歲天下應禮部試者不及三千人，吾浙僅八十二人。海門監禮闈試，邀至其直房小談，午歸。

十二日甲午　晴。定子來言將南返尋親，期以二十日行。

晡後偕允臣遊廠肆，買得李雁湖注《王荆公詩》一部，近人通州雷介庵淇所著書四種，爲《服緯釋注》《介庵經説》，及所輯《世本》與《竹書紀年》。《服緯》者，其父崇仁縣知縣鐏所撰，備言古今服章服制之沿革變遷，皆一準以經訓，而介庵箋注之。《經説》則雖以古義爲本，而不甚信鄭、許之學，于近時諸名儒説亦無引用者，然精博時有可取。《世本》乃采掇群書所引，略存梗概而已。《竹書紀年》後附以天象、地理、世系各圖，予家有其書，紙槧俱佳。此本已爲翻刻，頗有誤字。《紀年》終不足深信，以流傳既久，古事之載於往籍者，往往藉以考證，雷氏抉摘遺文佚義，多所補正，較徐氏文靖之《統箋》爲密，惜所撰《義證》四十卷，尚未見於世耳。

邸鈔：勝保奏本月初二日潁州北城之捷。時苗沛霖合粤捻之衆，圍賈臻于潁州，詔勝保救之，今始奏捷。其疏稱由夜進兵，次日復大戰連捷，北面城圍已解。

十三日乙未　晴。兩夕舊疾連發。珊士昨夜來，告以十四日行。

十四日丙申　晴，下午大風，入夜尤甚。作禀家慈書，致仲弟書，致大妹倩、二妹倩書，致沈瘦生書，致詩舫弟書，俱託珊士帶去。叔子招同寧津龐省三太守飲福興居爲定子餞行。夜，珊士來話别。

邸鈔：詔：已革户部右侍郎劉崐賞給六品頂帶，在實録館效力當差。已革太僕寺少卿德克津泰賞給六品頂帶，派充定陵工程監督常川駐工。　勝保奏本月初三日夜偕賈臻攻破潁州東西南三面賊壘，共計毁賊營三十七座，賊卡四十餘處，殺賊無算，潁郡城圍立解。　詔：欽差大臣兵部左侍郎勝保自直東遠道赴援，沿途獲捷，深入急進，兩月之間，擊散賊衆數萬，立解重圍，實屬謀勇兼備，調度有方。著加兵部尚書銜，並賞給翡翠、翎管、白玉烟壺、白玉佩、珊瑚豆、大荷包等件。　三品頂戴安徽布政使署安徽巡撫賈臻堅守危城，派兵夾擊，共解重圍，勤勞倍著。　著加二品頂戴，並交部從優議敘。　其在事尤爲出力之總兵成禄著賞還頂戴，並加提督銜。　儘先副將馬升、李璋均以總兵記名簡放。　餘升擢有差。　二品頂戴河南記名道洪貞謙自入皖後沿途收撫民圩，隨平賊壘，屢著戰功，洵屬異常出力，著交軍機處記名，遇有按察使缺出提奏。

十五日丁酉　晴，風。　今日擬黎明走送珊士上道，夜來疾發，憊不能起，悵然悵然。

跋《樹經堂遺文》及《閻譜》各一通。文皆不存稿。　張石舟爲山西平定州舉人，以博學稱於京師，嘗撰《顧亭林氏年譜》，搜輯賅洽，爲識者所重。《閻譜》體例，一同《顧譜》，惟潛丘事跡，較爲寥落，石舟廣徵博引，閩人何願船刑部秋濤佐之，凡各家詩文集及説部地志，多所摭拾，雖或傷支蔓，不稱體裁，然可以考見一時人物著述之盛，於國史《藝文志》《儒林傳》皆有裨益。　惟石舟以同時毛西河氏與潛丘辨難相詬，遂痛詆西河，殊非公論。　西河經學，固有可議，其與閻氏論《古文尚書》，閻氏作《疏證》力攻其僞，此潛丘平生第一致力之書，而西河作《冤詞》以矯之，自是虚憍逞辨，不能取勝。　然我朝廓清宋、元荒陋之學，西河實爲首功。　凌次仲氏嘗言蕭山著述，如醫家之大黄，有立起沉疴之效，爲斯世不可無者，誠爲有見。　而謂其《四書改錯》一書，最爲簡要可寶。　予謂政不止此。　其所説《詩經》諸書，自非唐以後人可及；論《春秋》亦多可取。　若石舟者，其學問豈足望其津涯耶？　石舟又以元和顧千里氏言嘗見《廣雅》顧亭林氏校本，列潛丘於弟子，而潛丘著書，未嘗及此，疑倍其師云云，石舟遂力辨潛丘未嘗爲亭林弟子，而詬千里爲輕薄翻覆，嘗師段氏懋堂，嗣以論學不合，遂貽書忿詆，身爲倍師之尤，而妄毀先哲。考千里未嘗執贄段氏，其相論難，乃以周世小學之制，段氏謂當主《祭義》『天子設四學』注『四學謂周四郊之虞庠』，而以爲周制四郊各有小學；此說始於仁和孫頤谷氏據《北史·劉芳傳》四小在郊語。顧氏謂當主《王制》『虞庠在國之西郊』，而《祭義》爲誤字；各執一是。段撰《禮記小學疏證》一篇；顧撰《學制備忘之記》一篇，其説雖似段爲長，然各欲改經字以合于一，亦互有是非，今俱見兩家文集中。段、顧往復書及段證顧記，皆刻入《經韵樓集》，而《思適堂集》爲楊芸士所删。段氏既屢與顧書痛辨之，復致書黄紹武以盡其説，其於千里亦極肆詆毀，而未嘗敢言千里爲其弟子。石舟與千里年輩不相接，何所感而毒詈之，甚非著書之體也。

邸鈔：上諭：前據户部代奏筆帖式敬恩呈請於會試第三場另備一卷，俾士子别抒己見，當經降旨令禮部速議具奏。兹據禮部奏，會試定例第三場試以策問五道，原可剴切敷陳，覘其學識。若另備一卷，俾士子别抒己見，是轉以策問爲具文，徒事紛更，有乖定制等語，該筆帖式所奏著毋庸議。至鄉會試年分條陳科場事，例有處分。惟念現當廣開言路之時，該筆帖式附於應詔陳言之例，尚與臨期條陳科場事務者有間，著加恩寬免處分。

上諭：禮部奏遵議給事中吴焯條陳造就真才，請於鄉會試責成考官核取實學，並出題不得割裂等語。我朝制藝取士，人才輩出，奉行既久，不免有空疏剽竊之弊，急須崇尚實學，力挽頹風。著照部議，嗣後鄉會試，責成考官詳加校閲。頭場《四書》文以清真雅正爲宗；二場經文取其有關實義者。若敷衍成文，概棄弗録。三場策問，以經史與時事分問，使貫串古今通達治體者，得以敷陳政事得失利弊，以及籌餉用兵之道，不必責以忌避，亦不得繩以小疵。貢士射策，原以覘其經濟學問，乃近科以來，專務繕寫，相習成風。嗣後著仍遵舊制，不必拘以字數，最短者以千字爲率，其不及者以不入格論。各貢士當從容條對，不必專事繕寫。士子趨向，隨主試爲轉移。近者以各省考試題目多割裂太甚，應試生童遂各鉤心鬥角，習爲穿鑿支離，最爲風俗人心之害。嗣後各省學政及府州縣學各官，務當恪遵功令，所出題目，不得割裂小巧，牽連無理，及詩題引用僻書私集，以正文禮而培風化，違者照例議處。該給事中應詔陳言，尚非專爲科場起見，該部所請交部察議，著加恩寬免。

十六日戊戌　晴，風。

跋丁儉卿晏所輯鄭康成氏、陳思王、陶靖節、陸宣公四年譜各一通。儉卿，江蘇山陽人，辛巳舉人。自序其所著經説，有《周易解故》一卷，《禹貢集釋》一卷，《禹貢錐指正誤》一卷，《毛鄭詩釋》四卷，《詩考補注補遺》三卷，蓋補東原戴氏之遺。《重編鄭氏詩譜》一卷，《儀禮周禮禮記釋注》八卷，《佚禮抉微》二卷，《論語孔注正僞》四卷，《孝經徵文》一卷，《説文舉隅》一卷。又有《楚辭天問箋》及《柘唐脞録》《柘唐詩文集》《山陽詩徵》等書，皆未刻。張石舟《閻譜》中屢引其《柘唐脞録》《山陽詩徵》兩書，則所作固信而可徵。此四譜僅其一鱗半爪，然援據詳博，考辨精細，所附論斷，簡雅可觀，是誠近日之儒林碩果矣。鄭君譜尤詳，其論范書本傳所載《戒子書》『不爲父母群弟所容』語，當據《太平御覽》所引別傳作『爲父母郡所容』。謂父母郡者，猶父母之邦也。爲父母郡所容，故下接言去廝役之吏，遊周秦之都。范書誤改，甚爲害理。此條極精確，有功于先儒甚鉅。惟謂其去廝役之吏爲指太守召爲功曹則非。案袁宏《後漢記》載鄭爲鄉嗇夫，屢詣學聽講，太守杜密爲除吏録，使得極學，遂造太學受業。范書《杜密傳》亦言密爲北海相，見鄭爲鄉佐，召署郡職，遂遣就學。此所謂去廝役之吏，遊周秦之都也。其辨

《孝經》爲小同所注，據樂史《太平寰宇記》所載小同序文。然其文有『念昔先人餘暇，述夫子之志而注《孝經》』云云，則正言是康成所作而小同序之者。孫淵如氏《問字堂集·重修費縣東山書〈院〉記》中誤，亦與此同，丁氏殆本孫氏説，又但引《太平御覽》而不引《寰宇記》，亦疏。又范書述鄭君著述，獨不及其《周禮注》。丁氏遍采群書所引鄭氏著述，補范書之所未載，而亦不及《周禮》，皆小失也。段若膺氏謂范書稱鄭所注《周易》、《尚書》、《毛詩》、《儀禮》、《禮記》、《論語》、《孝經》、《尚書中候》乾象曆，按此不應遺《周禮》，疑『儀禮禮記』四字乃『周官禮禮記』五字轉寫之誤。蓋『儀禮』本但稱『禮』，無『儀』字，漢人無稱『儀禮』者。劉子元引晉《中經簿》，《周易》《尚書》《尚書中候》《尚書大傳》《毛詩》《周禮》《儀禮》《禮記》《論語》凡九書，皆云鄭注。

十七日己亥　晴，風。寓中榆華、梅花盛開。閲雷、徐兩家《竹書紀年》。得定子書。

十八日庚子　晴，風。剃頭。

十九日辛丑　晴，風，午後陰霾。得子恂書，招飲北韋家。作書致星翁。作片致夢漁，致子恂。問月來，同至廠肆閲書。傍晚訪北韋，遂邀子恂、叔雲、龐省三飲福興居。

邸鈔：工部尚書王慶雲病故。詔：照尚書例賜恤。慶雲字雁汀，閩縣人，己丑進士，由翰林遷至兩廣總督，告病歸，去年以尚書召，未上而卒。李菡補授工部尚書，楊式穀調補吏部左侍郎，張之萬補授禮部右侍郎。

二十日壬寅　晴。

閲桐城姚薑塢先生範《援鶉堂筆記》，眉批：援鶉者，揚子《法言·寡見篇》『春木之芚兮，援我手之鶉兮』。注：芚猶盛也，鶉猶美也。自經史子集以至説部、佛經，皆摘録其異文佚義，多所辨正。先生爲姬傳禮部之世父。桐城學派實開近世空疏之弊，而先生專力考訂，精博遠非姬傳所及。極推服義門何氏及同時定宇惠氏。凡二家所校訂經史，悉據其本録之，不更加論斷。書共五十卷，乃其曾孫石甫臬使瑩所輯，而邑人方植之東樹爲之校正。姚氏文義簡澀，其書大半從平日所批注群籍中録出，往往不具首尾，亦多未定之語。石甫校刊不精，訛奪甚衆。植之所附案語，雖亦時有精義，然屢詆近世諸儒之爲漢學者，於惠氏亦譏其阿鄭太過，每失之愚；至謂近日學者，痛詆唐、陸、孔而推臧琳，痛詆程、朱而推戴震，爲猖狂之尤。惟於吾鄉盧氏文弨，獨無間言；於阮氏元雖有微辭，亦無過訐。其於三禮三傳校訂頗密，殊足爲姚氏功臣也。

邸鈔：前任順天府府尹蔣琦齡本名琦淳，避御名改。奏應詔敬陳十二策，曰端政本、恤民隱、整吏治、籌軍實、恤旗僕、崇正學、除粉飾、任賢能、開言路、慎名器、詰戎行、挽頹風。蕫塢原名啓涑，字南青，乾隆壬戌進士，官編修。

二十一日癸卯　晴，風。館中海棠花盛開。省三偕其兄順卿户部招同叔子飲龍源樓，叔子復邀飲遇春堂，三更歸。

穀雨申正二刻。　二十二日甲辰　穀雨三月中。晴，風。得吕定子書告明日行。作書致問月，並爲其《仰蕭樓文話》作序一首，還之，文不存稿。夜舊疾復發。

邸鈔：散秩大臣照祥、和碩額駙扎拉豐阿、和碩額駙德徽，俱挑乾清門侍衛。

二十三日乙巳　晴，風，暖，下午可夾衣。晡後偕允臣兄弟小游至三樹堂，遇同鄉余星槎刑部，留夜飯，更初歸。復偕叔雲出游，三更歸。

邸鈔：景壽補授後扈大臣。

二十四日丙午　晴陰相間，午後大風。閲《援鶉堂筆記》。允臣昆季招同叔子夜飲福隆堂，叔子邀省三偕來，飯畢小游坊曲，三更歸。

邸鈔：都興阿奏本月十七日敗賊於揚州城外之虹橋，副都統海全中槍傷死。詔：照都統例優恤。

二十五日丁未　晴，風，暖。閲凌次仲氏《校禮堂文集》，其言性言仁言禮，漢儒所未及也。

二十六日戊申　上午晴，午後風霾。

邸鈔：上諭：南書房翰林侍郎張之萬等遵懿旨纂進歷代帝王政治及前史垂簾事蹟，法戒昭然，足資考鏡，著賜名《治平寶鑑》，張之萬、許彭壽、潘祖蔭等均賜幣。

二十七日己酉　晴陰相間，有風。晡後身熱小極。叔子招同允臣昆季飲福興居。

二十八日庚戌　晴，風終日。身熱小病不飯。夜小雨即止。

邸鈔：薛焕以頭品頂戴充辦理通商事務大臣。李鴻章署理江蘇巡撫。李，丁未進士，由道員驟擢。

二十九日辛亥　晴，薄陰。晡後偕允臣昆季飲福隆堂。叔雲、雪甌、杜五樓復招飲同興居，遂至遇春堂，叔子、允臣强予修好於芝娘，夜分飲信芳堂，招之佐酒。雪甌止宿齋頭。

三十日壬子　晴陰相間，有風。得問月書。

邸鈔：上諭：曾國藩奏遵議御史朱潮統籌東南大局一摺，並請派大員督辦廣東厘金，接濟江浙軍餉，著派左副都御史晏端書馳赴廣東駐扎韶關云云。此即予正月間爲海門代草之疏也。

越縵堂日記壬集上

同治元年九月初一日至十二月三十日(1862年10月23日—1863年2月17日)

予自道光丙午始作日記,至戊申冬輟,閲五年,逮咸豐甲寅春更爲之,迄今同治壬戌,中絶者惟乙卯闕冬,己未闕夏六月至秋九月,乙卯以落解伊鬱,己未以入都冗廢,皆不及補。計甲寅至壬戌凡九年,得十三册,編爲甲乙丙丁戊己庚辛八集,士友多傳鈔之。其甲寅秋冬日記一册,丁巳夏日記一册,皆藏于家,去歲辛酉九月,粵賊陷紹興,焚西郭内外,李氏里宅書悉燬。甲寅春夏日記,又於行篋中失去。今僅存十二册。自去冬大病,旋聞越警,不得老親消息,晝夜驚怛,無復人世意。延至今年三月,杳無家報,又感中表陳珊士比部等皆南返迎親,予獨爲周□□□兩鬼蜮所陷,浮湛餓隸,不能自拔,益憤咤痛哭,遂廢日記。五月中得仲弟去歲八月書,時越猶未破,書中言將移家柯山,始覬幸免西郭之滅焚滅之禍矣。六月中都中大疫,日惴惴視溝壑。七月中竟染癘,癘後又患腦漏,髓血迸流,奄儼待盡。時館商城相國家,沉困之中,猶著《窮愁録》一册,蓋以代日記也。閏八月十二日,珊士奉其母至京,從滬上携得仲弟六月間書,始知去冬之變。老母及八口先匿韓家埭舟中,後走馬山,又西走柯山,遂爲久隱計。而宗族死難者數十人,俘虜者數十人,陷没者十餘家。予家老幼九人,竟得無恙,是固陰德之報,抑上帝之神耶。於是驚魂稍定,思理故業,起九月之朔,復續日記,亦賢於博弈而已。雖然,男兒識字憂患始,一生屯蹇,政坐讀書。中年以後,頗騖聲華,物腐蟲灾,遂召外釁,匪人接軫,倐然自安，故歷年日記無五葉中不見汝南兄弟名字者。連縑列竹，刻狀彫豺，尚不畀諸烈火，而續之未已，不其愚而可痛乎！後世子孫以我爲戒可也。柯山蘿庵黄葉院頭陀書於京邸。

同治元年九月初一日庚戌　雨。吕庭芷編修來，新自江北旋京者。

霜降子正三刻。　初二日辛亥　雨霽。周雪甌來辭行，雪甌將以初九日南返迎孥也。詣文昌館吊楊子恂令叔笙友觀察之喪，分資四千。順道訪庭芷編修、沈愚亭駕部，俱不值。唁錢辛伯編修父喪而歸。是日子正三刻霜降。

初三日壬子　晴。作書致沈愚亭駕部、潘星齋侍郎、伯寅光卿。夜小雨。

初四日癸丑　晨小雨，旋晴。愚亭駕部來。得伯寅光卿書，星齋少宰書。下午步詣朱海門侍御話别，侍御亦以初九日南迎眷屬也。晤平景孫庶常。

初五日甲寅　晴。作書致萬蓮初禮部，爲孫雨田舍人代詢恭送梓宫禮節也。平景孫庶常來。致吴碩卿工部書。晡偕孫雨田進城至兵部窪與周雪甌、賈琴巖兩刑部話别。晤傅子蒓舍人，並訪珊士，偕見其母夫人而歸。得庭芷編修書，招明日午飯。得萬蓮初禮部書。

初六日乙卯　晴，有風。致伯寅光卿書，爲將母乞金也。略云：『前奉環雲，備承注飾。邇阻神浹，分殊道均。威明報書，甘受元叔之誚厲；長虞答什，能諒郭機郭名上一字避家諱，故仿昔人用葛亮寄法。之責言。古有斯風，今方曷讓。不圖薄劣，得荷鑒裁。更以企仰之尊，遂爲急難之請。用陳率素，想不爲煩。弟近得家書，幸全八口。老親弱弟，齏粥爲生。一旬之中，難營半餔。孑身遠竄，五内崩摧。近有鄉人，南旋逐累。生具面目，獨棄人倫。思集涓金，暫供焦飯。長安俯仰，拄閡荆榛。仁祖胡奴，一時都絶。冀惟廉泉之潤，可潔白華之餐。想鵲注歸裝，烟霞未絶。敢分片石，以鑄慈顔。情切望奢，不勝皇栗。』致謝夢漁、楊子恂各一紙，皆爲鄉人轉詢小事。得伯寅復書。得夢漁給諫復書。謝惺齋刑部來。再得伯寅書并惠白金十四兩。修家書兩通，一稟母親，一致仲弟。

初七日丙辰　晴，風。作致沈瘦生書。作致孫子九書，略云：『四年不見，萬劫畢乘。越鳥愁巢，胡馬失侣。悲號宛轉，類别情均。比得家書，知兄避地道墟，闔門無恙。三旬九食，憂而不傷。弟誤聽兄言，致斯奇禍。汝南兄弟，久棄鄉評，猥矜熙先之小才，遂志匡術之異類。蘭艾不别，有識叢譏。然至己木之行，傅氏二昆，頗相諷阻。兄獨極意從臾，促之阬穽。鴟梟接翼，以爲鸞鳳；豺虎結尾，而謂騏驎。每一追思，能無歸怨。嗟呼子九，太丘道廣，乃有斯徒。食肉寢皮，豈抵冤酷。一身貧乞，八口幽囚。烏乎李生，披猖至此！孀親垂老，嚙指賊中。弱弟孤兒，羅掘爲活。宗族半滅，姻特鮮存。所望仁兄，閔其遭際。高堂在南，時賜存問。極承僵卧閉門，近狀危迫。恨無匹絹，遥致高縱。落月晨星，知我心耳。蓉生眷屬，頃寓何方。孟調久亡，閑谷繼賈。兩家弱小，有無消息？求便示及，不勝區區。朔雪南雲，並生異域。臨紙悲泣，魂奪神迷。』致書雪甌、琴巖兩比部送行云：『日前話别，情鬱辭枝，葉落鐘鳴。故人行矣，一身陷棄，能不凄然。當此横流，誰非人子？獨爲異類，理絶于天。慘慘河梁，悠悠關塞。朔鴻盡起，霜柳半零。故是百憂，何堪四顧。尚惟芳時攝術，努力遄行。慎矣風波，勉旃忠孝。賊烽千里，海國百程。挈眷春還，屈指朝夕。不宣。』兩得吕庭芷書，一復。

初八日丁巳　晴。早得庭芷書并惠銀四兩，即復書謝。周允臣比部惠銀六兩。向相國支九月修金。陳德夫來。夜封家書並集銀三十兩，人定後走託朱海門寄去。海門已束車將行矣，匆匆握别而歸。烏乎，行年三十四矣，生平手耗家貲數千金，今日始仗文字之力得白金三十兩，爲慈負米第一舉，悲夫！孫雨田派送梓宫赴定陵，以三更時行。雨田亦館商城家也。

初九日戊午　晴。重陽佳節，尊俎蕭然。故人半歸，羈愁萬緒。因獨行至南下窪子遊龍泉寺，觀壁間石刻，唐人所書《金剛經》。進至丈室觀壽山石十六尊者像，贊歎莫名，他日南返得重建絳跗閣，當力購此歸供也。出詣龍樹寺，車馬甚喧，登看山樓，座客已滿，酒肉重午，略一倚欄，嘯詠而下。將詣陶然亭，以夕照漸西，遂返。獨飲時豐齋，盡藥釀一注子，醺然而歸。爲庭芷代撰送某中丞詩三十餘韵。

初十日己未　晴。允臣邀飲時豐齋，晚歸。受風而病，夜二更啜藕粉湯一匙，欲吐，遽止。

十一日庚申　晴，大風。病不食，自料方劑服之。夜疾發。

十二日辛酉　晴，大風。病如昨。得庭芷書，以近詞十二首屬爲點定，草草作復。夜疾又發。

十三日壬戌　中濕頭痛，復即前方加減服之。作書致伯寅。得德甫書，即復云：『載誦手示，旦感且慚。弟日記中此段議論，初意不敢示兄。繼思我兩人本非班傅相輕、袁伏互詆，使著書而不相告，轉非朋友責善之道。昔人傳太白、子美，迭爲嘲誚，小人之言耳；子瞻、魯直，各有微辭，政不害其交誼。若前明李、何，一則笑爲搏泥畫沙，一則譏其摇鞞振鐸，斯真黼覆矣。且人之爲文章材力，各有所到，性情各有所偏，蛙瘦熊肥，不能强合。兄有所疑，不妨再三往復，亦讀書中一樂也。弟於重九日送客南返，益悽悵不聊，歸後惘然如有所失，念伥伥無可訪者，遂挈一僕出門，獨遊龍樹、龍泉諸寺，至陶然亭，日暮而返，便道飲酒家，以京錢二千盡藥酒一注子，歸後遂病，三日不食，今稍愈矣，勿念。』得伯寅復書。夜又疾動。

十四日癸亥　晴，風小止。頭痛小極。洗足。下午答拜夏小笠司馬，不值。答拜謝惺齋，久談。

途晤張曉蓮刑部，薦僕徐禄去。雨田差旋。

十五日甲子　早晴，終日陰霧。頭痛未止，疲苶甚。作片致張曉蓮，付徐禄持去。作書致德夫云：『昨約過談，嗣力疾登車，往詣一家，出已昏黑，體又憊甚，遂不能如約，罪甚罪甚。歸涂復冒風頭痛，今日不再出矣。弟日來尩瘠，幾不成人。烏乎！積瘁之士，寡至四十。况以弟草木早零，水火交迫，及今猶不死者，殆王子年所謂負債未能去耶。來書言近日鍵户讀書，世事一無所聞，其法甚善。兄於此事悟力夙高，及此爲之，政未遲暮。弟則不能挾策隨車，惟浮湛溝壑之側，爲南中老親暫延日月而已。所欲售一帖，即付奴子捧回。餘不具。』得德夫復書。

十六日乙丑　陰，晚雨。章秀才文瀾來，不晤。作片致夏鏡人刑部、小笠司馬昆季。得傅子蒓舍人書。得夏鏡人復一紙。傍晚偕雨田詣子蒓，其居停吴鬆塘，勉齋兄弟留夜飯。雨作，坐車而歸。

立冬子正一刻。　十七日丙寅　陰寒，晚小雨。是日子正一刻五分立冬。得謝惺齋片招飲。得吕庭芷書。作片致夏鏡人刑部。傍晚偕雨田步赴惺齋之招，晤平景孫庶常、章秋泉秀才、王編修師曾、陳雨香进士，皆鄉人也。又有松江人錢姓同知來。夜冒雨歸。得夏鏡人復。

十八日丁卯　晴。得傅子蒓書。作書致吕庭芷定子云：『昨奉惠書，有客在坐，匆匆不及作復爲歉。新詞宛轉紓餘，深入北宋人悟處。弟病五日方稍愈得起，讀之以麈尾柄擊案呼至者再三。猥命忝微言之末，妄效點注，殆所謂以平等觀説無上法者耶，惶恐惶恐。來示期許太過，汗頩愧心。弟於馬少游、盛孝章皆不能掇拾皮毛，然自分必不作申徒狄屬，惟望執事等輩，横戈披劍，安集横流，還我山陰田五十雙、鑑湖釣船一隻，奉田遊巖之母，挈朱百年之妻，敗絮自擁，何慚兒子耳。不宣。』作書致子蒓。得夏小笠大令書，即復。得定子書，又復。

十九日戊辰　晴，大風。得德甫書。珊士來。剃頭。作片致謝夢漁。陳同叔刑部來，子恂來，俱爲閽者辭去。得夢漁復。得子蒓片。

二十日己巳　晴寒。得德甫書，即復。閲宋搨唐《昭仁寺碑》。

二十一日庚午　晴。德甫來。作片致定子。兩夕疾連發。

二十二日辛未　薄晴。得定子書。作片致子蒓。

二十三日壬申　晴。自爲《白華絳趺閣詩》甲集至己集序。小笠來，久談而去。

二十四日癸酉　晴，大風，晡後風止。偕予恬竟行至賈家胡同，順道訪翁巳蘭，又詣戴南琴工部、平景孫庶常。夜歸。

二十五日甲戌　晴，大風。以六金買得羊裘一，賒而未付直，不敢著也，記以一歎。

二十六日乙亥　晴，風。珊士來。吴碩卿來久談。得德甫書，復之云：『極思專訪，暢發微言。比屆冬初，風寒砭體。裘纊之具，渺焉無期。倘作夜談，實憂軀命。法師敝絮，彌深挂閡之虞；叔寶羸形，或致清言之厄。遷延致罪，愾歎何窮。前取到《昭仁寺碑》，早送東閣，相公昨日燮理之暇，已賜披覽，竟以物出寒家，疑爲不祥，未蒙采録，多由兄命奇蹇累及昔賢耳。專使繳還，一笑。』

二十七日丙子　晴。下午步訪小笠，不值。詣陳同叔，少談而歸。

二十八日丁丑　晴。得德甫書，即復。得小笠片，即復。珊士來。晡後詣小笠，留飯暢談，更餘而歸。

二十九日戊寅　晴。得德甫書，即復。小笠來。晡後詣德甫，駃談留飯，并晤熊定卿郎中。夜聽定卿度曲。

三十日己卯　晴，午後陰，有風。晨從德夫處歸館。終日疲困。閲高郵王石臞、文簡父子兩先生集，文簡之孫工部某新刻者也，文各僅一册，又校刊不精。石臞先生集中，如致宋小城、陳碩甫等書，俱言經旨，確密可傳。高郵父子之學，至今已絶。文簡三子：壽昌，官至廣西按察使；彦和，官安徽池太廣道；壽同，道光甲辰進士，官湖北武昌道，壬子殉難。聞壽同尚傳家學，其後無聞云。

附九月邸報：

詔：已故直隸大順廣道劉煦准其在大名府城及原籍地方建立專祠。從文煜請。

詔：安徽巡撫李續宜到籍後趕緊料理喪事，剋日旋皖任事，毋庸扣定百日假滿。從羅惇衍請。

詔：西安將軍託明阿准其開缺，回旗調理。穆騰額補授西安將軍。初四日。

詔：前任都察院左副都御史張芾歷任江西學政巡撫，卓著賢聲。且力保省垣，爲民捍患。著於江西省城建立專祠，並加恩予謚。從鴻臚寺少卿朱夢元請，後予謚文毅。

詔：凡由商賈出身者，祇准其捐納虚銜頂帶，並州同以下佐貳雜職，其在奉旨以前報捐者均免議。從御史裘德俊請，旋以户部奏稱，捐銅局接奉此旨後，稍生觀望，有礙餉需，請仍以照舊章辦理，復降旨依議。

詔：貴州廩生黎庶昌呈遞時務一摺，詳加披閲，内有『賜之優容，俾競其説』等語，著都察院令黎庶昌將應陳事件，條分縷晰，詳悉具呈，由該衙門代奏。十二日。原疏别載《窮愁録》，以閣中不叢鈔也，其疏灑灑數千言，切直詳盡，爲近來鳴鳳。

詔：原任浙江寧紹台道羅澤南、浙江提督饒廷選於江西廣信府建祠合祀。從沈葆楨請。

詔：吏部左侍郎張之萬馳駟赴河南查辦事件。二十日。

詔：直隸布政使文謙留京另候簡用。石贊清補授直隸布政使。林壽圖補授順天府府尹。二十日。

詔：太子太保衍聖公孔繁灝因文宗顯皇帝梓宫東移山陵，來京叩謁，並修展覲之禮，感寒溘逝，悼惜殊深。著派大學士倭仁即日前往奠醊，加恩賞給廣儲司銀一千兩治喪。二十一日。

詔：河南布政使張曜著開缺，以總兵候補，並歸僧格林沁節制。以鄭元善劾其未能勝任。

詔：宗人府右宗人著載治補授。二十三日。

詔：順天府府丞著卞寶第補授。二十三日。

詔：王憲補授河南布政使，李鶴年署理河南按察使。二十三日。

詔：秦如虎署理浙江提督。二十五日。

左宗棠奏閏八月初五日攻克壽昌縣城。

詔：栗曜補授湖北按察使。

詔：李續宜即遵前旨剋日就道，赴皖署理巡撫督辦軍務。從賈楨請。

李鴻章奏九月初一日會同英國提督何伯及法國兵攻克嘉定縣城。

詔：前任給事中蘇廷魁，前任御史竇垿，編修劉熙載、黄彭年、車順軌，已革巡撫曾望顔，前任廣東布政使畢承昭，候選道朱琦，山東德州知州張應翔，著吏部迅即行知各該員原籍督撫，給咨來京引見。二十八日。

小雪亥初一刻。　冬十月初一日庚辰　晴。張問月明經來。始用爐。亥初一刻三分小雪節。

初二日辛巳　祖母倪太君忌日。大雪尺餘，下午晴。德夫招賞雪，復之云：『僵卧忽醒，開門雪滿。輖饑正甚，適枉瑶椷。猥荷嘉招，益承深致。吐茵東閣，久乏生涯。菜腹趁亨，聞之涎涌。適逢家忌，例變常餐。欲闖高筵，捫心赭甲。濮陽酒肉，望若神仙。謹修狀陳謝，不宣。』作片致小笠。子蓴來，不晤。夜大風。

初三日壬午　早大風，晴。得小笠片。梳頭。

初四日癸未　晴。珊士來。得定子書，以詞屬改定。作片致子蓴，唁其婦喪。

初五日甲申　晴。同鄉吴松塘縣丞招飲龍源樓。得子蓴片，即復。謝惺齋來。得小笠司馬片，索觀詩集，即復。恩竹樵廉使來訪，以所作詩及試律一册見貽。傍晚偕予恬步詣龍源樓，踏冰雪行五六里，脚下琮琤可聽，所嫌泠徹脛骨耳。身居京師四年，今日始儼然有安步當車氣象，可笑也。與子蒓及鄉人潘某同飲，二更歸寓。

初六日乙酉　晴。夜偕予恬同餞子蒓，並邀小笠、惺齋、松塘飲于福興居，小笠復邀過曲中小飲，三更歸寓。

初七日丙戌　陰。終日窮愁寥落，不聊讀經史，因檢《知不足齋叢書》中説部數種，借以撥悶。閱得黄山谷《宜州家乘》、范石湖《吴船録》、陸放翁《入蜀記》、元人郭天錫畀《客杭日記》共四種，皆前賢日記也。計看此已三過，故歷歷翻去，殊不費目力。范、陸二公所作皆極經意，山水之外，多徵古跡；朝夕之事，兼及朝章；膾炙藝林，良非無故。若涪翁、雲山二記，則隨筆直述，寥寥短章。而傳播至今，風流不歇，固由敘次簡潔，自有可貴，要亦吉光片羽，以人增重者也。放翁記有云：至平江過盤門，望武丘樓塔，正如吾鄉寶林，爲之慨然。又過舒州長風沙有云：西望群山靡迤，岩嶂深秀，宛如吾廬南望鏡中諸山，爲之累欷。郭記遊大般若寺云：寺門俗云望江亭，俯視錢唐江水，大略與揚子江同，但隔岸越山蒼翠差勝耳。遠見西興渡口，烟樹如薺。觀此三則，越中光景，可見一斑，不禁鄉思坌集矣。嗚呼，渭南越産，而西川之行，全家上官，萬里如砥，然尚觸目生感，不勝故國之思，况如僕者，家陷虎狼之窟，身居溝壑之濱乎？厲樊榭題郭記云：解道樓居好風韵，杭人不合異鄉遊。若以僕擬之樊榭，所處之地，所值之時，又不止霄埃別矣。生有勝賞，而惑於汝南兩蜮，致陷曾阮，悲夫！

初八日丁亥　晴，不快。得潘紱翁書，借《荆駝佚史》《穀山筆麈》《孤樹裒談》，予俱無以應也，復之。作書致伯寅。過吴碩卿談頃許。得德甫書。作書致德甫。

閲近人山陽魯孝廉一同《通甫類稿》及《通甫詩存》。《類稿》凡四卷，其《胥吏論》五篇、《復潘四農書》、《與左逸民第二書》、《與于司馬書》、《與吴中翰論時勢書》、《復戴孝廉第二書》，皆識議絶人，筆力亦足相副。擬之杜牧、尹洙，良無愧色，葉適、陳亮，非其敵也。潘、戴之書，名論獨創，實近世之奇作。《與左逸民第一書》《與高伯平論學案小識書》，辭意深醇，於學術源流邪正之辨，反覆詳盡。《與王學博書》《與黄通判書》，氣宇嶄然，足以扶翼名教。《安東歲灾記敘》《王翁小傳》《沈貞女傳》《關忠節公家傳》《裕靖節公死節事略》《湯文端公神道碑》《孫節母墓志銘》《擬論姚瑩功罪狀》諸篇，俱足於古文家中自樹一幟。餘如《蓋寬饒論》《秦論》《舜論》《沭陽仲氏族譜敘》《邳州志後敘》《吴城義塾記》《王氏旌孝敘録》，俱極有關係之作。《二燕記》，亦不減李義山、陸魯望諸小文。通計四卷文四十八篇，多閎肆而内謹嚴，演迤而峻峭，幾於篇篇可傳。道光以來，殆無第二手。梅曾亮輩，不足道耳。詩亦四卷，氣象雄闊而未成家，蹊徑亦多未化，然浩盪之勢，獨來獨往，固爲偏師之雄矣。中如《李元忠歌》《題元潁川王父子清秋迴獵圖》《三公篇》裕靖節、王文恪及浙撫劉韵珂。《投贈東阿周制府四十韵》即周文忠。諸作，氣象嶽嶽，想見其人。他亦多涉時事，傳之將來，足當詩史。恨其人已往，不得起九原而友之。嗚虖，以視世之絺繡粉繪，津津詞賦之末，行詭品污，搔頭弄姿者，豈特鵬鶡之於斥鷃乎？士夫平日學問，不求根柢，專爲浮靡，以自炫鬻，必至墮操裂節，或下流爲異類，甚可歎也！如通甫者，其志豈欲以文自見者哉？宋人謂杜司勛非文士，恨唐無知而用之者，吾於通甫亦云。

初九日戊子　晴。得伯寅書。作片致碩卿。夜初夏小笠以輿僕來邀，往詣暢談，晤同鄉吴某署正，梅梁侍郎子也，二更歸館。連日不快，咳嗽，夜又疾發。

初十日己丑　晴。德甫來久談。得小笠書，即復。移膳外廚。

十一日庚寅　陰晴相間。沈小湖、孫石湖兩孝廉來。

十二日辛卯　陰。閲孫季昭奕《示兒編》。季昭乃南宋人之知古學者，雖有踳駁，自爲淹貫。近儒盧抱經等稍于書中附訂其失，予亦爲正定數條。傍晚，予恬招同其族兄晴齋飲福興居，晴齋又拉飲曲中，强應之。夜歸。

十三日壬辰　雪，午晴。得九月初一日舍弟書，欣悉老母平安，闔家無恙，賊中尚不甚驚擾，節衣縮米，勉持饑寒。旅懷怔忡，閲此稍慰。惟大伯母章太安人避居松林，於七月初二日去世；妻母馬孺人避居富林，於八月廿三日去世，皆以疫歿者。仲弟言外姑身後尤爲單寒，送死之具，或同稿葬。聞之摧痛，捧紙泣然。二母衰年貧悴，遘此驚危，遂致桑榆頓迫崦景。稅服天涯，曷勝悲慘。自出門以來，屠氏姑母、薛氏外弟外妹相繼隕謝，今年三得家書，第一書知戚友陳閑如以庚申客死汴中，第二書知弟四姪燮兒殤於去冬，而族中死賊者按察司經歷淞、諸生肇丙、職員漣等十二人，婦女則職員星沚妻沈氏、職員浩女、七姑二人，被俘者十七人，李氏之禍於斯極矣，哀哉！此書又言大妹家寓馬鞍大山下，尚足自食；二妹家寓珠巖，貲物已盡，然幸均獲保全，是亦吾祖父忠厚之報也。書末又及閻、周庚申詿金事，僞爲嘉興邊守彙券，凶醜萬狀，令人氣塞。此書來甚速，而不知何人携至，深可感也。得小笠書。剃頭。子恂來。得德甫片，招往談。偕子恂詣德甫談，並晤熊定卿，同喫夜飯。更餘詣小笠，不值，與其兄鏡人久談而歸。

十四日癸巳　晴。早飯後走詣小笠，談至晚歸。夜詣予恬走詣子蓴，並晤謝惺齋、平景孫，談至三更歸。夜疾發。

十五日甲午　晴，下午陰。作片致平景孫，借近人陳卓人太守立《句溪雜著》。子蒓來，爲閽者所阻。得平景孫復并書來。

大雪申正初刻。　十六日乙未　晴。申正初刻十二分大雪節。德甫來，爲閽者辭去。夜偕允臣、書田、予恬小游。

十七日丙申　晴，下午陰。得熊定卿比部書招飲。

閲岳倦翁《刊正九經三傳沿革例》，識議精當，足爲良法。南宋人學問如此謹慎守古訓者，甚不多見。鄴侯於掌故之學則有《愧郯録》，於金石之學則有《法書贊》，於詩詞之學則有《玉楮集》。而《金陀粹編》一書，則孝子慈孫，百代興感。此書及《愧郯録》，尤著述家眉目也。大忠之後，生此名儒，自爲佳話。惜其歷官無似，蒙譏史乘，轉有愧於秦氏義列侯耳。

晚赴定卿之招，晤同叔、德甫、子恂及素不識者孫翼謀編修等四人，初更歸。

十八日丁酉　薄晴，天氣稍温霽。閲《愧郯録》。晡後偕予恬走詣子蒓，並晤平景孫。知子蒓又接母夫人之赴，爲之慘黯，慰唁而已。夜坐至二更，予恬先歸，予與（塗抹一字）君談文獻之學。（塗抹一字）君强識，得所未聞。三更許，小笠復以輿從邀至其家，話别，至四更始歸館。日間子恂來，小笠來，均不值。

十九日戊戌　晴陰相間，温霽如昨。得伯寅書，以明人尺牘一册，屬爲考訂名字之罕見者，即以館中無書復之。

尺牘留閲，共二十餘方，計十三人，皆明季名公。其顯可考見者，爲詹爾選、華允誠、魏雲中、楊忠烈、盧忠肅、周延儒、顧杲、侯忠節，俱首尾瞭然。忠烈、忠節，書蹟世多有之，宜興書未經見。此牘蓋在思宗登極時，與吴江周閣老道登者，中所云李、劉二老者，謂高邑、長山，時方以次登庸也。宜興字畫方正，而無神采，然骨力勁挺，殊不類其爲人。忠烈、忠肅、忠節三札，懔懔有生氣。楊、侯俱有求去語，進退之際，數語校然。盧公書中及中使一事，尤青天白日。明季時局亦可於三札中想像得之。詹、蕭二公直節冠世，顧亦未睹簡翰。讀此數紙，清風穆然。鳳超亦有欲歸未得之語，且深以一官爲負國，令人誦之感發。顧子方書凡兩通，蓋皆南都被逮後所作，草法極工，東林子弟，故自文采超絶。前賢楮墨，關系正鉅，固不僅斠量戈畫，評相波磔也。其他名琦者殆是馮文敏，名科者殆是江進之，名相者殆是郭尚書。單文短篇，無可旁證，又不能識其筆跡，故難臆定耳。

子恂來。付胡裁縫羊裘銀六兩，付僕人王福工直銀壹兩五錢。

二十日己亥　上午晴，下午陰。託予恬買高麗參三兩。作片致子恂。作片致平景孫，以明人尺牘屬其考證名字之難辨者。得潘伯寅書。夜大雪。試烟觸香氣。

二十一日庚(午)〔子〕　雪霽。復潘伯寅書。得平景孫書，以尺牘來還，言中有名桂森者，當是錫山吴叔美，見《梁谿詩鈔》，即蕭鳳超牘中所稱覲蕭親翁也。餘俱未知。作稟家慈書。致仲弟書唁楚材弟遭内憂。其致顧河之孝廉、滬上幕中書俱託傅子蒓携去。致王九如孝廉唁其母喪。傍晚大風，寒甚。夜偕予恬同車詣子蒓話别。

二十二日辛丑　晴，大風，寒甚。曉卧疾發。作片送子蒓行。作書致伯寅，還明人尺牘。作書致平景孫。得伯寅書。得平景孫書。

二十三日壬寅　晴。得伯寅書。作書致伯寅云：『頃奉手諭，並蒙擲還《蘿庵小志》，奬飾逾恒，遂使腐札迴榮，枯詞溢潤。裴榮期語林未出，見賞庾郎；鍾士季本論初成，折衷叔夜。方之鄙作，深愧昔流。雖知過情，能無感發。承示志中宜删一節，具承風義，勉我古賢，刻狀虺蛇，誠污簡牘。當如來旨，即事芟除。但弟與二周，憾深創鉅。迹其射影，直可滅宗。固交道之必無，亦士林所未見。遠近同憤，道俗羞稱。弟初以家難頻仍，屢試被放，不自揣量，思效明時。二豎遂因之生心，賣人設計，甘言苦口，變亂是非。致慈違親棄家，入貲自污。二豎乘其便利，爲季得官，乃復包藏禍謀，從臾北上，攘肥棄瘠，中道背言。弟上負老親，下慚鄉里，進退無據，出處都非。至庚申之冬，老母知慈尚阻吏銓，時寇氛逼江，越中危甚，衰親弱弟，猶於倉黄之中，鬻田數十，得四百金，將謀寄都。而□□公肆無良，劫奪以去。老母痛恨逆豎，兼念遠人，積憂成疾。京師識與不識，無不駭歎。而□□洋洋自得，若爲不聞。弟猶强與周旋，未遽棄絶。迨今夏五月，□□忽得重貲，儼然安富。弟適纏灾疾，宛轉簀床，連函呼救，深拒不應。延至秋初，乃始投書告絶。此弟與二周之始末也。嗚乎，銅臭司徒，名士所耻；貲郎微末，尤不足言。然弟既已破産爲之，便不得不視爲性命。而二周鬼蜮百變，畢力擠排，使之生爲愍隸，歿爲轉屍。書生之魂，羞歸舊壤；窮人之影，慚見天日。近得家書，病親崎嶇兵火之中，猶諄諄以不肖宦事爲念，弟所以痛心疾首，思食二豎之肉者也。弟雖無似，幼承義方，一行一言，傷人是戒，乃至朋友，尤冀保全。若此所爲，自絶人理，仇鬭家世，匪僅一身。自恨力弱手孱，不能白刃相報。聊因執事垂教，故略及一二而已。比閲山陽魯通甫類稿，此君不特文章錚錚，近之作手，胸襟志略，亦足一時。恨其不獲自見，弟又生稍晚，不及與之伸眉抵掌，上下議論。近日黎庶昌所上封事，雖近迂闊，頗多足采，軍功、鈔法二條，具可酌擇。庶常盡改部曹，鄉會宜減額數。京堂、郎屬，兼用守令；舉人、進士，並銓丞尉。縱骸時流，實爲良法。其試場經論之制，太高太難；人生學問，豈能盡通。宋試宏詞，最號繁密，然亦無此全備。此必不可行者也。士出草茆，好習大言，往往爲朝廷所笑，遂塞言路。弟夙善論事，頃居輦下，又值其時交游中，多有以上書相從臾者，自揆儒生之談，難取必效，又恐輕出爲當世譏。通甫有云，天下深沉，闊達之士，必不輕于一試。弟雖愧其言要，不敢不以此自待。嗚乎，賈生遡矣，朱樸益多，冒險倖嘗，徒傷國體者耳。執事開濟忠允，遇事敢言，百餘年來卿寺侍從所未嘗有，尚望善自攝衛，爲國愛身。近惟清恙休沐，燕寢暫暇。用布區區，言煩意沓。草次不宣。』

閲俞理初《癸巳類稿》。理初博綜九流，而文繁無擇，故不能卓然成一家言。蓋經學之士，多拙於文章。康成冲遠，尚有此恨，况其下乎？理初經説之外，醫學天文，尤所窮究，其第八卷《駐劄大臣原始》，第九卷《臺灣府屬渡口考》《俄羅斯佐領考》《俄羅斯事輯》《緬甸東北兩路地形考》，第十二卷《總河近事考》《地丁原始》《除樂户丐户籍及女樂考》，亦他日國史所必需也。是書首有王藻菽原序，言理初《類稿》本有三十餘卷，菽原先爲釐正得十五卷付梓，餘爲外集。又言皖人尚有徐卓者，字犖生，道光癸巳進士，著作甚多，其《經義未詳説》五十四卷先已梓行云云。理初，道光辛巳舉人，出吾鄉湯文端之門。

子恂來，爲閽者所阻。

二十四日癸卯　雪。梳頭。料撿詩集。閲《癸巳類稿》。德甫來，亦爲閽者辭去。

二十五日甲辰　晴，大風。子恂來。曉夜疾連發。

二十六日乙巳　晴。四夕舊疾連發，憊不可言。德甫來。珊士來。王九如母夫人開吊，不能往送，分資兩緡。是日誅何桂清于市，可快也。

連日憊甚，閲書無復緒理。偶檢得南宋人沈某所撰《鬼董》及元人楊瑀《山居新語》兩書，支床觀之，聊以遣日而已。《鬼董》敘次頗潔，然其中如《俠士韋自東》一條，《陶小娘子》一條，皆已見《太平廣記》，大略相同，而此書皆以爲南渡時事，以陶小娘子爲張循王妾，蓋傳聞之誤。小説無稽，固不足責也。瑀字元誠，順帝至正時由翰林出爲浙東宣慰使都元帥，陶南村《輟耕録》屢及其人。此書楊廉夫爲之序，多記元代朝野雜事，頗稱美順帝，亦臣子之義應爾。元世説部甚爲寥寂。王文定《玉堂嘉話》，予未之見，世間殊少傳本，所賴《輟耕録》及葉子奇《草木子》兩書，最足證補史事。其外惟此書與《庶齋老學叢談》《至正直記》三書，差可備參考耳。

二十七日丙午　晴。碩卿來。作片致夢漁、致子恂。平景孫來。

二十八日丁未　陰寒竟日。

閲《駢雅訓纂》。朱鬱儀撰《駢雅》七卷，頗爲奥洽。近時魏滁生觀察爲之訓纂，共十六卷，雖未極淹博，亦稱精慎。其卷首辨正《四庫書目提要》之誤，及《識語》一卷，尤爲邃密。滁生名茂林，閩人，由部郎官直隷通永河道。所著尚有吴玉搢《别雅輯證》四十卷，《國朝四十七科同館詩賦題解》十二卷，皆已梓行。其門人光州吴鞠生廉訪稱其尚有《覃雅廣腋》《天部類掖》《天部二十九聞》諸書，則予未見之也。乾嘉間考據之學極盛，朝士多能讀書，若南昌彭文勤、南匯吴白華總憲、稷堂侍郎、萍鄉劉金門宫保、平湖朱菽堂漕帥、歙縣程春海侍郎、山陽汪文端、吾鄉莫寶齋侍郎，諸公於應制之學，皆能探討本原，故雖不能赫赫以經術名，而被服儒雅，維持樸學，此道賴以不墜。滁生及歙縣鮑覺生侍郎、仁和金亞伯大理等輩，述作斐然，皆其繼起者。下此若蕭山湯文端、寶應朱文定太宰、平湖徐辛庵少宰，亦尚知看書。自歙縣、吴縣、華陽相繼當國，不説學，不愛才，蒲城、濱州等佐之。而道光三十年間，外秉旄鉞者，率滿洲之任子貲郎，提倡無人，弦誦遂絶。重以長洲、黄縣、商城等，拄腹撐腸，講章半卷，蒙然張口，如坐雲霧，上下枵然，併爲一氣，臺省衮衮，盡原伯魯之子矣。壽陽、常熟，稍知學問，而廉謹保位，閉閣不開。伏獵滿朝，猰豕盡起，流毒天下，可歎也夫！

夜閲沈亞之《下賢集》。亞之文以峭厲名，然多俗氣。中唐以後作家往往如是。至於司空表聖、羅昭諫諸人，崛强幾如驢橛矣。

和香喫蓉脂。

二十九日戊申　晴，晡後大風，夜止。詣碩卿久談。傍晚偕予恬出詣旗亭，貰食、聽俚詞，付錢八千八百文。夜詣吴氏兄弟，初更歸。

附十月邸報：

詔：許彭壽補授内閣學士兼禮部侍郎銜。吴保泰補授詹事府詹事。初二日。

詔：江蘇蘇松糧儲道郭嵩燾與兩江總督曾國藩兒女姻親，例應迴避，惟江蘇軍務方殷，需才孔亟，既據李鴻章奏稱，郭嵩燾學識品行衆論交孚，請毋庸開缺，並襄辦軍務，以資得力。著照所請。郭嵩燾著毋庸迴避。初三日。

詔：王映斗補授大理寺少卿。初四日。

詔：武殿試一甲第一名史天祥等授頭等侍衛有差。初五日。

詔：勞崇光仍以頭品頂戴著馳驛前往貴州，查辦事件。劉長佑未到任以前，兩廣總督著晏端書暫行署理。初五日。

詔：四川、貴州兩省教民案件，著成都將軍崇實秉公辦理。駱秉章著毋庸會辦。初五日。

官文、嚴樹森、多隆阿奏逆首僞曾王賴文光等竄擾襄河邊北，連營四十餘里。九月十二日至十六日，多隆阿督率總兵陶茂林等連戰皆捷。賊由庚仙鎮出湖北界，向桐柏、信陽一帶竄走。襄河一律肅清。初六日。

詔：署理河南臬司記名按察使洪貞謙即行革職。以鄭元善、多隆阿劾其帶兵遷延詐報勝仗也。

詔：都察院奏分發陝西知縣濮斗衡呈遞應詔陳言一疏，詳加披閱，所稱正本清源，潔矩修身等語，學術尚正，語亦明切。初七日。

詔：嚴樹森奏江蘇、安徽、浙江等省，營制未能盡復，兵籍無存，請將緑營兵額概行停補等語，著該部妥議具奏。

詔：瑞常著以吏部尚書協辦大學士。初九日。

詔：瑞常著開步軍統領缺，禮部右侍郎存誠著補授步軍統領。户部右侍郎崇綸著補授左翼總兵。初九日。

詔：禮親王世鐸著在御前大臣上行走。

詔：户部尚書羅惇衍、理藩院尚書伊勒冬阿、都察院左都御史載齡、内閣學士全慶，均著在紫禁城騎馬。初十日。

詔：瑞常著稽查欽奉上諭事件處。

詔：曹毓瑛著在軍機大臣上行走。

詔：總管内務府大臣明善著在紫禁城内騎馬。

詔：貴州貢生黎庶昌條陳時務，其中雖有更改舊章，事多窒礙之處，間亦有可採擇。黎庶昌以邊省諸生攄悃陳書，於時務尚見留心，方今延攬人才，如恐不及，黎庶昌著以知縣用，發交曾國藩軍營差遣。

詔：黎庶昌疏所稱薦賢才，慎保舉，及殿試條陳時務等語。前令中外臣工薦舉賢員，訪求山林隱逸之士，及軍營保舉明定章程，殿試策許其敷陳時政，不得專取楷法。現在中外臣工，洊舉賢才尚不乏人。而山林隱逸以及末秩下僚，或以德行，或以政事，或以文學，各擅所長，湮没不彰，甚爲可惜，允宜及時登用，以副闢門籲俊之典。著京外三品以上各員，並直省學政，悉心訪察，臚舉所長，咨調來京候旨考試，視其器識，破格録用，不得視爲具文。至各省應舉孝廉方正，亟宜選舉名實相符、不求聞知之人，著各督撫秉公薦舉，給咨來京候試。軍營保舉自上年明定章程後，本日復因嚴樹森之請，停止記名藩臬。黎庶昌所稱分爲三等敘功，戰功爲上，理餉次之，防堵、團練、文案又次之；理餉、團練、防堵、文案非二三年不准敘功保舉，各員俟軍務平後，始行選缺赴任等語，尚屬可行，即著各軍營遵照辦理。貢士策問著遵照本年三月間諭旨，准其敷陳政事闕失，毋庸避忌；並不准專取楷法；嗣後閲卷大臣，務當悉心校閲，力挽頹風。其餘所稱京官兼用守令，以進士、舉人爲佐雜，科舉罷用制藝，小試分爲四場，會試後附試絶學一場，教職各由公舉，停止開捐，酌增廉俸，試行鈔法，改設營伍等條，是否可行，著該衙門分别妥議具奏。

黎庶昌所陳各條，文繁不録，其中雖多卓見，而援古切今多駭聞見，必非朝廷所能用，轉不如其前疏之侃直可傳也。前疏見予所著《窮愁録》。

官文、嚴樹森奏總兵李續燾攻克龍井、陟溝、蕭王寨等處賊巢，擒斬逆首吴彦章。詔：李續燾賞加提督銜，餘升賞有差。

耆齡奏八月十七日寧紹台道史致諤等會同中外兵勇克復奉化縣城。

詔：李鴻章補授江蘇巡撫。十二日。

李鴻章奏九月二十二日親督各軍大破逆首僞幕王等于四江口，立解重圍。

詔：總兵程學啓賞加提督銜，以下升擢有差。

詔：江西贛州鎮總兵著程學啓補授。十四日。

詔：瑞麟著調補熱河都統。十五日。

詔：閻敬銘署理山東鹽運使，俟百日孝滿後赴任。

詔：寶珣補授内閣學士兼禮部侍郎銜。十六日。

都察院奏黎庶昌具呈懇辭官職，願以諸生從戎。詔：黎庶昌仍以知縣用，即赴曾國藩軍營。其所呈原任户部郎中蕭時馨行鈔管見四條，著户部彙入該員請行鈔法條陳内，一並妥議具奏。十八日。

曾國藩奏閏八月、九月蕪湖、金柱關等處連戰之捷，花翎總兵銜副將勝勇、巴圖魯郭明鰲等中炮陣亡。詔：郭明鰲從征有年，戰功迭著，此次殺賊捐軀，實堪憫惻。著追贈提督銜，照提督陣亡例議恤。花翎遊擊銜、都事洪得勝等優恤有差。

詔：閻敬銘著賞給二品頂戴，署理山東巡撫，即行馳赴新任。譚廷襄著俟閻敬銘到任後再行交卸，聽候諭旨。閻敬銘務當體金革毋避之義，移孝作忠，以副委任，毋許固辭。廿一日。

詔：翰林院侍讀學士顏宗儀前蒙文宗顯皇帝簡放雲南學政，旋即告病規避。本年簡放湖北正考官，差竣時復命爲雲南學政，並明降諭旨令其即赴新任，毋庸來京請訓，乃本日忽據該員到京呈遞謝恩摺片，據稱繞道北上，途次未接部文。此等巧於嘗試之風，斷不可長。顏宗儀著降爲編修，限於五日内即行起程赴雲南學政之任，不准遲緩。廿二日。

詔：向來停止勾决年分，遇有情罪重大之犯，例由刑部開具事由，另行奏聞請旨正法。乾隆年間屢奏諭旨，如三十六年係停勾年分，而官犯王證等罪無可逭，即予正法。成案可稽。本日刑部具題朝審情寔官犯一本内，已革兩江總督何桂清一犯，自常州節節退避輾轉逃生，致蘇常等郡全行淪陷，情罪重大。若因停勾之年再行停緩，何以謝死事諸臣暨江南億萬生靈於地下。何桂清著即行處决。派大學士管理刑部周祖培、刑部尚書綿森，即日監視行刑。

御史吕序程奏黎庶昌所陳時務，除業已奉旨施行外，其餘各條率多摭拾前史議更定制，誠恐食古不化，膠固鮮通，請飭曾國藩俟該員到營時，留心察看。詔：前已諭令曾國藩留心查看其才具是否有裨實用，據實具奏。著曾國藩即遵前旨於該員到營時悉心查看，量才器使，倘或迂拘寡效，徒託空言，即當擬實甄核，以示朝廷循名責實之意。吕序程齷齪金銀，在翰林中尤爲劣駟，視學山左，甄取庸陋，士論大嘩。宜其見此陳辭，舌咋目瞠，不知何語。蓋妄揣私臆，以爲史册之中多載奇異，其不經見于今者，必爲前古所有，又恐朝廷容受直言，豪傑思奮，將妨科甲登進之路，形台諫瘖聵之醜，故汲汲上疏，肆其觝排，且塞來者之口。而其疏語，拙澀不通，有曰未知黎庶昌果或心存恬淡，抑或貌飾謙恭，識者笑之。

十一月初一日己酉　晴，寒甚。買棉帽、氈帽各一。京城黑猴兜氈帽聞於天下，然遠不如杭越也。下午偕予恬訪杜蓮衢侍講、戴南琴水部。晚歸。

冬至巳初三刻。　初二日庚戌　巳初三刻冬至節。晴，下午陰。天未明即醒，早起盥漱畢，焚香張燭拜祖宗，遥叩家慈萬福。得德甫書，即復。

閲《宋史·文苑傳》《隱逸傳》《世家傳》《周三臣傳》。《文苑傳》太寥落，又置郭忠恕於蘇舜欽諸人後，殊失次序。《文同傳》載死後見形，崔公度吐舌三疊之事，亦太怪妄，蹈《晉書》《南史》之疵。

夜燒紅燭看《宋史·李穀傳》。都中皆用銀燭，克特清烟，宜於觀書，然自不如絳燭之富麗。今夕聊以點綴歲華而已。李穀於周世宗時已以宰相致仕，恭帝即位，告歸洛邑，宋太祖建隆元年即卒，未嘗受宋代一官，於宋無一事可紀。其生平功績卓卓，爲周名臣，自宜入《五代史》，必不可入《宋史》者。乃薛、歐兩史俱不爲立傳，此亦限斷之失。《宋史》蓋以補五代之缺，與《周三臣傳》一例者也。

初三日辛亥　晴。剃頭。作片致碩卿，得復。德甫來。下午偕德甫至廠肆閲書，復同訪子恂，不值而散。夜大風，閲元、白《長慶集》諸文。元文簡古，優於白也。疾動。

初四日壬子　陰寒有風。

閲潘太傅《思補齋筆記》，共八卷。其第五掌故，第八易名，雖未全備，然足爲未讀中秘書者耳目之一助。第七管聞，亦可佐談柄。

下午偕允臣閲市。子恂來，不值。晚後子恂招同德甫飲福隆堂，坐車赴之，更餘歸。

夜閲《李衛公集》。中唐以後文自韓柳外，首推牧之；次則衛公，次孫可之，次李文公，次皇甫持正、李元賓；又次則獨孤文公、元次山、劉中山、李遐叔、李翰子羽、梁補闕、蕭茂挺、歐陽四門；若張文昌、元微之、李義山，又其亞也；劉文泉、沈下賢、皮襲美、陸魯望，已不免村野氣太重；司空侍郎、羅江東，則樸不勝俗，健不勝麄矣。

疾不動。

初五癸未　晴，有風。晨起詣廠肆，積脩脯所入，買得盧校《釋文》一部，邵氏《爾雅正義》一部、錢氏《廿二史考異》一部，盧雅雨刻高注《戰國策》一部，汪閬原刻《郡齋讀書志》一部，付京錢三十八千五百文。傍晚復閱肆，買得《祁忠惠公集》一部，捧歸喜甚，即系一跋。夜閱《忠惠集》。

邸鈔：張之萬署理河南巡撫。

初六甲寅　晴，大風。晨起整比書册，遍用印記。兩日來營營不疲，可笑人也。下午復同允臣閱市。夜續定日記。

邸鈔：河南巡撫鄭元善以道員降補來京引見。以僧格林沁及御史吕序程、劉毓楠、少卿董元章等先後劾其奏報欺飾，縱兵殃民也。

初七日乙卯　晴。自今年三月以後，不復作日記，昨日以錢二千買得縱格簿一本，因更以九月朔起，據日曆所注者重寫之，昨夜得五葉，今日早起復寫得四葉。付王福前月分工直訖。下午又偕允臣閱市。夜德甫招同子恂飲時豐齋。

歸閱《郝陵川集》。文忠詩文雖不免粗率，然頗激宕有氣勢。其詩如《青城行》《照碧堂行》《汝南行》《三峰關》《金源十節士歌》，尤可傳也。

邸鈔：幫辦江北軍務浙江黄巖鎮總兵黄彬革職，交曾國藩查辦。賀壽慈升太常寺卿。

初八日丙辰　晴。曉卧疾發。作書致珊士。作片致德夫。平景孫、孫石湖來。

初九日丁巳　薄晴。珊士來，以近作詩詞十餘首相商，均極雋艷可愛。得紱翁書索借《明史》，即復。閱《文信國集》《施愚山集》。吴松塘來。常熟相國以初七日寅時薨，贈太保，官其孫五人。賜謚文端。

初十日戊午　晨陰，巳後晴。得伯寅書，以小像屬題，卷内有郭觀察嵩燾詩。碩卿來。作書致德甫。偕予恬步訪孫石湖，不值。又訪沈小湖，留飯。夜冒風歸。更後大風。閱阮太傅《揅經室集》及《二集》《三集》《四集》《續集》。長洲相國以昨日亥時卒，官其孫一人。賜謚文敬。

十一日己未　晴。爲伯寅小像題七古一章：『走也四載客京邑，短箠不到公卿門。光禄清流世眉目，獨念僵卧時相存。早年文采動天下，性分夙契忘寒暄。握手數人足隱蔽，神明霞舉何軒軒。詞林故事止香茗，雍容馴足登台垣。况君盛年比崔湜，天子私人侍西園。咸豐季年國事亟，共鯀得政刑獄繁。百司汗縮奉教令，四夷抵亹窺畿藩。僉壬決策下殿走，六龍已駕誰扳援。君當車轍讀彈事，請斬二豎竿其元。朱游未得上方劍，楚瑋已出騶虞幡。退焚諫草淚沾臆，蒼梧莫訴心煩寃。柳伉疏傳翰林重，汲黯身在朝廷尊。乃知法從有真職，非徒簪筆稱璵璠。昔者宣宗治仁厚，大臣敬禮如友昆。太傅廿年長揆席，君臣一德情尤敦。世家喬木國所恃，相門之慶鍾文孫。神羊觸邪豈輕出，鳴鳳應律無凡喧。梁洋不聞召陸贄，保全終始先皇恩。方今天日正開霽，朝局奠定無翳昏。君居九列更忼慨，白簡上殿多危言。近代卿寺例養望，䑀䑀風力孤飛騫。封章每出四海誦，頗聞買絲繡平原。澄清斯世自君責，願蓄光采培根源。吴生儁寫真有神致，寒冬四坐回春温。侍中風貌玉界尺，可知峰距侔昆侖。自惟歷落笑桓茂，更揣骨相愁虞翻。麒麟閣上速起稿，犢轅畫我歸丘樊。』作書致沈曉湖孝廉，得小湖復。

十二日庚申　晴和。予恬昨夜被竊去白金四十兩。得碩卿書，即復。作片致伯寅。

十三日辛酉　晴和，下午陰。作片致碩卿。梳頭。得碩卿復。德夫來。偕德夫、允臣閲市。付書肆前日所購《忠惠集》錢兩緡。張曉蓮招同允臣夜飲，更餘歸。

十四日壬戌　陰和。作片致子恂。晨詣廠市，以錢七千買得《越中金石記》一部。邑人杜春生孝廉所輯者。春生字禾子，尺莊徵君之弟，嘉慶乙卯同舉於鄉。尺莊以詩詞與江浙諸名士相角逐，名動京師。而禾子杜門著述，人無知者。然其學問淵洽，實出難兄之右也。又以錢六千買得《鮚埼亭集》一部。皆文華堂所得者。又於他肆見《季漢書》，乾嘉間諸暨章陶字栽良所撰，後有《辨異》二卷，其同邑張廉字通源所撰。陶號柴桑，廉號蓮溪，其書多駁蕭、郝兩家之誤。王九如孝廉來。珊士來。

十五日癸亥　晴，大風。連日嗽不止，憊甚。臥閱《廿二史考異》。得珊士書，即復。夜閱《鮚埼亭集》，此書十六年前看之甚熟，今日重閱，乃多有如未讀者，可歎也。

十六日甲子　晴。曉睡疾動。感風噴嚏，服藥。

邸鈔：勝保革職拏問，查抄貲産。以潘祖蔭、卞寶第、御史丁紹周、華祝三及嚴樹森、多隆阿先後參劾其納賄殃民，聲名惡劣也。以多隆阿爲欽差大臣。

小寒丑正二刻。

十七日乙丑　丑正二刻十四分小寒節。晴，稍和。得珊士書，以前所求刻印石二方見還，即復。得碩卿書，即復。惺齋來，留夜飯。初更時同惺齋、予恬訪吴氏兄弟，少坐而歸。

夜閱《宋史》，至四更方睡。計是日閱《理宗本紀》五卷、《度宗本紀》一卷、《瀛國公紀附二王》一卷、《后妃列傳》二卷、《宗室傳》三卷、《忠義傳》七卷、《文苑傳》七卷，共得二十六卷。天寒晷短，又館課去其十之三，賓客應酬去其十之四，重以病後目力不給，看書都草草涉獵，不加研究。然所見錯繆漏略，重沓失當之處，已指不勝屈。蓋諸史莫劣於宋；而南監本二十一史，又於《宋史》校刊最劣，誤文奪字，連篇接簡，因隨筆稍爲改正之，十不及一也。《宋史》《元史》皆乙部自鄶以下，而《宋史》事實浩繁，尤難修訂。前賢如湯義仍、萬季野、徐健庵、邵南江、陳和叔諸先生，累有志改作而卒不能成。錢竹汀氏《廿二史考異》中所糾正者，亦僅其梗略耳。眉批：南監之刻史書在嘉靖七年，其重刊者惟《史記》、兩《漢》、《遼史》、《金史》，共五部，餘俱即監中宋元舊板修補。而《宋史》乃取廣東布政使所刻板校補，故尤訛劣。

十八日丙寅　晴。得珊士書。數日來嗽不止，服蜜梨湯。午後大風。閲《越中金石記》畢。

十九日丁卯　晴。巳後大風。予恬金已追得，乃其新逐之僕張福所竊者。（此處塗抹）閲《宋史》先莊簡及先寶謨傳，均有所訂正。閲錢氏《廿二史考異》。

二十日戊辰　晴。得碩卿書。作片致子恂、致珊士、致德夫。跋《越中金石記》前後兩通。傍晚偕予恬閲市。晤碩卿。吴勉齋來。得珊士復。是日買得《華陽國志》明代影宋本。録胡雲持《柯西石宕記》。五更疾發，憊甚。

二十一日己巳　晴。吴勉齋來，又不見。下午偕允臣閲市。以錢五千買《越風》一部，以三千買《鮚埼亭外集》十四本，以二千六百買吕雲里飛鵬《周禮補注》一部，以二百文買郝蘭皋氏《晉宋書故》一本。夜偕予恬訪勉齋，歸閲《鮚埼亭外集》，作兩跋。又作《越風》一跋。

二十二日庚午　晴和。晨又疾發，憊甚。爲芝翁撰《謝改派實録館稿本總裁表》。珊士來。作片致翁巳蘭，屬其向邵某舍人借其先世念魯先生《思復堂集》、二雲先生《南江札記》兩書，得復，言邵固未知此書也。夜剃頭。

二十三日辛未　晴。晨訪碩卿久談。録祁参政密士先生《澹生堂藏書約》。子恂來。德夫來。重理書目。自去年越變，家中所藏已盡付一炬，此特泡影之所留耳，對之腹痛。夜又咳嗽，舊疾復動。

二十四日壬申　晴和。吴勉齋來。王九如來辭行。鄉人胡允孚縣令自江西來見，以族伯硯香屬代致殷勤也。硯伯即周□妻父。孫石湖孝廉來。

二十五日癸酉　雪上午止。巳刻偕雨田詣吴仲芬、孫石湖，同早飯，又步至前門荷包棚子買鷄心荷包一枚，予恬代付錢兩緡。傍晚歸，作家書一通畢，坐車至前門鞭子巷送王九如行，以家書託寄，九如贈墨二挺爲别。

二十六日甲戌　晴和。晨又疾發，憊甚。閲《孯經室集》《施愚山全集》。下午同允臣閲市，買岳軻《法書贊》不成。夜閲《鮚埼亭外編》。

二十七日乙亥　晴和。上午閲市，買得《陳司業[祖范]集》，内《經咫》一卷，《掌録》二卷，《文集》四卷，《詩集》四卷。德夫來暢談。夜同予恬小游，歸閲陳司業《經咫》。

二十八丙子　早陰午晴。子恂來。晡詣平景孫談。夜閲《陳司業集》，粹然儒者言也。二更風起。

二十九日丁丑　晴。詣吴碩卿久談，歸閲《鮚埼亭外編》。夜初德夫來即去。

十二月初一日戊寅　晴寒甚。作片致子恂，借數珠。致碩卿，爲人借裘衣。閲陳司業《掌録》。閲《施愚山集》。愚山古文學永叔、子固，而詞氣太弱。僅得子固之迂緩，然自冲和肖其爲人。内有《張長史墓志》，言山陰張氏爲衣冠甲族，長史之祖爲明顯官，乃吾鄉白魚潭張氏也。今則子姓寥落，皆編農籍矣。晚感寒小病，閲《鮚埼亭外編》、毛西河《論語稽求篇》。

大寒戌初三刻。　初二日己卯　戌初三刻十四分大寒節。晴。賀芝翁七十生日。金華人胡月樵觀察來。偕予恬走訪沈小湖，談至日晡而歸。吴松塘來辭行。夜閲《鮚埼亭外編》畢。此書於壬子冬閲之，略皆省記，今又多如隔世矣。疾發。

初三日庚辰　晴。甚憊。得德夫書，即復，平景孫來。吴仲芬來，留夜飯。夜雜閲毛西河諸書。

初四日辛巳　晴，大風。

閲施愚山《蠖齋詩話》及《矩齋雜記》。愚山讀書不多，識議亦隘，然《詩話》論自來詩中用之字、焉字、哉字等優劣，及論少陵樂府太切盡，其《石壕吏》篇『老婦出門看』，看字乃首字之誤；又論詩固貴含蓄，然唐詩如崔護『昔年今日此門中』、劉禹錫『當年何事柳名橋』等絶，皆一直説下，絶無曲折藴蓄，而自然入妙。皆知言也。《雜記》所載瑣事，亦多可備勸懲。吾鄉盛傳紫洪山樵者，以夜聞土地神許以飼虎，遂先殺虎，仆神像，踞坐而化一事，亦見於此書也。

夜擁衾坐閲唐梁補闕文數篇，又閲《鮚埼亭集》中梨洲、亭林、二曲三先生墓志。紅爐苦茗，風味殊佳。三更疾發。

初五日壬午　晴，風。爲人書柳子厚《袁家渴記》、劉中山《洗心亭記》。重閲《宋史·文苑傳》，加朱一過。上燈後爲人寫蘇子美《報韓持國書》半首。日來咳嗽又發。夜閲劉夢得文。

初六日癸未　晴。梳頭。得德夫書，即復。夜閲陳見復先生古文，加朱一過。

初七日甲申　晴。得碩卿書、德夫書。作書致李芝陔郎中，爲德夫帖事也。

夜閲張山來潮、王丹麓晫所輯《檀几叢書》，及山來所輯《昭代叢書》。國朝叢書之刻，此兩書實繼毛氏《津逮秘書》而起，爲開一代風氣之先。惜所收者，自閻百詩《毛朱詩説》《孟子考》、毛西河《三年服制考》、吴陳炎《春秋三傳異同考》、黄梨洲《歷代甲子考》數書外，半係村書小説，宋人沈作喆所謂非要而著書者。他若王漁洋《隴蜀餘聞》、宋牧仲《漫堂墨品》、汪堯峰《答喪禮問》、魏叔子《日録》等，則各家全集，久已風行。張氏採掇單零，不足觀也。

初八日乙酉　晴。曉睡疾動。得李芝陔書。德甫來。夜煮蠟八粥，讀吴梅村詩。

初九日丙戌　晴和如春。平景孫來。

夜批抹《詞綜》中宋詞，誦放翁諸作，如《漁家傲》云：『寄語紅橋橋下水，扁舟何日尋兄弟？』《感皇恩》云：『如今熟計，只有故園歸路。石帆山脚下，菱三畝。』《朝中措》云：『回首凄然。明月梅山笛夜，和風禹廟鶯天。』《鵲橋仙》云：『鏡湖元自屬閑人，又何必官家賜與！』《南鄉子》云：『重到故鄉交舊少，凄凉。却恐他鄉勝故鄉。』皆低徊欲絶，不覺淚熒書字矣。卧閲梁補闕文、獨孤郎中文。

初十日丁亥　晴和，有風。得伯寅書，言昨日有舉人桂文燦進所著《經字叢書》四函，被旨交南書房閲看。以《孝經集證》《群經補證》兩函屬予代閲，其外爲《易大義補》《禹貢川澤考》《毛詩釋地》《春秋疆域考》《鄭氏詩箋》《禮注異義》《論語皇疏考證》《孟子趙注考證》七種，共兩函。此君稟承漢學，著述褒然，閲其書名，已爲神往，不謂斯世尚有此人！惜未值其時，恐終無當耳。碩卿來。章秋泉來。戴南琴工部來。閲《孝經集證》《群經補證》，粗得其大概，真漢學也。

夜閲朱文正公《知足齋文集》。大興文無他長，而清雅簡慎，自爲可傳。其傳誌諸作，多可備國史之採擇。御史曹錫寶、知縣武億兩墓志，尤可觀感。蓋大興當裕陵末年，厄於和珅，幾得奇禍，而兩公皆能力與珅忤；虚谷風塵外吏，尤爲難能。故以兩誌連屬一卷中，言之甚切，固亦有爲而然也。眉批：《惜抱軒文集》有《博山知縣武君墓表》，專提杖和坤所遣提督當役一事，言之甚詳，較此尤有聲色。《梁文定公墓志》《封儒林郎邵翁墓志》《何母申太夫人墓志》，爲吾鄉文獻所關。邵翁名陞陛，乾隆丙子舉人，精於經學，與二雲學士爲族兄弟，學士嘗從受業者，世稱梅林先生，其子即瑶圃編修也。此志略舉其説經數則；又稱編修秉其口授，故最精於樸學，甲辰會試殿試，皆以對策典核擅長，殿試以誤書一字置一甲第二，云云。編修著書甚富，已梓者有《説文群經正字》及文集、詩集，予俱未見。又聞其於學士《爾雅正義》訂正甚多。蓋學士之學，精綜經史，名滿天下；編修杜門數十年，聲華闇莫，專心考訂，實視學士爲尤密。惜兩公之後，式微殆盡。邵氏族姓，汔今爲顯官，得科第者不絶，而皆瞢不知學。二雲氏之書，僅傳《爾雅》，瑶圃氏至世無知者，可歎也夫！

十一日戊子　晴，大風。昨閲桂孝廉《群經補證》，歎其精博，爲近來絶出，今日復即此書及《孝經集證》勘訂一過。子恂來，久談而去。夜月甚佳，有春色。

十二日己丑　晴和。庭芷來，久談而去。補得《孝經集證》六條，《群（書）〔經〕補（正）〔證〕》十一條，皆正其小誤，又附論兩書之大略共爲一通，文繁别存稿。即作書復伯寅。

十三日庚寅　晴和。詣庭芷談，並晤江西人尹湜軒孝廉濟美、四川人敖金圃庶常册賢，共閲湖南孫侍講鼎臣所著《通論》。尹君著有《毛詩管見》，又素爲古文者，今日見其題某氏族譜後一篇，頗簡潔知古文法。敖君聞善爲詩及駢文，未見所作。其人皆樸素可友也。孫侍講力闢漢學，謂粤寇之禍，實由於此，其殆病風之言歟。

十四日辛卯　晴。得平景孫書，以蕭山近儒王穀人先生宗炎《晚聞居士集》見借。蕭山二王穀人氏、畹馨氏。之學，精研兩漢，常恨其書不傳，今得觀此集，亦吉光片羽之珍矣。夜偕雨田、書田乘月遊坊曲，飲佩娘家，三鼓後歸。

十五日壬辰　晴和。閲《晚聞居士集》。

十六日癸巳　雪。沈曉湖來，談竟日去。夜五更疾動。

立春未正一刻。

十七日甲午　未正一刻三分立春節。晴，風。看學徒及僕輩掃書室。書春勝。

十八日乙未　晴，風。理書籍。作片致庭芷、致平景孫。得伯寅書，言覆看《經學叢書》摺子已於昨日并書繳進。得庭芷復。恩竹樵來，不值。夜同予恬步月至韓家潭口而回。

十九日丙申　晴。珊士來。碩卿來，不值。閲皮、陸兩家文。傍晚予恬邀同曉湖飲福興居，夜詣吴勉齋家，二更歸。

二十日丁酉　晴。得碩卿書。作片致子恂。下午詣碩卿。又詣萬蓮初禮部家，賀其兄珠湖比部遺娠得男。晤陳同叔。又詣夏鏡人。晤詣潘星翁，唁其新殤一孫。晤伯寅久談。傍晚歸。

從碩卿處借得潘理齋先生世璜《不遠復齋遺書》共六種，皆性理之言也。六種爲《周程張子合鈔》《朱子節要鈔》《高子講義》《薛子讀書録鈔》及自著者《得心編》《一得録》兩書。理齋爲太傅從兄，由編修改官主事，告歸時年未四十，侍其父三松老人里居二十餘年，極林下之福，吴人艷稱之。

二十一日戊戌　晴。碩卿來。

二十二日己亥　晴。連日曉卧疾動。爲芝翁撰派充文淵閣領閣事謝恩摺。子恂來。得庭芷書，以胡文忠《讀史兵略》見借。此書共四十六卷，摘取《左傳》《通鑑》之言兵事者，依時代爲次，不加論斷。每條下間有附注地理，考證頗核，差爲可傳，否則直鈔胥耳。首有使相官公序，言與文忠共爲此書，而每卷之首但題益陽胡林翼纂。胡序言編輯者江寧孝廉汪士鐸，分輯者楚中孝廉胡兆春、張裕釗、莫友芝，諸生丁取忠，布衣張華理也。

二十三日庚子　晴。沈明經祖蔭來。進城答拜恩竹樵賀其復官。張緯餘明經來。

二十四日辛丑　晴。梳頭。珊士來。作書致星翁、致庭芷。閲馮孟亭侍御浩《玉谿生詩注》。孟亭於此書幾用一生之力。其考證史事，固爲詳盡，而筆蕪詞漫，附會迂曲，時復不免，轉不及朱長孺本也。得星翁復、庭芷復。夜讀李元賓文、楊厓州文。

二十五日壬寅　晴，下午陰。

偕允臣閲市，見有近人王瑬所編《國朝文述》一帙，借歸閲之。乃皆從《經世文編》録出，而稍增入數篇，因夜讀之略遍，至四更方寢。瑬字亮生，亦有文名。其書分類編次，不依時代。中如顧亭林《與友人論學書》、汪文端由敦《上徐大司空論從祀書》、張蒿庵《袁氏立命説辨》、黄梨洲《六世祖小雷府君萬里尋兄記》《陸周明墓志銘》、董文友《宋太宗論》、全謝山《曲端論》、孫文定《三習一弊疏》、劉才夫《阮君傳》、彭秋士《先府君述》《亡妻龔氏壙銘》、錢竹汀《七出説》、章實齋《原史》《永清義門列傳序》《韓節婦傳》、彭尺木《曾孝女傳》《陳和叔傳》、張積石《春秋常事不書解》《夫人無歸寧禮辨》《性述》上下篇、管韞山《春秋公羊説》、陸朗夫《與王惺齋論佛教書》、王蘭泉《續復仇論》《與畢秋帆論續通鑑書》《慰忠祠碑》《郭舟山廟碑》、王惕夫《故明二楊將軍傳》《李忠毅公行狀》、姚姬傳《朱竹君先生傳》、洪稚存《邵學士家傳》、惲子居《辨微論》、彭甘亭《劉晏論》、錢心壺《記强忠烈事》，皆佳文也。

是日邸鈔：廣東布政使伊霖、鹽運使王增謙俱革職，以欠解京餉也。文格調補廣東布政使，惲世臨升湖南布政使。由岳常澧道升。蔣志章升廣東鹽運使。李瀚章調廣東督糧道。江忠義署理廣西提督。

二十六日癸卯　晴。付王福工直及零用銀三兩。閲趙鹿泉先生《尚書質疑》《讀春秋存稿》《春秋三傳雜案》等書，皆確核可傳。先生官位通顯，著書滿家，皆根柢深厚，不爲侈張門户之談，而世之言漢學者，顧罕及之，豈以其未嘗攻擊宋人歟？是日和甚，可去爐。星翁來，不值。夜間沈蘅甫明經祖蔭來。

是日邸鈔：詔薛焕來京另候簡用。李鴻章暫署通商大臣。王文瑞補授江西吉南贛寧道。

二十七甲辰　晴和如春中。予生日，早起焚香燭，拜祖父，遥叩太恭人，跪誦《金剛般若波羅蜜經》。秬香治麵爲壽。同予恬、允臣小飲。吕庭芷偕敖金圃比部來訪，不晤。下午同予恬訪惺齋，不值。詣平景蓀，並晤湯主事學海。夜初予恬邀同平、湯兩君飲廣和居，更餘歸。付王福年賞八千。

是日邸鈔：直隸總督文煜革職，發往軍臺。副都統遮克敦布革職，發新疆。按察使孫治革職。以冀州賊氣日熾也。

二十八日乙巳　晴和。作書致平景蓀、致伯寅。作片致庭芷、致敖金圃。放學。得平景蓀復，以《湖海文傳》借閱。惺齋來。允臣、秬香治酒相款。夜洗足。

是日邸鈔：劉長佑調補直隸總督，王榕吉調補直隸按察使，晏端書署兩廣總督，鍾秀升山西按察使，崇厚暫署直隸總督。

二十九日丙午　晴，下午陰。詣碩卿談。伯寅假裘一襲。寫春帖子。作書復伯寅。

三十日丁未　歲除，天晴甚和。剃頭。付館中僕婢年賞二十四千。付福興居錢四十千。付萬裁縫銀八兩錢六千。夜祭先師、先祖考。允臣治屠蘇酒，同予恬小飲暖室中，口成一律云：『惆悵風塵老此身，劇來東閣吐車茵。鑪熏翠管尊前事，燭影紅簾勝裏人。客感惺忪千里夢，歲華約略一年春。天涯此夕闌珊宴，異日相思定愴神。』二更後返館，孤坐守歲至五更，復得二律，《壬戌除夕孤館守歲泫然有作》云：『四載烽烟泣楚囚，隻身天地更何求。交游自昔貽親累，貧賤無能爲國謀。趙壹疾邪空有賦，孝標辨命竟誰尤？一年又盡歸何日，早晚鄉關雪涕收。』《歲盡日寄德甫》云：『一擲貂裘醉百壺，元龍豪氣困窮途。不將科第容風漢，頗避朝廷駡豎儒。哀樂過人知老至，干戈滿地尚饑驅。祭詩頑健年年共，誰問高陽舊酒徒。』

越縵堂日記壬集下

同治二年正月初一日至三月三十日（1863年2月18日—1863年5月17日）

同治二年（一八六三）

皇帝同治二年龍集癸亥春正月建甲寅元旦戊申　晴和。客京師商城相國邸。太夫人年五十九歲。慈年三十五歲。馬宜人年四十歲，僧慧八歲。晨起禮神拜祖父，遥叩家慈千秋百福。書方勝吉語。喫湯團。相國來賀。允臣員外、書田同知偕來。門人秬香孝廉、美臣公子來謁拜。沈曉湖孝廉來。舊館童禄兒來叩，賞兩緡。謝比部鉞、敖比部册賢、夏比部獻蓉、陳水部驥、劉比部（此處塗抹）、張比部聯第、胡觀察鳳丹、熊比部昭鏡、陳比部景綸、（此處塗抹）編修（此處塗抹）、平庶常步青來賀，俱不見。都中士夫，日以車馬爲事。投刺之客，向不登記。予無泛泛往來，而世之稍驚聲氣者，亦皆不肯一過問，故記其人於此，以俟往答。其姓名不甚識者，仍闕之。與允臣飲春釀、喫麵桃。卧閲《湖海文傳》。蚤睡。

雨水巳正二刻。

初二日己酉　晴和，有風。巳正一刻二分交雨水節。正月中。珊士來。作書并《除夕》三詩致德甫。詒魯通甫詩。杜侍讀聯、恩廉使恩錫、秦比部賡彤、胡上舍壽謙來，俱不見。日間暖壽如二月中旬，頗覺體中不適，頭痛多睡。夜間移爐簾外，心神頓爽，遂起誦吴祭酒詩數首，復成七律兩章，一贈允臣，一示美臣，皆用魚韵：［『不誇高屐與檐車，風調烏衣未得如。簾裏琴聲三雅酒，梅邊鬢影一床書。高柔自足閨房玩，王惠常應禮俗疏。歲事從頭鉛槧在，下帷燈火及春初。』］贈允臣。眉批：

此首删。『芳蘭謝覽擅嘉譽，立雪英英近玉除。半榻茶烟消酒後，一簾燈影試香初。儘教門第誇行馬，可使人才欠讀書。著作起家應不遠，上車還問體何如？』示周生文令。夜分偕允臣看書田、美臣壓寶。

初三日庚戌　晴午後大風。得德甫書，言予所作之詩可謂琴德愔愔，真知言也。馬編修傳煦來，沈明經祖蔭、沈孝廉祖培來，章秀才文瀾來，俱不見。

初四日辛亥　晴，風。出門拜客十七處。見謝惺齋夫人，久談，傍晚歸。付車錢三千五百文，賞謝僕一千，賞館駒老穆一千，付博局輸錢五千八百文。吕定子、吴碩卿、胡仲芬來，俱不值。夜睡，舊疾復動。

初五日壬子　晴。拜客五處，未午歸。下午偕允臣及美臣游廠甸，至火神廟而回，買砂子燈三。謝給諫增、沈駕部鎬、張明經星鑑、王（此處塗抹）來，俱不見。夜同予恬談越中燈市及賽會演劇之盛，相對唏嘘，殆如夢寐。予嘗讀弁陽老人《武林舊事序》，每爲慨然，以視今日，雖家國之感不同，而悲痛較深矣。

晚見閣鈔，蘇撫李鴻章奏法國總兵勒伯勒冬進攻紹興府城，率衆直抵城下，炮炸而死。始知官軍已圍越城，四鄉皆爲王人矣。柯山在城西偏，未知已屬官軍否。華夷接營，兵賊交訌，老母弱弟，寄命何所？人生驚慘，有如是邪！如慈者猶復追逐車馬，游曠都市，天下不肖之子當更無第二人，宜其有禽獸不如之友矣！夜復疾動。

初六日癸丑　晴。得碩卿書，知問月丁父憂。看僮僕放空鐘，劉侗《帝京景物略》有曰『楊柳青，放空鐘。楊柳死，踢毽子。』知所來久矣。復碩卿書。閲《湖海文傳》。萬禮部培因、潘侍郎增瑩、戴水部堯臣、家雅齋刑部來，俱不見。

初七日甲寅　晴暖。作片致碩卿，得復。恩竹樵來辭行。午後詣東升堂，偕予恬、惺齋公餞竹樵，放飲極醉而散。夜疾大發。

初八日乙卯　薄晴有風，午後止。得敖金圃刑部書，招明日往飲，即復。得平景孫書。竹樵奉特旨起爲按察使，赴山東軍營，兼攝鹽運使，索詩爲別，贈以七古一章：『深宮側席憂蒼生，首述遺詔延耆英。中朝衆正盡布列，更求牧帥資東征。君家勛伐世衛霍，文武才兼厲鋒鍔。早歷中外結主知，特畀巖疆著盤錯。淮西淮北妖烽横，出持憲節驅欃槍。上馬殺賊下露布，賦詩直搗鍾離城。兵驕餉盡獨榰柱，瀝誠告天扣天鼓。吾道由來薄謫宜，聖心終念從征苦。竹樵前以皖臬督餉事上疏忤旨，降三級調用。解鞍暫獵終南山，龍髯一去無由攀。嗣皇徇齊兩宮聖，顧瞻河縣焦心顔。嗚呼山左戰爭地，控扼中原作藩蔽。尤來大槍千萬屯，霸上棘門止兒戲。軍書夜報甘泉宮，廷推頗牧謀僉同。制下九天促君起，頓覺兖岱生清風。東海魚鹽國所利，專車兼攝轉運使。鞅掌猶當未老時，馳驅還是先皇意。回首西曹出守年，三齊棠蔭已連天。君先以刑部郎歷守沂州、濟南。臨淮下令軍容變，郭伋重來婦孺傳。我聞治捻異治賊，聚爲揭竿散耕墢。先剿後撫編其豪，指顧澄清在朝夕。都督閻公今夷吾，君相驂靳芟萑苻。明湖千頃碧如玉，柳營對映歌投壺。傾都供帳渭橋出，濁酒一尊馬前別。旌旗獵獵東作聲，北斗觚棱起春色。山東李白狂酒徒，不得君王丈二殳。索米長安還努力，爲君系贊紫光圖。』沈衡甫來。下午進城送竹樵行。又往唁問月。晚歸。夜疾又動。

初九日丙辰　晴。梳頭。下午赴敖金圃之招，座客九人，自尹湜軒外，無一相識。中有某者，浙人，佻而不學，喜爲詩賦，撏扯蕪穢之字，剽竊庸瑣之辭。居京師十餘年，持其所作，遍謁貴要。行卷數尺，塵積於豪閽；名紙千束，風飛乎坊里。猖狂奔走，纖仄狎邪。有識之士，指顧而唾。而時之公卿多憐其脂韋，以爲近人賞其文章，以爲似我，見腫背而知馬，耆落痂而爲魚，臭味既同，契好遂合。洎成進士，入詞林，謬種之衣鉢競傳，別字之金銀日富。嚇鼠既效，含蛆益工。遂於應制之篇，市其求媚之術。揣摹宫禁，幾進臨朝之國；覬覦木天，妄獻晝日之筆。方謂莛撞可應，梯占有階，而乃太液波翻，三變因之身廢；上林樹少，義府競失枝栖。然猶置平等之前，授諸曹之秩。幸邀寬典，宜知自新。乃復杖杜自矜，紫棘益露。蘇楷黜試而忿上，苗振出館而不甘。今日遇之坐間，發言鄙穢，恨不舉席以壞其面也。湯主事學海來，不值。夜歸與沈小湖、蘅甫、予恬翦燭談。

初十日丁巳　晴。尹湜軒來。詣吴碩卿談。潘京卿曾綬、蔣編修彬蔚來，不值。

十一日戊午　家慈生日，春暉極麗，雲物呈祥，暖風扇和，光采益曜。早起張燭焚香，禮天地，遥叩千秋，跪轉《金剛般若波羅蜜經》。予恬、允臣、秬香來賀。賞館僕拜壽錢四千。下午同予恬遊廠甸。是日爲今春第一佳日，鈿車寶馬，香溢街塵，蓋廠事極盛時矣。以錢二千買翠磁茗碗兩枚。又於火神廟書攤賖得郝蘭臯先生《爾雅義疏》一部，王石渠先生《讀書雜志》一部，明代合刻馬、陸兩家《南唐書》一部，計錢二十六緡。晚邀予恬、曉湖、允臣、德甫飲福興居，允臣、德夫不至。更餘至廠東門買燈，又詣曉湖館中，談至三更而歸。問月致其太翁柳人先生行略一紙，屬爲作傳。

十二日己未　薄晴有風。爲學徒講文。作片致德甫。日下春後，復同予恬遊廠市。買得石注《金剛經》一本，乃康熙間揚州人石成金據南唐道顒法師石刻本，爲之注解。其中有注、有論、有講、有證、有音，頗簡浄得訓詁法。乾隆間納蘭曉楓少詹慶齡刻之，而翁覃谿爲之序。是經注本甚夥，以此爲最善。其板已失，都市頗不易購。佛家此經，猶吾儒之《易》，爲文字之最先，包藴衆義，無微不入。其後《楞嚴》《法華》《圓覺》《蓮華》四經，則猶《書》《詩》《春秋》《禮記》也。《華嚴》猶《周禮》，《大品涅槃》

猶《儀禮》也。《心經》《維摩詰經》，猶《論語》《孟子》也。以上九經，皆夙藏之絳趺閣，先王母倪太恭人所朝夕持誦者。予嘗謂九經之外，若《法苑珠林》《佛祖通載》《五燈會元》三書，則猶儒之三史，皆參宗乘者所必須也。

十三日庚申　晴，風。晨起詣廠市閱書，見有《程侍郎遺集》，乃歙縣程恩澤春海所著，前有祁相國及道州何子貞太史序。侍郎文章學問，譽重一時，是集寥寥，僅其梗概，詩賦以外，惟傳誌祭文數首、《肇十有二州》等經解三四則耳。阮文達爲作墓誌，言侍郎著述惟《國策地名考》二十卷，寫有定本，可知其散佚者多矣。

自昨午不能食，常忽忽若病。今日下午忽身熱，心惴惴不定，胸鬲煩懣。蓋比日驟暖，室中未去爐，又時外出，寒熱不濟之故。予恬贈粤東保和丸一枚，服其半。允臣貽洋藥一龠，吸之四黍，始覺稍瘥。年來百病中人，三旬九疾，可歎也已。倪葉帆學士來，不值。

十四日辛酉　晴。早起困甚，顔色俱變，午始漸平，終日少食。沈蘅甫來，惺齋來。平景孫來談甚久。夜來天氣稍寒。

十五日壬戌　陰，自卯至巳大風。曉卧疾動。作片辭沈曉湖今日之飲，並還其柬。傍晚偕予恬挈美臣遊廠，至火神廟付郝氏《爾雅》，馬、陸兩家《南唐書》直十千，付花炮錢六千，付萬裁縫銀一兩。剃頭。

録宋文憲《護教編序》凡一千六百八十字，敘述釋家教禪二宗源流同異，如數諸掌。而吾儒學派，陵夷淆雜，乃無人溯漢汔今，爲之分别訂正，可歎也。潛溪史學甚疏，經學尤非所長，而於旁宗之學，能淹貫如是，其負一代盛名，良非無故。佛氏教禪之别，猶吾儒漢學、宋學之分，然釋氏能見性成佛，自可不泥文字，故不得謂禪絀非教。而儒之本在經，經之本在名物，名物之本在訓詁，宋儒乃欲以禪爲學，則何歟？

夜與允臣及諸郎放花炮。

十六日癸亥　陰寒。早起閲市，以錢八緡買茶碗、茶托子、食器、洋刀等件。碩卿來，不值。得碩卿書，即復。食時復同予恬閲市。晤巳蘭、紱翁。遇高麗人買參不成。

歐陽永叔《元夕·生查子》詞云：『去年元夜時，花市燈如畫。月上柳梢頭，人約黄昏後。今年元夜時，月與燈依舊。不見去年人，淚滿羅衫袖。』辛稼軒《生查子》詞云：『去年燕子來，繡户深深處。花徑得泥歸，都把琴書污。今年燕子來，誰聽呢南語。不見捲簾人，一陣黄昏雨。』全本歐公而風調殊減。蔣竹山《虞美人》詞云：『少年聽雨歌樓上，紅燭昏羅帳。中年聽雨客舟中，江闊雲低斷雁叫西風。而今聽雨僧廬下，鬢已蕭蕭也。悲歡離合總無情，一任階前點滴到天明。』則機勢亦仿歐辛，而杼軸全别，所謂善脱胎者。今戲合歐蔣詞，爲癸亥元夕《虞美人令》云：『少年元夕庭前地，燈陣花圍綺。中年元夕逐星歌，到處青山燈影酒人多。而今老作京華客，淚瀾思親節。典衣猶自買燈看，萬一春燈畫裏見家山。』雖工拙不同，而悲歡益異矣。

驚蟄　十七日甲子　辰正三刻九分驚蟄節。曉疾大發。鍾慎齋、沈寬甫兩孝廉來。杜五樓來。

閲姚薑塢編修範《援鶉堂筆記》。其第一卷至第四十三卷，皆校勘群籍，自經史諸子以及《文選》《楚辭》《文心雕龍》《韓昌黎集》《王荆公詩集》《王阮亭古詩選》《方望溪文集》，俱隨條訂正，或專録善本，或參存己見，掇拾叢殘以成一書。姚氏之學，頗左祖宋儒，服膺方氏。然其説經，雖間亦駁鄭《注》，攻唐《疏》，而深信近時何義門、惠松厓兩家之説，故鉤校謹嚴，猶不失章句家法。史子諸集，亦多考證文義，不務議論，尤留意於地理。其中《儀禮》一卷、《漢書》十卷、《文選》三卷爲最善，所論詩文亦多當。薑塢於望溪爲鄉里私淑之人，然於《游豐臺記》，則譏其少與戴褐夫即戴名世。締交，難後更其名曰宋潛虛，集中不復相及。於《李剛主墓誌銘》，則譏其過自夸詡以暴亡友之過。誌有以語崑繩者語剛主，剛主立起自責云云。姚氏謂崑繩才士，剛主北方學者，其毁程朱，亦南師於毛西河，而藉以自張顔習齋之門庭，未必望溪數言所能折也，況李所刻《恕谷集》具在，其毁程朱之言，猶班班也，何嘗鎸削耶？又謂此誌皆斷續，以不知古人神理融結之妙，而求之於所謂義法，少自離局，即筋脉弛散不屬矣。於《禮部尚書楊公墓誌銘》，則譏其稱直隸爲北直之誤，於《萬季野墓誌》，則譏其前云史稿不知所歸，後云具存華亭王氏爲失檢。可知其實事求是矣。

第四十四卷爲《文史談藝》，論古今詩文優劣，時有特見。如曰字句章法，文之淺者也，然神氣體勢皆階之而見，古今文字高下莫不由此。又曰宋人作序，前多有冒頭，序其原由情節，惟昌黎不然，闢頭涌來，是其雄才獨出處。又曰凡文字輕利快便，多不入古，纔説仙才，便有此病。李太白詩、蘇東坡文皆有此患，莊周亦間有之。又曰左氏之文，須看其摹畫點綴，千古情事如睹，而天然葩艷，照映古今。又曰《戰國策》可謂能文，所少者蒼黯含蓄之致。又曰西漢文法莽蒼，亦有通於硬插。又曰韓昌黎《畫記》學《考工》，而或者謂似《顧命》，則不然，渾穆莊重，豈能如《顧命》哉？又曰王文可謂惜墨如金。又曰震川惟傳記文爲佳，而序文平順流衍，十首一律。又曰弇州惜震川銘詞不古，人多詈之，然銘詞不古自是病，如昌黎銘詞，何嘗平順。又曰歐公文每於將説未説處吞吐抑揚作態，令人欲絶。又曰歐公文字，玩其轉調處，如美人轉眼。又曰句字之奇，宋以後大家多不講此，亦是病處。皆與予平日所論暗合。又論沈歸愚《明詩别裁集》云：『大雅不作，詩道淪蕪，歸愚以帖括之餘，研究風雅，自漢魏以及勝國篇章，悉所甄録，迹其生平，門徑依傍漁洋，而於有明諸公及本朝竹垞之流，緒言餘論，皆上下采獲，然徒資探討，殊鮮契悟。結習未忘，妄仞大乘，昧蜜味之中邊，眩寶器之飯色，未得爲得，未證爲證。禪家所謂「用盡氣力，不離故處」，《淮南》所云「有以言白黑，無以知白黑」也。茲選亦仍雲間、秀水之遺意，而去取未當。負滄溟之瑰奇，笑鼠璞之未辨。徒標矜慎，漫詡賞音者矣。』此段議論，尤契鄙懷。又痛詆吴修齡《圍爐詩話》之謬妄，趙秋谷《聲調譜》《談龍録》之無足取，亦爲知言。

第四十五至四十九共五卷，爲《雜識》，乃隨筆劄記之屬。首爲《南豐年譜》，僅撮其大略而未詳。次爲諸賢生卒，尤寥雜不成書。餘俱雜記散文佚事，多有可觀。末爲《梯愚軒脞簡》，皆言釋氏之學，間亦加考辨。此五卷雖無詮次，然足見其學之博綜。眉批：王述庵言先生深通佛乘，爲天津山長，數與書論《佛頂蒙鈔》及《成唯識論》，往復數萬言不已。《佛頂蒙鈔》者，錢牧齋所注《楞嚴經》也。上可希《困學紀聞》之《雜識》一門，次亦不失爲明代焦竑《澹園筆乘》、李日華《紫桃軒雜綴》之類，在近時雖不敢望《養新録》《龍城劄記》諸書，正可與梁氏《庭立紀聞》相爲頡頏。第五十卷爲續編，則皆其校訂之遺，自《戰國策》至《吴梅村集》，又附以雜文共若干條。

薑塢原名啓涑，改名範，字南青，桐城人，乾隆壬戌進士，在翰林未十年，告歸不出。所著尚有《援鶉堂詩集》七卷、文集六卷，其曾孫石甫廉使先合是書刻於閩中。後以筆記失於讎校，多有謬誤，及官淮上，乃屬其鄉人方孝廉東樹爲之校勘整比，重有增益，蓋皆從所評注書籍中搜輯而成。竊歎國朝儒林極盛，其著書滿家，湮没不傳者，何可勝道。而薑塢生無專書，數十年後，乃能蒐掇單零，裒然成集，是賴有賢子孫力也。石甫名瑩，嘉慶戊辰進士，以文章經濟名。道光庚子辛丑間，官福建臺灣道，御夷甚有聲。咸豐初，起廣西按察使卒。著有《石甫文集》及《東槎紀略》等書，皆早行於世。東樹字植之，曾遊阮文達之門，頗究心經注，以淹洽稱，而好與漢儒爲難。著《漢學商兌》一書，多所彈駁，言僞而辨，一時漢學之焰，幾爲之熄。此書中附注甚多，雖亦有確實處，而往往借文攻擊。於惠氏定宇，每譏其阿鄭而愚。又好爲簡古語，而宋人語録措大氣，時時流露。自言於此書用力甚勤，而前後矛盾，不相照覆之處甚多。文字亦多訛誤。其中有云：『先生評校文史，訓辭簡古，如漢唐人語，學者習讀宋以後文從字順、輕滑便利之文，或不能句讀，而特疑其結澀。』又屢稱姚江盧氏校書之精，是亦本心未昧者也。

薑塢與吾鄉胡氏天游交最厚，然其論沈休文《宋書》云：『約本無史才，書成永明之世，於沈攸之皆目之爲逆，與魯爽、臧質同類。又《索虜傳》連篇録拓跋詔文，於義何取？大約其書多仍何、徐之舊，故一年即成，自造者少。如袁顗等傳，直鈔記注，無所翦裁。又書人官階，不遺微末，皆非史法。往時友人胡稚威不喜《南史》，而云沈約《宋書》極有意理。今尋之《宋書》，直無可取。稚威何嘗細心竟讀二史，因宋人稱南北史，故爲偏袒之論耳。』以上姚氏語。予謂休文書固不能無疵，其立《符瑞志》，尤可不必，然大致詳密華贍，本末粲然，非蕭子顯以下所可及，較之李氏《南史》，優絀自分。至目沈攸之等爲逆，則當時立《袁粲傳》，尚請之齊武帝，本朝忌諱所關，自不得不爾，況其他耶？胡先生博奥能文，並時無對，何至於此二書未曾竟讀？薑塢史學，自《後漢書》以下皆未精究，故所記甚爲簡略，乃復輕詆交舊，殊病失言。其《雜識》第二卷，載嘉靖末山陰諸狀元大綬官翰學，置酒召鄉人徐渭文長，入夜良久乃至。學士問曰：『何遲也？』文長曰：『頃避雨士人家，見壁間懸歸有光文，今之歐陽子也，迴翔雒誦，不能捨去，是以遲耳。』學士命隸卷其軸具來，張燈快讀，相對嗟賞，至於達旦。四明余翰編文試禮闈，學士爲余言熙甫之文意度波瀾所以然者，熙甫果得雋。方植之謂此未知所出，文長非能深解熙甫之文者，恐好事者爲之未可信。予謂青藤文固未能成家，然自有才氣，當時頗力欲與七子爲難，固非無識者，植之何以知其未能深解耶？此事自爲鄉邦文獻佳話，惜亦未知出於何書，當詢之博覽者。

夜與予恬、允臣、秬香小飲齋頭。

十八日乙丑　微晴，稍和。

閲徐鼎臣文。二徐兄弟爲會稽人，陸氏《南唐書》載其世系甚詳，而《宋史》作揚州廣陵人。據陸氏《徐鍇傳》云：『父延休，唐乾符中進士，仕吴爲江都少尹，卒官，二子鉉、鍇遂家廣陵。』《宋史》遂因此而誤。今《欽定全唐文》從陸氏，作會稽人。吾越自宋以前，無卓卓以經術文章冠一時者，二徐實爲崛起，是固鄉邑之榮矣。二徐《説文》，紹千載之絶學，汔今海内家有其書。而大徐詩文，今四庫尚存《騎省集》三十卷。小徐則散佚無幾。陸氏書謂鍇著《説文通釋》《方輿記》《古今國典》《賦苑》《歲時廣記》及他文章，凡數百卷。鍇卒逾年，江南見討，比國破，其遺文多散逸者，則楚金詩文，固未嘗一日行於世。今《文苑英華》尚存十餘首，亦鱗爪僅見者也。鼎臣文多偶儷，雖不及燕、許之宏麗，而高秀整拔，頗近常、楊，五代宋初，固無其對。所作《吴王神道碑》，哀感古今。他若《岐王墓志銘》《文獻太子哀册文》《齊王贈太弟哀册文》諸作，均爲凄艷。其作《韓熙載墓誌銘》，雖極推崇，而中有云：『公少而放曠，不拘小節，及年位俱高，彌自縱逸，擁妓女，奏清商，士無賢愚，皆得接待，職務既簡，稱疾不朝，家人之節，頗成寬易，雖名重於世，人亦訝其太過。』又云：『向使檢以法度，加以慎重，則古之賢相，無以過也。』皆直言不諱。當時後主於熙載方極力褒崇，鼎臣與文靖亦有知己之感，而其詞如此，亦非後世所能及。二徐兄弟忠於南唐，楚金以國勢日削，憂憤得疾而卒。鼎臣當金陵被圍，奉使入宋乞緩師，臨行時請後主無止上江援兵，勿以使臣爲念，言辭慷慨，至今閲者爲之感動。而宋人小説，乃有歸宋後向太宗述後主悔殺潘佑、李平之言。小人不欲成人之美，類皆如此！所惜者，楚金卒時，年已五十五，南唐贈禮部侍郎，謚曰文，可謂身名兩全。而鼎臣隨主俘虜，至太宗時，貶官涑死。猶之人笑褚公，不幸有期頤之壽耳。

晡後遍閲廠市，至沈小湖館中小坐而歸。

十九日丙寅　晴和，午後風，微陰。

再閲《援鶉堂筆記》，方植之附注最可取者，其論宋槧不盡善及顔監《漢書注》非其本書，及明南雍刊刻諸史本末共三條，皆極詳盡，讀書者所不可不知，録之於此。

盧氏文弨曰：『唐人之爲義疏也，本單行，不與經注合。單行經注，唐以後尚多善本。自宋後附疏於經注，而所附之經注必非孔賈諸人所據之本也，則兩相鉏鋙矣。南宋後又附《釋文》於經疏間，而陸氏所據之經注，又非孔賈諸人所據也，則鉏鋙益多矣。淺人必比而同之，則彼此互改，多失其真，益滋鉏鋙矣。』樹按：孔氏本曰正義，宋本於注下題一疏字，其下接正義曰云云。又賈氏周、儀二《禮》，不名正義，今亦題正義，此皆謬也。錢氏大昕曰：『今人皆重宋槧本，實不盡然。陸放翁曰：「近世士大夫所至喜刻書板，而略不讎校，錯本書散滿天下，更誤學者，不如不刻之爲愈也。」』又宋吴明可言：『傳書爲極難，當官本易集而無暇自校，委之他人，孰肯盡力？轉以誤人，不如其已。』吴縝論修書八失，四曰終無審覆，六曰誤因舊文而不推考，八曰校勘者不舉校勘之職而惟務苟容。顧亭林論十三經脱誤，以爲秦火所未亡，而亡於監刻。何義門云：『今人不揆義理而惟宋本是信，不可解也。』盧抱經曰：『毛斧季過於信宋本，於其字之沾宋體者亦復規規然從之，此誠可不必也。』阮氏元曰：『凡宋本之書，絶少大勝今本之處。』

姚瑩曰：此筆記中石甫所附注者。　按小司馬《索隱》，《武帝本紀》中『侵尋於太山矣』下引小顔説云：

『師古叔父游秦亦解《漢書》，故稱師古爲小顔。』而《高帝紀》『解楚歌』下，《孝文紀》『中大夫令勉』下，俱引顔游秦云云。《封禪書》『五百當復合』下有大顔亦以爲然語，又《張釋之傳》解『錮南山』義、《李將軍列傳》解『莫府』、《衛將軍驃騎列傳》解『剽姚』、《司馬相如傳》『故删取其要，歸正道而論之』下、又『蓋號以况榮』下、《貨殖列傳》『適齊爲鴟夷子皮』下，皆引大顔云云。右凡十一條，于義皆優，今師古注不及之者，以當時游秦所著《漢書决疑》十二卷本別行故也。 東樹按：此十一條者，『錮南山』解見《楚元王傳》，餘《高紀》《文紀》《郊祀志》《食貨志》《李廣》《衛青》《霍去病》《司馬相如》《貨殖傳》等，今本皆作師古曰，昔人謂稱顔監《漢書注》多掩他人之説以爲己説，然按敘例所列二十三家荀悦、服虔、應劭、伏儼、劉德、鄭氏（臣瓚集解以爲鄭德）、李斐、李奇、鄧展、文穎、張揖、蘇林、張晏、孔淳、孟康、項昭、韋昭、晉灼、劉寶、臣瓚、郭璞、蔡謨、崔浩。眉批：臣瓚，梁劉昭《續漢志注》、劉孝標《類苑》皆以爲于瓚。酈道元《水經注》以爲薛瓚，陳姚察以爲傅瓚，而小顔皆不之取。小司馬《史記索隱》亦以爲傅瓚，近儒王氏鳴盛以《索隱》爲是，小顔不信爲拘。外，又引樂産、王楙姚氏云，《高帝紀》『女子公主』，師古注引王楙之解，又景帝三年下注臣瓚引王楙云云，今顔氏敘例中無王名氏，是漏之邪？ 胡公何獨掩取其叔父乎？ 當由宋以來刻《漢書》者不學無聞而妄合之，非師古本書如此也。慈按蕭該《漢書音》十二卷、陸澄《漢書新注》一卷、姚察《訓纂》三十卷，此皆唐以前彰彰在人口者，小顔何以皆未引及，豈無可取邪？

錢氏大昕云：據《南雍志》，嘉靖七年，錦衣衛閑住千户沈麟奏准校勘史書，禮部議以祭酒張邦奇、司業江汝璧博學有文，命將監中十七史舊板，使逐一考對修補。邦奇等奏稱《史記》、前後《漢書》殘缺模糊，原板脆薄，剜補隨即脱落，莫若重刊。已而邦奇、汝璧去任，祭酒林文俊、司業張星繼之，乃克表進。案南雍合《宋》《遼》《金》《元史》成二十一史。眉批：萬曆二十四年北雍復刻二十一史，其板較南雍爲優，訛誤差少。按《太祖實録》洪武二年命工部修補國子監經籍板，蓋明南監板即宋元監板，謂之修板。修板至正德時止，嘉靖七年南監刻《漢書》用宋慶元劉氏本，歷八年、九年始峻，書口有題識，後萬曆十年、天啓二年、崇正三年皆嘗命南京國子祭酒遞修刊補，於卷末題名，每葉上口標記刊補年號，國朝順治十五年、十六年皆然。卷首次行題『大明南京國子監祭酒張邦奇奉敕校刊』，則始刻所題。案以後康熙廿五、卅九年再有修補，又有萬曆二十六年補刊者，方氏失記。板於嘉慶初年毁於火，今不可多見矣。植之頗讀雜書，其説經亦有佳者，然多傲很之言。

閲王氏《讀書雜志》，此書予於去夏爲張君緯餘系一跋，張君極推重之，謂非深於王氏學者不能然，予殊愧其言，今日粗畢其論《漢書》者十六卷。

夜分大風，旋止。

二十日丁卯　晴和。

自昨夕而今晨，整比書籍，甚費心力。以案頭之書，必取其最要者以待相次而讀；而書有常資考索者，尤宜置於群籍之前。以吾輩性懶，或有所疑，而書壓在下，不便檢閲，輒復置之，遂至此疑終身不決。齋中無書架，僅縱横置兩案，又須空其十之四爲看書作字地，留其十之二置杯、碗、燈、釭、奩合筆硯之屬。予性又頗喜潔，知惜書，即日閲之物，亦必使整齊不少散亂；又不欲見叢殘書，故或簏或閣，或床或几，或近或遠，或高或下，皆極費匠心。今以段氏《説文》、孫刻仿宋本《説文》、任氏《小學鉤沉》爲前列；次以邵氏、郝氏《爾雅》、王氏《小爾雅》、盧刻《經典釋文》、翟氏《四書考異》、王氏《經傳釋詞》，皆訓詁之法海，讀經之首桃也。又次以《漢書·儒林傳》《藝文志》、《隋書·經籍志》、陳氏《書録解題》、晁氏《郡齋讀書志》、《四庫全書簡明目録》，皆讀書之綱領也。又次以顧氏《日知録》、錢氏《養新録》、翁注《困學記聞》、盧氏《鍾山札記》《龍城札記》，考古之禁臠也。又次以王氏《經義述聞》、王氏《讀書雜志》、臧氏《經義雜記》、洪氏《讀書叢録》、梁氏《瞥記》及《人表考》、陳氏《五經異義疏證》，窮經之寶藏也。又次以兩《漢書》，經史之分源也。又次以凌氏《禮經釋例》、金氏《儀禮正訛》、金氏《禮箋》、胡氏《儀禮釋官》、程氏《通藝録》、焦氏《群經宫室圖》，言《禮》之淵藪也。然後略以經史子集，比而繼之。羈旅貧冗，無力買書，所得區區，萬未及一。然中多善本，隘而實精，儉歲玉粱，政足一生咀嚼耳。

鍾孝廉觀豫來。連日有紹興收復之信，而未見邸鈔，中心皇皇，夜不能寐。明日有鄉人南歸，屬寄一函以告無恙而已。作稟家慈書，又致仲弟書，致大妹書。作片致曉湖，以家書託其轉遞，并借《經世文編》兩帙。

閲寶應劉氏履恂《秋槎雜記》、劉氏玉麐《甓齋遺稿》。寶應劉氏之學，端臨先生最爲傑出，二劉亦白眉也。二書卷帙雖皆寥寥，然考證經籍，原本古訓，俱精核可傳。中附凌曉樓、薛子韵、劉孟瞻諸先生之注，尤邃密可貴也。

二十一日戊辰　晴暖。遊廠閲市。見有崇明施彦士樸齋所著《春秋朔閏表發覆》四卷，前有與張丹村太守作楠往復書數通，眉批：張丹村吾浙金華人，嘉慶戊辰進士，樸齋，道光辛巳舉人，出吾鄉湯文端之門。其書多正陳厚耀之誤，固專門學也。又《歷代編年大事表》一卷，《推春秋日食法》二卷。買之不成，因倚櫝觀，逾時而罷。詣文華堂賈王氏《廣雅疏證》，索價二金餘。又詣西山堂，見有青浦吴廣成西齋所著《西夏書事》四十六卷。西夏紀述最稀，洪北江《西夏國志》，世未得見。此書編年敘次，先標大事爲綱，而詳系事實於下，後又有按，以評論其事，紀述有法，筆亦簡净。惟斤斤於書法之美惡，殊爲多事。議價不麟堂。

合。别買《春融堂集》兩函，議價七千，已成。又歷兩處而歸。敖金圃來，不值。吴勉齋約明日飲東

夜讀《經世文編·學術門》之原學、儒行、法語、廣論諸文，《禮政門》之家教、正俗諸文。此書名爲賀制府長齡所輯，實出於邵陽魏默深一人之手。魏君博學有霸才，近宋之陳同甫。此書大旨欲救儒之不適於用，而其時當漢學極盛之後，實欲救漢學之偏，以折衷於宋學，故其去取不免左袒於宋，而又欲合洛、閩之性理，東萊之文獻，永嘉之經制，夾漈之考索諸學爲一，其志甚大，用亦甚要。惜其中如程魚門之《正學論》三篇，姚姬傳之《贈錢獻之序》《安慶府重修儒學記》，閻懷庭之《文士詆先儒論》，此皆猖狂不學，率天下而爲空疏無實之言者，何以濫登簡牘耶？程氏之言曰：『宋以來七百年之書，浩乎若涉海之靡涯，難以究竟，是以窮居坐論，必《玉篇》《廣韵》《説文》《爾雅》之書，必康成、服虔、賈逵之末緒。』以爲人心之巧，嗚呼！程氏以唐以前書存者不多而視爲易讀耶？此真全不知學者矣。夫宋以後書雖繁雜，大率文從字順，泛濫荒謬，其最精者爲諸儒語録。又多糾纏空衍，千篇一旨，最其要語一編盡之矣。而唐以前書，即以《三禮注》論，有一生不能究者矣。姚氏之言曰：『今日學者，專求古人名物、制度、訓詁、書數，其甚者欲盡舍程朱，而宗漢之士，枝之獵而去其根，細之蒐而遺其鉅。』又曰：『當朱子時，有象山永嘉之學，雜出而争鳴；至明而陽明之説，本乎象山，近時陽明之焰熄，而異道又興。學者競於考證訓詁之塗，自名漢學，穿鑿瑣屑，駁難猥雜，其行曾不能望見象山、陽明之藩，其識解更卑於永嘉，而輒敢上詆程朱。』夫姚氏以爲漢儒之注，僅訓詁而無精義耶？毛之《詩》，董之《春秋》，鄭之《禮》，荀虞之《易》，皆僅見經之枝而昧其根、得經之細而捨其鉅者耶？象山之學，與新安互爲出入，且不必論。若永嘉則伯恭、正則諸公，又何病於朱子耶？豈以吕氏身任文獻之學，固爲玩物

喪志耶？若閻氏謂人之攻程朱者，以六經之言皆其所不好，劫於勢而不敢議。程朱去今未遠，無聖人之號，於是以其宿怒積忤於六經之意，盡發舒於程朱而不能復忍云云。則尤陰險小人之言矣。嗚呼，漢學固不能無蔽也，而其爲之甚難，其蔽亦非力學不能致也，特未深思而辨之耳。予亦非能爲漢學者也，惟深知其難，而又喜其密實可貴耳。至段氏玉裁《朱子小學跋》，有曰：『歸里而後，人事紛糅，所讀之書，又喜言訓故考核，尋其枝葉，略其根本，老大無成，追悔已晚。』而戴敬咸祖啓《答其子問經學書》有曰：『今之經學，六經之本文不必上口，諸家之義訓無所動心，所習者《爾雅》《説文》之業，所證者山經地志之書，及其菁華既竭，精力消耗，則茫然與不學之人同。吾家東原，蓋痛悔之。晚嬰末疾，自京師與余書曰：生平所記，都茫如隔世，惟義理可以養心耳。』又云：『吾向所著書，强半爲人竊取，不如學有心得者，公諸四達之衢而人不能竊也。』段氏之言，蓋其自抑以尊先儒，謙而非悔；戴氏未知果有是言與否，即曰有之，夫讀書未有不求義理者，其養心之言，即平時功力之證。至著書可竊等語，則賢者之失言矣。夫著書固將以明前言，示當世，啓來學也。苟利於人，何必在己，且心得何物，而可公諸衢乎？

始去爐。

二十二日己巳　晴暖。得碩卿書，以《翁覃谿手批戴氏遺書》屬爲審定，即復。下午出門，訪庭芷編修、星齋侍郎、葉帆學士，俱晤。訪碩卿工部，晤其兄孝廉春生。訪金圃比部，不值。庭芷處並晤湜軒孝廉。星翁處談詩甚久。星翁爲予言，去歲翁文端公見予所寫致星翁詩詞數首，歎賞不置，謂當今無第二手，恐世人不能知其佳處，其薨之前數日，星翁遇之直房，猶贊美不容口。嗚呼！予與公子叔平修撰雖知名而未識面，於相國猶名輩闊絶，且平生注意，殊不在詩，近年絶不致力於此，相國又未見予全稿，所寫致星翁者，不過寥寥十餘首，而詞居其半，又大率側艷輕薄之辭，而荷公之知如此！九原不作，千載難期！既感公愛才之摯，而又惜公之僅以詩人知予也。葉帆學士爲曾王母之姪孫，又予舅氏行也。卅年京秩，年老而貧。今日歷話中外姻黨舊事，滄桑之感，不勝黯然。并晤小帆户部。晚赴東麟堂，晤惺齋、勉齋、景孫、予恬及高蘅畹封翁、葉某刑部、沈蘅甫明經，初更歸館。賞車夫二千、竇奴一千。是日付書肆舊帳二千、王福零用四千。近日見桃、杏、海棠俱已紅萼滿樹，春事之早如此！

二十三庚午　薄晴多風。作書致伯寅還衣。得庭芷書，即复。碩卿來，久談而去。夜閲《經世文編》。初更雨作。五更疾動憊甚。

二十四日辛未　濕陰大風。

閲翁批戴氏遺書，惟《文集》及《毛鄭詩考證》《詩經補注》兩種，所批皆大字塗乙，盡言痛詆，其中未嘗記姓名及圖章，而觀其所言與其字跡，真覃谿也。覃谿金石之外，絶不知學，凌仲子最爲受知高弟，而《校禮堂集》中未嘗一引其説。閩人何邲海，亦其高足，而跋《經義考補正》，縷舉其失，謂覃谿譜録之學，當推我朝第一，而説經非其所長。陳恭甫《左海文集》中，有答覃谿書，力詰其所訂阮氏《釋文校勘記》、段氏《周禮漢讀考》之謬。今觀此書所評，或詆其文理不通，或詆其好造異説，蓋東原文辭簡質，多非覃谿習於文從字順者所能解。而覃谿又并注疏未嘗細讀，《爾雅》《説文》之義，尤所不知，故遂疑他人爲造作。如所譏『深則厲』，戴氏引《説文》及《水經注》證厲爲橋，此確不可易者。而以爲無往不造，可以知其妄庸矣。中有云：『考訂是極要之事，何爲蔣心畬忽起而斥考訂之弊，實皆此一種人有以激成之。』又有云：『渠向日罵擇石，吾欲集同好至翰林公所聲其罪，同人勸解乃已。』夫心餘、擇石，皆一小家詩人耳，蔣尤不知學，而覃谿昵之以爲助。覃谿佞於佛，此殆得婆羅門是我慢人之教而加厲者歟？惟評其論性諸篇，謂立意在駁朱子性即理也，常聞其口説縷縷矣，其實無所見。又云不過不甘以考訂自居，欲顯其進窺聖道耳，到底一字講不出。又云此等文字頗與惠定宇《易述》後幅言性相似，實皆與經義無涉。則東原此等文，固不免支離。蓋戴氏師江氏，而江氏之學由性理以通訓詁，戴氏之學則由訓詁以究性理。江氏語言頗有迂冗之病，戴氏亦覺稍晦，不若後來凌氏、阮氏言性言仁之洞徹本原。而惠氏筆舌亦絀，其所發揮，往往枝梧，不如王、錢諸公。至覃谿譏其如雜劇内裝出一帶眼鏡之塾師妝作儒者模樣，則覃谿之自爲寫照矣。其稍可取者，《天保》詩『群黎百姓』，戴氏引韋昭《國語》注『百姓即百官』，謂凡經傳言百姓皆此義。覃谿引《易》『百姓用而不知』『百姓與能』，《孟子》『誠有百姓者』『百姓親睦』等語以駁之，差爲近理。然戴氏説本《毛傳》，於《天保》詩本文之義，自從百官解爲長。六經文字無復疊者，此《詩》『群黎百姓，遍爲爾德』，猶《堯典》所稱『百姓昭明，黎民於變』也。覃谿評此條云『有心尋鬧，無怪蘀石駡之。』予按王述庵《蒲褐山房詩話》有曰朱竹君極推東原經學，而蘀石頗有違言。每聚語及此，蘀石輒面熱，頸發赤，斷斷不休。蓋蘀石於經學，僅勝袁子才輩一等，而與同時程魚門及覃谿輩，固同調也。書中大批横抹，行間幾滿，相其書字，可知其無儒者氣象爾。

乾嘉以後爲漢學者，固多流弊，無論阮氏詁經精舍及學海堂中諸子，不免依附剽襲。即如常州之臧氏鏞堂、莊氏述祖，（此處塗抹）徽州之程氏瑶田、汪氏嬰萊、俞氏正燮，雖涂徑各别，皆博而失之瑣，密而失之晦也，亦非吾之所取也。毛氏之《易》，劉氏之《公羊》，所謂道其所道者也，尤吾所不知也。而毛氏説雖創，要亦自博考深思而得，終異於鄉壁虚造者。劉氏又不過漢儒家法之偏，此吾前所云爲漢學者其蔽亦非力學不能至也。

嗚呼！漢人傳經，時主所好，專門授受，多致通顯，上爲帝師，次典秘籍。故或賄改夫漆書，或爭論於講殿，桓榮以車馬誇稽古，夏侯以青紫誘明經，士風景從，猶非無故。下至宋之談禮，宗廟以爲號；明之講學，朝廷畏其黨，習俗之靡，尚緣勢利。若我朝諸儒之爲漢學也，則違忤時好，見棄衆議，學校不以是爲講，科第不以是爲取。其初開國草昧，樸學椎輪，則亭林以遺民終，潛丘以布衣死。西河、竹垞，老籍詞賦，暫陪承明，旋即廢退。東樵獻書，仍淪草莽；玉林著述，不出里閈。吴江二長，朱長孺、陳長發。鄞江二萬，青衿飾終，黄馘就木。而淵源宋儒者，二曲布衣，關中講學，親屈萬乘，寵以大儒。潛庵、松陽，互標朱、陸，生爲羽儀，殁邀俎豆。安溪以其政事，緣飾儒風，揣摩當寧，宗尚紫陽，位極鼎台，久柄國政。江陰、高安，相爲提挈；榕城繼席，名位益隆。望谿起於俘囚，久居講幄；漳浦擢自閑廢，遂爲帝師。此則漢宋相形，遭遇勝負，已可知矣。高宗盛時，首辟經學，薦書兩上，鶴車四出。然得官者五人：顧、陳、吴、梁，僅拜虚秩；當塗入館，更以年例。而諸公亦皆學參漢宋，未號專家。當時海内宗師，松厓一老，徵輿未上，壇席已除。都講弟子，仲林、艮庭，槁項卒世。婺源江君，學究天人，東南兩星，與惠相望，沉淪胄序，終晦少微。高弟戴、金，最爲首出。檠齋得膺上弟，旋復杜門。東原晚際昌時，公車入省校書恩例，超授翰林，天不憖年，終於吉士。至於開四庫，求遺書，尤國朝儒林之一大際會也。笥河發其議，曉嵐總其功，東原既以兹通籍，南江復由此升庸。然兩君以外，寂無徵焉。竹汀、西莊，清華通貴，而一謫九列，一終少端，皆盛年挂冠，著書林下，淡泊之操，鼎峙抱經。而歙有輔之，岱有衆仲，詞臣五隱，咸暢醇風，盡瘁簡編，何關人事？其繼掇巍科者，淵如、北江，一沉俗吏，一爲戍兵，雖踐金門，終飽蟫槀。吾鄉瑶圃邵氏，左官投劾，聲華尤闇。石渠以名臣之子，早著才稱，而詞曹不終，豸冠終斥。芝田、頤谷，未久西臺。而櫟堂、珍藝、十蘭、二谷桂未谷、武虛谷。以俗吏終矣；次仲、端臨、易田、階平以教官終矣；溉亭、小雅、孝臣，以進士終矣。雕菰、辰叔以舉人，樸齋、容甫、可廬、鄭堂、璞園且以諸生終矣。筍河於乾嘉儒術爲首功，而微罪貶秩，一蹶不振。其弟文正公頗持宋學，遂躋三公。其最以儒術顯用於時者，河間、儀徵兩文達耳。而河間畢生書館，勤於其職，及拜協揆，逾旬而殂；儀徵歷官使相，未嘗一日當國，皆不能炳揚素風，汲引同類。稍得志者惟嘉慶己未一科，儀徵主試，大興聽從，幸逢翽翽，多班玉筍，論者謂此科得人，逾於乾隆鴻博。然惟龍首姚公、探花王公文僖、文簡皆長春官，其餘則恭甫一列詞垣，告歸不出；蘭皋户部，十年不遷；皋聞始列庶常，幾于廢黜；周生沉於兵曹，春橋胡氏秉虔。没於郡佐。山尊稍以詞章，得躋侍從，終亦不振。嗣是而降，大雅云亡。蘭坡、墨莊，稍爲後出，並躋館職，未結主知，一退老於名山，一積勞於閩海。武進二申，李申耆、劉申甫。心壺、竹村，各述所傳，位不稱學。他若匪石、澗蕡、簡莊、拜經、曉樓、碩父之終身蓆帽，連蜷牖下者，更如書中蠹魚，聽其自生自滅而已。即以吾浙言之，仁和諸趙，德清諸徐，臨海諸洪，談經之窟也。鹿泉致位八坐，帖括所傳，或在人口；而谷林、寬夫、心田、筠軒諸先生，今猶有知其姓氏者耶？嘉興之李、次白氏貽德。仁和之二梁、諫庵氏玉繩，夬庵氏履繩。蕭山之王、穀塍氏宗炎。之徐、北溟氏鯤。之汪、蘇潭氏繼培。上虞之王、汾原氏煦。歸安之嚴、鐵橋氏可均，鷗盟氏傑。仁和之翟、晴川氏灝。之孫、雨人氏同元。臨海之金，誠園氏鶚。此皆著述卓然者，而鄉評校議尚及其人耶？尤可異者，蕭山王氏紹蘭，位望通顯，罷官之後，所作滿家，訓義邃精，幾頡惠、戴，而越人僅貴之爲中丞，未嘗尊之爲學者。嗚呼，由斯以觀，則諸君子之抱殘守闕，齗齗縑素，不爲利疚，不爲勢詘，是真先聖之功臣，晚世之志士，夫豈操戈樹幟，挾策踞座，號召門徒，鼓動聲氣，呶呶陸王之異辭，津津程朱之棄唾者所可同年語哉！

予質鈍健忘，又處窮阸，馬、鄭之學，棼無端緒；漢、唐之訓，浩無津涯。少時所習科舉講章之業，尚於宋儒爲近。諸家語録，其文淺俚，又便記誦。近日朝局，頗興宋學，倭公作相，李公掌憲，以性理導沖人，以道學議密政。又新召山東臬司吴公爲大理卿，皆服膺洛、閩，踐履篤實。明詔諄諄，時以格致誠正之旨教迪天下。以予之粗有文筆，使承望風旨，附會儒言，既非難事，且可以徼名公卿，覬幸登薦。而去冬粤東舉人桂君文燦進所著書，專求漢詁，有詔訓厲以宜爲有用之學，雖留其書而斥其人。前鑒既彰，迷途可復，乃猶質衣買考索之書，傭食讀蟲魚之字，其亦顔尉之違三好，韓子之致五窮者歟。自『漢人傳經，時主所好』以下至此可別存文集中，題爲《國朝儒林論》。

大風徹日，夜驟寒，復用爐。夜閲《經世文編》。心不能閑，亦是一病。予心不耐煩劇，故不能苦學；而亦不耐閑散，故頗無暇日。今日五更得疾，晝復閲書，至夕殊覺怔怔不便近文字，顧不能静坐。治心之無術如此。三更後風益横。

二十五日壬申　大風，晴寒地凍。得碩卿片。得傅子蒓江北臨行書。吴勉齋選授浙江寧海縣知縣。夜爲碩卿跋《翁批戴氏遺書》一通。次蚤疾發。

二十六日癸酉　晴，風少止。作片致碩卿。並還戴氏書。作片致庭芷、致金圃、致景蓀、致德甫。得庭芷復書。書沈光禄起元《題水西書屋藏書目録後》後云：『光禄卿太倉沈起元，循吏善人也，著有《學古録》及古文而不知學。水西書屋者，歷城周編修永年藏書處也。光禄之言曰：「昔人以書治舉業，今人治舉業而廢書。」其言是矣。又曰：「戰國叛道亡書，爲六經之蔽者，幸假手於秦火，自漢迄今，乃又有訓詁之學、詞章之學、釋老之學、術數之學、小説之學，漫汗無紀，爲害彌甚。」嗚呼，爲此言者，其將導世主爲秦政，舉漢唐以來經師之注疏傳義，盡畀之炎火而後已耶？抑何其猖狂無人心之甚乎！古未有形聲訓故之不明而能通經者，未有名物象數之不講而能知學者，夫朱子理學之宗，而世推爲集經義之大成者也，然其言曰：『一書不讀，即闕一書之義；一物不知，即闕一物之理。』此不特訓詁不可略，而詞章、術數、小説、釋老亦在所不棄矣。且經之須訓詁，其事甚嘖，其功甚勞，其效甚微。昔人亦何好焉？而必孜孜於拾遺掇墜、抱殘守闕若甚於性命身心之不得已者？蓋章句不明，則經旨晦；文字不審，則聖學疏；節文、度數、形器之不詳，則禮樂、兵刑、食貨、輿圖均不得其要。寧都羅臺山，爲宋儒之學者也，而其言曰：「訓故不明，則文字根柢不立，支離杜撰，規矩蕩然。」是誠見其本者矣。宋明以來，解六經四子書者，往往有文義不順，近於害理傷教。國朝諸儒，深研古義，旁通形聲，多此是正，讀《學海堂經解》一書，博觀而約取之，得失之故可以恍然矣。若夫詞章乃學人之游藝，術數爲方技之專門，皆非無益於國家者。不賢識小，君子何譏？必世人而盡爲程朱，則辟雍之地，又何所容其俎豆與？』

夜又疾動。

二十七日甲戌　薄晴，稍和。敖金甫、吕庭芷來久談而去。手寫《元和吴棣華廉使》《後生可畏未嘗至於偃之室也》文兩篇示學徒。晚邀金甫、德甫、碩卿、允臣飲福興居，極歡而散，已將二鼓矣。偕允臣歸館即寢。酒二十二千九百，外弍千，車飯三千五百。

二十八日乙亥　晴。得碩卿片。

得問月書，以孔氏微波榭所刻宋元憲《國語音》及近人海州許月南孝廉桂林《春秋穀梁傳時月日書法釋例》見贈。《穀梁》之學鮮傳者，邵氏、洪氏所輯皆未行。近日鎮江柳賓叔孝廉興恩撰《穀梁大義述》，儀徵太傅爲之序。閩中陳頌南侍御復撰《穀梁傳廣證》，而其書都未見於世。許氏與柳氏同出吾鄉湯文端之門。文端典江南試，二君皆以經學得雋。許氏此書，先從《穀梁》所書時日疏通其大旨，以《公羊》爲《穀梁》外傳，《左氏》爲《穀梁》衍義，唐陶山作序已譏其武斷，則漢人專門之結習，其能謹守師法者在此，其不能擇善而從亦在此。予未暇爲此學，亦未究閱其書，姑識其大端而已。

作片致問月，復碩卿片。夜大風。

閱王述庵《春融堂詩詞》。述庵學詩於歸愚，詞則以竹垞、樊榭爲宗。其詩分《蘭泉書屋集》《琴德居集》《三泖漁莊集》《鄭學齋集》《履二齋集》《述庵集》《蒲褐山房集》《聞思精舍集》《勞歌集》《杏花春雨書齋集》《存卷齋集》《卧游軒集》共十二集二十四卷，計二千餘首。自《蘭泉書屋集》至《述庵集》，雖氣格稍弱，而醇雅清切，律絶尤有風致，蓋皆其未仕以前所作，得於山水之趣者爲多。《蒲褐山房集》至《聞思精舍集》，則召試宫中書直軍機房後所作，已不免塵滯沓冗。《勞歌集》三卷，乃罷官後從征緬甸金川時之作，戎馬閲歷，滇蜀烟雲，多入歌詠，詩又較前爲勝。《杏花春雨集》以後，則凱旋晉秩，自此揚歷中外，致位九卿，老年頹唐，可取者鮮矣。總其大要，寔勝歸愚，蓋源流雖同，而讀書與不讀書異也。《琴畫樓詞》四卷，亦多清雅可誦。

二十九日丙子　晴，大風，下午稍止。

閲《春融堂文集》及《年譜》，文共四十卷。述庵篤嗜鄭學，兼綜四部，其文爾雅，可考證經史及國朝文獻掌故者甚多。吾鄉王穀塍氏稱其文爲一大作家，而謂其碑誌大篇，多係失明後口授之文，故有記憶偶誤者。眉批：按述庵歸田後病目眚，旋愈，未嘗失明。八十外復病眚，未幾謝世矣。穀翁殆誤記同時王西莊光禄失明事耶？今按其書中如吾鄉商寶意先生墓誌，言先生爲明文毅公輅九世孫。文毅爲嚴州淳安人，其子孫未嘗遷居紹興，而質園屢稱其高祖等軒冢宰公。冢宰名國祚，與劉忠介公同年成進士，崇禎中官至吏部尚書，《明史》屢見章格庵名正宸。等傳中，即國初貝勒所聘六遺臣之一也。設如此誌所言，則冢宰爲文毅之來孫，《明史·文毅傳》末亦不容不及。予家居時曾見冢宰祖父兩世墓碑，其敘系未嘗及文毅，此殆據其家狀之誤而不能辨正者。述庵旁通内典，其《書楞嚴經後》，謂今天下士大夫能深入佛乘者，桐城姚南青範、錢塘張無夜世犖、濟南周書昌永年及余四人，今觀其中如《跋龍舒浄土文》《跋華嚴楞嚴等經》《書佛頂蒙鈔後》《心經淺釋跋》《大崇仁寺五百羅漢記》《遊鷄足山記》諸篇，固非貫通宗乘者不能爲也。眉批：其時究心佛典者，有瑞金羅有高臺山、吴縣汪縉大紳、長洲彭紹升允初，而臺山尤廣通浄業。述庵作臺山墓志，亦極推其覃精梵乘，過於唐之梁補闕、白香山，宋之晁文元、蘇文忠，明之宋潛溪，而此處獨未數及，豈以臺山僅爲舉人，不得與士大夫耶？

《年譜》二卷，乃其婿金華府知府嚴榮所編，頗繁冗無體例。

作片致庭芷，得敖金圃書。付王福正月工直四千。付買薏苡、皂胰及陳氏立《句谿雜著》錢共兩千。

《春融堂集》所考定鄭氏書目極爲詳備，録之於此：

《周易注》《梁録》作十二卷，《隋志》九卷，《舊唐志》九卷，《新唐志》十卷。《易緯注》《梁》九卷，《隋》八卷，《宋·藝文志》七卷。《乾鑿度注》李淑《書目》二卷，《宋·藝文志》三卷。《通卦驗注》李淑二卷，《宋志》三卷。《稽覽圖注》《宋志》《玉海》俱一卷，《通考》二卷，《書録解題》三卷。自《稽覽圖》以下五書，宜併在上《易緯注》下，即《宋·藝文志》所謂七卷。所謂《易緯注》七卷，《玉海》云，今三館所藏，《乾鑿度》《通卦驗》皆別出爲一書，而《易緯》鄭氏注七卷，第一《稽覽圖》，第二、第三者標目，第四《辨終備》，第五《是類謀》，第六《乾元序制記》，第七《坤靈圖》。《辨終備注》《玉海》一卷。《是類謀注》《玉海》一卷。《乾元序制記注》《玉海》一卷。《坤靈圖注》《玉海》一卷。《尚書注》《隋》九卷，《唐》同。《尚書義問》《隋志》三卷。《尚書大傳注》《隋》三卷，《書録解題》《通考》並四卷。《尚書緯注》《梁》六卷，《隋》三卷，《唐》三卷。《刑德放注》見《御覽》。《帝命驗注》見《初學記》。《考靈曜注》見《藝文類聚》。《璇璣鈐注》見《文選》王融策秀才文李善注。以上書緯散見各書中頗多，今略舉以概其凡。自《刑德放》以下四書，皆即《尚書緯》也，宜併在《尚書緯》注下。《尚書中候注》《梁》八卷，《隋》五卷。《毛詩箋》《隋》二十卷，《唐》同。《毛詩譜》《舊唐志》二卷，《新唐志》三卷。《詩緯注》《唐》三卷。《儀禮注》《隋》十七卷，《唐》同。《周官禮注》《隋志》十二卷，《唐》十三卷。《答臨孝存周禮難》鄭《志》目録作『臨碩』，碩，孝存名。《禮記注》《隋》二十卷，《唐》同。《魯禮禘祫議》本傳。《喪服經傳注》《隋》一卷。《喪服變除注》《唐志》一卷，此戴德所撰，而鄭氏注之，《唐志》脱一『注』字。《喪服譜》《隋》一卷，《唐》作《喪服紀》一卷。《三禮目録》《隋》一卷，《唐》同，《梁》有陶弘景注，亡。《三禮圖》《隋》九卷，同侍中阮諶等撰。《禮緯注》《隋志》云三卷，亡。今取其可考者，如《斗威儀》，見《文選·七啓》李善注。《含文嘉》見《御覽》。《禮記默房注》《梁》三卷，《隋》二卷。《左傳注》《針左氏膏肓》《唐志》十卷。《釋穀梁廢疾》《隋志》三卷，《唐》同。《發公羊墨守》《舊唐》二卷，《新唐》一卷。《駁何氏漢議》《隋》二卷，《唐志》云何休《春秋漢議》十卷，鄭玄駁。《春秋左氏分野》《梁》一卷。《春秋十二公名》《梁》一卷。《孝經注》《隋》一卷，《唐》一卷。《論語注》《隋》十卷，又九卷，《唐》十卷。《論語釋義注》《舊唐》十卷，《新唐》一卷。《論語孔子弟子目録》《隋》一卷，《唐志》作《論語篇目弟子》一卷。《孟子注》《隋》七卷，《唐》同。《六藝論》《隋》一卷，《唐》同。《駁許慎五經異義》《唐》十卷。《答甄守然書》鄭《志》。《乾象曆法》本傳，鄭《志》。《天文七政論》本傳，鄭《志》。《日月交會圖》《梁》一卷。《九宫經》《隋》三卷。《九宫行棋經》《隋》三卷。《九旗飛變》《舊唐志》一卷，李淳風注。《漢律章句》《晉書·刑法志》。魏時下詔漢律但用鄭氏章句。《鄭玄集》《梁》二卷，《録》一卷，《唐》二卷。《樂緯動聲儀》見《御覽》。鄭《志》鄭小同撰，《隋》十一卷，《唐》九卷。《鄭記》鄭氏弟子撰，《隋》六卷，《唐》同。《尚書音》《毛詩音》《禮記音》《周官音》《儀禮音》見《隋》《唐》等志，《釋文敘録》陸氏云：『漢人不作音，后人所託。』

王氏云《新唐書·藝文志》有鄭玄注戴聖《禮議》二十卷。考杜佑《通典》、劉昫《舊志》，並云《禮義》二十卷，戴聖等撰，無鄭氏注之文，《新志》誤。他如《周禮·大宗伯》，賈公彦疏引《爾雅》鄭注『天皇北辰耀魄寶』，鄭未注《爾雅》，此不足據。又朱子《書河圖洛書》曰：『《大戴禮·明堂篇》有二九四七五三六一〈八〉之法，鄭氏注：「法，龜文也。」』此誤以盧注爲鄭注。又《玉海》附載《忠經》一卷，馬融撰，鄭玄注，《崇文總目》在小説，此係僞書，不足録。又（劉克莊）〔張邦基〕《墨莊漫録》載《漢宫香方》，鄭康成注，尤謬妄也。

二月丁丑朔　晴，有風。沈曉湖來，晡後偕出詣沈衡甫、寬甫兄弟而歸。得庭芷書。得金甫片。途晤子恂。閲北監本《南史》，加朱宋武帝、少帝、文帝本紀共二卷。夜手録《皇朝經世文編姓名總目》，其中名字、官爵、籍貫、科次，多有舛誤，稍爲訂正之。

初二日戊寅　晴和，社日。

手録《孯經室集》中所存《國史儒林傳》已删者毛西河、沈求如、錢飲光、朱愚庵、汪雙池、王西莊、任芝田、孔㢲軒、金檠齋、閻懷庭、丁小雅、談階平、桂未谷、臧拜經、張茗柯等十五人，又附傳陳長發、劉端臨、汪容甫等十人及衍聖公世家。各傳皆采輯群書而成，每句下必注出處，然往往未備，并有漏略其籍貫科第者，蓋校刊未審之故也。西河今改入《文苑傳》，實未足饜其心。茗柯聞爲山陽汪文端所黜，然芝田乃文端之師，又何以遺之？西莊尤儒林魁桀；㢲軒之《公羊》，與西莊之《尚書》、茗柯之《易》，皆可列學宫。檠齋、未谷，亦撰述卓然；小雅、拜經，終身訓詁，皆右文之世，亟宜表彰，是後日史官之責矣。加朱《南史》宋孝武帝、前廢帝、明帝本紀。

晡後作書致星齋侍郎乞畫湖塘村居圖團扇，媵以《漁家傲》一闋云：『東望山陰何處是，用放翁韵。兩年轉側干戈裏。夜夜夢歸家萬里。柯谿涘，柴門白髮携兄弟。　舊隱湖塘誰得似？林嵐都對門前水。旅篋青山無一紙。從公計，漁莊畫我承平事。』韶畫漸長，孤悰益結，復得《菩薩蠻》一首云：『社風正值中和節，故園天末無消息。歸夢柳絲絲，水鄉春淺時。　年華愁易謝，又報春分也。記得綺窗前，玉蕭新燕天。』作書致庭芷，爲夏小笠書盈丈屏幅一紙，即寄保陽。得定子復。夜疾動。

春分　初三日己卯　巳正一刻一分春分節。晴。作片致夏鏡人、致庭芷。得庭芷書，言嘉善錢宮允寶廉欲延予總校湖南學幕，歲修百六十金。入都四載，一事無成，乃復以此淺淺者，隨人輕出國門乎？可歎也已。德甫來，作竟日談。聞勝保逮至都。加朱《南史》後廢帝、順帝紀。

閱邸鈔：左宗棠奏布政使蔣益澧、按察使劉典等於正月間收復湯溪、龍游、蘭谿三縣及金華府城。得旨褒獎。

閱姚姬傳《惜抱軒文集》十六卷，《後集》十卷，《法帖題跋》三卷。姚氏之文，自謂遠承南豐，近淑望溪，而實開桐城迂緩之派。予於丙辰之春曾閱一過，爾時日記中謂其碑表誌傳散漫不足觀；而序記諸作春容大雅，有得於師承，爲乾嘉間文章家之俊。今日閱之，殊覺諸體多冗滯平弱，前言非也。姬傳人品高潔，故文自無齷齪氣，而性情和厚，語言亦無險怪之習，此其可取者。惟生平學術頗疏，又習於望溪而好議論，意欲持漢宋之平，出入無主，遂致持議頗僻。如《與袁簡齋書》，謂毛大可、李剛主、程綿莊、戴東原以詆毀程朱，率皆身滅嗣絶。其爲綿莊文集序，亦深譏其非議程朱，流於蔽陷，而復及東原持論之僻。今綿莊書不可得見，毛氏、李氏固不免矜氣之辭，若東原則惟爲程朱拾遺補闕，未嘗肆言攻擊也。又如謂《左傳》非丘明一人之書，其中記魏事尤夸，多出吴起所爲。《説文》亦非專出於叔重，故中引經文多自相歧異，乃後人所增各經師之説，而許氏原書可取者，多賈侍中等説，皆近武斷。眉批：王氏宗炎《晚聞居士集》中《與章實齋書》有云，來諭以儒者學論不廣，囿於許、鄭之説，此言深中近日之病。鄙人嘗謂西漢經學，深於東漢，董、劉無論，即匡衡亦豈易幾？若叔重《説文》，自是一家之學。而謂違此者即非聖無法，此拘虚之見，非閎通之論。孔子曰『信而好古』，古人之善學者，於經文及漢世大儒之書，墨守而不敢貳，缺者補之，略者申之，疑者通之而已。宋以後儒，逞其思力，好爲異論，而經學遂衰。姬傳之論《左傳》、論《説文》，亦似有理，而前之通儒，豈無見及此者？而不言，恐導後人以疑經不信古之漸，故不敢妄作聰明也。姬傳經學雖未能精研注疏，而解經頗有細心，自與宋明一切鹵莽滅裂者有間。

史學則自《史》《漢》以外，竟似涉獵未周。如《黄徵君傳》，爲國初洛陽黄調鼎作者，言南京福世子監國，立蘇州巡撫山陰祁彪佳女爲后，而以彪佳少女妻調鼎，則全是委巷無稽之談。又《禮恭親王家傳》，其首敘云：『禮恭親王諱永恩，其始封禮烈親王，諱代善，太祖高皇帝第二子也。推戴太宗，有大功於社稷。子惠順王，未嗣爵先卒。惠順王子諱傑書，嗣爵爲王，是爲康良親王。生康悼親王，諱椿泰。悼王生康修親王，諱崇安，修王之子則恭王也。恭王生而有至性過人，祖母悼太妃嘗病，時修王督師於外，恭王甫五歲而侍湯藥。』云云。雍正十一年，修王薨，王以年幼始封爲貝勒云云。乾隆十七年襲封康親王云云。下又云：『初烈王始封曰禮親王，及惠順王嗣爵，於康熙初改號曰康親王。自是傳四世，及高宗念烈王之元功，謂宜復祖號，乃復封號曰禮親王。』云云。夫上既云惠順王未嗣爵先卒，而此又云惠順王嗣爵于康熙初改號曰康親王，數行之中，自爲矛盾，前後不相照覆，至於如此。且其文敘次無法，盡失體裁。禮烈親王，禮封號，烈謚也，而曰始封爲禮烈親王，幾似兩字王矣。惠順王既未嗣爵，則惠順者謚乎？兩字王號乎？抑後所追贈者乎？何以都不敘明。康熙初改封康親王事，亦宜先敘于傑書嗣之下，眉目方清，此胸無史法故也。他若《翰林論》，言翰林爲近臣，有言責，重於御史，而今之翰林皆不知職；其持議甚正。《五嶽説》言《虞書》第曰東巡之爲岱宗，而南西北未嘗言嶽爲某山，其四嶽定名，必非唐虞之制，説亦辯而核。論《史記・老子列傳》『姓李氏，名耳，字伯陽，謚曰聃』，引陸氏《釋文》及《後漢書》章懷注所引《史記》皆作字聃，知伯陽謚聃之文，乃玄宗以後俗人所妄改，謚必無取聃者，尤確。《與許孝廉慶宗書》，論其所作《世室考》引《曾子問》當七廟五廟無虚主，今欲伸己説，以當七廟爲句，此非愚見所安。古今之隔遠矣，議禮者非特漢以後不可合，雖周人之言，亦或舛乖，必難衷於一是。又内載朱子説，不應書名。《復袁簡齋書》，謂古人以玄爲服采之盛，《禮》所云冕服皆玄也。衣正色，裳間色，謂之貳采，惟軍禮乃上衣下裳同色；故曰袀服。宿衛之士，當用軍禮，衣裳同色，故《趙世家》有黑衣之列，其衣兼衣裳而名之也，黑非賤服。古帝王革命，雖有易服色之事，而其大體皆上玄而下纁黄，雖魏晉而降，制猶存焉。隋人以宇文周尚黑，舉矯而變之，遂亦及於章服。自隋唐以後，以紫緋爲品官上服，朝會皆衣之，無復尚玄之禮矣。又祭之有尸，始蓋亦出於上古之俗，而聖人因以爲禮，此亦仁孝之極思。凡祀天神無尸，而配者人鬼有尸。若太公爲尸之説，則不可信。貓虎之尸，亦説之者過耳，不可因此遂譏古人之爲謬。尸蓋廢於秦世，秦俗戎也，然則廢尸乃夷禮，設尸非夷禮也。所論皆謹嚴不失古意。

其《朱竹君先生傳》眉批：朱傳言先生素爲劉文正公所知，及請開局修輯《永樂大典》内古書時，文正在軍機處，顧不喜，謂非政之要而徒爲煩，欲議寢之。而金壇于文襄公獨善先生奏，與文正固争，卒用先生説。後先生時持館中事迕，文襄大憾，爲他志表中所不及。《劉海峰先生傳》《張逸園家傳》名若瀛，桐城人。兵部尚書秉貞曾孫，左都御史若淮弟，官直隸知縣，爲熱河巡檢時，杖留守内監子文焕。《方晞原傳》名根矩，歙人。朱石君相國乾隆丙午科主江南試，自決必能取晞原爲第一人，而晞原已不應試，以諸生終。晞原爲婺源江慎修弟子，戴東原嘗言新安三士：鄭用牧、金蕊中及晞原也。蕊中即金氏榜。《内閣學士張公墓誌銘》名廷瑑，字桓臣，桐城人，文端公子。雍正元年，以兄文和公爲考官迴避，别試成進士，入翰林，歷官工部右侍郎，轉内閣學士。

告歸。兄弟六人，貴者四：長廷瓚，官少詹事；次文和公；次禮部侍郎廷璐，卒年八十有四。眉批：張公充日講起居注官。起居注素無條例，爲者繁簡任意，漏遺冗贅。公精思爲之，寒暑在館，十餘年編載詳贍，上以爲善於其職。於是以工部侍郎兼起居注官事，本朝官不爲翰林而仍職記注者，獨公爲然。《原任少詹事張君權厝銘》名曾敞，字塏似，廷璐之孫，翰林侍講若需之子。乾隆十六年進士。官檢討十餘年。御試翰林列第五，進侍讀，四遷至少詹兼學士，又值試翰林，列第三，詔特褒美而不遷官。己丑爲會試同考官，所薦中者較他房多且再倍，以磨勘所薦舉人梁泉卷疵纇數十，遂革職提問，未幾事白，而梁泉故鄉舉第一，詔復梁泉舉人，少詹竟廢不用。後復五品頂戴。《光禄大夫刑部尚書贈太傅錢文端公墓誌銘》公年八十六再入都祝皇太后八十壽，猶健步，上見公益喜，賜紫禁城騎馬，再與九老之會。公子汝誠，以户部侍郎侍養於家，及是隨公入朝，父子卿貳，持杖扶携，出入宫苑禁闥之中，觀者以爲榮。《副都統朱公墓誌銘》名倫瀚，漢軍人，由武進士選三等侍衛。聖祖偉其才，使兼直武英、養心殿。數年，改刑部郎中，出爲寧波、衢州知府，浙江糧儲道，召入爲御史，出爲湖廣道，復爲御史給事中，擢正紅旗漢軍副都統。公在浙時，世宗夜夢道士見而請曰：『吾天台山道士也，來就陛下乞所居地。』帝寤，異之，使問於浙江。吏言天台故有桐柏觀，今爲人侵廢，且爲墓矣。詔還爲觀，俾公董其事，觀成而民無疾焉。著詩一編，曰《天台遊草》，其辭尤奇隽，士多誦之。自聖祖愛公畫，世傳寶朱公指畫及書。《嚴冬友墓誌銘》君以獻賦賜舉人，官中書，入軍機。辛卯會試，劉文正公爲考官，值軍機事有當關白，君撾鼓入闈得見，既而出。同考官朱學士筠曰：『甚哉冬友，不自就試，而屑屑治吏事爲。』《孔信夫墓誌銘》名繼涑，衍聖公季子，乾隆二十六年與兄子廣森同舉山東鄉試，時姬傳爲主試官。《陝西道監察御史興化任君墓誌銘》爲禮部主事時，詔開四庫全書館，是時非翰林而爲纂修官者凡八人，興化與姬傳與焉。後姬傳以病先歸，任以憂歸。及書成議敘，其六人盡改爲翰林。大臣又以任與姚名奏，稱其勞，請俟其補官更奏。姚以母老不出，任獨往，然大臣竟不復議改官事。任以循資得御史。眉批：施宗丞朝幹《一勺集》有《任幼植墓表》，吾鄉章進士《實齋文集》有《任幼植傳》。《夏縣知縣新城魯君墓誌銘》名九臯，字絜非。《袁隨園君墓誌銘》《東閣大學士王文端公神道碑》《知足齋集》有公誌銘。《清河道朱公墓表》名灡，江寧人，子紹曾，安徽布政使，孫即嘉慶己未進士廣東巡撫莊恪公桂楨也。《碭山縣教諭瞿君墓表》名塘，字瀓川，嘉定人，王氏鳴盛門人。其子中溶，諸生，爲錢氏大昕婿。《春融堂集》有君誌銘較詳。《臧和貴墓表》《知足齋集》有《臧禮堂家傳》。《博山知縣武君墓表》《廣西巡撫謝公墓誌銘》名啓昆，在翰林時爲乾隆庚寅恩科河南鄉試正考官，辛卯會試同考官，得巡撫會稽陳大文、布政使歷城方昂以吏績名，檢討曲阜孔廣森以文學顯。按陳公後歷任總督、尚書，其鄉試寄籍河南杞縣。《廣東布政使許公墓誌銘》名祖京，字依之，德清人。祖鎮，翰林院編修，南昌府知府；父家駒，舉人，西安教諭。公中乾隆戊子科浙江鄉試第一人，己丑成進士，歷官至雲南按察使。姚州擬獄誤，部駁承審官知州應降職。公言州本擬如部所論，臣飭改之，咎乃在臣。奏上，純皇帝愈重之，擢廣東布政使。在雲南時，總督李侍堯怙勢求賄，及敗，屬吏多得罪，公獨不爲所累。及在廣東，仁和相國孫文靖公、毅勇貝勒相國福文襄王相繼爲總督，公皆守正自如。在内閣修官書《西域圖志》《西域同文志》《勝朝殉節諸臣録》，皆獨當其勞。著有《書經述》八卷，子即嘉慶己未進士兵部主事周生先生宗彦也。按公家與予家三世同年，南昌知府與先殿纂公同成康熙壬辰進士，西安教諭與先高叔祖晦庵公同登乾隆丁卯浙江鄉試，公與先曾伯祖銅梁公同登戊子浙江鄉試，故余家族譜，方伯爲之序，歷敘三世年誼，字作章草，甚秀勁。眉批：據《春融堂集》《勝朝殉節諸臣録》乃陸耳山副憲奉敕編輯。今《殉節録》列陸公爲總纂，列許公爲協修。《雲南臨安府知府丹徒王君墓誌銘》名文治，字禹卿，以編修御試翰林第一，擢侍讀，旋出守臨安，罷歸。高宗南巡至錢唐僧寺，見所書碑，大賞愛之，内廷臣有告之招其出者，不應。買僮教以度曲，行無遠近，必以歌伶一部自隨。客至其家，張樂共聽，窮朝暮不倦。客去樂散，默然禪定，夜坐，脅未嘗至席。持佛戒，日食蔬果而已。海内求書者，歲有饋遺，悉費於聲伎。人或諫之，不聽。嘗自言吾詩字皆禪理也。年七十三，趺坐室中而逝。《封文林郎巫山知縣金壇段君墓誌銘》名世續，縣學生，即懋堂先生之父也。《光禄寺卿寧化伊公墓誌銘》名朝棟，字用候，汀州寧化人，受業於同邑雷副都御史鋐，爲朱子之學。乾隆己丑成進士，歷官至光禄卿，告歸。子秉綬，知惠州府，就養署中。時提督標兵與嶺南奸民通謀，秉綬先事請兵靖亂，觸總督吉慶之怒，劾戍，而亂黨遂起。公以爲子之屈可以不伸，而嶺南官弁縱賊及兵與賊通之患不可不詰，身嘗爲侍臣，不敢隱，草疏將奏之。會後總督倭什布至，秉綬得釋。著有《南窗叢書》，多發先儒疑義；詩曰《賜硯齋集》四卷，尤有高韵，秉綬字墨卿，有名。《太子少保兵部尚書江南河道總督徐公墓誌銘》名端，字肇之，德清人，由通判歷任東河南河總督，著《迴瀾紀要》《安瀾紀要》二書。諸作皆考文獻者所必需也。

新城陳碩士侍郎爲姬傳弟子，姬傳深重之，謂可盡得其學術及古文法，故集中爲陳氏作文甚夥，有《陳母楊太夫人墓誌銘》乾隆戊辰進士凝齋先生陳道之配，子五人：金衢嚴道守誠、陳州府知府守詒、舉人内閣中書守中、江蘇按察使守訓、舉人候選中書守譽，孫十餘人，一即碩士侍郎也。《陳約齋六十壽序》即守詒、碩士之父。《約齋七十壽序》《陳州府知府陳君墓誌銘》《新城陳君墓誌銘》名吉冠，守譽之子，舉人。其後碩士侍郎以文學名，而所作字句迂冗，幾不可讀，可謂具體者。金衢嚴道子爲倉場侍郎觀，孫爲給事中希祖、侍郎希曾，希曾子即子鶴尚書也。德甫爲倉場侍郎之曾孫，嘗爲予道其家世甚詳，而有一姓不再興之歎。予閲《魯通甫集》，有《新城陳君某墓誌銘》，其時尚書一房正盛，而誌言某君以門户衰替，鬱鬱以死，亦可感已。

初四日庚辰　薄晴驟暖。剃頭。午後出訪庭芷、景蓀、巳蘭、惺齋，晤景蓀、巳蘭及邵茗仙舍人、惺齋夫人，傍晚歸。園中看桃花，得庭芷書。得星翁書，爲畫湖塘山水團扇并題七律一章，畫境高淡，詩亦藴藉，即作書致謝。

初五日辛巳　晴。庭芷將以明日南行，索文爲别，走筆贈之。（此處塗抹）是爲序。作片并序文致定子，得德甫片索還《王石癯集》，予之。得庭芷復書。日晻嵫大風。夜披閲姚姬傳《九經説》《惜抱軒筆記》《春秋三傳補注》一過。

初六日壬午　晴。早起雜閲案頭書，於《荀子·性惡篇》中附注錢竹汀説兩條，又於《越風》開卷黄梨洲下補注其仕履及所著書目。辰後風起，未後愈大。作片致景蓀。步詣碩卿晤談。詣定子，不值，留書而返。

桐城劉大櫆詩文皆不能成家，其文尤乏佳處，雖稍有氣魄而麄疏太甚。其生平於古人文法亦甚留心，而所作往往軼於軌度。又或摹仿淺拙，轉多可笑。詩稍勝于文，苦無作意。而程魚門、姚姬傳輩極推之，姬傳稱之尤力。其爲作傳有云：『康熙間方侍郎名聞海外，劉先生一日以布衣走京師，上其文侍郎。侍郎告人曰：「苞何足道哉！邑子劉君者乃今之韓、歐也。」』云云。又爲之作八十壽序，中亦舉此事爲言。且舉周書昌語，謂昔有方侍郎，今有劉先生，天下文章其出於桐城乎？夫望溪雖稍散弱，不及震川，而氣澹神清，粹然有味，自深得於歐、曾者，豈海峰所可望耶？姚氏壽序中又云：『黄舒之間天下奇山水也，鬱千餘年，一方無數十人名於史傳者。獨浮屠之俊雄，自梁陳以來，不出二三百里，肩臂交而聲相應和也，其徒遍天下奉之爲宗，豈山川奇傑之氣，有藴而屬之耶？夫釋氏衰歇則儒士興，今殆其時矣。』云云，其推崇可謂至矣。豈果天下之公言乎？姬傳爲人，不至以鄉曲之故阿好如此，蓋其性習相近，遂致此蔽耳。傳中有云：『方侍郎少時，嘗作詩以視海寧查侍郎慎行，查侍郎曰：「君詩不能佳，徒奪爲文力，不如專爲文。」侍郎從之，終身未嘗作詩。』初白官止編修，爲侍郎者，其弟嗣庭，以作《維止録》伏法者也。姬傳殆承望溪不看雜書之弊，故道眼前事，往往有錯誤者。此事《援鶉堂筆記》亦載之，而《隨園詩話》作劉公戩語。簡齋固多妄説，然其敘此事，謂望溪先謁汪鈍翁，鈍翁斥之；復謁王阮亭，阮亭亦不之譽；乃謁公勇云云，則較有本末，或足爲據。

得景蓀復。

初七日癸未　曉雨，上午止，有風作寒，傍晚薄晴。得德甫片，即復。下午坐車訪德甫，不值，入其齋，携得謝墉校《荀子》、趙懷玉校《韓詩外傳》、盧文弨校《方言》、畢氏沅《釋名疏證》四書以歸。謝校《荀子》在《抱經堂叢書》中，予向有之，而中缺十二葉，今擬借此鈔補。盧校《方言》單本，辛酉春在廠市，予已買定，爲德甫攫去。《釋名疏證》在《經訓堂叢書》中，亦予所素有，而家藏被燬於賊。趙校《韓詩》，則欲之而未見也。擬以汲古閣刻《元遺山集》與德甫易《韓詩》《方言》《釋名》三書，未知許否？

錢湘吟學使來，不值。

《易》《書》《詩》《春秋》《左傳》《禮記》《周禮》《論語》《孝經》《孟子》字數，鄭畊老記之；《儀禮》《公羊》《穀梁》字數，閻潛丘記之。其中《孟子》字數，畊老本之趙邠卿，而明人陳士元所記不同，今日偶數得《孝經》共一千七百九十五字。古文多《閨門》一章二十四字。蓋鄭氏連章目字記之也。又數得《爾雅》一萬二百四十一字，題目字不數。十三經字數始全備矣。

夜大風。

初八日甲申　晴，大風驟寒。敖金圃來。孫道復封翁來。沈曉湖來。得德甫書，即復。籌客終日，燈下始稍看書。聞勝保逮至都。

初九日乙酉　晴，午又風。衺輯諸書。作片致碩卿。湘吟學使來。得碩卿復，得問月書催其太翁家傳。

初十日丙戌　晴和。得湘吟宮允書。晨睡疾發，憊甚，交午始起。飯後坐車訪湘吟、庭芷、金圃、伯寅、碩卿及同鄉駱比部文蔚、章秀才文瀾，晤伯寅久談而別。庭芷來話別，逾三時許而去。

邸鈔：工部尚書李菡卒。菡，寶坻人，道光壬午進士。以李棠階爲工部尚書，單懋謙爲左都御史，吴存義爲工部侍郎，王茂蔭調吏部右侍郎，曹毓瑛調兵部左侍郎，黄倬調工部左侍郎。

邸鈔：耆齡奏正月十三日林文察等收復武義、永康兩縣。詔：官李菡孫三人爲七品小京官，分部行走。賜謚文恪。

十一日丁亥　晴和，下午風霾。得湘吟學使書，即復。駱越樵員外來。有紹興收復之信。胡仲芬來，訂明日飲龍源樓。夜得碩卿片，即復。夜得定子并湘吟書，緣湘吟必欲邀予楚行也，作復書決辭之。夜偕予恬有事出門，即歸。夜疾大發。

十二日戊子　晴。得湘吟、庭芷、金圃三君書，復力勸楚遊也。碩卿來。聞正月二十六日寧紹台道史致謂等會同英法國人收復紹興府城。作書復湘吟、庭芷、金圃云：『惠書具荷拳拳，慚感無任，此官本同鷄肋，况集慳廚之犺纞，腼濕竈之熊蹠。貧士生涯，尤非易事。年來政坐輕信人言，萬事潰敗，痛創未合，睡夢猶驚。今番所以遲滯者，不但緣此事稍有眉目，且聞敝郡已爲王人，而老母弱弟，未得消息，故擬稍緩楚遊，側耳待報。不然，沅湘萬里，魚雁杳深，設倚閭之書甫來而旅人之車已出，舉家惝恍，兩地何堪？且薪木之愛，大賢不免，桑下之恝，浮屠所難。今東閣主人，既致款曲，又復後堂尼戴崇之去，郎君惜玉谿之行，必謂一年既留，五日難待，揆之理勢，亦似不侔。至僕之沾沾到官者，豈真流涎銅臭，樂逐驢曹，徒以既投濁流，不能不鑄成此錯。牛前馬後，暫演登場。今日入官，明日即乞長假。惟圖歸告鄉里，謂雖身伍梟鏡，違親棄宗，然終藉友朋之力，得一望闕廷，入郎署，齒加長矣，頭顱故存。上以請罪親前，下以解嘲妻子，此區區萬不得已之苦衷，不堪爲外人道者也。定老、金兄殷殷推轂，湘翁過聽，寵飾逾恒，薄劣如斯，何堪比數？衡雲湘樹，寢饋所期。倘得追逐軺車，聯翩賓從，九疑七澤，足饜乎此行，郢石楚材，遍搜於三載。自綜一生，兹遊差快，致斯齮齕，深可悼怏。望賈傅於長沙，就荆卿於燕市。蝎宫命鬼，非我能爲。黄鵠不飛，蒼波無極。溝壑之事，志士不忘。餓死生還，未知所税。心長髮短，虚負故人。諸惟垂詧不宣。』再得定子書。作書致德甫。喫香芙膏。下午日晦。得定子復。三得定子并湘翁書，又復得德甫復。夜風起。得碩卿片，即復。二更後大風達旦。聞僧王擒張六英報至。

十三日己丑　大風終日，黄沙蔽天。金甫柬邀明日會飲。沈衡甫來。謝愢齋來。夜大風徹旦。

作書致福建周蜮，痛數其罪。

十四日庚寅　晴，風未止。程艇笙藩經來，以寄閩蜮書託附去。下午答拜程艇笙，不值。詣德甫並晤熊定卿。送湘吟、定子之行，不值。詣敖金圃邀同定子及范搏九主事等四五人夜飲廣和居，初更歸。是日在金圃處見有番禺徐灝字子遠所著《通介堂經説》八册，多補正高郵王氏父子之説，乃近人經學之卓出者，當借得細觀之。

邸鈔：僧格林沁奏侍郎國瑞、翼長舒通額、蘇克金、全順等自二月初一日至初七日，追剿蒙亳捻匪，歷克雉河集、尹家溝、張村堡、李莊、花果集等處老巢，生擒捻首劉玉淵即劉二老淵。劉學淵即劉大老淵。劉四麻子、張延生、立稜眼蘇添才等，皆凌遲處死。王懷義、楊瑞瑛、龔耀等股先後投誠，捻首李勤邦、劉添祥、頭號雷張慎德等赴宿州，知州英翰乞降，李勤邦等誘擒，逆首張六英並其子張禧、義子王婉兒解送大營。（此處塗抹）詔：巨捻張六英曾受粵逆僞封，擾害東豫江皖，荼毒生靈，罪惡貫盈，著僧格林沁即將該犯在營極刑處死，並其子張禧、義子王婉兒一併正法，傳首河南、山東、安徽等省被擾地方，以伸國法而快人心。其餘投降各捻，著僧格林沁分别妥辦，蒙亳一帶，漸次肅清，所有善後事宜，著唐訓方慎選牧令，招集流亡，妥爲經理。安徽蒙亳等處自遭捻患，凡及十年，言念吾民，殊堪矜惻，著加恩蠲免錢漕二年。僧格林沁鋭意抄捻，卒能將各股捻首擒獲收撫，積年巨患，剋日掃除，著加恩仍以親王世襲罔替。前奉特旨賞用章服等項，並仍准其服用，以示優異。侍郎國瑞著交部從優議敘，英翰本日已簡放潁州府知府，仍著賞加道銜，投誠之李勤邦等著賞給六品頂戴，並賞戴藍翎。

十五日辛卯　晴有風，花朝小極，久旅凄然，賦《百字令》一闋：『入春幾日，又匆匆分得，韶光剛半。病裏每愁佳節過，何況天涯羈怨。帳構餘香，羅巾殘墨，零落無人管。東風歸未，故園重問鶯燕。

時越郡新復。那見此際江南，澹烟微雨，玉笛吹都遍。彈指十年重疊恨，偏到今朝凄斷。韓冬郎《花朝》詩：「每遇百花生日日，未曾凄斷似今朝。」絳蠟桃花，緑紈金蝶，可惜閑庭院。秋千墻角，夜來明月撩亂。』是日新得吾鄉邵瑶圃先生《説文解字群經正字》二十八卷，《劉炫規杜持平》六卷，可喜也。

邸鈔：左宗棠奏正月十八日收復浦江縣城，二十三日收復諸暨縣城。紹興捷報當亦即日至矣。

眉批：此葉皆被珊士剜補，不知何故，珊士於鄙人文字有癖好，情固可感，而借人書籍狼戾如此，亦不能無怏怏也。

十六日壬辰　晴。得德甫書，借《藝苑珠塵》，即復。晡後步詣吴勉齋託其辦補繳官事。晚詣沈曉湖，齋中喫夜飯，暢談至初更後歸，風起漸大，連夕春寒未褪，而月色甚佳。歸館後忽若有感，復賦小詞，信筆書此。

青玉案癸亥花朝後一日，春寒尚峭，夜月甚妍，計後二日又是清明矣。花朝冷節，併在兹宵，離緒綺懷，一時都觸，更倚短燭，琢此新聲，恨未得雙髻吹笙，十葱擫笛也。即寄允臣調之。

花朝寒食偏相遇，只難遣、人離緒。燕子宵長誰與度？剩脂鈿合，斷金裙帶，題遍傷心句。聽殘玉笛無歸路，却恐屏山易春暮。月上重門香一縷。梨花欄角，緑弦風細，簾影深深處。

十七日癸巳　晴。同鄉壽玉溪孝廉源清來。

閲王穀人《晚聞居士遺集》，爲文八卷，詩一卷，共九卷。先生名宗炎，字以除，乾隆四十五年進士，未授官而歸。著書教授，垂五十年，至道光乙酉冬卒，年七十一。越東學者奉爲魁艾，而蕭山人至今猶以『小進士』呼之，蓋先生登第時年甚少也。先生聚書甚富，於《易》《詩》《書》《禮》《公羊》《春秋》《爾雅》《孟子》，皆有論撰，與同郡章進士實齋、同邑汪吏部厚叔交最厚。實齋通史學，攻古文；厚叔精於諸子之學；而先生族弟福建巡撫南陔先生深研經義文字，互相淬厲，所得甚宏。眉批：先生受學於其邑人湯溎。溎字紹南，號湘畦，乾隆甲午副榜，官杭州府學訓導。集中有《湯夫子家傳》，言所著有《明謚法考》《五代史閏季録》《湘畦雜佩》《學製編》《自怡集》《暖姝漫稿》諸種，其學爲繼毛氏而起。據集中《復實齋書》，有『浙東學術首條今又改定數語』云云；又《答南陔弟》詩注中，有『日課校讀《爾雅》《孟子》簡端記録』之語，其著述之略，固可想見。今此集爲其子庶吉士端履等所輯，字皆本《説文》體，板亦仿宋刻，雖似精工，而滿牘古文，艱苦駭俗，轉爲文章之累，殊無謂也。集前有相國湯文端公序，後有南陔中丞跋。文端爲先生弟子，其序言先生闇然自修，不欲以著述名，每脱稿輒棄去。跋亦言著書時爲人取去，故僅存此數，蓋皆實録。其文一意簡古，雖蹊徑太甚，多病局促；而謹嚴可喜，終非不讀書者所能。詩亦大致相似。五古頗有峭潔之作，與南陔所爲文同出一軌。蓋皆承前明張元忭、孫鑛諸鄉老之派者。然南陔究心漢學，自閩歸後，顔其齋曰『許鄭學廬』。而先生頗出入漢宋，其《答實齋書》有云：『來諭以儒者學識不廣，囿於許鄭之説，此言深中近日之病。鄙人嘗謂西漢經學深於東漢。董、劉無論，即匡衡亦豈易幾？若叔重《説文》，自是一家之學，而謂違此者即非聖無法，此拘虛之見，非閎通之論。若鄭不及毛，則近人已見及之矣。』語雖持平，然稚圭經説，自其本傳外，見者寥寥，何由知説詩解頤者，真無遺議乎？舍康成衆義完具之箋，而欲求匡鼎單文旁見之學，固尊古之盛心，亦好奇之通惑矣。集中所收諸文，大半應酬之作，壽文像贊，時藝序言，一併闌入。又好爲蕭山、諸暨兩邑富人作文字，家傳誌銘，多係賈氓，無關文獻，而敘次簡潔，尚不令人生厭。其爲敦甫相國、南陔中丞之兩封翁墓誌，尤謹嚴不苟。最佳者，如《孟子趙氏注》、《孟子音義》、楊甲《六經圖》、盧雲英《五經圖》、戴震《原善》《原象》《續天文略》、任大椿《深衣釋例》、《吴越備史》、《嘉定鎮江志》、《至順鎮江志》、戴震《水地記》等敘録十三篇，考證確核，卓然可傳。《與汪蘇潭校勘潛夫論誤字》，亦精覈。餘如陸農師《爾雅新義》、辛文房《唐才子傳》、孫同元《弟子職注》、於士達《湘湖考略》、桂未谷《札樸》、汪漢郊《東里生燼餘集》、《合刻嘉興徐秋湄先生遺書》等序，及策問廿二條，論書法十三條，俱可備考證。先生工於書法，旁及繪事，故所載題跋時有名論，筆墨亦雅潔，固吾鄉先輩中一巨集耳。所惜南陔中丞著書至二十六種，其中《國朝八十一家三禮集義》四十二卷，《儀禮圖》十七卷，《説文集注》一百二十四卷，《袁宏後漢紀補證》三十卷，皆褎然巨集。聞其《儀禮》《説文》兩書，尤一生心力所萃。其子曼壽亦傳家學，著書八九種，俱以家貧未及刻。今經亂後，當已無有存者，可歎也！中丞在閩，以布政使李氏賡芸自縊事，與總督汪稼門同被高郵王文簡所劾罷官。中丞不待言，稼門亦有時望，乃俱不能容李鄦齋，何歟？

清明未正三刻。　十八日甲午　未正三刻清明節。晴和。蚤起聞鳥聲甚樂。珊士來。剃頭。張曉蓮比部來。江西魯芝友孝廉琪光來。夜倦甚早睡。

十九日乙未　晴，大風。曉睡疾動。作片致景蓀，還《晚聞居士集》。

閲邵氏《説文群經正字》，得畢三卷。邵氏考證詳核，不强爲比附。而於今字之從隸變省者，悉據漢碑以著其所自，字之正俗，相斠判然。後人訾謷《説文》者，徒見其妄庸矣。惟所列群經，不知《古文尚書》及孔傳之僞，亦千慮之一失也。

夜五更疾又動。

二十日丙申　晴。先大父敬齋公忌日，先節母張太太忌日。家中是日自癸卯歲以後必往亭山展祭，丙午後更詣鐘堰埭祭先大父。今故鄉新復，未知兩地殯宫能否無恙，家人老稚尚能辦紙錢麥飯否？念念腸斷。

加朱齊高帝、武帝紀一卷，鬱林王、海陵王、明帝、東昏侯、和帝紀一卷，《南史》疵病百出，不可殫指。齊高帝紀後縷述符瑞凡一千一百三十四字，附會無理，甚爲可厭。此皆蕭子顯本書所無者。又海陵王紀後，言先是武帝立禪靈寺於都下，當世以爲壯觀，天意若曰禪者禪也，靈者神明之目，漢文帝晏駕而鼎業傾移也云云。殊不可解。錢竹汀《廿二史考異》曰：『漢字誤，文帝謂文惠太子。』案此語終與上文不貫。且文惠未嘗爲天子，不宜稱晏駕，《南史》他處未有以文帝稱文惠者，况文惠卒於武帝之前，亦不得謂晏駕而鼎業傾移。考《南齊書·五行志》云：『世祖起禪靈寺初成，百姓縱觀。或曰禪者授也，靈非美名，所授必不得其人。後太孫立見廢也。』語甚明晰，延壽殆本此而妄改者。北雍板雖較南雍及汲板爲優，然訛奪尚不少，惜未得官本校之。

得問月書。得德甫片，即復。

是日見邸鈔，左宗棠奏正月二十六日署提督葉炳忠督寧波諸軍收復紹興府城，副將楊政謨等遂率師船克復桐廬縣城，沿江賊壘一律焚毁。詔：令左宗棠查明攻克紹興詳細情形具奏。浙江按察使劉典交部從優議敘，楊政謨等十人賞給巴圖魯名號。餘升賞有差。

二十一日丁酉　晴，下午風起，雨，黄沙。作片問吴勉齋言部銀須百七十一兩。加朱《南史》劉穆之曾孫祥、從子秀之、徐羨之從孫湛之、湛之孫孝嗣、孝嗣孫君蒨、傅充族兄隆、檀道濟兄韶、韶孫珪、韶弟祇列傳一卷。作致夏小笠書，致伯寅書。夜閲邵氏《劉炫規（過）〔杜〕持平》。三更後大風。

二十二日戊戌　晴，大風。作書致子恂。

《南齊書》及《南史·東昏侯紀》『帝於殿内騎馬，從鳳莊門入徽明門，馬被銀蓮葉，具裝鎧雜羽孔翠，寄生逐馬，左右衛從』云云，『寄生』二字殊不可解。按前有云『教黄門五六十人爲騎客，又選營署無賴小人善走者爲逐馬，左右數百人常以自隨。』《南史》『逐馬』下有『鷹犬』二字，《南齊書》無之。案此乃《南史》涉下有

『鷹犬隊主』『媒翳隊主』而誤。疑此處『寄生』爲『騎客』之誤。『具裝鎧雜羽孔翠』七字，指東昏衣飾而言。

馬春暘編修來。偶加墨《南史》梁武帝紀二卷，架上不全南監本。以《梁書》參校。《南史》增删處多不得當，其敘述情事，亦皆《梁書》爲優。夜微雨，是日聞官軍於初二日收復蕭山，旋進克富陽，駐扎鳳皇山。浙東已肅清矣。

二十三日己亥　晴暖，風未止。曉睡疾又動。表兄余暉亭孝廉來，鄰人陳葉封孝廉來，俱於紹興收復後泛海來試禮部者，均不晤。德甫來，偕德甫詣碩卿，不值。得夏鏡人復。午後倦甚，睡一時許。得仲弟去年十月廿七日書，上下粗安。二妹挈甥留予家，僧慧已入沈氏塾讀書矣。（此處塗抹）表弟倪鏡蓉於秋間病故，稚妻幼子，思之可傷，計其年纔逾冠，當日外王母以其早失所恃，憐愛甚至，四舅父望其讀書尤切，曾從予學爲文，馴敏可造，體素清羸，經亂夭折，悲夫！　惺齋來。

是日閱邸鈔，李鴻章奏總兵銜法國人達耳第福自攻克上虞縣城後，接帶勒伯勒東舊部。本年正月初，中外官兵分道進攻紹興府城，達耳第福帶兵徑攻西郭門，連開大炮，轟倒城墻十餘丈，斃賊無算。達耳第福獨立橋上，揮兵登城，不意中槍陣亡云云。詔：達耳第福著照總兵陣亡例，交部從優議恤云云。嗚呼！　城西故居，當無一椽存矣。前年城陷時，宗祠聞尚無恙，此日定亦不保，言之慘然。史乘所紀吾越自唐以後，無離此大劫者，可痛也。聞新直督劉長佑已至，僅携從者二人。

二十四日庚子　晴。碩卿來。海棠花開。

加朱《南史·梁武帝紀》上卷，復正得《宋武帝紀》誤三條，别有稿。兹録其一云：宋武九錫文末云：『置宋國侍中黄門侍郎尚書左丞相大使奉迎。』九錫文歷代大略相同，惟此數語他處所無。王氏《十七史商榷》云：『「左丞相大使奉迎」七字不可解。《宋書》作「左丞郎隨大使奉迎」，亦可疑。』案上文已有宋國置丞相以下之語，此處不當復言所置官。况霸府不設尚書，若左丞相、左丞郎尤爲不倫，當作『置宋國侍中、黄門侍郎句、尚書左丞句，即隨大使奉迎。』蓋是時劉裕方伐姚泓入洛陽，故晉帝爲先置侍中、黄門侍郎、尚書左丞三官，令隨大使奉迎。大使者，即所遣持節往授策命之袁湛、范泰二使也。國相任重，必以私人最親者爲之，非朝廷所敢預命。而侍中等三官，皆傳宣近密之職，霸府所必有，而其位不尊。時劉穆之以裕之親信掌太尉留府事，故可先擇人充之，即令隨敕使往迎宋公也。《宋書》既誤即爲郎，《南史》又轉訛爲相，又少一隨字，遂不可解耳。

傍晚挈七兒嘯詠花下，久之。予恬招同暉亭夜飲福興居。暉亭述官兵之暴，百倍粤賊。去歲春間，賊目下令安昌、斗門依舊爲市，民間遂各修屋立肆，百貨麇集，二鎮之盛，轉勝往時。自冬間法人勒伯勒東帶兵進攻，寧紹閑子，盡竄軍籍，卷髮卉衣，肆爲淫掠。今春之初，亡命尤聚，而鄉民之戇者，復助之殺賊。賊怒，遂盡焚松林、下方橋、後堡、陶堰、道墟、東關及安昌、斗門諸村，所過地赤。官兵宛轉避之，而行劫如故。桑梓之害，所不忍言。又聞吾友徐葆衣明經，於辛酉之冬死難姚江。葆衣初名鼎梅，更名虔復，上虞人，居郡城。幼穎慧，年十一，受知督學姚總憲元之，以能詩賦補諸生，有神童之目，而九試於省，僅中己酉科副車，戊午以後，遂誓不應試。生平意氣凌厲，議論風發，不可一世。獨心折於予，得予一語一字，輒録去，反覆吟諷，以爲絶人。予戊午之入貲爲郎也，葆衣力阻之，及既得官，己未之行，又力勸之，蓋葆衣亦善周蜮兄弟，以爲二蜮之爲予謀也必忠，固不意其負心賣友至此也。今予流落不振，被陷幾死，方冀他日得歸，與葆衣挈案痛哭，相約從此披髮入山，不復與世相接，而君竟已先我死乎，哀哉！都中買黄花魚已半月矣，今夕始得於酒家食之，乃知羅友求白羊肉，劉毅乞子鵝片，窮士口福，固非易易。更餘偕予恬歸。三更始寢。

二十五日辛丑　曉小雨。早起見榆錢滿地。得吴勉齋片催交部費，并得伊兄松堂縣丞正月廿二日濟南書。得珊士書。夏鏡人來言小笠已署刑臺。作書致伯寅，作片致惺齋。問月來。終日嫩陰。看海棠尤佳，賦《滿庭芳》一闋云：『淡日簾櫳，嫩寒庭院，深情問有誰知？宿酲初解，緗纈上花枝。約略靚妝人影，點春渦、半暈燕支。朱門側、闌干倚遍，無地寄相思。　東風腸斷處，猩屏掩恨，茸帊緘詩。正紅窗睡重，燕子歸遲。斜搭秋千畫索，傍花陰、閑裊游絲。黄昏近，茜紗銀燭，更是惱人時。』德甫來，談兩時許，偕出門外小行，見巷口毵毵，新緑滿柳，顧惜佳日，相對悵然。

加朱《南史》王鎮惡、朱齡石弟超石、毛脩之孫惠素、傅弘之、朱修之、王玄謨子瞻，從弟玄象、玄載、玄邈傳一卷。《毛脩之傳》末敘在魏與朱修之問答事，全學《漢書·李陵傳》，而筆力衰茶，全無生氣，可謂壽光之步。玄謨雖自宋武霸府入仕，而生平建豎，俱在元嘉以後，與鎮惡等同列，殊爲不倫。

得伯寅復書。夜有風，四五更時疾大發。

二十六日壬寅　晴和，微風。終日疲甚，幾不能行。作片致吴勉齋。曉湖來談竟日去。德甫來。得伯寅片，惠銀二十兩。允臣惠三十兩，又託代借德和錢鋪百金，予恬惠借十金，共得百六十金，皆爲户部補交事也。此事本三十金可了，以庚申春初，爲周叔雲、杜五樓轉賣於華吏陳鼇諼脅予二百金，盡分私橐，銅局以予日久不報，遂坐予虧例銀三百餘兩，具牘上聞，得旨責補，遂致此累，可憤塞也！加朱《南史·梁武帝紀》下卷。夕陽時看海棠，占兩絶句云：『忽忽年光淺醉中，清明過了尚多風。魫窗罷繡寒初覺，添得疏簾一額紅。』『燕飛庭院晝初長，淺絳籠烟欲斷腸。恰有丁香花似雪，粉墻低處襯斜陽。』夜風轉甚。

二十七日癸卯　晴，下午陰有風。早起詣吴勉齋交銀。得傅子蒓申江書。爲人書洪北江與崔瘦生書，至『春社以後，上巳以前，江南水鄉景尤奇麗』一段，不覺神往久之。午後小極。天氣晦寒，無聊殊甚，與學子輩講唐人七絶數首，借以過浮生半日而已。

二十八日甲辰　晴。下午陰有風。上午偕允臣看海棠，今日花開已太半，惜爲人摧折就零矣。南海桂浩亭孝廉文燦來訪，并借鈔本《北堂書鈔》。作片問吴勉齋補交事，得復片，言已上兑，並爲補足十餘金，明日可圖驗看。景蓀來。

邸鈔：御史劉慶奏請文廟補祀先儒毛亨、顔芝二人，以《詩傳》據鄭康成、陸璣説，是亨所作，非毛萇作，今祀萇而遺亨，非是。《孝經》秦時藏於顔芝，至漢初其子貞獻之，而祀典未及。又請復祀劉向、鄭衆、盧植三人，從祀明臣吕柟、楊繼盛二人。詔付禮部議奏。議准毛亨、吕柟二人。

二十九日乙巳　晴。珊士來。德甫來。梳頭。閲馮星實《蘇詩注》。德夫贈墨一挺，頗佳。予恬患癰。

三十日丙午　薄晴，下午陰。午後答拜壽源清、余恩照、陳珪、魯琪光、孫毓方諸孝廉，訪夏鏡人、駱月樵、敖金甫、謝惺齋、張曉蓮五比部，送沈祖蔭秀才赴河南，晤壽玉溪、陳葉封、孫石湖、沈衡甫及李刑部灝，晚歸。加朱《南史》梁簡文帝、敬帝紀一卷，陳武帝、文帝、廢帝、宣帝、後主紀一卷。

三月丁未朔　晴。曉睡疾動。延六合江春帆司馬視脉，屬日服黄耆、陳皮湯，以回姜淪之。德甫來。邸鈔：詔免浙東寧紹等處新復郡縣錢漕二年。

初二日戊申　晴。曉又疾動。芝翁商擬策題。作稟家慈書、致仲弟書，以即日有鄉人南旋也。馬春暘、沈曉湖、謝惺齋來。海鹽俞幼山名功懋教習來。駱越樵員外來。予恬病。作書致德甫。夜復疾發。

縠雨亥正二刻。　初三日己酉　亥正一刻十四分縠雨節。晴和。作書致内子，致瘦生，致紹興太守楊豫庭。景蓀來，珊士來。夜又疾發。

初四日庚戌　晴暖。四月疾動不止，憊甚。爲芝翁擬件。與芝翁商量文事。得潘伯寅書，屬擬件。封家書。作片致曉湖，託其轉致高葉軒給諫之弟帶去。號梧軒，行四。夜和香喫藥。

初五日辛亥　晴暖可袷衣。德夫來。碩卿來，其兄孝廉春生同來。是日擬策四道，改策兩道。作片致曉湖，借《經世文編》，得書並復。作片致伯寅，支月修十八金。夜擬策三道，一經學，一史學，（此處塗抹）又畿輔水利一道，五更封寄伯寅，始睡。

初六日壬子　風陰。是日命會試總裁爲工部尚書李棠階，左都御史載齡、單懋謙，户部侍郎沈桂芬。吾鄉得同考者二人：杜蓮衢庶子，高葉軒給諫。再延江司馬視脉，云心脾皆虚，肝木肆擾，當健脾養心以制木，爲定一方：高麗參一錢，潞黨參四錢，沙苑子鹽水抄三錢，冬白朮土炒二錢，茯神朱砂拌二錢，製首烏四錢，歸月土炒一錢五分，白芍酒炒一錢五分，炙草五分，炒山藥三錢，桂圓七枚。作片致曉湖，還《經世文編》。德甫來，爲其太翁官事，須十餘金不可得。予昨向東閣主人豫借五月以前修脯，得十八金，以十金補部費，以六金付僕换錢作零用，僅餘二金，須支三月之用，又前借杜庶子五金，欠酒債一金，日來屢被迫索，尚無料理處。相對愁歎而已。予恬病初起，今日即進城待試，予頗阻之，不從，浮名役人至於如是。晡後與芝翁談甚久，體中不如，對之小極。得曉湖復。付王福二月以前工直十二千，煤錢二千，二月以來零用錢十一千。是日倦甚，時時昏睡。夜風轉甚，早睡頗美，天稍寒。

初七日癸丑　輕寒薄陰，晡景晴麗。早起閲廠市，付玉山坊書價七千，文華坊書價五千，於文華購得武進莊逵吉所刻《淮南子注》一册，莊氏係據錢十蘭所校道藏本更加訂正，文注完足，最爲《淮南》

善本。於玉山閱明刻歸熙甫所評《莊子》，於寶森閱閩人陳喬樅所著《齊詩翼氏傳疏證》二卷，《毛詩鄭箋改字説》四卷。喬樅字樹滋，恭甫先生子也。剃頭。敖金甫來，甚惓惓予到官事，金甫新交而能如是，可感。晡後偕金甫訪趙沅鵠給諫，出示近作駢文一首，殊簡錬自喜，近來不多覯也。晚歸。早間甚思走視曉湖，恐其已入城，不果。午後將進城視予恬，并問德甫事消息，以客來而止。

初八日甲寅　薄晴多風。早醒欲起送諸公車入闈，倦甚稍歇，復睡去，比覺已日將卯巳矣，遂止。日來以多病，同人多勸静攝，故不甚觀書。

初九日乙卯　晴。（此處塗抹）

偶閱王述庵詩，略加評點。五古淵源《選》體，非不清婉，而意平語滯，故鮮出色；律詩殊有佳者；七絶尤多綺麗之作。晚年才情衰謝，又勞於官事，往往率易。惟論詩絶句四十六首，議論平允，詩亦藴籍可傳。其極推歸愚，則師生門户之見耳。嘗怪爾時姚姬傳非絶不知文，而力尊其師劉大櫆，比之昌黎；王述庵非竟不知詩，而極口其師沈德潛，比之老杜，雖情深衣鉢，然二君以爲一家之私言，能盡掩衆人之耳目耶？此亦不自量之過矣。

下午無俚殊甚，略睡即起，益復悶絶。至海棠樹下，檢點殘花，王仲初所謂樹頭樹底覓殘紅也。傷春之感，可爲志士道者矣。夜偕允臣、秬香小飲，微醉而寢。

初十日丙辰　上午陰，下午晴，風。作片致德甫，詢其太翁事。致碩卿還帽。得珊士書，以新鈔詩册見示，即復。下午進城，碩卿來，不值。視予恬，尚未出闈，坐其寓室待之，日旰乃返。詣問月，不值。詣吴勉齋詢官事，多不如意，怏怏而歸。

邸鈔：駱秉章、韓超奏正月十六日尋甸等處逆回陷雲南省城，縱火圍燒，督撫司道均被戕害。詔令駱秉章調派兵勇，馳赴東川等處，分道進攻。以賈洪詔爲雲南巡撫，林鴻年爲雲南按察使。賈洪詔前任雲南藩司，林鴻年臨安府知府。

是日會試題：『大畏民志，此謂知本』『其養民也惠，其使民也義』『於是始興發補不足』三句；『譬海出明珠得材字』。眉批：曹子建《贈丁翼》詩『大國多良材，譬海出明珠』，李善注引《禮·斗威儀》曰：『其君乘金而玉，則江海出大貝明珠。』

五更疾小動。

十一日丁巳　晴，下午風。得予恬書。碩卿來。

邸鈔：李鶴年補授河南按察使。

十二日戊午　晴。珊士來，德甫來，與二君酬答終日。傍晚風起，讀《淮南子》，夜疾小動。

十三日己未　晴暖有夏意。胡仲芬來，爲代買高麗參一兩，作書致碩卿。評點吴梅村七律一卷，讀《淮南子》。夜洗足。

十四日庚申　薄晴有風。喫藥，讀《淮南》。午後偶閲趙德麟《侯鯖録》。是書《四庫目録》頗稱之。其中劄記零星故實，侯鯖之名，故取諸此。然多係習見，或沿誤説，惟論詩頗有可取，時舉東坡語，亦復雋永。内一卷，皆辨鶯鶯事，而配綴鼓子詞十二章，僅可入市書小説也。夜疾又小動。

十五日辛酉　晴，下午風。得吴勉齋書，催補交貢生四成銀二十餘兩，即作復片，先付十兩去。晤問月、碩卿。喫藥。梳頭。夜疾又小動。

十六日壬戌　早陰，午晴，下午又陰，終日多風。予恬試畢返館。謝杰生學博自青州至京來訪，言及予官事，立許助五十金，可感。後撰其母孺人墓志報之。

十七日癸亥　晴暖須扇。上午出門訪金甫，不值。訪暉庭，並晤陳葉封及同寓者阮孝廉寶霖、王孝廉觀光。答拜謝杰生，携銀歸。珊士來，不值。

十八日甲子　晴，下午陰大風。早出門再訪金甫，借《唐書合鈔》兩函，及近人徐子遠《通介堂經説》。答拜桂孝廉文燦不值。訪魯芝友歸。珊士柬招廿二日集飲，有啓甚佳，辭之。戴南琴來。得勉齋書，催交印結銀，以未集復之。閲王厚齋《漢書藝文志考證》，尚有可補者甚多。李比部鎬字仲京來。得南琴片屬寫扇面。

立夏巳刻。　十九日乙丑　巳初一刻立夏節。陰晦大風。園中看牡丹。作片致曉湖。得問月書。輝庭來。晚邀輝庭、曉湖、謝杰生、吴勉齋、予恬、七兒飲福興居，勉齋不至，坐有歌郎梅五。二十二千。邸鈔：左宗棠補授浙閩總督兼署浙江巡撫。耆齡補授福州將軍。文清來京。曾國荃補授浙江巡撫。萬啓琛補授江蘇布政使。馬新貽補授安徽按察使。

二十日丙寅　晴寒大風。作書致潘星翁，爲予恬代乞畫扇三柄。作書致伯寅、致德甫，皆爲官事。

閲沈炳震《唐書合鈔》，其中如《方鎮表》添載拜罷姓名，《經籍志》補訂書目，及《宰相世系表訂訛》十二卷，皆足自成一書。雖尚有訛漏，然創始之功，實爲不易。末附《補正》六卷，乃嘉興丁子復小鶴所撰，據《册府元龜》《唐會要》等書及影宋本《舊唐書》校訂脱誤，間亦指正沈氏之失。東甫是書成於乾隆初，全謝山爲作墓誌，極口推許。及武英殿校刊諸史，錢文端取以進呈，有旨交史局采用，故官本新、舊《唐書考證》中多引其説；而其書至嘉慶末，海寧查世倓始爲刻於吴中。（此處塗抹）予於丁巳歲，以六金購之越中舊家，今亦付之一炬。此本爲歸安姚文僖公故物，每卷有印記。

是日換戴凉帽。夜疾小動。

二十一日丁卯　晴，午後風。得伯寅書。晡後風益猛，入夜狂吼。作片致輝庭，屬轉致珊士索還日記。作片致俞幼山明經，問其楚游之期。大風終夜。五更疾發。

邸鈔：吴棠補授漕運總督，仍節制江北文武地方軍務。喬松年補授江寧布政使，辦理江北糧臺。

二十二日戊辰　晴，風。得輝庭復，言有家書可寄。得俞幼山復。作書致金甫。惺齋招飲，辭之。作書致子恂。得珊士復。孫石湖來。得潘星翁書，還紈扇三柄，其一畫予舊句『百舫青簾真不負，一尊秋賞雨中山』詩意，二十年前侍本生王父遊秋湖作也，即作復書謝之。得碩卿書。

二十三日己巳　陰曀。曉睡時疾連大發，憊甚，十日以來未斷參藥，豈又不驗邪？得金甫書。杜五樓來，求代通一刺。暉庭招同予恬、陳葉封、阮小蓮夜飲福興居，初更歸。

邸鈔：曾國藩奏江浦、浦口兩城失守，李世忠呈請革職離營，並自請議處。詔：李世忠革去幫辦軍務，曾國藩交部議處。

二十四日庚午　晴，午後又風。珊士來還日記。作片致芝翁爲予恬催書楹聯。曉湖來。剃頭。

連日閱宋、元、明説部詩話，皆於茶初藥後，聊温舊聞，且資排遣而已。王闢之字聖塗，紹聖時人。《澠水燕談録》分十七門，紀宋元祐以前事，頗詳盡可觀。盛如梓《庶齋老學叢談》中一則云：『宋自淳化中立糊名之法，祥符中立謄録之制，進士得失始一切付之幸不幸，雖歐公欲黜劉幾，坡公欲取李廌，不可得矣。士捨科舉之外，他無進取之門，苟有毫隙可乘，則營回以趨之，冒法以爲之，明知其罪而不暇顧。』云云，可謂名論。然歐公未嘗取劉幾，謂欲黜不得者，誤也。吴可南渡初人。《藏海詩話》論詩雖亦間有迂拙僻澁處，而時有神會，頗得拈花微笑之悟，亦宋人之可與言詩者。其極贊柳子厚『清風一披拂，林影久參差』二語，及參寥《細雨》詩『細憐池上見，清愛竹間聞』，又『流水聲中弄扇行』七字。又舉《詠柳》詩『月明摇淺瀨』語，謂人豈易到。皆非有妙悟者不能。《侯鯖録》載東坡云：『僕爲吴興守，有《遊飛英寺詩》云：「微雨止還作，小窗幽更妍。盆山不見日，草木自蒼然。」非至吴越不見此景。』尤爲深於領略之言，江南三月之末，四月之初，陰晴餖飣，衆緑悄然，此二十字妙能寫之，令人神往。又載蘇州僧仲殊《潤州詩》云：『北固樓前一笛風，斷雲飛出建昌宫。江南二月多芳草，春在濛濛細雨中。』下二語亦善寫江南者。吴可稱老杜詩云：『一夜水高二尺强，數日不可更禁當。南市津頭有船賣，無錢即買繫籬傍。』與《竹枝》相似，蓋即俗爲雅。又舉陳子高詩云：『江頭柳樹一百尺，二月三月花滿天。裊雨拖風莫無賴，爲我繫著使君船。』乃轉俗爲雅，似《竹枝詞》。其於詩之體格，具有深識。子高以詞名，厲樊榭撰《宋詩紀事》，搜輯子高詩一二，而未及此作。又舉明不虧《題畫山水扇》詩云：『淋漓戲墨墮毫端，雨濕溪山作水寒。家在嚴陵灘上住，風烟不似夢中看。』明不虧未知何人，吴可謂其後二句騷雅，亦是確評。又評歐公稱杜詩『身輕一鳥過』，謂此非杜佳句，當時補一字者又不知是何等人，尤推具眼。《四庫目録》稱其謂七言律詩極難做，蓋易得俗，所以山谷别爲一體云云，爲深有所見，亦不謬也。吴正傳《禮部詩話》賞陳簡齋『微波喜摇人，小立待其定』，亦佳。李西涯《麓堂詩話》，謂柳子厚『回看天際下中流，巖上無心雲相逐』，坡翁欲削此二句，不免矮人觀場之病。若止用前四句，則與晚唐何異？真能辨别於氣格之微者。又自舉其《桔槔亭》詩：『閑行看流水，隨意滿平田』二語。亦中唐以前佳境。以上諸條，皆深得詩家三昧。特標舉之，以諗後人。

二十五日辛未　薄晴多風。昨夜又疾發，殊不知其故，今日竟且斷藥，看復何如耳。予恬赴河間。得杜五樓書。出門訪尹湜軒、沈曉湖、俞幼山、余暉庭、陳葉封、阮小林、潘星翁、沈愚亭、李仲京、孫石湖、壽玉溪。晤湜軒、幼山、暉庭、葉封、星翁。閲湜軒闈藝，多警切語，不愧名士吐屬。星翁處久談，并閲味琴闈作。日長渴甚，遂不詣愚亭而回。玉溪來，不值。得德甫書，即復。終日慘然不樂，貧病若此，生也何爲？自悔十年讀書而已。

邸鈔：郭嵩燾補授兩淮鹽運使。

二十六日壬申　晴，有風，連日頗寒。雜閲《知不足齋叢書》中宋元人詩詞小説。得曉湖書，即復。是日揀發福建縣令爲孫石湖，居間竟得報。作片致石湖。

二十七日癸酉　晨薄晴，上午陰，晡後小雨。得謝杰生書求楹聯，即復。作片致曉湖，得復。石湖來。爲芝翁作兩函。

邸鈔：汪元方補授通政司使。閲趙沅鶺請誅勝保封事，侃直可嘉。

二十八日甲戌　終日小雨，凄其作寒。鈔舊詞。芝翁招談。德甫來，不值。

二十九日乙亥　晴，傍晚大雷雨。晨訪曉湖，遂偕鄉人七八輩訪四雅軒，聽四喜部，晤歌郎秋華、芷儂及鄉人李仲京、孫石湖、鍾昚齋。傍晚偕曉湖、輝庭小游曲中，暮歸，及門而雨。德甫來，潤齋來均不值。

邸鈔：雲南巡撫徐之銘奏正月十五日逆練馬榮爲變，潘鐸遇害，署雲南府知府黄培林、昆明縣知縣翟怡曾均巷戰陣亡。二月初一日，總兵馬如龍帶隊進城，攻克五華書院等處賊營，擒殺僞都督李俊、馬士麟，城内一律肅清。詔：徐之銘革職來京，聽候議罪；潘鐸照總督陣亡例從優議恤；黄培林等議恤有差。

三十日丙子　薄晴。曉卧疾動。作書致德甫。梳頭。杰生來。

孟學齋日記甲集首集上

同治二年四月初一日至九月二十九日（1863年5月18日—1863年11月10日）

予著《越縵日記》，起甲寅汔今，編爲甲集至壬集，得十四册二十八卷，世之治亂，家之亨困，學問文章之進退工拙，亦略可見矣。平生頗喜騖聲氣，遂陷匪類而不自知。至於接牘連章，魑魅屢見，每一展閱，羞憤入地。故自今癸亥孟夏爲始，更編甲乙之次，以明歲爲甲子上元，取先甲義也。更名孟學齋者，孟者元也，元者善之始也，又古字『孟』『勉』『猛』音義並通，蓋以此爲勉力於善之始。自誓此後，不標榜，不詠嘲，不議論國事，不月旦人倫。有犯一者，即削其牘。而向所爲二十八卷中，當取其考據、議論、詩文蹤跡稍可録者，分類萶之，以待付梓。凡所餘者，或投之烈炬，或錮之深淵，或即藏之鑿楹，以爲子孫之戒。自惟憂患之餘，精神凋喪，悔悟已遲，强進之功，終非能任，孝標秋草，異世同嗟，悲夫！是月八日越縵自識。

癸亥四月丁丑朔　晴。作書送謝杰生學博往山東，並轉致長山張令一椷。向芝翁借五十金。子恂來。得德甫書。碩卿來。石湖來。輝庭招飲曲中，不赴。

初二日戊寅　晴。作片致輝庭。得湜軒書託寫屏幅。得吴勉齋書催補交尾銀。

初三日己卯　晴燠。作書致金甫，致德甫。得金甫復。

是日閲邸鈔，上諭御史吴台壽及其兄山東候補道吴台朗俱革職。以御史劉其年劾台壽上疏欺罔，台朗貪緣肆惡，兄弟皆爲勝保私人故也。先是，給事中趙樹吉上疏請速誅勝保，台壽疏争之甚力，遂爲士夫所不齒云。

小滿四月中。　初四日庚辰　亥正二刻十二分小滿節。晴，燠甚。胡仲芬來。湜軒來談甚久，以所著《詩管見》爲贈，并屬爲勘正未當處。其書博證詳説，不爲漢宋門户之見，發明詩人本旨，多令人解頤。論群詩中多爲樂歌，尤足補先儒所未逮。惟好攻鄭箋，是其病也。壽玉溪來。傍晚偕允臣小游廠市。

夜閲邸鈔，詔討苗沛霖，并削其黨與張建猷、鄒長青、苗景開、苗大慶、苗希年、童維翰、袁有功等十二人官爵，以沛霖復叛，據懷遠，攻壽州也。

初五日辛巳　晴，熱甚，可著單衣。鍾慎齋、沈寬夫、曉湖三孝廉來。昨夕有大星墜地，二小星隨之，今日晡時，日光赤而黯。傍晚風起，夜轉甚。疾發。

初六日壬午　終日淡晴，午後大風，日黄赤無光。作片致碩卿。致魯芝友。得德甫片，索魯通甫文集。剃頭。作書致金甫。得金甫、碩卿復。夜月赤如血。據《南齊書·五行志》，明帝永泰元年四月癸亥，月蝕，色赤如血，三日而大司馬王敬則舉兵反，人以爲敬則祲烈所感。五更有疾風捲屋而過。

初七日癸未　晴，風不止。得湜軒書，即復。得芝友書，即復。作書致玉溪。謝惺齋來。始喫豌豆。

聞紹興官紳議開畝捐每畝二斗，深可痛恨。

邸鈔：詔：浙江學政、刑部右侍郎張錫庚照尚書例賜恤。御史洪昌燕爲疏請也。詔：以大理寺卿吴廷棟爲刑部右侍郎。

初八日甲申　晴，煩熱如五月以後時。早出詣碩卿。晤紱丈，旋詣曉湖。晤沈蘅甫、寬甫兄弟，余暉庭、陳葉封、阮曉林、馬春暘、謝愼齋、鍾慎齋、胡仲芬、胡梅卿、胡蘭舟、莫星五、孫石湖、高蘅畹、壽玉溪、陳雲舫、錢瑞生，皆鄉人也。是日報會試中式紅録，聞山、會、蕭三邑僅得朱庚一人。傍晚偕愼齋、春暘等詣琉璃廠觀音閣，逢萬蓮初，及鄉人王揚庭，日入而歸。得紱丈書，並以梅花畫扇屬書。傍晚大風。七兒請喫麵。夜疾又發。

初九日乙酉　晴。作書并扇致紱翁。是日榜發，會元浙江瑞安黃體芳。以錢二千買日記簿一册。晡後出詣暉庭、寬甫、勉齋、曉湖，晚歸。予恬歸。

初十日丙戌　晴。暉庭、曉林來，下午偕至曉湖處，談抵暮各散。夜飯後芝友來，談至人定後去。三更後疾復動。

是日邸鈔：詔：薛煥署理禮部左侍郎，在總理各國事務衙門辦理一切事宜。煥以舉人捐納知縣，而洊署少宗，亦僅事矣。詔：浙江學政張錫庚加恩予謚，按察使寧曾綸照按察使例從優議恤。左宗棠爲疏請也。左帥疏并爲運使麟趾請謚，而答詔不報，蓋外間多言麟趾未死，朝廷亦聞之也。

十一日丁亥　薄晴。胡仲芬來。得珊士書，屬代撰某夫人傳兩篇，却之。曉湖來。作片致珊士。致湜軒，慰其下第，以説詩匡鼎，不能射中甲科爲比，且勸其過夏後行。得紱丈書。德甫又來索還魯通甫文，此書爲吕定子、敖金甫輾轉相借，遂致失去，而德甫又力索不已，甚矣借書之難也。付王福零用錢十七千。得珊士復，予近來深厭人之丐索文字者，而珊士頗嬲之，常屬代爲貴人作文。今日持某夫人誌傳兩通來，屬爲杭人某閣學代撰文兩篇，予適不快，遂作復書，有『此等村老嫗，那有精神爲作兩篇佳傳，何物閣學，乃欲使李生提刀』云云，辭氣不覺過激。今珊士復書婉謝，殊令人自愧已。得湜軒復。曉詣趙沅鵠及魯芝友，沅鵠近日請誅勝保一疏，議論侃侃，輦下傳誦，然其人殊委苶，不能劇談，對之令人奄奄氣盡，其書法直逼松雪，甚自矜秘，性又懶，今日固碩卿屬轉丐其書甚切，故一詣之，匆匆即返。芝友處並晤譚念孫工部，時已曛黑，亦坐未定而歸。予恬領試卷出，爲房官延學士所抑，二三藝皆僅閲一起講，殊爲悒悒。予生平於此事受侮不少，自己酉至壬子，三次出房，皆幾中復失，其後南北四試，遂皆厄於房官，最奇者，戊午房批爲『才定就範』四字，竟不似世間人語，予時欲覓其人，面相詰問，爲同考某令勸止。文章行業，固全不由此，且得失分定，亦非此輩所能爲，而當時不能無憤憤，予之絶志科名，政爲此耳。

十二日戊子　晴，午後風。梳頭。鍾峇齋來。爲峇齋閲詩加評。

十三日己丑　晴，熱甚。晨詣碩卿，並晤潘辛芝侍讀觀保，小談而歸。湜軒來。以京錢二十八千買羅衫一領，十二千買葛衫一領。買茶鍾二枚，錢四千。夜忽齒痛，五更疾發。

十四日庚寅　薄陰小風，終日奄惙。得恩竹樵廉使兖州軍營三月二十日書，并七古一章，又前所發一書。邀同金少伯舍人、暉庭小游曲巷，飲於桂仙家，飯於同興居，黄昏返寓。

十五日辛卯　上午晴，下午陰，有風，傍晚雨。鍾潤齋來。孫石湖來。夜雨。

十六日壬辰　早陰，終日晴和有風。作片致湜軒問行期。珊士來。得湜軒復，言明早發江西。曉湖來。壽玉溪來。石湖來辭行。

十七日癸巳　晴。潘辛芝侍讀來，不晤。石湖書來，饋燒鴨，復謝。飯後偶從予恬處閲《漢中書題名》，内載嘉慶辛酉進士授中書者至五十一人。大司寇太湖李莊肅公其一也。上海趙升之文哲，有次子秉冲，由恩賜舉人中書官至户部右侍郎。予向知升之有子秉淵，以難廕中書，官至成都府知府，而不知其次子官躋卿貳。二事皆廣所未聞。眉批：秉冲於嘉慶初以曹郎入直南書房，尤異數也。其書於咸豐十一年輯成，以前無所據依，故官爵籍貫，不免訛誤，而脱漏者尤多。予六世祖諱登瀛，由康熙五十年進士官中書，充武英殿纂修，而此録不及，他可知矣。眉批：據鮑康序，言内閣因道光初失火，檔册盡焚，因致無考，然康熙五十二年《御選唐詩》卷首開載纂校諸臣職名，有進士候補内閣中書舍人吴玉嵩、汪栴、李諱登瀛、徐啓統、遲之金、孫宗緒共六人，而此書止載一吴玉端，康熙五十一年由進士到閣，《御選唐詩》爲近年館閣風行之書，而尚未能采及，則其書可知。珊士介天津查耀庭比部來。剃頭。晡後出詣金甫、伯寅、子蓴、海門，晤伯寅、海門，俱久談。歸已上燈矣。海門、子蓴皆新自紹興至都，而家中竟未附一字，二君亦全不知我家消息，可歎也。前託海門寄去卅金，海門轉交雪鷗，而雪鷗付之浮沉（此處塗抹）如此。

十八日甲午　晴。作書致伯寅、致金甫。作片致悍齋。得金甫復。得伯寅書，并惠我十金。下午大風。金甫來，假我十金。風終夜横甚。閱《琴畫樓詞》。

邸鈔：李續宜奏途次患病，請開安徽巡撫署缺，專辦軍務。詔：以唐訓方爲安徽巡撫，李續宜專辦皖北軍務。

十九日乙未　晴凉，大風，下午稍止。昨日庶吉士散館，賦題：蒙以養正；詩題：幽亭凝碧亦漣漪得霖字。早出門，邀悍齋同詣越樵，交銀百兩，取注册及驗看印結，尚欠銀九十一兩。向來印結局私例，由舉人及恩拔副歲優貢生報捐者減半，惟廩貢仍同監生，予如不先五年入都，計郡學中資格，亦當得歲貢或恩貢矣，生平讀書之不得力，大率如是。巳刻歸，付車夫兩吊。金少伯來。得悍齋片爲驗看轉託吏部司員事。往寶森書肆借《虞道園集》兩函，新刻寫本也。下午腹時時作痛，畏寒。傍晚詣悍齋不值。訪餘姚翁蕙舫員外，因悍齋託其轉辦驗看也，不值。詣平小山，知其散館名在二等第一。并晤惺齋、寬夫，邀寬夫同車詣吴勉齋，交印結兩紙，履歷一紙，屬辦今月驗看。晚歸。夜得惺齋片，即復。

芒種五月節。　二十日丙申　晴，風不止。未正一刻芒種節。得傅子蒓書，并惠紫毫四枝，極品羊毫一枝，桂圓肉兩包，紅綾丹二瓶，作書復謝，反其紫毫二管，犒使人一千。作片致吴勉齋，交銀十五兩零。作片致胡仲芬，託代買帽合。得伯寅書，索閱近年日記，即復。得勉齋復。作稟家慈書，致仲弟書，致大姊書，致瘦生書，將以明日託鄉人附去。作移周蜮小牘，將託孫石湖帶去。付王福四月分工直八千。

邸鈔：高麗國王李昇奏辨其始祖康獻王非李仁人之子，康熙間鄭元慶所撰《廿一史約編》紀載多誣，籲請刊正。詔：欽定《明史》中已備載該國歷次疏辨之詞，鄭元慶此書在《明史》未定以前，村塾綴輯，故尚沿明代之誤，今其書已久不行，亦無庸刊削。著各省學政遍諭各郡縣學，俾知高麗國王事，一以欽定《明史》爲準。　僧格林沁奏直隸天津以東至新城一帶，開墾稻田，今已三年，著有成效，請歸地方官經理。詔：令劉長佑派員經理。　詔：厲雲官補授湖北布政使，武蔚文補授湖北按察使。

二十一日丁酉　上午晴，下午大風，黄沙晝晦，熱氣四塞。上午出訪曉湖，屬轉借二十金，又詣杜五樓，屬辦廿金，皆未得要領。詣勉齋，問此月驗看事。訪壽玉溪，不值。送孫石湖行。答拜家仲京刑部，并晤玉溪、陳棊封舍人，午後歸。朱海門來，不值。饋允臣龍眼肉一觔，極品紫毫一管。得翁蕙舫員外片，言已轉託何某吏部，可減費百緡云云，然信來已遲無及矣，作事不利如是。

二十二日戊戌　陰晴不定，風未止。早起又脱一牙。付王福買茶瓶、手帊、手巾、紐釦、皂胰、蓮子、名戳錢共九千八百文。梳頭。家雅齋刑部來。金少伯來。曉湖來，借到銀二十兩。晡後偕曉湖、予恬、少伯小游曲中，歸途訪子蓴，并晤其弟蓮舟秀才。晚歸。

邸鈔：勞崇光補授雲貴總督。聞此從英人之請。又聞署黔撫韓超罷任，以張亮基兼署黔撫，而不見明諭，亦出英人意也。

二十三日己亥　晴。曉睡疾動。作書致趙沅鵲催書屏扇。閲虞伯生詩文。數旬以來，讀書甚忽忽無緒，豈多病所致乎？爲人書便面。偶檢王蘭泉滇南中秋追憶舊事所作《望江南》詞十二首寫之。蘭泉詞雖未趨妙，然音節諧婉，自是南宋當家，此數首尤清艷可思。追昔游之作，最宜以小令寫之，而《憶江南》尤天然腔調，然必習於富貴歡娱，或久歷湖海者，方能言之生色。予生三十年家居，近五年來復流落都下，昔居貧約，已少歡悰，今見羈囚，益無佳况，加以林下乏倡隨之樂，客中絶徵逐之緣，風月寐寥，山水黯澹，凡詞壇之韵事，悉吾生所未遭，節物歲華，鮮乎可述。去年清明，賦《望江南》六首，以鄉居勝選，清明爲多也。亡友王孟調曾倚此闋十六章，憶山居四時之勝，詞意清絶。汴人周星譽有《重陽節》此調八首，亦新秀。星譽固險譎無行，其詩詞亦喜爲狎邪輕褻之言，然佳處實不可没。李山甫、康伯可俱有清才，而論世者以爲温八叉、柳三變之罪人，惜哉。胡仲芬爲買凉帽合一具，錢八千。

二十四日庚子　陰，大風，下午小雨，寒可衣棉。曉睡疾又發。終日憊甚，畏寒。賈琴巖刑部來。沈寬甫來。胡蘭舟爲代買緞鞋一雙，錢七千。是日殿試揭曉：狀元翁曾源，江蘇常熟人；榜眼龔承均，湖南湘潭人；探花張之洞，直隸南皮人。曾源，大學士文端公之孫，藥房中丞之子，去年以文端遺表恩賜進士。之洞壬子解元，少年有時名，聞其詩古文俱有法度，近日劉其年劾吴台壽一疏，傳出其手，筆力固可喜也。聞所對試策，具論時務，首無空冒，末不到底，亦與近來體例獨殊。聞楊子恂名在三甲第八，鄉人朱庚二甲十三。

邸鈔：詔：革田興恕職，交勞崇光、張亮基拏問。

夜舊疾又發。

二十五日辛丑　晴，風，微寒。以《道園集》還寶森。作片致珊士、致五樓，均得復。聞平小山授編修。

二十六日壬寅　晴，稍熱。碩卿來。閱趙味辛所校《韓詩外傳》。剃頭。夜洗足。惺齋及章秋泉來。風未止。

二十七日癸卯　晴。作片致駱越樵，交銀廿二兩。作片致勉齋，問明日驗看事，得復片，言已妥。作片致趙沅鵠，再索屏扇。作書致伯寅。下午又大風。得伯寅復，爲刻王孟調遺稿事。爲芝翁書新齋鬲屏四幅。

二十八日甲辰　早陰，上午大風小雨，下午風雨，復涼。平小山來。辰刻偕允臣赴午門驗看，允臣新補户部員外郎也。予恬、吴勉齋、查耀亭、惺齋、陳同叔、秦霖士、胡仲芬俱勞相送。御派驗看大臣爲協揆瑞常、尚書羅惇衍、萬青藜、綿森、趙光、載崇、侍郎崇綸、吴存義，共八人。午歸。作片致輝庭，得輝庭復。

二十九日乙巳　晴。先本生王父司馬公忌日。晨訪芝友，同詣德甫，不值，遂至邑館訪暉庭、葉封、曉林，並晤少伯、子蕁、南琴、春暘，下午同暉亭進城訪珊士，并晤耀庭，晚歸。翁蕙舫來、玉溪來、子蕁來，湜軒來，俱不值。得杜五樓書，言借銀無有。此人鬼蜮百出，屢設計相困而又屢來請託，今委以小事，竟不應，可恨！得碩卿片，饋蝦油一器。

五月丙午朔　晴。向予恬借十金。七月初一日還訖。晨出門詣越樵交付訖，順道訪陳同叔、夏鏡人、賈琴巖、尹湜軒、胡仲芬、吴勉齋、秦霖士，晤同叔、湜軒、勉齋。賞吴僕錢四千，午歸付車錢二千二百。令僕以新桃和麻油煮之，貯以琉璃器，備署中下食也。下午睡甚久，幾不能起。作片致碩卿，致越樵。聞子恂朝考第一。傍晚詣廠市，還文華《淮南子》錢四千。夜五更疾小動。

初二日丁未　多陰，有風，熱甚，下午有雷。閲道藏本《雲笈七籤》。終日多睡。傍晚詣碩卿，不值，詣芝友、德甫而歸。夜疾大發。

初三日戊申　晴，下午陰，傍晚大雨，有雷雹。暉庭來。曉湖、玉溪、吝齋及陳雲舫舍人汧來。碩卿來，越樵來，南琴來，俱爲閽者所阻。得伯寅書。

初四日己酉　晴，熱甚。秦霖士來。德甫來。珊士來。下午詣惺齋、南琴，俱不值。詣景蓀久談，復詣暉庭、葉封而歸。付車錢二千。

初五日庚戌　晴。曉卧疾復動。德甫來。張曉蓮來。是日吏部掣籤，予分户部，賞報事人二千文。付館中諸僕節賞十四千文，付寶真齋書肆錢六千文。是日端午，芝翁在陵所，館中遂至不設杯酒，可笑。下午偕予恬詣惺齋，復偕惺齋至邑館與暉庭、葉封、曉林夜談，予恬亦來，三更返寓。付王福錢十千文。

初六日辛亥　薄晴，晡後小雨，頗凉。作書致惺齋，爲友人代草韓城師氏高太夫人家傳兩篇。作書致伯寅。傍晚雨後，挈七兒小步園庭，坐月臺上看晚霞。作稟家慈書、致仲弟書。

夏至五月中。　初七日壬子　薄晴。辰初一刻三分夏至節。查耀廷員外來，以家書託其轉交珊士寄去。得伯寅書。莫星五孝廉增奎來，胡梅卿來，秦思泉虞部士美來。傍晚小雨。

邸鈔：詔：候補郎中李雲麟以四品京堂候補，辦理漢中一帶剿匪事宜，所有陝南在防兵勇，及川省援陝各軍，均歸節制。雲麟漢軍人，在湖北軍營時丁母憂，詔給假兩月。

初八日癸丑　薄晴，晡後風，有雷，小雨。德甫來。得珊士書，即復。得伯寅書，即復。上午出拜客，歷八九家，晡後歸。得惺齋片。作片致德甫。夜疾發。

初九日甲寅　陰。連日覺體中不適，昨以事詣人，觸處怫恚，歸遂綿茶不可堪，今日口苦腹悶，委頓欲絶矣。鍾咨齋來。曉湖來。延江春帆司馬視脉，言腎藏既久病，重以心脾受傷，脾虚生濕，心虚生熱，近日濕氣甚重，而氣血愈虧，秖宜健脾，不宜治濕云云，可謂善言予病者。江君六合人，嘉慶庚午舉人，曾令吾浙之秀水，順天之大興，年已八十餘矣，自去官後，以醫名京師，脉理頗精，其用藥尤謹細，於治予病尤宜。

邸鈔：沈葆楨奏訪舉賢士以備採擇，江西廣豐縣進士鄭維駒、金溪縣舉人徐仁祖、廬陵縣廩生王其淦、上饒縣增生候選訓導報捐雙月知府曾守誠，皆才具練達，操守賢貞。詔：均令來京，交吏部帶領引見。

楊子恂改翰林院庶吉士。

初十日乙卯　晴。剃頭。方子望户部來。熊祥，仁和人，升卿先生子。服藥。

邸鈔：上諭：翰林院修撰徐郙、編修歐陽保極均在南書房行走。

十一日丙辰　晴，下午陰，傍晚小雨。金少伯來，不晤。作片致德甫。服藥。

邸鈔：都察院左都御史載齡奏特參庸劣不職之科道，請分别勒休革職。詔：給事中鳳寶勒令休致；御史許其光、慶保均回原衙門行走；御史福珠隆阿革職。臺長臚劾諫官，爲故事所無，其將以是振臺綱乎？滿總憲專疏，而他憲長不簽名，尤可異也。後數日，内閣侍讀學士鍾佩賢疏劾之，詔載齡交部議處。眉批：佩賢疏引乾隆中都察院奏留西城吏司副都御史孫灝不署名，被旨詰問云云。

十二日丁巳　晴。得德甫片。作片致碩卿，得復。夏鏡人來。服藥。連日覺病甚，看書不數行即疲倦思睡，故終日多卧，乃至對客不能劇談，起立逾頃許，即腿痛，蓋受濕疾已深，又氣質耗損所致也。付王福零用錢十千文。五更疾動。夜補寫初一以後日記，至初九，已困憊不能復支，次日再補完之。

十三日戊午　陰，下午大雨，晚晴。惺齋來。七兒乞予書團扇，偶檢王摩詰《山中與裴秀才書》，爲寫一通，并與之講文句，亦（潙）〔晦〕師聞木犀香而曰吾無隱之義也。惺齋來。家迪齋通判來，新自河南解硝至京者，不晤而去。服藥。晚凉可裌衣。越樵來，不晤，蓋爲閽者所阻。

十四日己未　上午薄晴，下午陰。章秋泉來。德甫、芝友來，邀至四雅軒聽四喜班。晚至時豐齋飲，德甫招添才，芝友招添寶，予招芝儂侑觴。予不近歌郎，不聽樂部，幾兩年矣。前月偶一聽戲，舊識諸郎，翩然入座，皆詢予以何日至京，足見温岐狎遊，久入散愁之侣，順郎話舊，誰知熟魏之名，陽五已成古人，方朔真爲大隱，今日爲德甫所脅，遂亦暫續昔歡。添寶、添才，皆出初覿，添寶爲心寶之弟，香名噪今，然兩稔以前，梨園花第，固無此人也。初更酒散，餘興盎然，近來客中之樂，可首屈者矣。暉庭、葉封來，不值。户部廣東司知會明日卯刻進内，見户部諸長官，是日籤分廣西司行走。服藥。夜大雨，達旦始止。

邸鈔：上諭：曾國藩、左宗棠、李鴻章奏湖州在籍道員趙景賢力守湖郡，血戰三年，並分兵四出，恢復遠近堅城，賊畏之不敢與戰，以大股合圍，斷其運道，至五閲月，糧盡援絶，城陷後，該道抽刀自砍，被賊奪阻，執至蘇州，多方誘脅，該員百折不回，至本年三月間，駡賊不已，被槍遇害，請照布政使陣亡例議恤，賜謚建祠等語。趙景賢並無守土之責，集團禦侮，每戰必捷，力竭被擒，矢志不移，勁節孤忠，實可嘉憫。布政使銜福建督糧道趙景賢著改爲照巡撫陣亡例從優議恤，並加恩予謚，准其於湖州府地方建立專祠，其業經議恤之長子趙深彦，著一併附祀。所有該員事蹟，著宣付國史館，予立特傳，以彰忠藎。其子趙濱彦、趙潤彦、趙滋彦、趙溱彦、趙涞彦，均著俟及歲時交吏部帶領引見。景賢爲刑部侍郎趙炳言之子，道光甲辰舉人，由中書舉辦湖州團練至今職。龔自閎補授貴州布政使，裕麟補授貴州按察使。

十五日庚申　晴。卯刻入城，進東華門下車，至景運門外朝房，見尚書羅惇衍，侍郎董恂、崇綸，又至乾清門外朝房，見侍郎沈桂芬、皂保，軍機處見尚書寶鋆，惟大學士管部事倭公在弘德殿，尚未及見。行年三十五矣，黄鵠不舉，來與諸牛作緣，可笑也。辰刻歸。道濘，車中顛撲殊甚。何事煩人，自作此孽！付車錢二千五百，從僕二千，以此僕借之允臣也。得德甫書，即復。陳雲舫舍人來，不晤。胡仲芬來，留夜飯，付酒錢一千，飲微醉而寢。

十六日辛酉　晴，早大雷，有風雨。作片致朱俊卿户部毓霖，下午出門詣方子望、余暉庭、敖金甫，俱晤，晚歸。海門來、子蓴來，俱不值。

閲《龔定庵集外文》一卷，杭人譚獻所傳録者。定庵通經制訓詁之學，以奇士自許。其文學杜牧、孫樵而未成，然自崛强可喜。此卷共五十六篇，雄詭雜出，亦多有關掌故。

廣西司來請到署日期，告以明日午刻。夜有風。

十七日壬戌　晨雷雨，上午晴。作片致碩卿借騾，得碩卿復。得朱俊卿復片。午赴户部，先拜廣東司諸同官，次詣廣西司，受謁標簿訖，即出。至霞公府答拜莫星五、胡梅卿，旋出城答拜家迪齋郡佐，不值。楊鐵臣户部來，不見。户部閩縣人，通經義及天文律數小學，尤以經世才自命，在户部時，以事與尚書肅順忿争，得左遷，遂去官。去年翁太保薦之，亦不出，屢與予致聲相聞。伯寅數爲予稱其人，前日以拜客順道訪之，年五十餘矣，貧甚，寄食于人，以醫自給，蓋近世之畸人也。（此處塗抹）晡後又雨，晚晴。今晨梳我頭，夜疾復發。

邸鈔：瑞麟補授廣州將軍。由熱河都統調。

十八日癸亥　晴，熱甚。作書致伯寅，得伯寅復。子蒓屬撰其太夫人輓聯，作片復之。夜飲醉早寢，始换席。終夕熱甚，扇不停手，入京五年來所罕遇者也。

十九日甲子　早陰極悶，上午大雨，入夜不止。得曉湖片，即復。凉可袷衣。平景蓀來，不晤。

二十日乙丑　晴。早坐車詣蕭山會館，答拜鍾慎齋、陳雲舫，旋詣山會邑館吊子蓴，並晤惺齋、景蓀、暉庭、葉封、仲京、琴巖、春暘，是日子蓴請予與予恬陪吊，遂終日而歸。吊服玄冠，遍借始得。賻貲車直，都欠不還。始聞新蟬。連夜疾發。

邸鈔：賀壽慈補授大理寺卿，朱蘭補授太僕寺卿。

二十一日丙寅　密雨終日，凉可衣棉。近日窮甚，又多病不能看書，愁霖積潦，小室晦黲。窗外古槐二株，連陰幂檐，蒸濕入户。破床兀兀，剥几昏昏。飢啜藜羹，日得兩器；渴飲惡荈，時復不給。生人之苦，當無逾斯！

二十二日丁卯 天門不開，誤書一過。 晴，下午小雨，凉。閲《湖海文傳》，手録汪容甫自序一篇。

邸鈔：毛鴻賓補授兩廣總督，惲世臨補授湖南巡撫，石贊清調補湖南布政使，王榕吉補授直隸布政使，李鶴年調補直隸按察使，王正誼署理河南按察使。晏端書俟毛鴻賓到後，即行來京供職。

小暑六月節。　二十三日戊辰　子正三刻十分小暑節。晴。剃頭。午間出訪芝友、碩卿，俱不值。作片致伯寅、德甫、曉湖、惺齋。夜舊疾復動。

二十四日己巳　晴。德甫來。得曉湖片。潤齋來。曉湖來。連日喉痛，睩遼參二兩。

二十五日庚午　晴。得惺齋片。珊士來，爲刻印章一枚，文曰『會稽李氏困學樓藏書印』。作稟家慈書、致仲弟書，致瘦生書。俱由予恬轉託錢勖舍人附去。晡後詣邑館吊琴巖，並晤越樵，仲京、景蓀、春暘、子蓴、葉封、暉庭。旋詣伯寅，並晤碩卿，久談而歸。是日遍借錢不得一文，正愁賻貲無所出，王福竟辦得六千，遂以二千賻琴巖，以四千補賻子蓴，此功可録也。車直終欠之。

邸鈔：新授浙江巡撫曾國荃奏請開缺專辦軍務，曾國藩亦爲疏辭，詔弗允。新授江蘇布政使萬啓琛請開缺留皖，詔弗許。前任河南巡撫鄭元善以知府發往山東。四品卿銜前任閩浙總督劉韵珂以三品京堂候補。詔議減蘇、松、太三屬稅額。伯寅首上疏請之，近曾帥、李撫疏亦上，故有是命。

二十六日辛未　終日大雨，甚涼。閲白香山文。

二十七日壬申　終日濕陰。作片致子蓴，借錢六十緡，得其復書，借我二十緡。無憀，閲王述庵《勞歌集》《杏花春雨集》諸詩。夜五更疾小發。

邸鈔：毛昶熙調補吏部右侍郎。龐鍾璐轉補禮部左侍郎。吴存義調補禮部右侍郎。薛焕補授工部右侍郎。

二十八日癸酉　終日雨聲凄密，凉如秋中。比日患嗽，入夜尤甚，疾又動。

二十九日甲戌　晴凉。作書致伯寅。芝翁贈書扇一柄。得伯寅復。閲《學海堂經義叢鈔》。予生多病，尤不宜於夏，每暑小盛，輒形焦心瘵，不能讀書。比日作凉，雖風雨凄寂，而精神頓爽，稍理舊業，不復以病爲意。安得覓水竹一頃地，閉户著書，終身無暑暍苦乎？付四月、五月宫門報錢兩吊。自先帝東狩，邸鈔中遂無宫門抄，今年始准令發刻，惟不許載各省馬遞急奏，近日復禁刻諸臣之遞封奏者，皆出恭邸意也，以後竟可不閲此矣。

三十日乙亥　上午晴，下午大風，晝晦，發屋拔樹，旋大雨，晚晴，夜又雷雨達旦。得湜軒片，言尚未行，即復。比夜凉甚，須厚棉衾。今夜始易薄棉。

六月丙子朔　晴。梳頭。湜軒來。雅齋喪婦來告。予與雅齋爲高祖以下兄弟，而族誼甚疏，數年來孤客京師，流離病苦，家中又遭寇禍，絶不相關。雅齋尚有母施恭人，與家慈曾祖以下娣姒也，亦不一蒙存問。其第三子□□者，輕薄無行，予尤惡之。□□又屢以言怒我，然其兄弟猶每以事來干，予終念親屬之誼，殊爲盡心。此事本不欲書，欲使後人知親族之不可恃，而思自立，且以見予比年孤苦之狀爲可歎也。是日稍熱，可單衣。

初二日丁丑　晴熱驟甚。

閲范石湖《驂鸞録》及《桂海虞衡志》，殊神往荔浦、桂嶺間。予生好山水，而窘於遇。卅年居會稽，未得營鑑湖旁一席地。洎入京師，困處五年，足未至西山一步，何論嶺西萬里外乎？然羅帶瑶篸，幼入懷想，近適分曹廣西，或預爲他日驂鸞讖，亦未可知。《驂鸞録》筆意疏拙，遠不及其《吴船録》。然自放翁《入蜀記》、張芸叟《郴行録》外，亦鮮有匹者。録中言湘江岸小山坡陀，其來無窮，又皆土山，略無峰巒秀麗之意，但荒凉相屬耳。及過衡山後，又言帶江别有小山一重，山民幽居點綴，上桃李花方發，望之如臨皋道中，盧仝詩『湘江兩岸花木深』，至此方有句中意，云云。是則湘江之勝亦可概見。予自二月中辭錢湘吟湖南之招，心常悒悒，讀此稍自慰耳。《驂鸞録》又云袁州仰山廟有楊氏稱吴時加封司徒竹册，文稱寶大元年。向見吴江村寺石幢所記，亦以寶大紀年，蓋錢氏有浙時，或曾用楊氏正朔，此二證爲甚確也云云。按楊氏無寶大之號，惟南唐元宗號保大，錢氏有寶大、寶正二號，近人已考定爲武肅王私紀之號。然石湖親見竹册，不宜有誤，此甚可疑。

閲周公謹《草窗詞》。南宋之末，終推草窗、夢窗兩家，爲此事眉目，非碧山、竹屋輩所可頡頏。

胡仲芬來。敖金甫來，不晤。暉庭、葉封、新官中書朱厚齋庚、新官刑部俱來謁芝翁，各授予一刺。夜復換席。

初三日戊寅　晴，極熱。閲放翁《家訓》。予嘗愛其語意質實，又篇葉無多，欲手寫之付梓，尚未能也。得署中司務廳知會，予派稽核堂印，向例滿漢各八員，須日日進署，生最畏暑，近日炎歊尤酷，支離病甚，又無一錢可名，乃正用此時持事來，殆非人力所致者也。夜疾大發。

初四日己卯　晴，酷熱。晨入署，詣司務廳，託其以病代告堂官，改免此差，不可得。䙰襶出城，詣鐵廠嗐雅齋，并晤迪齋、小圃諸兄弟，午歸。付車錢四千。惺齋、景蓀來不值，惺齋借我錢十千。作片致方子望，託其轉致首領司，代辭此事。作書致伯寅，借錢數十緡，爲入署車直。作書致星翁，乞畫柯巖消夏圖，系以《壺中天》一闋云：『壺中舊隱，有丹巖翠嶂，遮斷塵境。山下林亭亭下水，隔水別開鷗徑。映竹彈棋，刷苔品石，秋滿紗巾影。山前何有？藕花菱葉千頃。正好瘦策扶親，團蕉挈弟，瓜果盈盤飣。坐到梧桐凉月上，更理冰弦夜詠。輕裂蘿裳，長安回首，盼斷青猿信。乞公渲筆，溪聲畫裏堪聽。』晡後偶從芝翁談及署中事，大被嗤笑，蓋深以予求免差爲不然也。御前仗馬，被錦勒，繫黄韁，方蹀躞得志，聞山麋、野猿羈泄呼囂聲，固無不色然駭者。然芝翁之於予，自非惡意，且謂我能讀書而不能作官，尤爲切中予病。夜疾又發。

初伏　初五日庚辰　晴。三日來酷暑異常，終日流汗，北地所僅有者。早出門拜吴君紹吉，新自户部郎授福建邵武府知府者，予擬託其寄周蜮一函，不值。訪倪葉帆舅氏，見舅母及越湖中表。越湖亦官户部司務。遂進城至宫門口，拜同司掌印伊精額郎中，不值。回車至宣武門，道謁倭中堂，午後歸。付車錢六千。得伯寅書，借錢十四緡。得星翁書，并所繪圖，甚高渾。是日作片致雅齋，並送燭楮兩事。

閲《麓堂詩話》。茶陵於詩，自是當家，而有譽兒之癖，《詩話》中屢稱兒子兆先，尤可異者，自舉所作《上陵詩》『野行愁夜虎，林卧起秋蠅』之語，而言兆先謂愁字與起字不對，屢次駁詰，且爲改定曰『迴夜虎』。夫此二語，本是惡詩，乃荆公『青山捫虱坐，黄鳥挾書眠』之流弊，在《西涯集》中最爲下乘，而津津標舉，以其子爲一字師，真可噴飯。兆先小慧薄行，所傳其父子譏謔，有『柳巷花街秀才秀才，淫雨疾風相公相公』之語，較之瓜葛争棋，鷹犬改過，家法縱弛，殆爲甚焉。不料文正老牛舐犢之愛，至於如此。兆先之夭，固由神童閣老自賣其兒耶？書以一笑。

子望來，言所事不得辭。夜飯後偕予恬詣惺齋，並晤暉庭，昏暮歸館，風雨大作，有雷，逾時而止。作書復伯寅，作書復星翁，並占兩絶句爲謝云：『緑陰清晝罨柯巖，四壁泉聲入夏寒。十載長風林下客，池塘今日夢中看。』七星巖久蕪塞，林宇盡廢，癸丑歲仲弟琴舫偕沈瘦生始鋤闢之，鄉人相助作屋種樹，迄今十載，遂最一郡。『畫裏居然起草堂，瓜疇墨法孕香光。他年桐帽清谿側，長採金英寄侍郎。』

初六日辛巳　薄晴，炎威少霽。早詣朱俊卿，不值。詣壽玉溪，小坐即歸。上午赴署至本司，晤方子望及河南張守敬郎中，詣湖廣司，稽核堂印，諸吏以次執本對唱，予據牘聽之，計畫七十餘本，畫諾封戳而回，付車錢四千，賞廣東司小吏鄭姓四千。夜得星翁書，極誇予詩，謙挹不容口，屬予更寫一紙送之，以予昨所寄詩并綴書中故也。近來公卿中愛才如星翁者，真平生知己之感，即作復函，别録詩一通，封付來使。

邸鈔：曾國藩奏五月初九日鮑超等軍收復江浦、浦口二城。十四日丁泗濱、喻俊明等襲破燕子磯，十五日劉連捷、喻俊明、丁泗濱等攻克九洑洲，群賊盡殲。詔：此次官兵酷暑血戰，收復堅城，連克要隘，覽奏曷勝欣慰。所有尤爲出力之浙江定海鎮總兵喻俊明，浙江黄巖鎮總兵丁泗濱，記名總兵趙楚漢、楊明海均交軍機處記名，遇有提督缺出請旨簡放，餘升賞有差。

初七日壬午　上午晴，午後大風小雨，早起酷熱，得風小差。壽玉溪來，談至夜去。

大暑六月中。　初八日癸未　酉正一刻六分大暑節。晨大雨，終日薄晴作霉。作片致德甫。吴勉齋來，交到補交官照及貢照兩紙。得伯寅書。

初九日甲申　晴。曉卧疾發。剃頭。得德甫書，借我錢十千。德甫來復，轉借芝友錢二十千。得湜軒片借《水經注》，即復。得伯寅書，即復。付王福零用四千。

閲《玉壺清話》。道温此書，最足以據證五代宋初之事，然如苗訓一條，有云太祖即位，樞密使王朴建隆二年辛酉歲撰《金鷄曆》以獻。夫朴死於周世宗時，安得至太祖建隆二年乎？朴爲柴氏第一名臣，人所盡知，而道温乃有此誤，亦可謂失於眉睫者矣。

夜雨，五更尤猛。

初十日乙酉　霪雨亘晝夜，凄冷可裌絮衣。讀《儀禮》數篇，《考工記》數篇。雜取凌氏《禮經釋例》，戴氏《考工記圖考》，程氏《考工創物小記》等書閲之，神瞀心荒，多率未得解。行年三十五，學問不進，頭顱可知，曷勝憤惋。是日蕭寂特甚，夜聞雨聲，尤凄苦異常。

十一日丙戌　晴，尚凉。今年自春迄四月無雨，禾苗多槁，朝廷祈雨甚虔，兩宫爲之旰食，至五月初三得雨，以後霖注不已，近日幾有淫潦之憂。

邸鈔：詔：已革福建布政使裕鐸、已革道員章琮，會稽人。已革知府陳謙恩江西新城人。及胡斌、會稽人。曹學佛、李鼐、山陰人。朱仁、來堉、姚鏡圖等，俱永不敘用。已革道員劉翊宸、秦金鑑會稽人。等俱開復原官。從耆齡、徐宗幹奏請也。詔：何福咸掌京畿道事，華祝三掌河南道事。

十二日丁亥　晴。午入署辦事。晤本司主稿王主事世遠，陝西進士。稽核處晤江南司王主事新榮，山西舉人。皆年五十許，長厚人也。賞本司皂隸錢四千。出署後順道詣珊士、耀庭，不值。詣雅齋家，送其夫人殯，即歸。景蓀來。得駱月樵片，交五月分印結各帳，予分得銀十二兩五錢四分六厘，已扣抵。得碩卿書，告患足創不能來。夜凉甚，復去席。

十三日戊子　晴，下午雨，即止，晚晴。翁巳蘭來。午間步詣魯芝友，久談。晚偕予恬詣曉湖久談，二更返寓。

十四日己丑　晴陰相間。曉湖來。是日忽如感寒，頭痛，眼鼻皆出水不止，對客困甚。得碩卿書。喫薄荷緑豆凉飲子。付車夫錢六千。付王福錢六千。得芝友片。夜服厚朴、蘇葉、防風、桔梗湯，覺火發喉痛，終夕不能寐。

邸鈔：駱秉章奏四月二十三日總兵唐友耕等生擒僞翌王石達開於老鴉漩，時石逆率大隊由雲南米糧壩將度金江，漢土各兵分路逆擊，連日陣斬逆衆二萬餘人，圍殺餘黨二千餘人，墜水死者萬餘人。解省極刑處死。詔：石達開由廣西倡亂，竄擾湖南、湖北、江西、安徽，占據金陵，復據衆出犯浙江、福建、廣東等省邊境，紛擾滇黔，注意川疆，志在必逞，罪大惡極。此次川省將士人人用命，將積年巨憝一鼓生擒，並將全股髮逆殄滅，實足以伸天討而快人心。太子少保四川總督駱秉章運籌決策，調度有方，深堪嘉尚，著賞加太子太保銜。唐友耕著記名以提督簡放。餘升賞有差。

中伏　十五日庚寅　陰凉，下午微雨。晨憊甚，不能起，蓋中氣虚耗所致，非寒疾也。腦漏大作。李仲京來不晤。延江春帆視脉，送馬錢二千四百。言弦小而軟，並無風邪，乃陰虚化燥，肺氣逆上，宜於清潤方。開玉竹四錢，甘枸杞三錢，北沙參三錢，川貝母一錢五分，生白扁豆二錢，生甘草四分，炒山藥三錢，霜桑葉一錢，紅棗三枚，京米一撮。作片致方子望，屬代告病假，服藥。謝心齋來。得子望復，言今日軍機章京已傳到，旬内不能至署。夜舊疾復動。

邸鈔：李鴻章奏五月二十二日大敗僞忠王、章王、護王、普王、潮王、侍王等衆，於江陰、無錫等城外擒賊將百餘人，悍賊五千餘人，陣斬萬餘人，溺死者無算，焚賊船七十餘艘，奪獲三十餘艘，馬五百餘匹。詔：諸將升賞有差。

十六日辛卯　晴陰不定。早梳頭。遣僕詣署告感冒假十日。腦漏不止，兼苦咳嗽，終日卧閲蘇詩。服藥。夜嗽更甚，舊疾再動。

邸鈔：御史尋鑾煒奏山西員杜氏毒命誣節一案，承審各員因案内罪名太重，輾轉消弭，風聞究出贓銀一百十三萬餘兩，僅以一萬兩入奏，致孀婦含冤，莫能昭雪，請另派大員前往審辦。詔：尋鑾煒籍隸該省，自必確有所聞，著即馳駟前赴山西，隨同尚書愛仁，提集全案，秉公研訊。

十七日壬辰　陰，稍熱。咳嗽愈劇。湜軒來。買蓮子、糖霜、杏仁，共錢四千。作書致伯寅，致芝友，致碩卿。服藥。夜嗽稍止。

十八日癸巳　晴熱。稍愈。得子蒓書招夜談，即復。服藥。晚偕予恬步詣子蒓兄弟，並晤錢秋舫䰒尹，二鼓歸。

十九日甲午　晴，熱。芝翁饋燕屑半合。服藥。敖金甫來，不晤。

邸鈔：沈葆楨奏五月二十六日浙江臬司劉典等攻克饒州府屬陶家渡逆壘，殺賊數千人。詔：浙江按察使劉典賞加布政使銜，江西道員席寶田賞給業鏗額巴圖魯名號，餘升賞有差。陣亡之浙江候補副將喻可宗照總兵例賜恤，并加恩予謚。遊擊銜都司艾子德照遊擊例從優議恤。沈葆楨奏統領江西水師布政使銜甘肅按察使劉子潯現丁父憂，請開缺賞假。詔：劉子潯攻剿饒州竄匪正在喫緊，著毋庸開缺，改爲署理甘肅按察使，賞假百日，回籍治喪。恩麟奏四月間道員林之望督剿西和縣鹽關鎮回匪獲勝。詔：甘肅鞏秦階道林之望賞加按察使銜。

二十日乙未　晴，熱甚。昨日覺稍勞，夜又疾動，今日困憊殊甚，咳嗽復作，力疾起坐几席甫定，輒已不支，欹枕閲書，甫及數行，便即昏殆，計惟戊午之夏病境稍同，今日所處，遠非昔比，老親八口，恃此微軀，生理如斯，曷勝凄咽。剃頭。

邸鈔：曾國藩奏六月初四日逆練苗沛霖陷壽州，知州毛維翌力戰死之。困守七十餘日，食盡力窮，外委邱維城舉城獻賊。詔：毛維翌追贈道銜，照道員陣亡例從優議恤。其救援不力之布政使銜甘肅安肅道蔣凝學革去布政使銜；記名提督成大吉撤銷勇號，以參將降補；曾國藩、唐訓方俱交部議處。

二十一日丙申　晴，極熱。再延江春帆視脉，送馬錢二千四百。云中氣太虛，宜服甘平藥，補上填下，方開東洋參一錢五分，沙茄子三錢，炙甘草五分，制首烏三錢，炙黄耆一錢五分，炒山藥三錢，並智仁一錢，甘枸杞三錢，炒白扁豆三錢，山萸肉一錢五分，大棗二枚，江米一撮。江君言予病甚可憂，非閉門攝静且日服參苓上藥不能奏效。是豈今日所能者，死灰槁木，惟付之天而已。江君年八十餘，言日食僅米四五合，少年時亦如此，亦別無養生術，而從不知有疾疢之苦，歷官南北三十餘年，迄無小病，令人對之幾有盧照鄰見孫思邈之歎。葉帆學士來，吴太守紹吉來，俱不晤。付王福零用錢四千。晚大風，夜雷雨，初更止，凉意颯然，復去席。服藥。

邸鈔：湖南候補道馮崑、前任廣東按察使趙長齡俱赴四川軍營差遣。從駱秉章奏請也。

二十二日丁酉　晴熱。終日疲困思卧，力疾枝梧。

閲朱中尉《駢雅》中《釋訓》一卷。中尉博極群書，其所著録，淹串奥僻，固探索難窮，然時失之泛雜。魏氏茂林爲作《訓纂》，爬羅剔抉，無隱不搜，間亦訂正其誤。卷首《讀駢雅識語》中，言有可議者四事，分條抉摘，尤足爲中尉功臣，然多有未盡者。《駢雅》中多重述《爾雅》語，《四庫提要》譏其複引冗蕪。魏氏謂此書本採駢字，故經史中重言謰語，皆所必録。然愚謂不特《爾雅》，即《廣雅》《説文》《玉篇》《廣韵》等，本專爲小學而設，皆人人必讀之書，中尉既意在掇拾幽隱，如別有同義之字，則《説文》《篇》《韵》等，固不妨連綴入之。若僅剿襲單文，則原書各已條貫粲然，無煩采入。《駢雅》既蒙雅爲名，《爾雅》《廣雅》之字尤不宜複舉。此自大端之可議者。

至其舛誤，即以《釋訓》一門言之，如云媥婚僊極也。按《廣雅·釋詁》，媥媥婚媪云云，備極也。蓋謰語多取雙聲疊韵之字，《廣雅》自以媥媥爲一事，婚媪爲一事，故《集韵》《類篇》並引《廣雅》媥媥極也，朱氏誤割媥婚爲一事，云邊幅矜持也。按《後漢書》公孫述、馬援兩傳，所云『坐飾邊幅』『修飾邊幅』，皆謂其修飾小節，蓋以布帛之邊幅，喻人威儀之末文，中尉訓作矜持，誤矣。云『商榷，揚榷大要也』，按《文選·吴都賦》『商榷萬俗』，注云：『《廣雅》曰：「商，度也。榷，粗略也。」言商度其大略也。』《蜀都賦》『請爲左右揚搉而陳之』，注云：『揚搉，粗略也。』然則『榷』『搉』字通，『榷』有略義，『揚搉』可訓大要,『商榷』不可訓大要也。愚爲《吴都賦》『商榷』之『榷』,當解如《漢書・武帝紀》云『初榷酒酤』,如淳曰『榷音較』,是也。韋昭説以木渡水曰榷。《説文》:『榷,水上横木所以渡者。』此『榷』字本義,不得以解榷酤,師古從之,其説尤迂曲不可從。『榷』,『較』假借字。《吴都賦》音搉爲角,角、較古音同。商搉者,謂商度比較也。其上句曰『剖判萬士』,則商榷兩字亦平用,注謂商度其大略者謬,謂商榷爲大要者尤謬矣。云『乾没,射成敗也』,此據《史記集解》服虔説。愚謂『乾没』者,竭澤入己之義,故史傳多以隱盗爲『乾没』。張守節《正義》:『乾没,謂無潤及之而取他人也。』其説是而未明顯,服説不可從。云『登來,求得也』,此據《公羊傳》注,齊人言『求得』爲『得來』,作『登來』者,其言大而急出口授也。然則『求得』爲『得來』者,方言之偶異,作『登來』者,詞氣之偶殊,不得引以爲訓詁。何氏説本附會,不可信。云『咋唶,俄頃也』。按『咋唶』當爲『迮遣』。《公羊傳》『今若是迮而與季子國』,注云:『迮,起也,倉卒意。』《説文》『迮』『遣』二字相連。《左傳》『桓子咋謂林楚』,注云:『咋,暫也。』此亦迮之誤。《説文》無『咋唶』字,《訓纂》引《鹽鐵論》『鄙夫樂咋唶而怪韶濩』,此其字義并非。桓氏此語,蓋以『咋唶』爲『小聲』,安得作『俄頃』解乎?云『倚魁,偏妄也』,此據《荀子・修身篇》。然『魁』,大也,諸書無有訓爲『妄』者。按楊氏《荀子》注,『倚』,奇也。《方言》云:『秦晉之間凡物體全而不具謂之倚,「魁」,大也,「倚魁」皆謂偏僻狂怪之行。』云云。是則楊氏之訓『倚魁』本不誤,惟『偏僻狂怪』四字尚未當。愚謂《荀子》云『倚魁之行,非不難也,然而君子不行,止之也』,蓋以『倚魁』指逸民之流。『倚魁』者,猶言奇特魁異也。中尉以爲偏妄,誤矣。云『感概,狥私恩也』。按史傳凡云『感概』,皆作『忼慨』用,豈得以『狥私恩』釋之?云『憑陵,依據也』,據《左傳》『介恃楚衆以憑陵我敝邑』,則『憑陵』者,謂憑藉以陵轢之也,憑有依據義,陵豈有依據義乎?云『樸屬,附著也』,據《考工記》『凡察車之道,欲其樸屬而微至』,注:

『樸屬，猶附著堅固貌也。』是『樸屬』當訓堅固，不當訓附著也。云『寄漠，寂寞也』。『寄漠』即『寂寞』之異文，本無彼此之別，無須復舉。云『欸乃、靄迺、襖靄、囉嗦，旁喻歌聲也』，此尤無謂。『欸乃』等乃方俗歌謡之土音，並非歌聲。且此等字樂府中所載奚啻千百？如必剟入，則吴儂巴渝，累紙難盡，何獨舉此五聲乎？

服藥。買蓮蓬十枚，錢三百二十文，粥食之。得沈寬夫孝廉片，告以病甚解館。

二十三日戊戌　酷暑。五更疾發，終日殗殜。張問月來。鍾旮齋來。得吴碩卿片，告顧河之孝廉疫死滬上，凋賷先生遂不祀矣。河之安貧守學，今年四十餘，窮死無子，天道安可問耶！服藥讀書。夜熱甚，徹曉裸卧不得寐。

立秋七月節。　二十四日己亥　巳正二刻九分立秋節。晴熱。珊士來。作片致德甫、芝友。服藥。

末伏　二十五日庚子　陰，下午雨，傍晚晴，稍凉。曉湖來。陳雲舫舍人來，不晤。碩卿來。賈琴巖來。服藥。加朱《漢書·貨殖傳》，補注七條，附論一條。

邸鈔：浙江鹽運使朱孫詒開缺赴多隆阿陝西軍營襄辦事務。毛鴻賓代奏朱孫詒途次患病懇請開缺，故有是命。

二十六日辛丑　晴熱，日午尤甚。小圃弟來，不見。梳頭。上午入署銷假，見倭中堂、皂侍郎，晤本司伊芝山員外、王蓮峰主事、李拔貢廷俊，赴湖廣司稽核至申刻散衙。順途訪張問月，并晤潘辛芝。訪鍾慎齋，少坐歸。是日賞本司茶房錢四千，賞堂皂、門皂各一千。從問月處借得桂孝廉文燦《詩箋禮注異義考》，意在申明鄭學，而寥寥數紙，詞旨拙澀，遠不及其《群經補證》。服藥。夜雨達旦，疏櫥有秋聲矣，羈人病枕，殆難爲懷。譜《瀟瀟雨》一闋云：『疏衾扶薄病，問宵來何事做凄清。恁簾前點滴，庭槐砌竹，絮盡更更。帶入還家，短夢枕畔尚分明。争傍羈人耳，分外多情。爲想鄉居此際，縱床穿屋漏，也得同聽。更銀河絡角，凉訊到瑶京。幾時山栖，歸築就瓜區，臨水結柴荆。西窗燭，飣盤菱芡，領略秋聲。』五更疾發。

二十七日壬寅　曉雨，上午稍止，晚晴凉可單縑。相國以手製胡餅見餉。得珊士書，即復。服藥。夜五更夢魘。

邸鈔：李榕補授浙江鹽運使。榕四川人，己未進士，以禮部額外主事爲曾帥奏調至營者。

二十八日癸卯　晴熱。午詣新城館，詣德甫、芝友，並晤楊子恂及江右湯曰丞縣尹，晡後歸。服藥。夜分大雨。五更疾動。

二十九日甲辰　晴，下午大風即霽。小圃弟來，不晤。景蓀來。得子蒓書，即復。孫杉麓户部來。服藥。

閲《碧血録》所載諸忠被難時詩文，以顧裕愍《自敘》與李忠毅《就逮》諸詩爲佳。顧公自敘刑曹事七條，語簡意盡，真漢廷老吏。《獄中雜記》五條，皆見道語。《别同志絶筆》首云雲陽市告了假纔十日耳，辭涉戲笑，尤非常情所能測；覺楊忠烈刀砍東風於我何有之語，尚有客氣。《録》稱顧公佞佛，於生死之際，了無畏怖，不虚也。李公詩氣和律穩，竟似有意爲文。《丹陽道中》二律尤佳。《録》中記天啓六年五月六日王恭廠灾一事，其變甚鉅，爲古所未有，而《明史》頗略之，何也？撰是《録》者自稱燕客，筆墨簡潔，不但其人奇絶可傳，盧氏文弨序言即是書首題彙次諸忠之黄煜者是也。盧序及趙氏懷玉序皆佳。

七月乙巳朔　晴熱。上午入署晤本司倪子九郎中、名人垓，安徽人。顧宜齋主事。名敦義，鎮江人。下午詣珊士晤談，知其今日舉一女。詣琴巖，不值。詣玉溪，不值。詣越樵晤談，向其支銀十兩。詣金甫晤談，並晤同鄉林藹人郎中。詣子望，不值。詣暉廷，唁其祖太夫人之赴。並晤葉封、曉林、南琴、春暘，晚歸。還予恬銀十兩。得問月書，以新作《顧河之傳》見商。童比部毓英來，求爲其母夫人壽序。比部南昌人，壬戌庶常。小圃來，不值。爲同鄉沈裕謙出考宗人府供事印法，即作片交胡仲芬。還麗參、緞鞋、枕席等錢二十千。

邸鈔：郭嵩燾以三品頂帶署理廣東巡撫，迅速赴任。吴昌壽補授廣東布政使。李瀚章補授廣東按察使。廣東巡撫黄贊湯、布政使文格俱來京另候簡用。

初二日丙午　晴熱。得景蓀片，以阮文達《儒林傳擬稿》四册借閲，即復。得尹湜軒片，以《水經注》見還，即復。

閲《儒林傳擬稿》。凡專傳肆拾肆人，無錫顧祭酒楝高震滄，容城孫徵君奇逢鍾元，盩厔李徵君顒中孚，餘姚黄徵君宗羲太冲，衡陽王舉人夫之而農，前明崇禎壬午舉人。無錫高布衣愈紫超，南豐謝布衣文洊秋水，崑山顧徵君炎武寧人，德清胡布衣渭朏明，長洲惠知縣周惕元龍，山陽閻徵君若璩百詩，蕭山毛檢討奇齡大可，錢唐應徵君撝謙嗣寅，太倉陸布衣世儀道威，嘉定嚴布衣衍永思，鄞縣萬布衣斯大充宗，溧陽潘布衣天成錫疇，黄岡曹學士本榮欣木，蠡縣李學正塨剛主，宣城梅布衣文鼎定九，淄川薛布衣鳳祚儀甫，泰州陳諭德厚耀泗源，寶應王編修懋竑予中，濟陽張布衣爾岐稷若，桐城錢布衣澄之飲光，吴江沈布衣彤冠雲，吴江朱布衣鶴齡長孺，武進臧布衣琳玉林，安丘劉布衣源渌崑石，洪洞范進士鎬鼎彪西，餘姚邵布衣廷寀元斯，當塗徐檢討文靖位山，安溪李布衣光坡耜卿，鄞縣全庶常祖望紹衣，婺源江布衣永慎修，大興宋學士筠竹君，嘉定錢少詹大昕曉徵，休寧戴庶常震東原，餘姚盧學士文弨召弓。按學士餘姚人，碑録及所著書文集中自稱甚明，特居於杭州耳，傳稿竟作仁和，誤，今改正。偃師武知縣億虚谷，興化任御史大椿幼植，曲阜孔檢討廣森衆仲，武進張編修惠言皋文，（此處塗抹）及聖裔孔衍聖公興燮世家。

附傳五十餘人，常熟陳司業祖范亦韓，金匱吴學士鼎尊彝，吴，乾隆九年舉人，後由學士降侍講，著《易例舉要》二卷，《十家易象集説》九十卷。介休梁少詹錫璵確軒。附顧棟高傳。梁，雍正二年舉人，著《易經揆》一。新安魏布衣一鰲，登封耿少詹介介石，附孫奇逢傳。鄠縣王孝廉心敬爾緝，富平李檢討因篤天生，附李顒傳。餘姚黄布衣宗炎晦木，附兄宗羲傳。黄岡陳庶常大章仲夔，蘄水劉知縣夢鵬雲翼，附王夫之傳。陳著《毛傳名物集覽》十二卷。劉著《春秋義解》十二卷，推本《公》《穀》以斥《左氏》。無錫顧舉人樞所止，顧，前明天啓舉人。祁州刁舉人包蒙吉，刁亦天啓舉人。眉批：刁包號潛室先生，私謚文孝，孫承祖，康熙乙未進士，歷官河南、浙江、江西、廣東布政使，以能吏名。崑山朱布衣用純致一，歙縣吴布衣慎徽仲，山陰向布衣璿荆山，寶應朱布衣澤澐湘陶，長洲趙侍講定求勤止，附高愈傳。寧都彭布衣任遜仕，附謝文洊傳。山陽張布衣弨力臣，仁和吴檢討任臣志伊，附顧炎武傳。常熟顧舉人祖禹景范，附胡渭傳，傳中並附歸安葉布政佩蓀丹穎。長洲惠學士奇天牧、徵君棟定宇，附惠周惕傳。元和江孝廉聲叔澐，長洲余布衣蕭客仲林，並附惠周惕傳。山陽李閣學鎧公凱、吴訓導玉搢山夫，附閻若璩傳。平湖陸布衣邦烈又超，附毛奇齡傳。仁和沈布衣昀朗思，桐鄉張布衣履祥考夫，山陰劉布衣汋伯繩，餘姚沈布衣國模求如、史布衣孝咸子虚、勞布衣史麟書，錢唐桑主事調元弢甫，附陸世儀傳。鄞縣萬布衣斯同季野，附兄斯大傳。博野顔布衣元習齋，附潘天成傳。吴江王布衣錫闡寅旭，江寧談訓導泰階平，附梅文鼎傳。鄒平馬知縣驌驄御，順治己亥進士。曲阜桂知縣馥未谷，附張爾岐傳。桐城方布衣中通位伯，附錢澄之傳。無錫蔡司務德晉仁錫，雍正四年舉人，乾隆初薦授國子監學正，遷工部司務，著《禮經本義》十七卷，《禮傳本義》二十卷，《通禮》五十卷。秀水盛知縣世佐庸三，附沈彤傳。吴江陳布衣啓源長發，附朱鶴齡傳。武進臧明經庸拜經，附高祖琳傳。昌樂閻主事循觀懷庭，附劉源渌傳。餘姚邵學士晉涵與桐，歷城周編修永年書昌，附邵廷采傳。荆溪任宗丞啓運翼聖，附徐文靖傳。安溪李舉人鍾倫世得，附叔父光坡傳。婺源汪布衣紱雙池，歙縣金修撰榜蘂齋，附江永傳。嘉定錢教授塘溉亭，王閣學鳴盛鳳喈，附錢大昕傳。歙縣凌教授廷堪次仲，附戴震傳。仁和孫御史志祖頤穀，歸安丁教授杰升衢，附盧文弨傳。高郵李進士惇孝臣，寶應劉訓導台拱端臨，江都汪拔貢中容甫，附任大椿傳。曲阜孔主事繼涵體生。附衍聖公傳，傳後并附曲阜顔運使光猷秩宗，郎中光敏遜甫，檢討光斆學山，皆復聖六十七世孫。

是書係鈔本，有阮常生及汪孟慈太守、郭蘭石大理印記，蘭石並有校籤數條。傳中人爲今國史所已删者，如毛西河、沈求如等，予已據《揅經室續集》，劄記於《越縵堂日記壬集》中。是書中凡進呈本所無者，亦用墨筆點出。然文達此稿，本未盡善。如邵二雲、王西莊、凌仲子等，皆宜立專傳而反入附傳。汪容甫所著《述學》雖卷帙無多，而精卓出諸儒上，《春秋後傳》《廣陵通典》皆裒然巨册，禮學亦極淹貫，其人又氣節士，工文章，亦自可立專傳。王而農説經不甚醇，高紫超、曹欣木學業不概見，然王氏著述頗多，高氏接派東林，曹氏遭逢聖祖，蔚爲儒臣，爲立專傳猶可也。他若謝秋水、嚴永思、潘錫疇俱可附孫鍾元傳；李剛主可附毛西河傳，薛儀甫可附梅勿庵傳，錢飲光可附王而農或黄梨洲傳，以三君皆明遺臣，而錢氏學術又不足爲桐城倡；劉崑石可附其鄉人張稷若傳，范彪西可附陸桴亭或高紫超傳，以學術相近也；邵念魯可附黄梨洲傳，武虚谷可附朱竹君傳，李耜卿自應附其兄文貞傳，而文貞在大臣傳中，不能照覆，姑爲立傳以存其人；笥河所著雖不多，然提倡儒林，其功甚鉅，固不得附其弟文正傳，則兩君立傳，固爲有説。而謝、嚴等十人，皆不必專傳。惠氏三世經學，愈後愈勝；松厓先生學絶千古；半農經術，固自博大成家，然遠遜其子；研溪更不過若敖、蚡冒矣。范史於《儒林》，立伏叔齊傳，而附其父伏椎文，立薛公子傳而附其父薛夫子，此史法宜然，自當爲松厓立傳而附其父祖。萬氏亦弟勝於兄，當立季野傳而附充宗。馬宛斯與張蒿庵學術迥殊，桂未谷又與張、馬異，而以同爲東人之故，牽連合傳。任釣臺經學遠過位山，而反以任附徐。其敘次事實，亦往往有採擇未精，輕重失當者。然旁搜遠紹，源流秩然，自爲儒林首功。此本外間絶少傳者，獲讀一過，亦近來眼福也。其以顧、陳、吴、梁四君爲首者，以乾隆三十年九月上諭修國史有曰：『儒林亦史傳之所必及，果其經明學粹，雖韋布亦不遺，又豈可拘於名位，使近日如顧棟高輩，終於淹没無聞耶。』故文達録此諭冠傳首，而遂以顧祭酒居前。然聖諭特偶舉並時人以爲例，作史者自宜按次時代先後，若意爲倒置，亦乖史法。

初三日丁未　晴。作片致景蓀，還《儒林傳稿》。作書致伯寅。得景蓀復。得伯寅復。得印結局六月分帳片，予分得銀廿二兩五錢四分，除扣抵外尚欠三十五兩九錢五分。得子蓴片，即復。潤齋來。玉溪來。

邸鈔：陝西巡撫瑛棨革職，上諭責其株守省垣，一籌莫展，致令地方慘遭蹂躪。以四川布政使劉蓉爲陝西巡撫，詔令迅赴新任，毋庸來京請訓，劉蓉未到以前張集馨暫行署理。道員黄元吉以擅殺參將曹福雲革職。從僧格林沁、唐訓方請也。唐疏稱黄元吉因曹福雲冒領餉銀，不遵開導，肆行凶横，即欲軍法從事，經副將楊繼煥、范文英等代求，從輕棍責，曹福雲被責不服，有起隊報仇之語，黄元吉恐釀成事端，即將曹福雲正法云云。

初四日戊申　晴熱。

爲珊士評點《纂喜堂詩集》。五言古如『憂患攻一心，勞苦叢百咎。冥心搜萬象，造化不轉瞚。』《題論印圖》。『獨坐生古歡，趣得境忽洞。花氣遠無住，春山不能扃。天風墮孤磬，萬種相松惺。夜趣溢疏燈，茶香散寒菊。沙篔明疏花，風崖閉蓁竹。林陰交薄嵐，人鳥影一緑。客愁如江水，深淺不可尺。笋鞋踏幽徑，苔癬春剥剥。空池寫疏篁，月氣隔烟緑。詞章亦小道，性分不可色。病鷹縮毛羽，饞眼不能飽。長貧寡所營，千失矜一慊。習静逃人嘲，居窮謝鬼諂。萬物自有餘，造化不能儉。』《海中望雷公島》云：『萬象沉淵淪，到此忽巔涌。劈靂開渾茫，空濛入孤聳。蛟身及波縮，蠣頸拗天腫。』五言近體如『濕雲扶斷壁，瘦石鬭寒流』『苔跡自今古，松聲變雨晴』『山光隨鳥轉，花氣接天空』『春酲和燭曉，花氣隔簾高』『泉聲依梵静，香意出花高』『老妻分糉葉，稚子索糕花』。七言近體如『風來藥院亂花影，月過苔階添雨痕』『烟外簾痕明野店，柳邊燈影畫山城』『貓頭笋賤連泥賣，雀舌茶新帶雨烘』『過雨湖光明薺麥，轉溪山影在桃花』『林窄天光明馬背，雪消山色上鴉翎』『梅開故國頻添夢，春到他鄉傍近人』『一湖暖翠東風濕，半照桃花半酒人』『一晌水風凉不定，紅羅扇底看潮生』『不教容易春孤却，自典春衫買杏花』『青谿孤舫初三月，翠被春寒第一宵』『枕邊花氣釵邊月，小著相思已五年』。皆可入摘句圖也。

曉湖來談竟日去。

邸鈔：多隆阿奏六月十二日渭河北岸之戰，提督銜朱希廣、記名提督陝西漢中鎮總兵趙既發、總兵銜副將闞行莊、劉連昇俱歿於陣。詔：朱希廣、趙既發每戰身先士卒，所向有功，此次擊賊捐軀，深堪悼惜，均照提督陣亡例從優議恤，於殉難地方建立專祠。闞行莊、劉連升均照總兵陣亡例從優議恤。張之萬奏六月二十日張曜等攻克張岡賊巢，擒獲捻首霍光玉等，汝南一律肅清。詔：張曜賞還提督銜，餘升賞有差。

初五日己酉　早陰有風，上午雨，下午薄晴。剃頭。下午詣碩卿，不值。晤辛芝久談。是日小極。得碩卿片。夜大雨。

邸鈔：詔：自高宗純皇帝以下各王公所生女均爲近支，照例封授格格、額駙，給與奉禄。其餘均爲遠派，僅封授格格、額附虚銜。乾隆三十六年，宗人府議准，以世祖章皇帝位下子孫所生女照例視爵封授格格、額駙，給與奉禄，其餘王公之女僅給虚銜，今復以次遞降云。

初六日庚戌　陰靄，雨間作。昧爽疾發。戴南琴水部來。潘辛芝來，不晤。王孝廉觀光來，不值。碩卿來。伯寅送楹聯來。作片致德甫。服藥。

邸鈔：李鴻章奏六月十二三日攻克花涇港桐里賊壘，收復吴江震澤縣城。

初七日辛亥　先君子生日。淡晴。素食屏藥。景蓀來。作片致辛芝，以田黄石一枚託其篆刻『桃花聖解庵主小印』八字。作書致珊士，還詩集並借近人鄭珍所著《説文逸字》。予恬自曉湖許兩作片來，致沈松亭縣令意，招爲七夕之遊。午步從之，遂偕曉湖、予恬、松亭至天和館聽戲，演《青石山》，甚詭麗可觀。晚至王氏瓦舍飲，二鼓返曉湖許，談至三鼓，宿曉湖齋中。

初八日壬子　晴熱。早自曉湖許返寓，得署中知會派遞宫門摺班。低頭入曹者二月矣，屢作此驢馬事，可恨也。

得珊士復，以《説文逸字》見借，此書爲遵義鄭珍子尹所撰。據經典漢以前訓義明白，及《玉篇》《切韵》《廣韵》《釋文》《集韵》《類篇》諸書所引《説文》形聲悉當之字，而今大徐本所無者，決爲傳寫遺落，共得一百六十五文，分爲上下二卷，復博考金石碑版以證之。用力頗勤，持議亦通辨，而仍謹守許氏家法，間附其子知同、伯更説。末有附録一卷，亦知同所爲，乃取《説文》本書誤文以及二徐所增，下至《六經正誤》《爾雅翼》等書所誤引者，共三百字，以明《逸字》中所以不録之故。上有河間劉太守書年、獨山莫孝廉友芝兩序，皆深於是學者。劉序言貴州自子尹始爲許、鄭之學，莫序言子尹爲程春海侍郎弟子。其書刻於咸豐八年之冬，世尚罕見也。

得辛芝復。賀允臣四十初度。

爲江西童庶常母盧太宜人撰七十壽序：『蓋聞銀管之紀，上燭乎瑶媊；金章之榮，必肸於珩壺。徽懿所稡，芬略斯攄。童母盧太宜人者，涿郡演原，高門冠代。過江益大，䇫䇫傳經髦之林；名宦爲家，毣毣誕禮宗之秀。儀逵箴盥，聲最帨鞶。爰以笄齡，作嬪鼎族。維時贈公，胄承東莞，名踔西江，初感鼓盆，遂諧儷幣。謹執紛于鳲旦，勤護紒于鶊時。鍒穎纖周，滫鱗悉詧。威明書記，多出闈中。季齊家儀，答拜床下。佐崇公之治律，每弛鄧刑；勖仲玉之恤宗，無慚萊婦。伯霜仲雪，舞膝以黎收；稊郝稙鍾，咸縱而融洩。固已焜彤於中壘，賁素於武興矣。暨乎二隱側曜，九寡絙絲。雖嫠緯彌憂，而陔蘭咸立。申誨辭于績室，繼遺教于書楹。約修者報奢，苦成者甘出。此豐龐之夙券，亦貴壽之靈著也。且夫先後之間，難爲慈母；嫌疑之際，易召多言。黍離怨辭，堪徵魯故；蘆緼凉德，且聞聖門。李穆姜撫字之隆，猶疑於四子；薛贛君迎養之釁，成郄於二昆。而太宜人丸熊必均，賜鲊以次。芝蘭無異本之氣，鳲鳩流均養之仁。竹林銅盤，供別饋於猶子；苧絲葦曲，嚴内教於嬰婗。蓋至田氏折荆，陸裝分幣，太宜人恐區蓋之或私，致布粟之生鬩。諭張堪以禮讓，耻高鳳之詭争。孟常田廬，多取荒頓；壽張財物，悉推孔懷。故能桐木葱葱，棣韡藹藹。絶李充異産之聽，無繆肜閉户之撾。則又班誡所不詳，張箴之未逮已。若夫晝荻寓愛，折葼明勞。慎魏緝之交游，勉馮勤以自立。續炬授范滂之傳，翦髮摯陰生之門。卒能塤篪律和，圭璋筠達。博士横經之選，坐必重茵；春官射策之科，穿詩連甲。而予門下子俊比部，胎玉苞訓，掌珠韞珍。宏徽既後大宗，荆鳳遂爲介嫡。弊衣輒賜夫嗣立，小杖偏加于景莊。終以濟种翊之宗英，成毓志之宅相；出青鬢以獨秀，爲白眉之最良。東觀讀書，西曹换秩。凡是士林之譽，悉爲嬪則之光。僕早知杜牧于賦中，喜獲季鷹於榜下。得通門契，式備微言。兹者歲紀昭陽，月中南吕。齡周七豑，序半三秋。玉女一峰，長秀崑崙之側；寶婺百采，傳以離瑜之宫。鶴舞蓉觴，鳳銜芝綍。獻瀛洲之金菜，天與延年；拜長樂之圭衣，帝推錫類。洪都瑞井，涌層青螭鼎之丹；盧阜靈苗，種五老麐原之杖。此日秩開第八，望慈竹而鞠跽修儀；異時歲算三千，晉蟠桃而蕪謳繼侑。』此代相國倭公作。

方子望來不值。夜大雨。服藥。

初九日癸丑　晴。午入署辦事，下午出城答拜朱海門侍御，晤談。答拜童子俊刑部，不值。訪南琴、景蓀，俱晤。傍晚歸。夜大雨。服藥。

初十日甲寅　晴。阮曉林來。惺齋來。作片致翁巳蘭、平景蓀。潤齋來。傍晚詣子蓴、蓮舟、勉齋小談，黄昏歸。服藥。

處暑七月中。　十一日乙卯　丑初初刻八分處暑節。嫩凉薄晴。紱翁來。傍晚詣邑館吊輝廷，送分資三千。予於輝廷之祖母彌甥也，《爾雅》爲離孫，《左傳》爲從孫甥，而家居三十年，未曾謁見，予並不知輝廷之尚有祖母也，吾越姻誼之薄可知矣。晤蓮衢庶子、凌芸士户部、景蓀、子蒓、葉封、曉湖、曉林、心齋、朱厚齋刑部諸同鄉，晚歸。服藥。

十二日丙辰　晴，多風，自昨日來早晚新凉可棉衣矣。得紱翁片還書。碩卿來久談，逾三時許。慎齋來。是日慈安太后壽節。

邸鈔：王拯補授太常寺卿。湖廣司知會明日進署。

十三日丁巳　晴。作書致仲弟，託余輝廷附去。梳頭。偕予恬、心齋詣邑館送輝庭、葉封、曉林南返，午餞於廣和居。夜同葉封、予恬、心齋、曉林飲於北韋舊院，二更歸。童子俊比部來，以銀四兩爲謝，不值，留金而去。仲芬招十五日飲，辭之。紱翁書來索日記。連夕月赤色。

十四日戊午　晴，稍熱。作片致童子俊。慎齋來。作片致紱翁。作書致伯寅。作片致巳蘭。玉溪、慎齋來。得芾翁復、伯寅復、巳蘭復。日昃時詣碩卿，茗話。復詣新城館，晤德甫、芝友、曰丞，同晚飯，夜歸。再得紱翁書。得章秋泉書。廣西司知會明日進署。兩日來日色青紫，月紺赤，今夜月始復故。爲周氏程韵仙宜人作致其兄保定書。

十五日己未　先大夫忌日。晴熱。曉起疾發，憊甚。得伯寅書，惠我四金。午入署晤本司主事王壽彭、顧敦義，皆藞苴齷齪之尤者，生與此輩相對，咄咄怪事。賞各堂官車轎卒錢十四千，賞門皂錢一千，賞湖廣司茶房貳千，賞廣東司司皂馬二千。終日閲《段注説文》。附籤記八條。

十六日庚申　終日秋陰多風。相國以劉文清楷書梵經四則及草書詩册臨米襄陽書一則見示，屬爲題跋。文清楷書殊不多見，是書古澹藏棱，真率有鍾、王法。詩亦清穩，皆老年筆也。王揚廷孝廉來。夜雨。

閲宗滌翁《躬耻齋文集》。滌翁喜言道學，不能爲有韵之文，（此處塗抹）故哀誄序記之作多可厭，筆苦冗滯，讀書又少，故復時病陋弱。然其文法頗能由望溪、震川以上溯歐、曾，中年以後，所作碑誌，往往有佳者。如《何恪慎公碑》，直到廬陵勝處。《寧池太廣道王彦和誌》，法荆公、晁郎中等誌，以銘敘事，亦其傑出之作。他文亦多關文獻。又每於起結間敘處見之，而唱歎往復，情味油然，是尤得力於望溪者。惜氣力散弱，拙於敘次。蓋滁翁少居楚南，與彭觀察舒萼等結苓社，又與蘅社中人故督師李文恭、今總督勞崇光等相倡和，皆非能文之人。入都後與同邑王太守藩、王太常某爲文字交，而太守時藝以外無所知；太常以文章自任，然所作迂拙無法，遠在滁翁之下。晚年里居，其門下士稱最契者，又爲周白山、趙之謙等，皆誕妄不學之人。一生無良師友以相切劘，所就遂僅至於此。其集中如《慟子辭》等篇，尤爲謬拙，而王太常亟贊之。所載太常評語，無一通者。予於滁翁有世誼，少時嘗從質舉業，滁翁固未知予，予爾時亦無可爲滁翁知者。要之滁翁文，自可與包孟開、梅伯言驂驔後先，在吾鄉中正與潘少白分軍角立，此言固天下公論，非有所愛憎者爾。

十七日辛酉　陰雨涼甚。剃頭。上午詣曉湖。送沈松亭壽分四吊。午入署，稽核畢，出答拜孫杉麓户部，不值。拜王夔石郎中，亦不值。晡歸。子恂來，不值。作片致德甫。夜雨旋止。五更疾又動。

邸鈔：前任漕運總督袁甲三卒於本籍陳州防所。詔旨褒惜，照漕督軍營病故例從優賜恤，伊子前右庶子袁保恒，俟服闋後以翰林侍講學士用。

十八日壬戌　晴，大風。早起詣乾清門接摺子，巳刻歸。付車錢十六千文，付王福工直八千文。碩卿來，以令祖棣華廉使手書詩册屬題。玉溪來，饋粤東玉朋丸一合，將以寄家人。是日詔賜勝保死。陝西司來請到司日期。夜大風。作書致陳蓮峰鄴郡幕。蓮峰與予有姻連，亡友陳閑谷嘗從受法家言，比予入都，音問遂隔，去年五月得家書，知閑谷已於庚申年客死汴中，哀涕之餘，即欲作書致蓮峰，詢其死狀，顧不知其在何郡縣，前日王揚庭爲予言蓮峰近館彰德守署，故作此書。貧賤末殊，生死已判，臨紙感愴，不覺淚流。閑谷之母孫孺人與太恭人甚相得，待予輩有恩，以貧悴歿，閑谷旋客死，其家亂後尚無耗，未知歸櫬之期，誰爲託孤之友，傷哉！

十九日癸亥　晴，有風。中寒不適。著三重棉，猶覺冷。飲蘇荷薑湯。作片致潘芾翁。玉溪來。夜同予恬詣心齋，初更歸。

邸鈔：候補宗人府府丞温葆深奏請推廣捐例得世給生員舉人，俾守其業。詔不准。詔略云：軍興以來，各州縣捐有成數，曾准加廣文武學額，於獎勵捐生之中，寓嘉惠士林之意。此外或乃祖乃父，爲國宣勤，朝廷篤念藎臣，於其子孫特加賞賜。此尤異數之恩，豈得援以爲例？若因一時捐助米粟，而使其後人得以生員舉人，長荷國恩，竟同世襲，將富民皆得濫厠科目，而寒士何由奮志功名？且從來亦無此政體，該員此奏識見迂謬，斷不可行云云。葆深原名下一字同御名，其告歸已十餘年矣，近方復出，而首上此疏，自取責辱，以貽天下之譏，是君子所羞道者也。

詔暴勝保罪，賜令自盡。詔略云：前因中外諸臣交章奏參勝保貪污欺罔，各款派議政王、軍機大臣、大學士會同刑部審訊，勝保恃無質證，一味狡展，而於攜帶姬妾赴營一節則承認不諱，已屬大干例禁。苗沛霖性情陰鷙，曾諭勝保察其就撫，是否可靠，勝保極口保其無他，并乞恩施，且擅調其練衆入陝，迨諭旨不准，猶敢屢次抗辨。今苗沛霖已戕官據城，肆行背叛，宋景詩以反覆降匪，勝保代爲捏報戰功，保至參將。復又在陝擁衆東歸，亦已背叛。是今日苗、宋二逆之糜餉勞師，皆勝保之養癰貽患。而勝保之黨護苗、宋二逆，不得謂無挾制朝廷之心。至其餘被參各款，前經僧格林沁復奏，有派員查訪並咨詢地方所稱，情形大略相同。勝保任性妄爲，即此已可概見等語。是勝保之貪污欺罔，實天下所共知，豈能憑其自行回護之辭，信爲竟無其事。本日復據王大臣等陳奏勝保所遞親供及訴呈各一紙，呈内博引律例，妄欲將原參各員治以誣告之罪，尤屬飾非亂是，膽大妄爲。核其種種情罪，即立正刑誅，亦屬咎所應得。姑念其從前剿辦髮捻有年，尚有戰功足録。勝保著從寬賜令自盡，即派周祖培、綿森前往監視云云。勝保罪案去年□月上諭所列□十□條，苟得其一，足以殺身，然入獄之後，氣焰尚甚盛，大臣多爲之道地，朝廷亦將待以不死，而揭奏稱冤，欲坐參劾諸臣以重罪。兩宫震怒，遂速厥誅。東朝聖明，古無其比，乃悠悠之口，尚以其功爲念。夫勝保之功，最著者豐縣之戰、臨清之捷耳，曾不旋瞬，高唐喪師，功罪已足相抵，使在世宗、高宗之朝，自其人入豫入皖以後，雖十勝保已西市矣。然以何桂清之罪惡滔天，而私人猶冀緩其死，則勝保之冤，其可既乎。

二十日甲子　晴。曉湖來。以錢六吊買馬桶一具。得子蓴片。

邸鈔：太僕寺卿朱蘭爲浙江餘姚縣候選員外郎謝敬請恤。敬家富于財，任俠自喜，咸豐八年餘姚佃匪圍縣城，敬率所練士兵屢擊破之，賊遂潰散，首逆黄春生遁去，遂投粤賊。十年杭州破，春生潛歸餘姚，謀爲内應，敬擒斬之。自是謝勇之名著浙東，號黄頭軍，每戰必先令肅無敢犯。十一年賊破蕭山時，敬禦賊於諸暨，聞之急馳還郡，請于王履謙俟賊未定蕭山，急擊之。履謙不許。及紹興陷，敬率衆巷戰，不勝而出。去年率師攻餘姚，殺賊二千餘人，深入無繼，遂被擒。賊中切齒於敬，其死狀人無知者。敬死而黄頭軍遂淫掠不可用，越人至今思敬，予曾擬俟得其實爲請恤。今太僕先疏上而言其被戕情形，尚無確據，有詔令左宗棠詳查具奏云。

二十一日乙丑　晴。偶從邸鈔中閱王拯謝授太常寺卿摺，中有云『昔副容臺，詎春卿之克稱』，蓋曾爲太常寺少卿也，按《漢書》雖有太常徐生善爲頌語，頌古容字。然容臺之名起於六朝，惟爲祠部尚書之稱，唐以後盛用之，亦皆指禮部，且尚書省可通言臺，卿寺不得言臺也。又云『儀未嫻于綿蕞，時務方殷』，用叔孫通事尤爲不倫，時非創造之代，豈得用此君以改制禮樂耶？（此處塗抹）又云『與丞郎同幕，夙禁秘以兼司』，蓋言其兼直軍機也。丞郎之稱起於唐，謂尚書左右丞、六部侍郎也。今既無左右丞，而軍機章京中亦無侍郎，蓋誤以丞郎爲郎中，故有此語。（此處塗抹）

哺後行藥，步至芝友齋頭小談而歸。玉溪來，不值。今日揀發廣西知縣，玉溪以家屬寓廣西，故必欲得之，予爲力請於商城，又轉告之黄縣，竟得第一名以進，可喜也。慎齋來，不值。有鄉之湖塘人胡廷相者，以販酒至京來見，言五月中發紹興，闔境皆無恙，柯山一帶尤安善，爲之羈愁稍紓。予因言次，屬以覓湖塘居宅，其人即力任，言其戚有屋數椽，高爽可住，面山臨流，有堂有室，有樓有廊，俟其秋間歸時，但持予一字，便可具舟往迎太夫人徙新居矣。未責買山之資，先定賃廡之計，不覺喜心翻倒也。今日既聞此好語，又獲助人成就一官，可謂兩大快事。服藥。

二十二日丙寅　薄陰疏雨，下午嫩晴。爲周氏諸媛作致賈伯芝夫人山右書。傍晚同予恬詣曉湖，愼齋亦來，遂同夜飯，初更歸。服藥。

邸鈔：上諭：本日引見之前任工科給事中蘇廷魁，以道員發往河南交張之萬差遣委用。前任户部郎中楊寶臣以道府用。

二十三日丁卯　晴。作書致子恂。身熱不快。愼齋來。得子恂復。夜雨，五更疾動。

邸鈔：詔：奉兩宫皇太后懿旨，以山陵尚未奉安，本年十月釋服後，應行應停各慶典，令廷臣分别妥議奏聞，其萬壽節王大臣聽戲筵宴，俟奉安後舉行，昇平署歲時供奉，俟奉安後候旨遵行。咸豐十年所傳之民籍人等，永遠裁革。

二十四日戊辰　晴。身尚微熱，疲困特甚，終日不能喫飯。珊士來，爲刻印石一方，文曰『羅庵黄葉院客』。得伯寅書，以『墨隱』二字齋額屬題短句，即復。作書致碩卿。作片致德甫。玉溪來，與論星命，至燭再見跋而去。

二十五日己巳　上午薄陰微雨，下午雨漸密，終夜有聲。碩卿書來，饋鷄頭漿一盂，修狀爲謝。閱寶應劉迪九氏履恂《秋槎雜記》，卷帙無多，而精于考核，時有新義。迪九號雲溪，乾隆丙午舉人，官國子典簿，爲端臨先生之從弟，故於禮學字學，確有本原也。

邸鈔：董元章補授太僕寺少卿，劉崐補授鴻臚寺少卿。

翁學涵補户部河南司員外郎。

二十六日庚午　未初初刻六分白露節。早雨止，午後晴。玉溪、沓齋來。王揚廷來。剃頭。子恂來。服藥。

邸鈔：曾國荃奏六月初一日至初九日督軍進攻神策門下關一帶，連克印子山、七甕橋等處賊壘，陣斬僞佩王馮真林、僞梯王練榮發及僞天安、僞天福以下賊目數十人。前任兵部左侍郎黄琮於本年正月雲南省城之變，投繯而死，遺疏入。詔：黄琮持躬端謹，自告養回籍，適值滇省軍興數載以來，於省城防守及勸捐事宜盡心辦理，兹以遇變，憂憤自盡，憫惻殊深，著照侍郎例賜恤。

二十七日辛未　晴。午偕允臣入署，詣陝西司受謁，詣湖廣司稽核，詣雲南司晤王郎中文韶，下午歸。移榻西齋。得傅子蒓書。碩卿、辛芝來，不值。辛芝爲刻印章一方，文曰『桃花聖解庵主小印』。爲同鄉胡上舍恩元出送國子監肆業印結。終夕爲蟁蟲所嚙，徹旦不眠。

二十八日壬申　昧爽，大雷雨，上午晴，下午又雨，晚晴。慎齋來。玉谿來。蕭山蔣湘舟户部、單棣花孝廉及曉湖來。得德甫片。返榻東齋。胡仲芬來。

二十九日癸酉　晴。得辛芝書，即復。得伯寅書，即復。作片致德甫。沈寬甫來，寬甫亦新挑廣西知縣。詣碩卿談。慎齋來。終日小極不快。夜三鼓後大雷雨雹。

邸鈔：沈葆楨奏皖南大股髮逆上竄江西之湖口、都昌一帶，七月初一日劉典、席寶田等敗賊於青山橋，屈蟠敗賊於殷家洲。初三日夜江忠義、李榕等軍乘勢逾溝，僞跟逆猶堅據上下彭。初四至初六等日，席寶田等督軍奪隘，縱火破賊，追至谷口，短兵血戰，以一當百，賊遂大潰，僞祜逆向建德遁去，前後殺賊萬餘，江境一律肅清。得旨：剿辦甚屬出力提督江忠義賞穿黄馬褂；浙江按察使劉典賞給白玉搬指、烟壺、大小荷包等物；江西轉糧道段起賞給瑚松額巴圖魯名號；按察使銜道員席寶田、屈蟠賞加布政使銜；記名總兵黄仁遺以提督記名，並賞給白玉搬指、烟壺、大小荷包等物；徐生德、權光燦俱以提督記名；副將林志金賞加提督銜，並給三代一品封典；餘升賞有差。陣亡之知縣張寶鑑照道員例議恤；都司李棉兆、張時雨照參將例議恤，並建立祠宇；餘議恤有差。

三十日甲戌　晴雨不定。入晚大雷密雨。玉溪來，贈粤東銀坤丸一包。爲子蒓書牋幅一，爲章秋泉書牋幅二。作書致子蒓、致子恂。致吴勉齋片。心齋來。江西人敖思猷縣丞招飲毓興合，却之。夜雨。四更疾動。

八月乙亥朔　終日薄晴，晚雷小雨。玉溪來。作片致辛芝，得辛芝復。

邸鈔：僧格林沁奏山東教匪宋繼朋等盤踞鄒縣之白蓮池，四出焚掠，經總兵陳國瑞等攻破後竄踞江山負隅死守，本月二十二日，侍郎國瑞、總兵陳國瑞督兵上山，陣斬宋繼朋于雲蒙寺，遂攻克賊寨，賊匪圍殺殆盡，其逸出者追殺無遺，計先後斃賊一萬數千名，逆首郭鳳岡、李九及宋繼朋之妻高氏一併擒獲。得旨：僧格林沁自攻克淄川後，移軍鄒邑，甫經匝月，即將教匪掃穴擒渠，良由該大臣調度有方，楙著忠勤，用能驅策群力，深堪嘉尚。國瑞自幫辦軍務以來，籌度機宜，不辭勞瘁，此次復能督軍設伏，盡殲醜類，勳勞卓著，甚屬可嘉，著賞還御前侍衛，並發去白玉搬指、白玉翎管、大荷包、黄辮小荷包等物，總兵陳國瑞自入東省，所向有功，現又攻克堅巢，先登破壘，尤屬奮勇，著賞給頭品頂帶。餘升賞有差。已革副都統德楞額開復原官，仍交部從優議敘。富和開復原官。詔：已革直隸總督文煜著即釋回，與已革直隸按察使孫治，均赴僧格林沁軍營差遣委用。從僧格林沁請也。

初二日丙子　終日陰。得景蓀片，即復。賀予恬太夫人生日。予恬招同曉湖玉會源堂聽戲，晚小飲酒肆而歸，道濘體憊，跬步顛蹶，甚苦之。芝友來，不值。三更詣國子監陪文廟丁祭，車至前門，騾道仆，極力起之，四更至廟。承祭官賈黄縣，祭畢回車。

初三日丁丑　上午陰，下午雨，入夜不止。辰初歸寓。子恂來。作書致伯寅。作片致玉溪。商城餽深州桃五枚。

邸鈔：詔：基溥、皂保馳馹前往盛京，會同玉明敬謹勘辦永陵工程，隨帶人員一併馳馹前往。

初四日戊寅　早晴，午後薄陰漸晦。作書致珊士。得伯寅書，餽銀二兩。詣辛芝、碩卿，久談。詣德甫、芝友，談即歸。玉溪、春齋來，不值。

邸鈔：李鴻章奏七月初八日程學啓等攻毁太湖賊營，進逼蘇州城，并踏平江陰附城賊壘。得旨：勦辦甚爲出力記名總兵淮揚水師營管賴榮光力戰陣亡，著照總兵陣亡例從優議恤，并於死事地方建立專祠。游擊龍玉麟同時陣亡，一併交部優恤。

初五日己卯　晴。玉溪來。珊士來。沈衡甫、寬甫兄弟來。

邸鈔：惲世臨奏藩司患病回籍，調理未痊，懇請開缺。得旨：李桓准其開缺調理，江西布政使著孫長紱補授。又奏臬司患病籲請開缺。得旨：倉景恬准其開缺，湖南按察使著兆琛補授。

初六日庚辰　晴陰相間。玉溪來。剃頭。得結局片，知前月分得銀十七兩一錢，自扣抵外，尚欠十八兩八錢。戴南琴來。夜分雨止。五更疾動。

初七日辛巳　風雨凄冷，下午稍霽，晚晴。慎齋來。得碩卿片。作書致辛芝、碩卿。夜題伯寅墨隱齋七律一章：「『鐵華石蕤儘温存，歐趙風流未足論。萬卷琳琅參秘府，千秋文獻照高門。搜烟剔雨生原癖，摧史孯經道自尊。何日來充碑録事，香清茶熟一銷魂。』」眉批：此詩删。

初八日壬午　晴，大風作寒。跋吴棣華先生手書試律詩册。胡廷相來，與再訂移居湖塘之約。

署中送秋季養廉銀四兩四錢來。作書致伯寅。作片致碩卿。致景蓀。爲玉溪書屏幅一紙。胡梅卿郎中來，以憊卧不見。得伯寅復、碩卿復、景蓀復。是日梟紹興僞官朱淮清于市。

邸鈔：四川派援陝西之道員張由庚、總兵朱桂秋俱革職留任，湖北派援陝西之道員梁作楫降三級留任，迅令剿賊立功自贖。以漢南事亟，遷延不進也。杜聯轉補左春坊左庶子。童華補授右春坊右庶子。鮑源深轉補翰林院侍讀學士。杜聯補授翰林院侍講學士。

初九日癸未　晴。慎齋來。同詣玉溪暢談。傍晚偕詣玉溪所眷，遂至胡廷相處喫夜飯，初更歸。曉湖來，心齋來，琴巖來，星五來，仲芬來，俱不值。

邸鈔：甘肅提督馬德昭革職，交陝西新任巡撫劉蓉差遣。副將王夢麟革職發往新疆。以派援鳳翔岐山畏葸不前也。詔陶茂林署理甘肅提督。

初十日甲申　晴。作致仲弟書，胡廷相來，即託其帶去。胡仲芬來。白孝廉子恒來談，孝廉通州人，小山尚書之孫也。

秋分八月中。　十一日乙酉　亥正初刻八分秋分節，晴。詣碩卿、辛芝，不值。作書致辛芝、碩卿。作書致玉溪。得辛芝復。何相山吏部樞來，不值。玉溪、慎齋偕蕭山洪省三來，玉溪、慎齋各助貸度節費，洪省三邀夜飲，遂宿其家。

邸鈔：詔：頭品頂帶儘先總兵陳國瑞幫辦吴棠軍務。靈桂兼署户部左侍郎。崇綸兼署吏部左侍郎。

十二日丙戌　早陰，下午晴陰相間。早偕玉溪步歸，玉溪别去。朱海門侍御來，不值。上午疲卧。作書致辛芝、碩卿。作書致玉溪。付吴升東洋參直二金。得碩卿復。終日病痔。

十三日丁亥　陰，下午晴。

閱《林霽山集》。南宋人詩，自《江湖小集》別開幽雋一派，至四靈而佳句益多，月泉吟社尤爲後勁，霽山其領袖也。所作高淡深秀，前躋石湖，後躡梧溪。略詮于此。《古松》云：『獨占寬閑地，不知搖落天。山林猶古色，風雪自窮年。』《寒門》云：『僧閑時與雲來往，鶴老不知城是非。』《答周以農》云：『山空絡緯悲秋雨，水落蒹葭足夜霜。』《題陸大參秀夫廣陵牡丹詩卷後》云：『南海英魂叫不醒，舊題重展墨香凝。當時京洛花無主，猶有春風寄廣陵。』《歸自越避寇海濱寒食不得祭掃》云：『持酒無因灑墓松，禽聲花色慘東風。去年此日身爲客，及到鄉山又客中。』《曉意》云：『僧鐘覺曙鳥，紛飛弄林光。宿雲漸離石，我起開秋房。南山忽入几，相對各老蒼。』《歸白石故廬》云：『斜陽巷陌語初燕，新水池塘生細魚。』《春暮》云：『白髮餘春能幾醉，緑陰細雨不多寒。』《酬潘景玉》云：『歲晏斷鴻羈客影，夜深殘火故人情。』《寄陳振先同舍》云：『西風戍角催年換，殘夜江樓見日生。』《送葛居士住栖碧庵》云：『了然道者亦離塵，一龕松下分秋雲。』《秋夜》云：『片月相隨過竹居，風生荷葉酒醒初。窗扉半掩秋蟲急，猶有殘燈守故書。』《宿台州城外》云：『霜增孤月白，江截亂峰青。』《贈天目吴君實》云：『夢回殘月蒼梧曉，家在春風秀麥西。』《鄭氏西莊》云：『遠峰開宿雨，高樹表初陽。』《酬潘景玉》云：『寒城日出無窮事，老耳山中獨聽泉。』《酬方槐庭山人》云：『夜闌深語別寒釭，別意蕭蕭竹半窗。明日孤帆鴻影外，東風殘雪過曹江。』《待應平坡侍郎郊行口占二首》云：『春霖卷流芳，霽旭浮遠野。白首貞元人，相期古松下。』『試耕黃犢健，入社白鷗真。柳外呼舟去，水風吹葛巾。』《溪行》云：『野色延幽步，秋聲入暮年。』《仙壇寺西林》云：『松氣浮清曉，經聲出白雲。石穿僧屋過，水到寺門分。』《夜意》云：『老石栖雲定，疏松過雨香。』《寄懷》云：『青燈少年夢，白髮異鄉春。』《餞盛景則》云：『離亭酒短秋帆開，雁蕩峰前桂花雨。』《元日即事》云：『江湖舊夢衣冠在，天地春風鼓角知。』《括城》云：『落日漁舟吹遠笛，斷烟戍屋帶荒城。』《陶山十詠》内《集仙橋》云：『流來一水截人寰，虹背秋寒十二闌。白鶴飛邊人影絶，天風吹佩玉珊珊。』《陶宴嶺》云：『笑拂青蘿問隱君，千巖秋色此平分。當時宴坐無人識，唯有松風共白雲。』《葛仙翁石床》云：『鈞天夢破珊瑚枕，巖壑春供翡翠屏。一卷黄庭雲半席，夜深讀與嶺猨聽。』《訪朱月峰不值》云：『雲留秋渡冷，月過別峰明。』《寄別諸公》云：『天地緑陰雨，江湖白髮人。』《劍池》云：『薜荔帶雲懸古木，轆轤卷月出秋泉。』《新豐道中》云：『籬落鷄欲栖，野水牛半渡。不見抱琴人，斜陽在高樹。』《舟中書事》云：『午香吹稻海田熟，秋蔓引瓜第屋深。』《練川道中》云：『一枕江湖夢，五更風雨舟。』《初夏》云：『舊篋題詩扇，疏簾讀易香。』《訪武伯山居》云：『白髮前朝士，青山半屋雲。遲花春復見，遠瀑夜深聞。』《元日得家書》云：『寒窗琴册燈花曉，衰鬢江湖柏酒春。』《立春郊行次唐玉潛》云：『五夜雪聲梅角底，一春烟景竹笻初。』《王監簿陶山禱雨》云：『雙袖携雲禹穴曉，一瓢分雨舜田秋。』《答仙壇寺侃上人》云：『竹房分半席，流水白雲間。丹竈餘千載，青鞋第幾山。』《初夏病起》云：『舊國愁生暮，衰年病過春。』《答陳景賢》云：『鬢痕朝鏡覺，書味夜燈知。』《酬合沙福州郡稱徐君寅》云：『鄉心荔子薰風國，客路槐花細雨時。』《別王監簿》云：『離亭落日馬嘶渡，舊國西風人唤船。湖海已空彈鋏夢，山林猶有著書年。』《新晴偶出》云：『風動松枝山鵲語，雪消菜甲野蟲飛。』皆清空婉妙，蟬蜕塵埃者也。其詩本名《白石樵唱》。予嘗謂南宋中葉後詩，姜堯章最清峭絶俗，德暘集名，適與之同，筆墨畦町，亦出一致，當時取號，蓋非無因。詩有元統中崑山章祖程注解，雖不免村塾弇陋之氣，而同時人物，多藉以考證。其詩中多及越中地名，蓋霽山既與王潛同志相善，而王修竹又爲風雅所歸，遺民故老，多主其家，所謂王監簿者是也。王氏居陶山，霽山《白石稿》中又有《陶山脩竹書院記》，其起語云：『越爲東浙望，前將作監簿脩竹王公爲越望。』可見其壇坫風流，勝遊推重矣。

下午小步廠肆，買京口近刻《素問》，宋本，不成。以銜名付榮晉齋搢紳局刻入秋録錢三千文。辛芝、碩卿來夜談。

邸鈔：李鴻章奏克復楓涇鎮及嘉善縣之西塘鎮。

十四日戊子　秋社。晴，風。珊士來。王户部文韶來。

閲武進趙氏懷玉所校《韓詩外傳》。予嘗謂《外傳》辭旨雖雋永可味，然於漢人著作中，經術最爲疏淺。所引大事，尤多乖謬，較之劉子政《説苑》《新序》，更不可信。其詮《詩》亦與《内傳》往往不符，蓋以意逆志，僅得《孟子》之一體者也。三家《詩》本惟魯爲最近，《外傳》又太傅緒餘，宜於風雅之原，不能無舛矣。但以兩漢人書，存者無幾，此書幸得不亡，古訓法言，在在可述。億孫此校，彌尚謹嚴，故可寶貴耳。

夜初更後慎齋、玉溪來，同遊坊曲而歸。

十五日己丑　晴。慎齋來。作片致玉溪。得玉溪片。得碩卿片，招夜飲。玉溪來。秋泉來招夜飲。付福興居酒錢三十六千，廣和居酒錢十三千，寶珍齋書錢五千，恒春堂藥錢十千，邸鈔錢二千，王福工錢八千，零用錢六千，節賞四千，館中諸僕賞錢十二千，邑館長班一千。晡詣廠市，以錢四百廿文買得潘文恭《思補齋筆記》一册。詣碩卿，並慰問辛芝喪婦之信。夜同玉溪、慎齋飲于秋泉家，二更踏月而歸。

邸鈔：李鴻章奏八月初一日官軍克復江陰縣城。詔：江陰一城爲南賊北竄咽喉，關係甚重。此次水陸各軍鋭志攻取，將士血戰二十餘日，擊追援賊二十餘萬，先後擒斬賊衆二萬有奇，克拔堅城，盡殲悍黨，實足以寒逆膽而振軍威。四品銜補用知州李鶴章著以知府補用，並賞加三品銜；淮陽鎮總兵黄翌升著賞穿黄馬褂；記名總兵劉銘傳、郭松林均著以提督記名簡放；副將周盛波、張樹珊、周國興均著以總兵記名簡放；餘升賞有差。三品頂帶法國兵丁畢乃爾著賞加副將銜並賞戴花翎。

十六日庚寅　晴暖。玉溪、慎齋、秋泉來，邀至梨園館聽戲，晚飲於福興居，九千八百，外一千。夜從玉溪飲曲中，三更歸。

邸鈔：已革陝西巡撫瑛棨發往新疆充當苦差，已革提督馬德昭交多隆阿、劉蓉、張集馨嚴行查訊。以多隆阿劾二人虚增兵額糜餉冒功，又責其不救鳳翔也。

十七日辛卯　陰雨凄冷。得問月書，言陳碩甫先生於六月二十九日卒於滬上。得玉溪書還馬褂，即復。夜雨。

邸鈔：代理貴州按察使陸傳應現升湖南按察使，兆琛均暫行撤任，與休致。前署湖南巡撫翟誥一併交惲世臨提問。以毛鴻賓劾其侵蝕靖州釐税也。署陝西按察使鳳邠道劉鴻恩革職。以張集馨劾其詭譎庸劣也。

十八日壬辰　晴。得桂浩亭孝廉六月十五日廣州書，并寄到徐子遠《通介堂經説》五册。作片致沈曉湖，取楹聯。胡廷相來。終日撰《集羅庵游賞小志》，入晚疲極，近來不堪用心如此。夜雨。舊疾發動。

邸鈔：朱夢元補授大理寺少卿，倪杰補授太僕寺少卿。

十九日癸巳　晴，風。作書致伯寅，爲一福建同知求書楹聯。作書致金甫。得玉溪片催轉求楹聯，即復。子恂來。

邸鈔：護理福建水師提督吴鴻源革職拏問。以左宗棠劾其赴剿臺灣頓兵南靖莊勞師糜餉，致勇丁嘩潰爲賊所乘也。

二十日甲午　晴。剃頭。慎齋來。再作書致伯寅催書楹聯。得金甫書。玉溪來。伯寅處取楹聯來，即交玉溪。買呢冠連纓錢十三千。付王福零用七千。作書致德甫還《韓詩外傳》。胡誦芬廷相來。

二十一日乙未　晴。曉湖來。上午偕曉湖出訪謝夢漁給諫，不值。訪朱海門侍御，久談，并晤傅子蒓、朱厚齋刑部。訪平景蓀久談，借得張維屏《松心文鈔》一册，《龔定盦文集》一册。詣邑館晤朱厚齋，詣方子望樞曹，久談而歸，已日暮矣。是日途遇辛芝、玉溪、何相山吏部、鄭春海工部、潘譜琴庶常。得德甫書并還書四册。伯寅送所書玉溪、青溪、慎齋楹聯來。賞徐禄叩節錢一千。

二十二日丙申　晴，微陰。晨詣碩卿談，并晤錫山畫師、秦宜亭孝廉。

作書復桂浩亭云：『浩亭先生仁兄執事：春明匆匆一晤，未飫教言；迨晉謁邸中，又復相左。徒抱問道之誠，莫遂摳衣之願。神馳跡阻，情嫥貌歧。衹以鄙人久處都門，乖異時好，衣冠車馬、奔走囂塵之狀，亦耳目所不欲聞見，故往往經月杜門，不通一客。至六月之初，晤江西尹湜軒，始知執事已抱經南返。私衷悵悵，積月彌時。迺者忽接手書，遠承慰注，并攽示《通介堂經説》五册，捧持驚喜，難以言宣。欣悉安抵里門，道祉怡含，著書養志，歲月優閑。以視汩没長安，羈栖人海，奚翅霄壤。至以鄙人一言，爰蒙馳椷萬里，開其茅塞，足見扶道誘學之心，不遺疏薄。但愧弟非其人耳！弟之于學，少無所師，闕幘早孤；又生稍晚，吴越間經師已皆奄化，時之擁比設帳者，蓋多不讀注疏，擣昧之質，遂無自啓。十五六後喜爲歌詩駢文，晝夜殫精，以爲至業。既漸漸得名，益復愛好。迨得讀《學海堂經解》，始知經義中有宏深美奥、探索不窮如此者，遂稍稍讀甲部書，自漢及明粗得厓略，而年亦既二十四五矣。南方早衰，生稟尤脆，甫冠之歲，即得咯血症，精神頓敝，不副鑽孯。浸遭家難，田園半荒，衣食奔走，遂不能優游家衖。入都以後，愈瀕危殆，所讀之書，太半已忘，日閲不過數百行，俱隨得隨失，全不記憶。今年四月，以郎中分曹，觀政户部，録録衙參吏諾間。爲貧而仕，尤非得已；塵務經心，益難自策。厚辱期許，寤寐懷慚。比政料理歸計，倘鄉里經亂之後，薄田可耕，即當養母課兒，終身不出。此後于經，或有寸進，亦執事擊蒙之功也。來書及都中事，此輩殆難以口舌争。弟自咸豐之季，頗思上書言事，既見朝廷求治非不甚切，而公卿百僚成見未破，草茅妄言，必無當意，故伏而不敢發。乃未幾而貴州黎君庶昌之疏上。黎君所條諸務，不盡可行，而求治之方，不外乎此。其疏草則危言聳論，朝陽之鳳也。然得以一縣令用之旨，而臺臣抨擊，不使有容身地矣。至執事進所著書，弟未嘗不私相歎惜，以爲其時之未至也。咸豐之元，有江蘇朱駿聲進所著《説文通訓定聲》，被旨嘉獎，賜國子監博士銜。以此觀之，蓋經學之運與代遞降，可推而知矣。然抱殘守闕，以待來學，本非如攻舉業者汲汲以功利爲念。國朝經儒大半諸生、布衣，終身槁餓而著述流傳，後生小子稍知學者，無不珍同圭璧。執事《群經補證》一書，不朽業也，以鄙人所見，《經義述聞》外，無與抗對。幸得周覽一次，迄今時刻，未嘗去懷，如已刊定，或寫有副本，望先寄示。《論語皇疏》《孟子趙注考證》，俱未得讀，求并賜教。子遠先生當今碩儒，仰高希驥，爲日舊矣，所惠《經説》，已略涉一過，考按音聲，以定訓詁，多王氏父子所未及。夫主乎文從字順以求經義，而不爲新奇高眇及襞積繁碎之學，則鮮有不得者。至謂宋儒解經亦儘有是處，尤見持平折衷。鄙人嘗細讀《詩》之歐本義、朱集傳，《書》之蘇傳、蔡傳，其議論亦間有較勝漢儒者。而國朝惠氏棟之《易》，王氏鳴盛、孫氏星衍、江氏聲之《書》，專述鄭義，字字抉剔，亦不免自相違反。蓋康成總集諸義，博觀會通，千慮一失，豈能畢照。《書》注既亡，出於裒拾，更不能無所羼亂。使鄭君生於今世，必不竟棄宋儒如惠氏、王氏、江氏之媿也。至程子之《易》，朱子之《易》與《禮》，尤與漢儒相輔不北。惟宋儒之患在不善學者盡棄訓詁名物，以孟浪行之，而謂《易》可無象，《詩》《書》可無序，則一切古書俱可不讀矣。今徐君守古訓、古音、古義而不廢宋儒，乃真能尊漢學扶鄭義者。傾心委摯，千萬代致誠悃。其《説文箋疏》，想亦刻成，并乞一部，俾得肆力。海陽陳觀樓先生書已刻者幾種，便時望代購一二。節候漸寒，伏惟爲道尊重。問月館况平善，吴中陳碩甫先生已於六月間捐館，江南經術盡矣！并聞不宣。』

再作片致德甫。夜大風。

二十三日丁酉　晴冷，大風。作片致鍾慎齋。以致南海桂孝廉書交粤人程承訓某官寄去。晡後小游廠市。慎齋來，遇之途，立談而返。

二十四日戊戌　晴。作書致夏小笠邢臺。玉溪來。慎齋來，以徐天池研石見贈，紫潤蒼剥，硯背有天池銘十六字，又有高江村印記，慎齋寶之三世矣。洪省三來。傍晚偕慎齋詣玉溪、相山吏部，留喫麵。初更歸。慈溪楊舍人泰亨以所爲亡妹葉貞婦行略，介慎齋乞予爲作傳。

二十五日己亥　晴陰相間，傍晚略有雨意。補撰《半山看桃花記》。莫星五孝廉來。賈琴巖比部來。玉溪來。章秋泉來。夜大風。疾動。

二十六日庚子　晴，大風，寒，晡後風稍息。得仲弟四月初一日書，知家慈以下俱寓柯山，平安無害，惟去年冬十二月五日，賊駐七星巖，一夜四出劫掠，吾家衣物盡失，飢寒可慮耳。詣文昌館吊辛芝夫人之喪。晤譜琴、味琴、碩卿。賀倪葉帆舅氏遷官，見其夫人及越湖司務。至崇文門訪謝杰生，尚在長山未返。訪問月、慎齋，答拜蔣户部洽金，俱不值。歸館小息，復詣玉溪，并晤慎齋、程水部錫泰，同車拜高户部貢齡、李户部慶咸、駱比部文蔚而歸。夜同玉溪、慎齋飲秋泉家，三鼓返。

寒露九月節。二十七日辛丑　寅初三刻十三分寒露節。晴寒。再作書致小笠，專人賫去，以片託交慎齋。晡後詣芝友，知已返江右。詣德甫及無錫秦霖士，俱不值。詣吴勉齋，並晤傅子蒓。途遇杜蓮衢學士、諸暨周若霖主事，俱立談而別，晚歸。

夜閲《定盦文集》。瑟人承其外王父段氏聲音文字之學。又與吾鄉徐星伯氏遊，通地理學，尤究於西域蒙古。與邵陽魏默深遊，通經世學。與吴縣江鐵君及海鹽王曇遊，通釋典雜學。而文章瓌詭，本孫樵、杜牧，參之《史》《漢》《莊》《列》《楞》《華》之言，近代霸才也。其集共三卷四十六篇，又餘集五篇。若《太倉王中堂掞奏疏書後》《武進莊公存與神道碑銘》《海門先啬陳君名朝玉，經儒奂之曾祖。祠堂碑文》，真奇作也。若《平均篇》，若《農宗》，若《西域置行省議》，大文也。若《寫神思銘》，佳作也。《乙丙之際著議》六篇，則飾而淺矣。《五經大義終始論》，則奇而駁矣。《黄山銘》《哀忍之華》《别辛丈人文》《定盦七銘》，則拙而露矣。他文皆瑕瑜互見。與人箋四首，簡絜多名言；其第三首論交接夷坦之易受侮，曰：『道無畦者，事有閾也；中無險者，貌有畔也。與之爲無滓，無擇，又不制於外，必受侮矣。言難則聽者重，步難則與遊者重，愛憎難則受者重。重則不予侮，乃全吾愛。』數語真涉世之藥石，於吾生尤刀圭也。又曰：『纖夫佻人當吾前而不有忌憚，君子深耻之，曰我之不足忌，彼窺之矣。』至哉言乎。故昔人謂爲伯夷易，爲柳下惠難；馬文淵所以有寧爲龍伯高、毋爲杜季良之誡也。予一生受侮，政坐坦夷，不夷不惠，庶免于今之世矣。其餘集《水仙花賦》，六朝之劣駟耳。《明良論》四篇，議論亦可取。

二十八日壬寅　薄晴多陰。晨起梳頭。作書致朱海門、致德甫。作片致碩卿。沈曉湖來。得海門復、德甫復、碩卿復。傍晚步詣德甫，暢談留飯。並晤熊比部昭鏡，伍水部錫釗，二更後歸。葉帆舅氏來，不值。

二十九日癸卯　晴。作書致德甫，致慎齋。玉溪來，偕之詣慎齋，夜飲于致美齋而歸。朱海門來、胡梅卿比部來，俱不值。

三十日甲辰　晴，晡後大風。莫星五孝廉來。雅齋來。吴勉齋來。子恂來。慎齋來。夜大風不息。付王福零用錢二千。

九月乙巳朔　晴，風未定。程司馬承訓來，不晤。潘辛芝來謝，不晤。玉溪來。王揚廷來。敖金甫來。子望來。作書問德甫疾。又致碩卿，問辛芝、問月行期。得德甫復。連日酬接過勞，夜火發，不能即寐，五更疾動。

初二日丙午　晴。慎齋來。曉湖來。得碩卿復。再致德甫書問疾。邀江春帆診脉。付王福零用錢二千。付江司馬錢一千。

邸鈔：直隸總督劉長佑剿賊遲延，降三級留任。山東曹州鎮總兵保德、山東按察使丁寶楨擅議招撫，均革職留任。以僧格林沁疏劾也。已革署甘肅提督馬德昭飭赴甘肅慶陽軍營，交熙麟差遣委用。其被參各款，仍著多隆阿、劉蓉查明具奏。刑部郎中胡家玉開缺，以四五品京堂候補。家玉道光辛丑探花，現以刑部郎領軍機章京頭直班，而王拯以大理卿領章京二直班。唐壬森補授通政司參議。

初三日丁未　晴。得結局片。知前月分得銀八兩四錢五分，除扣過尚欠十兩三錢七分。江春帆處取醫方來，方開潞黨參五錢，懷山藥三錢，土炒冬白木二錢，鹽水炒山萸肉一錢五分，炙黄耆三錢，生研益智仁一錢五分，北五味五分，炙甘草五分，切片大熟地炭五錢，鹽水炒補骨脂一錢五分。詣謝悭齋，小談而返。珊士來，又屬其診脉撰方，概與江翁同，惟去益智仁而用淡附片六分，陳皮五分，改冬白朮爲焦白朮耳。偕珊士小游廠肆。旋同詣德甫，不值。珊士别去。再作書問德甫疾，德甫答言喀血已止矣。月來覺腦漏將發，鼻間漸已津津矣，蓋迫霜降節也，急謀藥之。陝西司稟請初七日直月批，却之。

夜閲張維屏《松心文集》，僅二十七首。文未成家，學術亦未深奥，然筆性明快，如順水放溜，沛然而來，充然而止，亦近來辯才也。其《春秋始隱公解》《存楚論》二篇，尤爲快論。《禹盡力溝洫説》，謂以《周禮》遂人、匠人溝洫之制觀之，禹之盡力溝洫，是其治平地之水；盡力河、濟、漯、汝、漢、淮、泗，是其治大川之水。殷人不修溝洫，故河屢爲患，邦至五遷。《周禮》一書于溝洫特詳，故周世五六百年無河患。至商鞅開阡陌而河患無極，至近時平地水患且不必因江河矣。謂殷人不事溝洫，論固無據。冥勤其官而水死，豈有成湯、伊尹而不講此者？《王制》開方，即是殷制，所載山陵林麓、川澤溝瀆、城郭宫室，三分去一，亦與周制無異；特殷禮無徵，不能詳知其事耳。至謂盡力溝洫即禹治平地之水，名論獨發，可爲《禹貢》補一義。《虞許》篇，謂虞舜之虞，許由之許，皆黄帝時封國。以瞽瞍爲有虞之君，舜以見逐而爲庶人。據左氏『自幕至於瞽瞍無違命』語，浪穹王樂山曾言之，松心更據左氏『許太岳之祚』語，謂堯時虞之賢有舜，許之賢有由，四岳皆薦于堯，《書》爲虞作，故不載許由事。亦爲獨闢之論。《知形》篇，備舉人身之臟腑經絡，縷晰言之，可以知保生之要。《陸大夫祠碑》，爲廣州祀漢陸生作，亦佳篇也。

初四日戊申　薄晴，稍和，剃頭。曉睡中疾復動。下午自東華門出前門，至北半截胡同，共詣八家，晤者星五、慎齋、伯寅、譜琴及廣東知縣程輔廷。從伯寅處借得鄭子尹珍《巢經巢經説》一卷，嘉興錢輔宜泰吉《曝堂雜記》二卷，錢唐何夢華所刻《竹汀先生日記》三卷，皆世間罕見者也。以《越風》十二本借慎齋，歸已曛黑矣。付車錢二吊六百文。玉溪來，不值。從寶森書肆借《指月録》三十二卷，少第一本三卷。夜閲《指月録》，喫藥。三更後疾復動，豈藥有附片故耶？

邸鈔：沈葆楨以疾乞休。詔：賞假四個月，以孫長紱護理江西巡撫。

初五日己酉　晴。玉溪、慎齋來。作稟家慈書，致仲弟書，託玉溪轉交同鄉何姓帶去。作致署紹興太守楊豫庭書，略云：『春間曾奉一緘，想登簽記，邇維榮問遐暢，爲國賢勞，福我梓桑，千里鏡軌，甚善。浙東近日，爲政最難，紹郡逼江，近鄰狂寇，大帥既不遑東顧，夷人團勇，各自爲心，民生傷殘，又倍他郡。暴骨滿野，流亡未歸，重以夏間，旱疫相繼，此誠鉅艱極危之時，非尋常良二千石飲水懸魚所能坐理。執事蘊奇蓄厚，必能恣學于官，調和兵戎，蘇復灾劫。而悠悠之口，多未深喻，或言設局太多，或言取税無準，或言任不潔之吏，或言征已蠲之租，朝士大夫頗責備于太守。雖流言止于智者，而市虎訛傳，易惑衆聽。前日令弟子恂亦聞此信，屬僕調停其間。僕與執事誼則兄弟，分則州民，公義私情，豈容坐視。因即遍告鄉人，以執事忠厚長官，不可多得，風聞影附，不足據依。特官卑齒微，終恐未見聽信耳。兹遇邑人南返，附寄家書，敬布區區，瀆塵左右。尚望察其戇直，益懋嘉聲，戴德含仁，詎惟下走，謳歌所集，黎庶受慶，政當劉范驂儀、龐湯鼎祝矣。僕憂與年深，一無善狀，頭顱如許，始作貲郎。近日百計南歸，暫圖省覲，而長安債負已多，不能急脱，海船届冬又將守凍。如能布帆無恙，直指蓬萊，當以手版一行，銜參郡帥，敝裘裹虱，徑作坐賓，亦快事也。舍間僑寓柯山，老母八口，栖泊一椽。兩弟素弱，菽布不給。倘燕寢餘閑，俯賜存問，感德多矣。天寒伏惟節衛珍重，不宣。』又作書致沈瘦生，並託何君附去。夜詣秋泉家小談而返。得潘芾翁書，以新作和清真《六醜》詞見商。喫藥。

邸鈔：花翎布政使銜候選道屈蟠卒于江西防所。詔云：屈蟠累年血戰，懋著勳勞。本年皖逆竄擾江西，激勵將士，以少擊衆，力掃賊氛。茲以積勞，在防病故，殊堪憫惻。著照布政使軍營立功後病故例議恤。該員家無儋石，其老母幼子，並著地方隨時存恤。從沈葆楨請也。

初六日庚戌　晴。詣碩卿小談。作片致玉溪、致碩卿。慎齋、寬甫來，偕詣玉溪，遇之塗，遂同至秋泉家小歇，晚同飲福興居。喫藥。付王福零用錢二千。

初七日辛亥　陰，巳刻晴，晡後有風。鄭春海水部來，不晤。得碩卿片。今日族弟□□續昏，不往賀，亦不送禮。宗族之誼，本不論施報，況予與□□近屬也，尤不宜以此爲校，然其家相待太無恩禮，以前事已見之六月初一日記。自□□婦喪，予以無服族弟，兩次走吊，而□□不肯一來謝。既三閱月，至前月之晦，忽見詣，甫送出門，而告昏期之柬已至矣，始悟其來意，專爲分資，且前日往吊時，謁見其母，再拜奉慰，而其母無一字詢及家慈起居。□□又無賴小人，自絶于我，今日稱情以爲報，亦親親之殺，我祖之所許也。

閲《巢經巢經説》。鄭子尹珍所著。子尹之《説文逸字》，已爲近日卓絶之學，今閲其《經説》，僅一卷，而貫串精密，尤多傑見。其長在善讀經文注文，不爲唐以後正義所惑，有功於經學甚鉅。如補正《爾雅》釋親宗族一條，謂父之從祖昆弟之妻爲族祖母，父之從祖姊妹爲族祖姑，當作父之從祖昆弟之妻爲族母，父之從祖姊妹爲族姑，皆誤衍一祖字。又既曰父之世母叔母爲從祖祖母，復曰父之從父昆弟之母爲從祖王母，文義緟複，當是父之從祖昆弟之父爲族祖王父之誤，古本原與下族祖王母句對文也。『父之從祖姊妹爲族姑』下，當又有『父之從祖姑爲族祖姑』一句，『兄之子弟之子相謂爲從父昆弟』下，疑舊有『其女子子爲從父姊妹，從祖父之子相謂爲從祖昆弟，其女子子爲從祖姊妹』三句，乃于《儀禮》五服内親無一遺闕。而自開成石經，已同今本，邵氏、郝氏亦未疑及。易疇程氏説《禮》名家，而其文《足徵記》中親屬隆殺述，至以昆弟之曾孫與族曾孫爲二人，以從父昆弟之孫爲族昆弟之孫，則此篇關係非淺鮮也。《曾子問》婚禮既納幣有吉日女之父母死節一條，所云致命，非辭昏，乃致其緩娶之命；所云弗取而後嫁，非别嫁，乃女氏强嫁于婿。鄭《注》本不誤，而《正義》誤解之。《爾雅》女子同出謂先生爲姒後生爲娣一條，同出謂同一父所出，姊妹者男子于女子之專稱，姒娣者女子于姊妹之專稱，故妯娌相稱，即據其年之長少以姒娣呼之，親之若姊妹而繫以婦，曰姒婦娣婦，别其非同生也。自孫叔然誤解爲同事一夫，郭氏因之，而姒娣爲女子于姊妹之專稱義遂昧矣。説《士昏禮》夫婦之名一條，未奠雁之先，稱女而不婦，以未受夫摯也。未入室即席之先，稱婿而不夫，以尚無匹配義也。聖人謹夫婦之名如此。

考定《喪服》大功章『大夫之妾爲君之庶子』與下文『女子子嫁者未嫁者爲世父母叔父母姑姊妹』，鄭氏經注原本一條，明舊讀合兩條爲一之誤，以著康成改讀之由。文多不載。眉批：子尹謂康成所見《儀禮》，此處『女子子嫁者未嫁者爲世父母叔父母姑姊妹』下，只有『傳曰何以大功也妾爲女君之黨服得與女君同』十九字，故斷其爲上一條『大夫之妾爲君之庶子』之傳，文爛在下，而以『女子子』句，爲女子子成人有出道者降旁親之專例，故注云明當及時。蓋聖人慮女子年已笄禮者，早晚有嫁道，若值喪服，必一概滿其月數，則昏姻愆期。惟正尊之服，是不敢降。故不杖期章祖父母條内，已兼有未嫁女孫服之矣，而下又言女子子爲祖父母，齊衰三月章曾祖父母條内，亦兼有未嫁曾孫女服之矣；而下又言女子子未嫁者爲曾祖父母，至于旁親則皆可從降，始無失嘉會之時。朱子云：『女子子適人者爲世父等之服，獨見此經，當從鄭注無疑。』然猶不知此條本非明嫁者爲世父等之常例，特以明未嫁者有降旁親之專例。女子嫁者降其世父等之服，自可由爲衆昆弟大功推之，若未嫁降旁親，不出此條，則此例遂無從見，此經意也。賈疏所謂逆降者是也。逆降之説，已見梁朱異問李業興語，始于六朝儒者，而後人群大訾之，以爲大違服例。余謂此聖人經例，鄭特明之，非臆撰也。今本《儀禮》傳曰下有『嫁者，其嫁于大夫者也；未嫁者，成人而未嫁者也』四句，蓋魏晉以後從馬、王之學者，必欲遵舊讀以難康成，因取齊衰三月章嫁者未嫁者之傳，以爲此經之傳。而『得與女君同』句下，又有『下言爲世父母叔父母姑姊妹者謂妾自服其私親也』二十一字傳文，則賈疏明言是康成注文，謂當屬上節注文『言大夫之妾爲此三人之服也』句下，蓋鄭君欲分別舊讀者如此意趣，然後破之，可知唐以前人並不認此二十一字爲傳文。其直以爲傳者，自開成石經始，云云。反覆辯證，凡五千言，極其精確，推明服制之微，以著人道之重，有功于聖經甚大，不止爲鄭學干城也。阮氏元、陳氏壽祺皆知傳文『下言爲世父母』二十一字爲鄭注，而猶未明逆降之義，又不知傳文『嫁者其嫁于大夫』四句亦系後人羼入，非康成所注原本，甚矣讀書之難也。孔氏廣森《禮學卮言》，則謂此條言逆降者，蓋以貴降，未嫁者謂未嫁於大夫也。斬衰章注，行於大夫以上曰嫁，行於士庶人曰適人，婦人外成，既許嫁大夫，雖未行，固已貴矣，并以有逆降之法云云。蓋欲周旋傳文『嫁者』四語，而頗協於服制尊尊之義，亦足以備一説，要不若子尹此辨之精。至金氏榜《禮箋》，謂此女子子亦指大夫之女，以尊厭降，非逆降，則姊妹亦是大夫之女，何得厭降？又謂傳曰『嫁者』四語，亦鄭注釋舊讀之文，後人誤加『傳曰』二字，混入大字。李氏惇謂『姑姊妹』三字是衍文，皆不可從。皆足以訂正千載之誤。

辨日本《古文孝經孔氏傳》之僞有十事，其謂《孝經》漢止分章，至皇侃義疏始標章名，而此本章名皆與今同，惟所多四章，別立新名。孔穎達云：『漢初爲傳訓者，皆與經別行，及馬融爲《周禮》注，欲省學者兩讀，故具載本文。』則就經爲注始於東漢之末。今此本孔序乃云發憤精思，爲之訓傳，悉載本文，是漢儒訓詁體例，且所未知。陸氏《經典釋文序例》云：『朱以發經，墨以起傳。』曰發曰起者，猶言標也，蓋陸氏因摘字爲音，經傳相間，欲便覽者分別，故其初本標經文用朱書，標注文用墨書。而此書序亦云『朱以發經，墨以起傳』，不知經何待發？所起者又何傳？是直不解陸氏所言，徒以其例新而襲用之。《孝經》孔傳，隋劉炫始主之以駁鄭注，書亡于梁，至隋時復出，即炫所僞作。其駁鄭注『孝始于事親』三句，具載邢疏，而此本孔傳轉同鄭義。邢疏《孝治》章引孔安國曰：『亦以相統理。』《感應》章注『禮君燕族人與父兄齒也』，疏云：『此依孔傳。』而今本無此二條，足見作僞者于注疏猶未細檢。此五事尤爲精確，足關僞者之口。予嘗讀《古文孝經孔氏傳》，決爲日本陋儒所爲，并非劉光伯所假託之本，其序文全是六朝人筆墨，殆尚是光伯原本。中有云：『昔吾逮從伏生，論《古文尚書》誼，時學士會，云出叔孫氏之門，自道知《孝經》，有師法。』此豈西漢人語？又云：『夫雲集而龍興，虎嘯而風起，物之相感，有自然者，不可謂毋也。胡笳吟動，馬蹀而悲，黄老之彈，嬰兒起舞，庶民之愚，愈于胡馬與嬰兒也，何爲不可以樂化之？』其文義句調，皆齊梁以後畦徑，至因《漢書·藝文志》有云『父母生之，續莫大焉，故親生之膝下，諸家說不安處，古文字讀皆異』等語，遂改『故親生之膝下』句爲『是故親生毓之』，試思今文『故親生之膝下，以養父母日嚴』二語，謂膝下至近也，親生之至恩也，而其養日嚴，蓋由恩生義，由近生尊，膝下之地，即大禮所自出。此何等精義。班氏所謂諸家說不安處，未知所指，而改作『親生毓之』，便淺陋迥異矣。父母生之續莫大焉，此即孟子云『不孝有三，無後爲大』，《禮記》云『君子念始之者也』之義。鄭注：『父母生子，骨肉相連屬，復何加焉。』明皇注：『父母生子，傳體相續，人倫之道，莫大于斯。』皆得聖人精意。班氏所謂不安，未知長孫、江翁何所說，后倉、翼奉何所道，而此本改作『父母生之，績莫大焉』，傳云：『績功也，父母之生子，撫之育之，顧之復之，攻苦之功莫大焉者也。』父母于子，可以功論？文義俚鄙，一何至此！又以陸氏《釋文》云：『父子之道，古文從此已下別爲一章。』遂別標章名曰父母生績章，尤爲可笑，是則斷非光伯所爲。子尹譏召弓盧氏最號精審，而爲此書作序，極辨爲真孔氏作，蓋好奇之心先入之，即極醜態亦不復見。予觀盧氏序，亦未始不致疑，且言其章首傳中有云『孔子者，男子之通稱也，仲尼之兄伯尼』十五字，必是後人孱入；又云在讀者之善擇，是盧氏未嘗竟信爲真。特以古籍流傳者無幾，即出掇拾，其中亦或存古義，但于文字無所顯背，所謂與其過而廢之，無寧過而存之者歟？至海寧吴氏騫、慈谿鄭氏辰兩序，則推護太過，愈辨愈顛，爲作僞者所中矣。

夜舊疾復發。

邸鈔：左宗棠奏八月初八日蔣益澧等收復富陽縣城，并攻克新橋各壘。有詔嘉獎。蘇式敬補授浙江杭嘉湖道。楊昌濬補授浙江糧儲道。

初八日壬子　早陰日加巳晴，天氣稍和。玉溪來。上午詣邑館，祭先賢於仰蕺堂，到者十七人，主祭者倪葉帆太僕，贊儀者陳珊士、朱厚齋兩比部。晤葉翁、曉湖喬梓，童侍講福承，孫户部慶咸，李比部鎬，何吏部樞，王禮部堃，及春暘、玉溪、珊士、厚齋、梅卿諸君。午飲胙，每人分貲二千。下午偕玉溪、相山同車至金井胡同，復同玉溪詣秋泉家。夜同玉溪、慎齋、仲芬、秋泉等飲毓興居，仲芬爲主人。三更歸。胡廷相饋茶葉一包。返館後閲《實録》二卷，答商城問瓜州原始，及卒猝二字本義兩小箋，鷄鳴始寢。

重九日癸丑　晴，風。龐濬卿户部來。詣報國寺，祭顧亭林氏，到者十七人，主祭者高要蘇給諫廷魁，贊儀者山陽丁御史壽昌，直會者侯官林京兆壽图。晤子恂及董編修文焕、端木明經埰、秦孝廉炳文、許起居宗衡、沈侍講秉成、祁編修世長、卞少京兆寶第諸君，偕登毗盧閣。午飲于寺之方丈，子恂爲代發分貲八千，午後歸。付兩日借車賞錢二千。洪省三分貲二千。慎齋來，偕玉溪、慎齋夜飲福興樓，二更歸。

邸鈔：江忠濬調補四川布政使，馬新貽擢安徽布政使，英瀚擢安徽按察使。

初十日甲寅　晴，風未止。莫星五來。賈琴巖來。馬春暘來。玉溪來。得碩卿片。作書致德甫問疾。致慎齋取棉帽棉褂。碩卿邀同張問月小談，并設饅頭、頻婆果酒待客，皆出閨人手製也。晡歸。慎齋來不值。夜答商城問閣字偬字本義二小箋。

十一日乙卯　晴。芾翁再走使催詞，作書并原詞致戟翁。補寫五日來日記，喫藥。慎齋來，同詣玉溪小坐，夜偕至秋泉家小食而歸。

邸鈔：愛仁結奏山西太谷員杜氏謀産誣節一案，以員楊氏爲實係病死，而員杜氏欲以伊子承祧兩房，誣員楊氏爲私産致死，賄屬官吏，知縣孫培金遽將員楊氏待繼之案撤銷，嗣舉人員億與楊學正疑員楊氏爲毒斃，赴省呈控，而承審各官復坐楊學正誣告。迨愛仁、王茂蔭奉命復審，刑部司員桂迓衡於開檢後，尚未提訊，遽言員楊氏既非毒死，即係産死，請照原案辦理，兹與御史尋鑾煒再行覆審，分别定擬云云。詔：要犯員杜氏業已病故，無庸議其始終，承審此案之已革知府前任太谷縣知縣沈長材著發往新疆，前署太谷縣知縣孫培金著革職看管，承審此案之候補道前任太原府知府保齡等交部嚴加議處。轉審此案之巡撫、兩司等均照例議處。桂迓衡交部嚴加議處。員億懷疑妄控，著革去舉人。僕婦曹武氏受屬誣節，著發往駐防爲奴。餘官吏書役等革遣有差。詔撫宋景詩逆黨，有自拔來歸者，悉赦其罪，能縛獻景詩者予以重賞。

霜降九月中。　十二日丙辰　卯正二刻五分霜降節。晴。卯刻疾發。得慎齋書。

閲錢警石先生泰吉《曝書雜記》。先生字輔宜，嘉興人，衎石先生逵吉之弟，官海寧州學正。此書共二卷，雜識古今群籍，尤詳于古刻源流，及收藏傳寫之始末，間附考證，於漢宋之學，兼有取裁。其書中每及持身保家、藏書讀書之法，親切可味。而嘉慶、道光間吴浙經師，多藉以考見姓名行事。末有管庭芬一跋，謂爲説部之創格，著録之變體，其中敘述家訓，感念故人，皆至情至性之所係，真確評也。

寬甫來，玉溪來。

夜再閲《巢經巢經説》中考定《喪服》大功章鄭注二條，反覆詳繹，爲最其要略，以小字補書于初七日日記眉端，至二更後燭再盡而罷。鄭君此論，精貫經文，深明《禮》意，不特見女子未嫁而成人者有降旁親之服例，且以明不杖期章所以特言女子子爲祖父母，齊衰三月章所以特言女子子已嫁未嫁者爲曾祖父母，蓋以見正尊之服不敢降也。而上文大夫之妾爲君之庶子一條，正與殤小功章大夫之妾爲庶子之長殤，小功章大夫之妾爲庶子適人者，三經一例。蓋妾爲君之子女，例止統言庶子，則庶子二字，已包女子在内。至妾服私親，衹有不杖期章爲其子，爲其父母；而私親大功以下，則《記》有云『凡妾爲私兄弟如邦人』一語，所以補經之不備。是舉一經而全經之體例俱得要領，益見經文記文之周密無間，而舊讀之憑私牽合，灼然可知其誤，苦心深識，乃成此創獲之解，康成經注，真如日月經天矣。子尹自言六年之久，反復推尋，始得明備其説。經學最不易言，《儀禮》尤苦難讀。然遇此等疑義，探索之餘，涣然冰釋，其樂自勝于看他書。今夕續燈，細籀此文，如獲異寶，經義悦人，如是如是。

喫藥。

邸鈔：張集馨奏八月二十、二十三等日漢中、城固相繼失守。詔：陝西陝安道張由庚、記名總兵朱桂秋俱革職留營。陝西布政使毛震壽、甘肅肅州鎮總兵何勝必、記名提督蕭慶高等均交部嚴加議處。張集馨交部議處。何丙勳補授陝西陝安道。丙勳吾邑之峽山人，乙未進士。

十三日丁巳　晴。早作書致玉溪。詣慎齋，不值。小食于致美齋。詣辛芝，晤談。詣德甫久談，慎齋亦來，至晡各散。楊理庵舍人來，不值。

邸鈔：多隆阿調補西安將軍。富明阿補授荆州將軍。穆騰阿以副都統銜爲巴里坤領隊大臣。左都御史單懋謙等爲故湖北漢黄德道殉難武昌王壽同請謚。壽同高郵人，尚書引之之子。童華授孚郡王讀。

十四日戊午　晴。早間作書一紙致芝翁，爲束脩事也。予自五月間借芝翁五十金，以後按月扣抵束脩，計六月至九月僅得廿四金。芝翁前日言所餘二十六金不復責償，以十月始，仍送脩脯，此在芝翁，已爲優惠，而予近日奇窘，更不可言。食單二九，既屬虚名，日米三合，時又不繼，都中延師，相沿定體，闌干苜蓿，舉筯悽然，膏粱之家，鄙薄尤甚，主人侈貴，不履賓筵，草具無餘，千門一律。以予爲商城所加禮，且屢聞戒飭庖廚，然猶疏糲不週，至有絶糧之歎。士風不立，世道益衰，口腹累人，顔面厚爾，因貧相成乞相，以駡人爲求人，公既有言，客遂得間，飢難久忍，食不待功，因先借十月分束脩六金。而書中先叙平生取與之嚴，繼述比日飢寒之苦，有云：『口無可謏之墓，腹無堪煑之書。』客豈思魚，郎難索米。敢謂先生之饌，未饜侏儒，不容相公之門，先有餓隸。亦可謂滑稽無賴者矣。以彼平日之言，自詡授餐加等，而予今日之告，竟云糊口無資，方謂主人見書，必駭必怒，乃竟舉金相付，不置一詞。足見僕射皆解事之流，將軍無足饋之例，吾道徒爲餔啜此間，本承權輿伎倆已窮，真堪絶倒。自七月以來，商城屬助修書，雖多指摘細故，而於書法體例，事蹟訛落，亦間有所補正。一日數接，舌敝坐上之談；竟夜百篇，目昏燈下之字。得窺東觀，黄童爲榮；悔讀《南華》，温生已倦。既不得隨一尺三寸汗脚，踏翻龍鳳道，尚何煩測改金銀，强與天上事耶？比日尤覺疲于校勘，長作無謂，曷禁累嘵。付王福工直八千文，零用二千文，車錢四千文。慎齋來。夜疾又發。是日答商城問耽眈二字義、靈璧縣原始及閭閻二字分合，共三箋。夜間爲傅子蒓書孫可之《龍多山記》，爲朱厚齋書中峰禪師《信心銘》兩小幅。

邸鈔：多隆阿奏九月初一日克復高陵縣城，涇河迤北一律肅清。

十五日己未　晴。曉湖來。秋泉來。晡後同曉湖、予恬、廷相詣子蒓、蓮舟兄弟，留夜飯，更餘而歸。秦比部賡彤來，不值。玉溪來，不值。得楊子恂片催代作詢事考言疏。從子尊處借得齊次風《寶綸堂集》歸。是日於廠市買得孫與人同元《弟子職注》一本，洪郎中瑩所輯；林寶《元和姓纂》三本，缺末二卷；陳觀察鍾麟所選《聽雨軒國朝文》三本。計直二千一百文。

十六日庚申　晴陰相間，有風。慎齋來。玉溪來。剃頭。作書致珊士借《説文逸字》。付王福零用錢四千文，又添付車錢二千，又付書錢二千一百文。下午偕慎齋訪楊理庵舍人，并晤謝尺瑚輔綬、沈梅史文熒兩孝廉。傍晚詣平景蓀。晚歸。辛芝來，不值。得子恂、德甫書。夜雨，五更大風。

十七日辛酉　晴寒大風。得珊士書，以《説文逸字》見借，並爲刻印章二字曰『悉伯』。玉溪來。作片致景蓀還《松心集》《晚聞集》。賞陝西火房錢三千，茶房節賞二千，皂隸節賞二千，下走節賞一千，託允臣帶去。曉湖來，惺齋來。付邸鈔錢貳千。

夜閱齊息園《寶綸堂集》，共八卷，皆雜文之屬。雖未成家，然頗有氣魄，浩浩落落，隨筆涌出，與並時杭大宗相伯仲；其學術亦相同，道古較稍精密耳。集中《輪進經史劄子》十篇，無錫秦瀛謂極似真西山《大學衍義》文字，可爲確評。進呈《尚書》《左傳》《公》《穀》《禮記》《漢書考證》諸序，篇篇可傳。《外藩蒙古五十一旗序》，提綱挈領，部居畫然。《駁山東巡撫請更孔子誕日議》《駁升任副都御史陳請更祀啓聖王元配施氏議》《再駁方苞請祀施氏議》，皆其官禮部侍郎時所作。孔子生日，亦從原議據《穀梁》十月庚子，爲今八月二十一日，襄公二十一年己酉，九月庚戌朔，冬十月庚辰朔，《春秋》經有明文，則十月庚子爲二十一日之確據。《公羊》作十一月庚子，齊氏謂傳寫之誤。按陸氏釋文《公羊音義》，于庚子孔子生下云，傳文上有十月庚辰，則亦十月也，一本作十一月庚子孔子生。是《公羊》本與《穀梁》同，今爲誤本也。而以今作八月二十七日爲非。又以《史記》作襄公二十二年爲誤，特謂舊典遵行已久，未可輕改耳。《啓聖王元配》駁《家語》施氏生九女無子之説，謂《史記》並無其文，《家語》出王肅僞造，不足據。又斥方望溪據《史記索隱》及《祖庭廣記》之非，皆有卓識。

十八日壬戌　晴，午後陰。内子四十生日。作片致譚硯孫工部取石注《金剛經》還。得碩卿書。慎齋來。寬甫來。玉溪來。秋泉來。託玉溪至景蓀處商量姻事，予詣朱海門侍御久談，亦爲此事也。詣邑館。訪春暘，不值，與玉溪遇，遂偕歸寓暢談。夜飯後去。是日與玉溪談家世姻誼，玉溪之曾從王父，予祖姑之翁也，故與玉溪爲中表兄弟。予曾王父下祖姑三人，長適戴於山壽康，山邑庠生，出阮文達門，本名而康，入學時，文達爲去而字，其父名詒本，廩貢生，茹三樵氏高第弟子也；次適金斗橋馬浚，監生，即予妻之祖也，其父名鏷，乾隆丙子舉人，官陝西留壩廳同知。又次適澄港陳棠，山邑庠生，入學時，年十六，以文名，邃于經學，受業曾王父之門，南北十試，屢薦不中，四川川北道澧之孫也。越邑經亂後，譜牒必多遺落，中外姻戚里居世望，予兄弟輩已有不能周知者，特記于此，以示後人。予長祖姑早世無子，曾王父集中有哭女詩十六首，深至悲痛，有云：『雙鬟桃李傳詩日，誰信曇花一現身。』又云：『隨汝夜臺無別物，辛勤牽犬嫁時衣。』皆老淚可掬。蓋長祖姑艷著中閨，爲曾王父最愛女也，至云：『轉爲師門誤兒女，讀書真悔阿爺癡。』『一樣傷心姑惡語，從今愁誦老泉文。』自注與女翁爲同學，故締姻焉。則深嗛于親家翁姥矣。今日玉溪言貢生君之夫人，甚悍妒，待妾下甚虐，其於子婦無恩可知，故予家與壽氏□疏，壽氏又中落，遂久不相往來，予亦幾不能舉其名字，書此以誌舊姻之思耳。付鈔詩錢十千。五更疾動。

十九日癸亥　晴寒有風。作書致德甫問疾。作片致子蓴還《齊次風集》。付修補敝綺錢四千，付零用錢二千。得海門侍御書，即復。

邸鈔：多隆阿奏請暫留發遣新疆已革左副都御史王履謙效力軍營。得旨：王履謙雖係在籍督辦團練紳士，此處宜加『與地方官有間』一句，蓋因原疏援此爲言也，而諭中節去下一句便覺文義不足，此樞員代言者之失。惟前據瑞昌、王有齡密摺，稱其與地方官種種掣肘，以致貽誤全浙軍務，瑞昌等並有死不瞑目之語，其罪已無可逭，且於紹興失守後，倉皇遠遁，又復飾詞諉罪，前經降旨將該革員發往新疆效力贖罪，已屬法外之仁，該革員現在行抵陝西，豈得藉口道途梗阻，希冀逗留？多隆阿請將該革員暫留軍營之處，著不准行。　童華轉補左春坊左庶子。夏同善補授右春坊右庶子。

二十日甲子　晴。同鄉秦鏡珊郎中曾熙來，新自福建至京者。慎齋來。詣謝悝齋，不值。得德甫書。洪省三來。玉溪來。得慎齋片，致楊君理庵意代邀今日晚飲，即復。得理庵片招晚飲福興居。

閲《竹汀先生日記》，嘉慶十年其弟子錢唐何上舍元錫所刻，凡三卷。卷一所見古書，卷二所見金石，卷三策問。所見古書，遇有舊本僻籍，皆隨筆劄記，得之某處，借之某人，并評述卷數、序跋、印記，間下論斷，或已見《養新録》及文集中。如《續漢郡國志》吴郡安縣即婁縣之訛諸條。其最精確者，如駁《潛丘劄記》謂湖廣之名起於元，本宋荆湖北路荆湖南路，止當沿其故稱，以廣字涉虚也。考元立湖廣行省，實兼宋之荆湖南北、廣南東西四路，廣字本非無著。明時廣東西别爲省，則不必更沿廣字，百詩不能别白言之，亦誤。謂段若膺《説文解字讀》，亦有自信太過者。其第一本艸部，删去芓字，併莛與芓爲一。又删去葽字，葽訓毒草，蓩訓卷耳，今却以毒草屬蓩而删葽。示部之禫，艸部之蘦，皆疑爲後人增入。

謂上諱不當有篆文。皆未可信。謂《廣雅・釋詁》篇摇字下『亦咲反』三字，晦之《廣雅疏義》亦未詳，此三字當是曹憲音，後人羼入正文；咲當作妖，亦妖正切摇字。《方言》：『愮，療治也。』張稚讓元本亦必是愮字。若摇乃常用字，不須下音，去此三字，則摇當作愮。療連文矣。《釋訓》『汎汎』下有『㛙㛙』字，亦是以音羼入正文，與此正同。晦之乃先生之弟，名大昭。號可廬，著《廣雅疏義》二十卷。謂《史記》南宋大字本《司馬相如傳》：『相如乃與馳歸成都，家居徒四壁立。』今本無『成都』二字。《子虛賦》『赤玉玫瑰』注，郭璞曰：『赤玉，赤瑾也。』今本注無『赤玉』二字。謂《左傳》宋版大字小字二本，昭二十年衛侯賜北宫喜析朱鉏謚一節，注：『皆死而賜謚及墓田，傳終言之。』兩本皆同，即何屺瞻所見而閻百詩所歎賞者也。謂宋刻朱文公《周易本義》，咸淳乙丑九江吴革刊。《雜卦傳》『遘，遇也』，不作姤，與《唐石經》岳倦翁本同，此亦見《養新録》。且謂《説文》無姤字，徐鉉《新附》乃有之，古《易》卦名本作遘，王輔嗣始改爲姤，後儒皆遵王本。惟《雜卦傳》以無王注未及改。宋本猶存此古字；明人撰《大全》者盡改爲姤，自後坊本相承，不復知文公元本矣。可證文公本猶未誤也。向讀『咸速也，恒久也』注惟『咸速恒久』四字，甚疑之，讀此本是『感速常久』，乃悟俗本之誤。諸條訂正之功，俱關係不小，讀經史者所當亟知。

其記所見古槧，多自黄蕘圃。蕘圃名丕烈，吴縣舉人，刻有《士禮居叢書》，聚宋元古本甲于天下，顧千里爲作《百宋一廛賦》者。次則袁又愷、吴查客諸君，皆乾隆間三吴藏書之藪。所見金石卷中，言杭州六如塔《四十二章經》石刻，出虎丘《觀音經》石刻之上。此經予家絳跗閣中有搨本數帙，先大夫嘗裝成直幅，以聖因寺石刻羅漢像對懸東西壁間，供奉極嚴。自六如塔燬後，予嘗欲一至塔下，訪此經在否，竟匆匆不果。今遭兵火，更不知何如矣。錢氏又言，蕭山縣崇化寺《西塔基記》，文稱吴越王長舅鄭國公吴延福載興塼塔二所，而末題唐下元戊午年，此殊可疑。戊午，周顯德五年，何以不稱周而稱唐耶？此已見《潛研堂金石文跋尾》。曰唐下元者，遯甲三元術，以唐興元元年甲子爲上元，會昌四年甲子爲中元，天祐元年甲子爲下元，戊午乃下元甲子之第五十五年。崇化寺即今祇園寺，乃晉許詢捨宅，塼塔今尚存。予屢至祇園寺，未及訪此記也。策問乃條繫經史事以爲問目，蓋以課子弟及書院生徒者。

是書爲諸城劉布政喜海所藏，前有『燕庭藏書』印記，眉間多有批字，皆自記其所得之書。言所藏者有百衲《史記》，即錢氏所言宋乾道蔡夢弼本。又言道光初曾見宋槧《咸淳臨安志》于都門，有珊瑚閣藏書印，以值昂未得。又言道光庚戌春見宋刊李壁注王詩于琉璃廠書肆，爲邵位西所得。位西，仁和邵懿辰字，今亂後不知消息。又言咸豐元年，得宋淳祐槧本《國朝諸臣奏議》于書肆，缺卷與愛日精廬藏本同，洵善本也。又言家藏有宋刻《玉臺新詠》小字本。又言道光戊申在浙時，屢從范氏天一閣借鈔書，則其爲浙藩時也。又言在蜀時，聞乾隆四十四年制軍福康安修成都城，什邡令任思任得孟蜀石經數十片于土壕中，字尚完好，當時據爲己有，未肯留置學宮，爲可惜也。任令貴州人，罷官後原石輦歸黔中矣，余訪求竟無所見云云，則其爲川臬時也。又屢言大興朱氏茮華吟館、杭州汪氏振綺堂兩家藏書。朱氏即笥河先生家，所言少河丈者，笥河子錫庚也。汪氏即小米舍人名遠孫者。劉君聚碑籍甚富，精于鑒別，尤留心異本。如此書中所記《左傳》有宋槧本，卷末題『淳熙柔兆涒灘閩山阮氏種德堂刊』，見徐興公《紅雨樓題跋》；彭文勤公有宋本《夢溪筆談》，見《知聖道齋跋尾》；足見其隨處留意。祁參政承爃《澹生堂藏書訓》所謂因地因人因代以求之法也。聞劉君罷官後，書卷以外，宦橐蕭然，想其風度，不愧文正、文清家法矣。其爲浙藩，雖以才絀廢，然承平時如此風雅監司，政亦難得者耳。

晚詣福興居赴理庵之招，與玉溪、慎齋及洪梅汀孝廉同飲，更初偕玉溪歸。夜稍訂正詩稿初集，發謄本。

二十一日乙丑　早晴，午後陰。張問月託碩卿來詢行期。得玉溪書。秋泉書招夜飲。德甫來招。愼齋來。詣碩卿小談。作片致德甫、致愼齋，爲秋泉代招夜飲。得子蕁片。商城贈二茸套料一件，固却不得。夜赴秋泉之招，與駱月樵比部、子蒓、愼齋等五六人同席，秋泉閩人治饌極精，枚戰痛飲，至盡七八卮，此近年所未有者也。酒畢，偕月樵、子蒓夜話極樂，雨作，遂不能歸，與子蒓、秋泉談至三更，始同子蒓抵足而寢，雨終夜有聲。

邸鈔：曾國藩奏八月間提督江忠義、運使李榕、道員席寶田、副將江忠寬等水陸各軍進援皖南青陽，力解城圍，計平賊壘一百三十餘座，擒斬萬餘人。得旨：剿辦甚屬得手，江忠寬擢總兵，餘升賞有差。

二十二日丙寅　陰寒，下午間有日景。早同子蕁擇淖步歸，謝夢漁給諫來。玉溪來。作書致謝惺齋。晚風。夜初更雨，三更後大風。

二十三日丁卯　晴，大風。作片致子蒓。付王福零用錢兩吊。愼齋、寬甫來告後明日南行。王揚廷來。玉溪來。得子蒓書。傍晚同玉溪至秋泉家即歸，觸風寒甚。是日小整比案頭書籍，此事極有佈置，數月必須一更换，非讀書久者不知也。其更换惟在近遠高下之間，各得其宜，便覺事事適意，不能爲他人告耳。葉帆舅氏柬請十月初六日贅越湖續昏嘉禮。夜作家書。予本約愼齋等結侶南返，今貸錢未至，海船又將守凍，愼齋將行，故先作書附去。初更後閱旮齋《陸詩摘句》，爲評點一過。五更疾發。

邸鈔：李鴻章奏各軍進攻無錫，八月二十六日大破援賊僞忠王李（壽）〔秀〕成、僞侍王李世賢等水陸十餘萬衆，燒毁火輪船、炮船、舢板船數十號，僞祥王黄隆芸、僞納王郜永寬及僞忠王之子均落水溺死。得旨：剿辦甚爲奮勉，總兵王東華、滕嗣武、黄中元等升賞有差。　楊寶臣補授山西河東道。詔：

翁同書仍牢固監禁。

二十四日戊辰　晴，風如故。作書致慎齋。作書致潘辛芝還所作詩詞稿。得德甫書，即復。得伯寅書索還《竹汀日記》《巢經巢經説》。得慎齋復書。謝惺齋來。梳頭。與慎齋結昆弟之好，盟牒中系以小序數行。付王福零用錢一吊。玉溪來。得秋泉書。慎齋來夜談，言改二十八日行。夜疾兩發。

二十五日己巳　早陰，上午雪，午晴，下午陰晴相間。子蓴、秋泉來。作片致胡仲芬，託代貰珠皮袍褂一襲。子恂來。慎齋來，交盟牒。作致仲弟書，致季弟書，致内子書。予擬改仲弟名曰恭銘，字仲肅；季弟名曰恩銘，字季惠。此皆爲將來入仕之名，而譜牒中仍宜以原名序昭穆。予原名字曰式侯，今改字法長。仲弟名相，外從王父大理寺丞倪廣平先生名一桂，乾隆乙卯舉人，以年逾八十，著書不倦，浙撫上其名，詔授大理丞，生平邃于經學，亦工詩。字之曰質夫，取《詩》毛傳相質也。今爲改曰仲良，以音合義爲字也。季弟名楹，尚無字，今將冠矣，爲字曰柱男，號之曰季亭，《説文》：『楹，柱也。』《釋名》：『楹，亭也。』號不當附名爲義，且鄉里一丁氓，不得有别號，以男字之稱，不安于俗耳，故以季亭號之，非如先生長者齋園軒舫之稱也。字以柱男者，吾家當極衰之際，予兄弟又寡而弱，故以柱字醮而勖之。

作致周叔雲書云：『叔雲侍御執事：不見者已逾一年。以鄉里十載傾心之雅，輦下三載聚首之久，而情狀乖露，蹉跌不面，遂至于此。僕每與人相處，即甚猥鄙無足談者。偶一小别，輒作數日惡，况都中舍執事外，亦鮮可與論文字，僕何嘗不思執事而竟不相見。此非僕不欲見執事，不忍見執事也。其不忍見之故，執事思之可痛哭矣。執事雖飾非而愎，不知自反，然清夜静處時，私念暫去，天理稍來，當亦未嘗忘僕。僕方冀執事由此一念，漸長漸熟，以臻于自反之一境，則執事猶可爲僕一輩人也。執事之於杜□□、趙□□諸人，豈竟不知其無賴不肖爲清流所不齒者耶？趙□□之狂妄不學，文章鄙穢，執事豈真心好而誠服之耶？此蓋執事窮途骯髒，深憤其見絶于僕，特爲此倒行逆施之舉，暫與小人作緣耳。乃聞今日執事揚言于朝，盛毀鄙人而厚譽趙□□，眉批：後知此言皆他人僞撰。故其始傳言者，力阻予此書，不令發。嗣叔雲亦再三託人求解，力辨其誣。然此書已成，不可追改矣。皆由叔雲喜比匪人，勇爲不善，雖有智者，莫察流言，可不戒哉！是固僕所不屑辨者，不特僕何至與趙□□争，即執事之文，尚不足以取重于世，遑論其所延譽。況執事之口，朝野所共知，更何足以取信。特怪執事何竟迷復不反，至出此無謂之謬計，爲可痛也。執事又誣僕向杜□□索金，僕之館于周氏一年又半矣，僕之迂拙，無用于世，相國知之；僕之懶散落寞，面淡口鈍，不肯詣貴人，不肯赴衙參，相國尤知之；使僕有干求、要謁、乞憐、夤緣者，相國當無不知也。執事與相國素厚，試叩相國，以僕之言信否？相國當不能爲僕諱也。杜生鬼蜮，持刺求通，且託吴某關説，誘以厚幣。僕不待其言畢，峻辭嚴拒。吴某亦執事所素識者，執事試問之，當亦不能爲僕諱也。執事又何苦爲此齷齪之人，播此糞土之言，以厚誣僕哉？嗚呼！毁譽聽之于世，是非觀之于身。僕之立身，自有本末，執事非不知者。誠惜執事與善日遠，與惡日親，潝潝泚泚，將于胡底。僕非自辨也，誠尚不忍竟絶執事，故寓此書以當忠告。倘執事不察其隱，重而怒之，則僕自此并不忍再與執事言矣。嗚呼！公叔不作，孝標已亡。先聖有言，故毋失故，執事勿以絶交書觀之，幸甚。觸冒憲威，伏待白簡，不宣。』

二十六日庚午　晴。作致楊豫庭書。珊士來。秋泉來。午後出門，詣龐瀞卿户部，晤談。詣朱鏡珊郎中，不值。詣胡仲芬，不值。送玉溪行，不值。送慎齋行，并交譜牒，以家書託寄。慎齋餽鷄蛋糕四包。詣德甫談。晚歸。碩卿來，不值。夜慎齋來，偕至秋泉家，并招玉溪小談而別。得夏小笠邢臺書，惠銀三十金，付專足費九兩二錢，還慎齋五兩七錢八分，付車錢兩吊二百文。

二十七日辛未　卯正初刻十分立冬，晴。立冬十月節。始換棉綺。沈衡甫來辭行，并介奉宸苑掾濮丙鑠來見，不值。作片致龐濬卿，取條幅。作書致子蓴。飯後詣曉湖，不值。詣慎齋，并晤寬甫，同至倪雅三功曹處話別。寬夫于予交誼本疏，而殷勤日久，爲予謀歸計甚力，真肝膽可見人也，今予既不能行，而寬夫遠宦粵西，孑然貧病，臨歧珍重，不勝黯然。自石頭胡衕顧車歸。得子蓴復。再得子蒓書。再作稟家慈書。寄呈麗參四兩。予初以明春正月上旬，爲老母六十壽辰，故百計南返，冀遂一觴之祝，且故鄉亂後，宗廟已焚，墳墓未葺，更亦急圖省視，請罪先人，寢食營營，已將數月，乃竟爲百金之責，羈質京師。破屋梅花，小畦菘葉，年頭臘尾，空算歸期。至於墮地卅年，離親五載，幸全兵火，得復衣冠，尚不克端歸里廬，奉我弟妹，瀹衣拜舞，窨酒稱慶，祇緘別淚於尺書，寄微心于寸草，萬回有弟，誰達兄衣，百里此身，豈勝婢價，窮途潦倒，一至如斯，可歎也夫！作片邀玉溪，不至。傍晚風起，再雇車訪慎齋，同至萬興居小食畢，同詣曉湖，邀作夜談。冒風涉淖，往返頗苦，三更後聯榻而睡。是日付王福零用錢四千文，付車錢八百文，付萬興居錢兩吊文。是夕于曉湖處晤鄉人陳永春，言七月初自紹郡來，旱不害田，秋成必好，俟水通時，米價可減至四千餘矣，老親菽水，自此或得少給乎？

邸鈔：陝西布政使毛震壽革職，交劉蓉差委，責令戴罪自效。甘肅肅州鎮總兵何勝必、記名提督蕭慶高、候補知府易佩紳均革職留營，暫署陝西巡撫按察使張集馨降二級留任，不准抵銷。以漢南失事，從吏兵二部議也。以順天府府尹林壽圖爲陝西布政使。以順天府府丞卞寶第爲順天府府尹。

二十八日壬申　晴。早與曉湖及鍾似山編修、蔣湘舟户部、胡仲芬、廷相送慎齋上車。百事不諧，一身留滯，南雲極望，北雁孤飛，何處覓畫中竹葉舟耶？慎齋處借得郭祥伯《金石例補》《樗園消夏録》《江行日記》三種。代慎齋付賞館僕錢一千文。仲芬、廷相邀至致美齋喫點心，小飲而別。至廠東門閲市，買《春秋大事表》《説文斠詮》，俱不成，遂歸館。林布政壽圖來，不值。玉溪來，不值。得子蒓書，即復。作書致仲芬還參錢三十二千文。付王福工直八千文。夜同予恬詣仲芬，晤曉湖、廷相即歸。玉溪來。

邸鈔：以給事中任兆堅爲順天府府丞。

二十九日癸酉　晴，風。早送玉溪，行至永光寺西街，遇秋泉，言玉溪已出，乃返。玉溪來別，並交到銀五十兩。作送玉溪出宰粤西七律一章：『碧玉青羅桂海邊，驂鸞萬里勝登仙。雲深賀嶺啼猨路，木落灕江斷雁天。荔子歸期慈母札，玉溪家寓粤東。梅花眷屬令君船。陸家片石初心在，早辦城南二頃田。』即書扇寄之，又爲其兄青溪書扇面一。得子蓴片，即復。家仲京比部以秦宜亭畫《聽瀑眠古松》立幅乞題。再送玉溪行，冒風至金井胡同，遇同鄉沈某言玉溪已行，悵然復歸。夜洗足。

鷄鳴歌歎陳尚書也

海雲瞳瞳紫皇醒，結璘流華當户炯。可憐長夜酣歌人，壑谷沉沉半酩酊。主人意氣豪且粗，華燈四照紅氍毹。玉驄列炬迎名姝，坐客數十飄華裾。中有一人雄髭須，高談豪飲傾玉壺。清商雜奏吹笙竽，主人高貴賓歡娛。賓極歡，主大醉。起酹三臺星，爲賓作十賚。小兒八坐居文昌，大兒千乘諸侯王，群兒自貴不可當。酒百巡，燭數跋。鷄鳴一聲童失色。童走告主人，主人醉怒嗔。坐客履舃交逡巡，鐘停漏歇天下白。主人騈首入清室，可憐坐客誰敢親，日望金鷄采竿立。

枯魚過河泣 歎何總督也

枯魚過河泣，何時悔復及。二語元辭。借問爾魚生何方，滇池黑水何汪洋，瀸瀸小鮎産鱮魴。荷花三百里，遊戲樂未央。一解。

魚潑刺兮飛上天，揚鬐水擎能三千。蓬瀛一躍花滿川，液池清藻浮澄鮮。天子賜顔色，蛟鱓與周旋。二解。

浙西浙東一千里，環以三江五湖水。魚去十洲往游尾，忽潛忽見帝心喜。三解。

雷轟雹馳江海昏，潢池鼉黽翻乾坤。魚化爲鵬復爲鯤，大江左右急吐吞。鼉黽以外惟魚尊。四解。

揚鱗五采磨雪牙，扈從千百鰷鰭鯊。旁人不識魚，疑是龍與蛇。鼉黽日夜揚塵沙，宛轉奔迸，魚不如蝦。五解。

忽然網張魚就縶，市人沽酒看魚磔。刀砧在前魚啜泣。雖然魚莫泣，江邪浙邪盡涸竭，咄爾枯魚悔何及。六解。

烏夜啼 刺臺臣也

腷腷膊膊烏群飛，御史府中列柏栖。朝來匿景乘夜啼，一烏啼向曙，群烏問何怒。云昨有黄雀，飛鳴公車署。黄雀萬里來黔中，銜花直達明光宫。主人睹花感雀意，金鈴繫雀穿花叢。烏言百鳥自成列，鳳皇不能私雀秩。只聞鳩隼居上林，不許鷦鷯傍堂密。黄雀一心惟報恩，飲啄風露甘丘樊。忽遭彈射誰敢冤，由來反舌憎人言。

君馬黄 刺薦士也

君馬黄，青絲絡頭生熚光。君馬白，錦障連錢驕玉埒。汗血不必求西戎，鑄式不煩召良工。尋常牧廄取不盡，牽來皆號騋與龍。今日貢六馬，明日獻八駿。圉人太僕悉充牣，繁纓蹀躞備承黄，服驂纔出躓道旁，吁嗟歎沙復歎玉，效駕不及驢與羊。老驥低頭淚如雨，孫陽滿前不汝睹。薦賢各已受賞歸，且齕枯藒狎蕘豎。

孟學齋日記甲集首集下

同治二年十月初一日至十二月二十六日(1863年11月11日—1864年2月3日)

癸亥冬十月甲戌朔　晴。還德和錢鋪銀五十兩,息銀十四兩,尚欠五十兩,更立券予之。自昨日畢,計脩抵還商城相國銀二十四兩,自此宿責稍輕矣。

閱郭頻伽《金石例補》二卷,共六十四條,有祥伯自序,及仁和汪選樓序。其書多與梁諫庵《誌銘廣例》暗合,而不及梁氏之賅備。梁書成于嘉慶丙辰,此書成於嘉慶辛未,蓋尚未見梁氏之書。然梁氏廣采自漢訖元諸家碑集,此書僅及六朝而止。較爲謹嚴,所附考證,亦多不苟。又《樗園銷夏録》二卷,多論説部詩詞之學,亦有可觀。

子蕁來。秦鏡珊來,不值。洪省三來,不值。同子蕁詣其寓,并晤蓮舟小談。偕蓮舟詣錢秋舫小坐,遂至洪省三家茶話而歸。子蒓來夜談。重閱錢警石《曝書雜記》。付買日記簿錢兩千。

邸鈔:以鴻臚寺少卿劉崐爲太常寺少卿。

初二日乙亥　先王母倪太恭人忌日。晴。昨夕更立五十金券與錢儈,去後忽念券中五十字似不作伍拾,恐其添一筆作千,終夜不釋,今日更書券追換之來,則固作伍拾不誤也,自笑心神顛倒,因疑生妄,因妄生事,然亦近來跬步顛跋,遂過慮如此,而與此輩周旋,尤宜慎重。袁子才錢詩『頃刻風波有萬重』,政謂此等事耳。作小紙數件分詢碩卿、子蕁、秋泉、允臣,皆有小事。以銀六兩買狐袍一件,計有生三十五年，未嘗買此物，家居皆用先大夫舊服，或兄弟易衣，又應酬稀簡，里族祭祀，皆用便袍，加外褂而已，自來京師，過從益寡，間出門則借之友人，今日始置此，雖膩面鞟皮，然生平第一舉也。作片致錢秋舫鹺尹，先還二金。

晡後小遊廠肆，買得孫頤谷《讀書脞録》兩本，共七卷，計錢九百文。汪容甫《述學》一本，其子喜孫所刻，凡内篇三卷，外篇一卷，補遺一卷，別録一卷，較阮儀徵所刻，文加倍而字極工，此本紙印尤精，計錢二千文。兩書皆已購之累年，《述學》求之尤亟，今始如願，惜尚未得《汪氏學行記》耳。又以錢一千買得江鄭堂《國朝漢學師承記》四本，凡八卷，附《國朝經師經義目録》一卷。以四千買得沈補堂《蛾術堂集》四本，凡十四種，《皇清經解淵源録》《皇清經解提要》《群書提要》《讀經如面》《讀易寡過》《周官識小》《左官異禮略》《群書雜義》《讀史雜記》《袁浦札記》《秋陰雜記》《仿今言》《芙村文鈔》《芙村學吟》，内惟缺《仿今言》一種，自《群書提要》以下七種，皆寥寥數葉，俱屬未成之書，其門弟子輩爲鈔最成帙。王庶常端履作序，言其意本欲仿《困學紀聞》《日知録》之例，薈粹群言，勒成一書，以老病而不克竟，蓋不誣也。《皇清經解淵原録》及《提要》兩書，亦尚有缺略。補堂蕭山人，名豫，以諸生終，其卒在道光末，予家居時竟未知其人，去年平景蓀始爲予述其所著書，沈寬甫兄弟復稱道之，寬甫兄弟爲其子姓行，曾從受業者也。今日得其書，粗翻閲之，始知其湛深漢學，又工語言，鄉有經儒如此而不知，良可愧矣。寬甫又言其族兄弟楷，字樸巢，能傳補堂之學，受知于學使萬公青藜，古學入學皆第一，年少力貧，窮經養志，尤專精《説文》，著有《説文述讚》一書，每字各系一贊，皆以四字語檃括音聲衆義，引證經典，惜未寫定。當賊據郡縣時，讀書不輟，或問之，笑曰：『此時不讀書，更何待？』日行百里外，覓衣養母，盛寒暑不輟，竟以困死。慎齋、寬甫言俟歸搜其遺書，將以寄予，寬甫并乞予作傳，故先附記于此。又以錢八百文買湯修業《賴古齋文集》兩本，凡文二卷，詩六卷，前有包世臣序。脩業字狷庵，武進人，其詩不足觀，文亦無法，惟所論辨序紀，多關掌故，尤詳于常州文獻。又買陳樹滋喬樅《齊詩翼氏傳疏證》《毛傳鄭箋改字説》《禮堂經説》三種，不成。

鏡珊來，言已改捐湖南知縣。鏡珊本已由郎中捐廣東知府，頃以部駁須補繳銀，乃降就縣令，屬予爲出改捐印法一紙。鏡珊風神修整，有王謝子弟芝蘭玉樹之觀，與予姻誼本疏，而雅傾懷抱，今相别五年矣，天涯重晤，甚致慇勤，惜以閩中捐事繹騷，其尊甫友芝觀察連染賠累，宦橐已空，故鏡珊急計牽絲，以養二老，不得長檐高齒，京洛聯翩也。

予自入都後，遇家忌爲三代來所逮事者，皆素食，遇太夫人生日及己生日亦然，今日爲祖母忌日，自昨晚蔬食，至今晚，覺菜味彭亨，不能下咽，遂以肉汁瀹豆腐食之。唐世士大夫遇家忌日素服受吊，金制百官遇祀父母并父母忌日，俱給假一日，是前代甚重此禮。今則南人皆行斯祭，然惟侈牲醴，盛肴饌，親戚笑語，幾同于飲食宴會之事，而尊祖敬宗之意，尚微寓其中。且懸像以瞻容貌，序拜以别長幼，舊姻以之聯，疏族以之合。予每與戚族斯祭，衣冠進退，相顧肅然。雖非古制，尚有典型，而北人多廢不舉矣。

夜閲湯狷庵《賴古齋集》。其《于忠肅爲都城隍辨》《陳杲仁非忠臣辨》《薛方山掌察抑王龍谿辨》《吴復庵與唐凝庵争館選辨》《題黄忠端汪文言傳後》《書李恕谷集後》《書吴次尾奪情論後》《書丁自庵先生乾學家傳後》《與朱南厓學士珪論明史綱目書》《王節愍之栻傳》《惲遜庵傳》《陸桴亭先生小傳》《鄭薑庵郊傳》，皆考據精確，持議平允，其爲鄭鄤申雪尤力。言所作有《鄭案傳信録》四卷，是集所載有《鄭峚陽冤獄辨》五首，《傳信録序》一首，又《書劉念臺先生年譜後》三首，亦爲峚陽而作，因年譜中小注論峚陽事有未確也。反覆詳盡，無疑不決，而亦咎峚陽父子之恃才取禍。又謂《念臺年譜》中語，殆出劉氏後人之筆，非伯繩原本，論亦近理。自來名士取禍之酷，無過峚陽，且峚陽以擊魏閹削官，而得此禍于思陵時，尤可駭異。予昔觀《南雷文定》中《鄭峚陽墓表》，湔雪甚力。又閲《北略》所載竹畚跣足及三千八百刀之事，輒爲酸鼻。而《北略》又言剮後零肉，京師藥肆中競買之，以五十年節義文章之身，一旦盡爲藥料，語涉諧戲，爲此言者，殊無人心。今得湯氏諸文，峚陽地下，可以無恨矣。狷庵文亦賴此一事，便足自傳。其《忌祭説》《生日之祭説》及《家祭管窺》五則，盡情酌禮，亦多先得我心。

五更疾幾動，復止。

初三日丙子　晴，連日天氣稍和。得結局片，知前月分得銀十八兩四錢五分，除扣抵十兩三錢七分外，得銀八兩八分。自五年前賣却梅山下田三十畝，今日始得此微利。而一身之外，尚負百金，周蜮弟兄陷人至是，可歎也。付送銀人錢四百文，付王福封錢二千文。謝惺齋來。付王福零用錢十二千六百八十文。計自五月訖今日，所付藥餌煤米之費，不下二百千矣，尚欠十四千不能還也。剃頭。再作片續還錢秋舫狐裘銀四兩，得秋舫復。子蒓來夜談。

初四日丁丑　午晴。早起無爐火。忍寒以印章遍印新所購書，欣然自憙。詣碩卿小談，並晤辛芝。夜擁衾閲《漢學師承記》。江氏文少翦裁，又不免門户之見，其述諸君爵里事蹟著作，亦有舛漏。然謹守漢學，不容一字出入，殊有班氏《儒林傳》《藝文志》家法，非陸氏《釋文·敘録》等書所得比肩。遺文軼事，亦多藉以考見，誠有功于諸儒矣。五更疾動。

邸鈔：署山東巡撫閻敬銘奏東省軍事漸息，請回籍終制。詔切責不許。詔略云：宋逆未獲，淄川、鄒嶧餘匪未靖，不得意圖諉卸，且該署撫于到省後，瀝陳兵團積弊，謂宜認真整飭，並有一事未善即一日不敢偷安之語。該署撫任事半年，捫心自問所整飭者果何事耶？乃稱四境已清，軍旅已息，故作粉飾之詞，大失朝廷倚任之意。著傳旨申飭云云。聞近日苗逆猖獗尤甚，朝廷蓋欲委以堵剿，敬銘此請，或亦圖避事也。

初五日戊寅　霧陰。敖金甫柬招今晡小飲。作書致金甫辭飲。致理庵送去詩稿、樂府各一本。致景蓀，送去狷庵文集兩本。致碩卿，借袍靴。晡詣廠市，買京口新刻宋本《素問》一部，價十五千；郝注《山海經》一部，價四千。俱賒之文華堂書賈石姓。又以入都後日記六本、汪刻《郡齋讀書志》六本，託加布帙。以《漢學師承記》及郭頻伽《金石例補》等三種託裝釘。偕予恬訪蓮舟、子蒓昆仲閑話，留夜飯。從子蒓借《漢學師承記》及《宋學淵源記》二卷，《隸經文》四卷，《續隸經文》一卷。皆江節甫先生雜著中物也。二更歸。得景蓀復。允臣借補褂，數珠，碩卿借袍靴。

夜擁衾閱江節甫《國朝宋學淵源記》。上卷孫奇逢、刁包、李中孚、李因篤、孫若群，淄川人。張沐，字仲誠，上蔡人。竇克勤，字敏修，柘城人。劉原淥、姜國霖，字雲一，濰縣人。孫景烈十人，爲北方之學者。下卷劉汋、韓孔當、邵曾可，字子唯，餘姚人。張履祥、朱用純、沈昀、謝文洊、應撝謙、吴慎，字徽仲，歙人。施璜，字虹玉，休寧人。張夏，字秋紹。彭瓏、高愈、顧培、錢民，字子仁，嘉定人。勞史、朱澤澐、向璿，字荆山，山陰人。先從王文成後人王行九講良知之學，爲輔仁會，後著《志學録》，謹守程朱之説。弟子黄艮輔，字序言；程登泰，字魯望，皆邑人。黄商衡，字景淑，長洲人。任德成，字象元，吴江人。鄧元昌二十一人，皆南方之學者。俱取躬行實踐，不墮二氏，不攻擊門户。而湯文正、魏果敏、李文貞、熊文端、張清恪、朱文端、楊文定、孫文定、蔡文勤、雷副憲、陸清獻、陳文恭、王文端諸公皆以國史已有傳，故不録。末附記沈國模、史孝咸、王朝式，字金如，山陰人，沈國模弟子，嘗與證人社，卒于順治初。薛起鳳，節甫嘗從受業，故稱薛香聞師。羅有高、汪縉，節甫亦從受業，稱汪愛盧師。彭紹升、程在仁八人，皆以學涉禪理，而深致不滿于臺山，謂其爲宋儒之學不及道原，宋道原，雩都人。歸西方之教不如照月，肄訓詁之學不如戴太史，文則吾不知也。

初六日己卯　昧爽大風，終日不止，上午雪。早詣葉帆舅氏家，賀越湖娶婦，送分貲四千。晤桑柏齋侍郎、李花農郎中敦文、馬春暘、陳珊士、李仲京、鄭小松刑部諸君。偕柏翁、春暘、仲京、花農詣婦家鄭氏迎新人，午偕仲京贊花燭禮，晡後歸。得子蒓片。得慎齋初二日天津書。得德甫書，以《詞綜》一部屬加評點。胡梅卿郎中柬請初八日會飲，辭之。作片還碩卿袍靴。終夜大風。

初七日庚辰　大風亜陰。曉臥疾發。始用爐。作片致子蒓，致德甫，致秋泉。連日爲商城助閲《實録》，頗不得暇。夜風愈怒。

邸鈔：杭州將軍前尚書伊勒東阿病故。詔旨褒惜，照將軍例賜恤。以工部右侍郎國瑞爲杭州將軍。詔：翰林院侍講學士衛榮光補授山東濟東泰武臨道。

初八日辛巳　晴，風止稍和。

閲沈補堂《皇清經解淵源録》一卷，《皇清經解提要》兩卷，俱草創未成，尚多漏略。其所發明，亦僅據《四庫提要》爲藍本，於江艮庭《尚書集注音疏》、程易疇《通藝録》，皆致不滿之辭。而引《論語》曰『君子多乎哉？不多也』，亦未諦當。多能之多指藝事，與多學而識之多不同，聖功之要在由博反約，則多學正君子致力之始。江氏之《書》，程氏之《禮》，誠亦未免繁碎，然自是專門名家，不可輕議。補堂譏江氏爲博士買驢，論程氏《宗法小記》《喪服足徵記》等以記名集，爲僭經不宜，皆有語病。至誤以沈果堂《周官禄田考》爲齊次風所作，幾于不辨眉睫矣。

午後出門答拜鏡珊，詣王蓮峰户部，賀楊湘芸觀察，俱不值。回詣曉湖。至廠肆善成堂買《説文斠詮》一部，價十六千文。即歸，付車錢一千八百文。得平景蓀書，還《賴古堂集》。傍晚復偕孫予恬、謝惺齋詣曉湖，同曉湖至楊梅竹斜街看微雲、桃葉，朱九香太僕家遺妳也，面如坳月，雙蓮闖然，殊不宜添香侍研矣。晚偕心齋、予恬、仲芬等小飲。夜分歸。

邸鈔：以内閣學士全慶爲工部右侍郎兼管錢法堂事務。詔：沈宏富署理貴州提督。詔：已故署福建按察使福建汀漳龍道桂超萬前在直隸灤城縣任，已故分發浙江知縣徐台英前在湖南華容、耒陽等縣，皆循聲卓著，遺愛在民，著國史館咨行直隸、湖南各督撫，詳摭該員等政績，編入循吏列傳，以資觀感。從左宗棠、徐宗幹奏請也。

初九日壬午　晴和。得碩卿書，即復。曉湖來。子蕁來。作片致鏡珊，邀明日晚飲。得理庵舍人書，並還《蘿庵游記》新舊各一本，已爲對勘訖，可感也，即作復謝之。付善成堂書錢十六千，付九月分邸鈔錢二千。付王福買胰皂、潮烟、枕衣等錢三千。再得碩卿書，承饋茶葉一包，即復謝。中有云：『惜無掃雪之人，徒增縛奴之急。』蓋爲昨日事解嘲也。然以視玉川家赤脚婢，七碗往返，當亦任此奔走耳。書以一笑，此事碩卿猶未知，明日當告之。終日天氣温朗，略無風影，秋冬之間第一佳日，都中尤難得也。爲館課所羈，不能出游。然自閱市買書外，亦無可詣處，買書又苦無錢，思之失笑。薄暮時獨立庭際，仰視高木森峙，空無一葉，纖月挂柯，寒雀啅晚，詩情畫意，隨思積盈；又觀其修幹立蔭，疏枝不風，有名士暮年、介峻自喜之思。滿洲廷郎中廷愷柬請二十日爲其嫁妹送妝。

邸鈔：多隆阿奏九月二十三日署提督陶茂林等力解鳳陽府城之圍。得旨：陝西回匪圍困鳳翔至十四月之久，此次連克賊巢力解危城，洵屬奮勇出力。陶茂林著即補授甘肅提督。副將張在德著免補副將，以總兵遇缺儘先即補。餘升賞有差。鳳翔府城文武官紳堅守待緩年餘之久，卒能轉危爲安，道員用鳳翔府知府張兆棟記名以按察使遇缺提奏，知府用鳳翔縣知縣唐沛霖記名以道員用，副將銜參將德勝記名以總兵用，餘著多隆阿、劉蓉、張集馨查明保奏。

初十日癸未　慈禧皇太后壽節。日麗風恬，萬景在和。作書致倪葉帆舅氏，以家慈辰命求推。作書致碩卿、致理庵，俱邀今晚小飲。點閱沈補堂《讀經如面》《袁浦札記》兩種。《讀經如面》皆僅涵泳文義，無所考證，猶不免村塾訓詁氣。《札記》頗有心得，所詁經字，多有漢學家法。得理庵復，碩卿復。理庵以夜直不來。下午閱廠市，至文華堂，買洪氏亮吉《左傳詁》，價十二千。又買張氏惠言《儀禮圖》，索價四十千，不成。至善成堂，買祁刻宋本《説文繫傳》，索價八千。嗣坊賈言昨日沈侍讀秉成已買定，遂罷。買平鏡一具，錢二千文。詣子蒓、蓮舟兄弟，并晤林藹人郎中。晚邀鏡珊、碩卿、子蒓、蓮舟飲福興居，夜附碩卿車歸。十六千，外二千。

邸鈔：已革幫辦軍務浙江黄巖鎮總兵官黄彬發往軍台效力贖罪。以失察游匪運米資賊也。先是，給事中卞寶第列款糾參。詔革職交曾國藩查辦，至是從曾帥奏請云。

十一日甲申　晴。整比四壁間書，移《孿經室集》《劉禮部集》於西書房，以《清白士集》《越中金石志》《越風》三書付文華堂裝帙，藏《郡齋讀書志》及日記一帙于篋。作致寬甫書。平景蓀來借《蛾術堂集》去。夜飯後子蒓來，以所作詩及令弟蓮舟詩詞各一册屬閱。日間雜閲案上書，夜閲孫詒穀《讀書脞録》，自一卷訖六卷。又閲任芝田《釋繒》一卷，僅涉略，尚須細讀。

邸鈔：張凱嵩奏八月間賊首李福猷由湖南竄入廣西龍勝廳，在籍提督銜總兵胡元昌督團接仗，被執遇害。詔從優議恤。張之萬奏記名總兵副將楊飛熊前因剿辦李瞻案内，揑詞稟報，奏參革職發往軍台，聲明該革員連年戰陣受傷，請暫緩發遣，責令戴罪立功。該革員被參後，力疾從戎，攻剿張岡賊寨，力拔堅圩，斬擒首逆，請免其發遣，留於河南軍營差委。從之。

十二日乙酉　晴。買水筆兩枝，箋札紙數番，付王福零用錢二千。作致兩弟書，致愼齋書，致玉谿書，致楊豫庭書，俱附寬甫書中，託人由上海沈仲驥處轉寄去。作片致子蒓、蓮舟，還江節甫《漢學師承記》等三種。夜閱《素問》，訖兩卷。初更後同予恬、心齋詣子蒓、蓮舟談，三鼓後歸。

小雪十月中。　十三日丙戌　寅初初刻九分小雪節。終日小雨，多陰。作片致仲芬，託購羔裘。終日料理印章印泥，摹弄自憙，此近于玩物喪志矣，然書籍不可無印記，自須色篆並臻妍妙，故選石調朱，收藏家争相矜尚，亦惜書之一事也。傍晚閱焦雕菰《左傳補疏》。得海門侍御書，以鑑湖逸客《金剛經隨説》及箋紙兩匣爲贈，來札言逸客著述以此注爲最，又許余爲精通梵典，殊可愧汗，生平浪得虛名，大抵如此，即作復片謝之。鑑湖逸客姓高氏，名詠，號逸帆，道光辛巳舉人，卒于直隸縣令，平日究心佛乘，與裘博士象坤，同爲吾鄉士夫談禪學者之高座也。夜甚温藹，庭月朧黄，煮茗添爐，頗資消遣。作片招碩卿夜談，已他出矣。

十四日丁亥　晴。予恬赴河間，留寄衣兩箱。梳頭。曉湖來談，過半日。夕陽時同曉湖詣廠市閱書，以錢二千買東萊翟云升所校《穆天子傳》一本，乾隆中重刻。《武功縣志》一本，孫景烈評點本。傍晚詣德甫，留飯暢談，德甫以所評杜詩、韓文、歐文數則見商，皆精細得作者深意。二更歸，并晤熊定卿。碩卿來，不值。再閱錢氏《曝書雜記》。

邸鈔：漢南陣亡總兵賀蘭桂、蕭慶泗、何玉林、解洪德，副將李凱章，參將徐祥泰、黄星堂，遊擊黎松鶴，同知蕭積玉，署南鄭縣知縣周蕃壽等，均交部從優議恤。從駱秉章、劉蓉奏請也。

十五日戊子　晴和。上午詣碩卿，久坐，見壁上新懸道光間朝士與晴舫師尺牘十餘幅，内馮林一、陳碩甫兩札，皆言師有宋槧《集韵》一書，馮札又言江鐵孫所著《説文注》，足與段氏注、桂氏《義證》

札中誤作《正義》。並傳，惜二書皆未得見也。同司李李村郎中慶咸來。子蒓來。傍晚同子蒓小遊廠市，至修竹山房購莊方耕氏《味經齋遺書》。作片致結局王與軒工部，支本月分結銀二兩。得平景蓀書，還蛾術堂十三種。辛芝來，不值。夜月食。閱《沈果堂集》。擁衾閱《東坡志林》。

邸鈔：章鋆轉補翰林院侍讀，吴元炳補授翰林院侍講。

十六日己丑　晴和。修竹山房取《味經齋遺書》來，先付錢四千。

閲沈補堂《皇清經解淵源録》《皇清經解提要》兩書，爲是正訛誤二十餘條。此二書舛漏殊不勝僂指，即所見者，略用朱筆改抹之，實不足存也。其《經解淵源録外編》，僅列書十二種，皆全據《四庫書簡明目録》中鈔出，并無及淵源者，蓋系補堂偶然札記，而其門人編集時妄收之，且妄加以『淵源録外編』之名，尤足發一大噱。

作片致朱海門還屏幅四紙。晡後至廠肆，借得《讀書偶識》三册，爲新化鄒漢勛字叔績所著，尚是寫本未刻者。其每葉紙心題『斆執齋著述』五字，所記皆經典考據之學，多引近儒戴東原、江子屏諸家説，主于名物訓詁，亦多作《説文》字，其人名字皆所稀見，當是績學著書而世未知者也。

又閲戚學標所著《説文補考》《説文又考》各一卷，其書意在形聲，多正二徐之誤，而於大徐尤加詆斥，自序言所著有《説文諧聲譜》，又言凡段氏已訂正者，皆不更述。

晚詣曉湖、松亭，留夜飯。飯後同曉湖詣子蒓、蓮舟，並晤秋舫、秋泉，談至二更後歸，月色如畫。連夕皆有佳月，冬時最難得也。閲《味經齋遺書》中《尚書既見》三卷，《尚書説》一卷，《毛詩説》四卷。得海門復。

擁衾閲鄒叔績《讀書偶識》，其于《禮》經名物，考訂頗詳，而尤深于小學。所詮《説文》字義及辨正

《新附》字數條，皆精確。言《書·益稷》篇丹朱爲驩朱之借字，據《山海經》驩朱即驩兜，非堯之胤子朱，義尤新切。至以敖爲驩兜之子，謂驩兜爲惡謚，敖亦惡謚。據《吕氏春秋》「莒敖公」高誘注：「敖，謚也。」周王發生時號武王，死後因號加謚爲寧武，此兩字謚。古人兩言謚、三言謚皆單稱，故寧考、寧王、寧人皆謂武王。又謂《周書》謚法無寧字，而秦有寧公，蓋傳寫《周書》者佚之。則皆望文武斷，爲漢學之蔽矣。

十七日庚寅　晴和。

閲莊氏《味經齋遺書》，眉批：《味經遺書》尚有《彖傳論》一卷，《彖象論》一卷，《繫辭傳論》一卷，《八卦觀象解》二卷，《卦氣論》一卷，此非全帙也，計缺五種。（此節子所注，節子專搜目録，其書不知已刻否？）凡《尚書既見》三卷，《尚書説》一卷，刻于乾隆癸丑，無序。《毛詩説》四卷，刻于道光丁亥，亦無序。《周官記》五卷，刻于嘉慶癸亥，而末有其孫綬甲跋，則題道光丁亥。又《周官説》五卷，據綬甲跋，《周官記》五卷及《周官説》前二卷，皆侍郎手定，其後三卷，則綬甲于遺稿中輯録者也。《春秋正辭》十一卷，附《舉例》《要旨》各一卷，亦刻于道光丁亥，前有朱大興序，題嘉慶辛酉。眉批：《春秋正辭》後尚有《樂説》二卷，《四書説》一卷。此兩種豈可附《正辭》後。侍郎諸書，惟《正辭》九卷，《要旨》一卷，已刻入《學海堂經解》中。今讀其《尚書既見》，皆泛論大義，多主枚書，絶無考證發明之學。據仁和龔璱人《定庵文集》中侍郎神道碑，言侍郎亦深知枚書之僞，其時攻者甚衆，其僞已明，侍郎居上書房，深念僞書中如《禹謨》之『人心惟危，道心惟微』，《太甲》之『與治同道罔不興，與亂同事罔不亡』，《旅獒》之『玩物喪志』『玩人喪德』等語，皆帝王格言，恐僞書遂廢，後世人主無由知此，因作《尚書既見》三卷。書出而世儒群大詬之，蓋不惜汚其身以存道者。然其中如言成王即位時，已非幼年，所云冲人孺子，特家人壽耇相與之常言。惟周公之心，成王未能知，即二公亦不知之，故有居東之避；而二公惟教成王以居喪之禮，思慕之忱。當周公貽王以《鴟鴞》之詩，正二公及王歌《閔予小子》諸詩之時，蓋二公亦以文王、武王之德克享天心，嗣王之典學好問，思哀思難，未有過失，何周公之詩憂患迫切如不可以終日者，心不然之，故王亦未敢誚公爾。至後二公日在王所，而不能弭風雷之變，其時二公未嘗有一言。王獨深信天道，不待父兄百官，議其儀法，即日具親逆周公之禮，遄行出郊矣。此必非漢以後守文良主之所能然，而豈羈卵成童之事乎？蓋《書序》爲荀卿、蒙恬所汩亂，於是大小戴《記》有成王幼不能蒞阼之言，而周公負成王朝諸侯圖先賜霍光矣。其論甚辨，反覆至數千言。又痛斥鄭箋罪人斯得爲成王誅周公官屬之謬。皆未免輕棄傳記，憑私臆造。其《毛詩説》，以日居月諸爲衛人殺州吁後，莊姜念先君兩子皆敗，自傷之詩。《葛覃》以后妃親葛爲儉而失禮，謂葛之覃爲美后妃之容，黄鳥之鳴爲美后妃之言，皆穿鑿不可信。侍郎專於《春秋》《公羊》，其説經惟主知人論世，而不爲名物訓詁之功，故經學雖無家法，而文辭奥衍，自成一子。其《周官記》，卷一爲《冢宰記》，中著五官官屬表；卷二爲《司徒記》，附載師任地譜，以明均土分民之法；卷三爲《司馬記》，補《周官》闕文，文僅五葉；卷四爲《冬官司空記》，采《尚書》《國語》及以下諸傳記之説，爲《冬官》補亡，以存周公事典之略；卷五爲《司空記》，則搜撮周、秦之書可備徵引者。蓋存爲外篇，以當《冬官》傳疏之屬。《周官説》五卷，皆雜論五官之文，要旨疑義，多所詮釋。其第三卷、第四卷皆摘舉經文，爲之補注。第五卷中附量地任民譜。綬甲跋言先大父之治經最先致力于《禮》；又言先大父治《禮》本鄭氏學。蓋侍郎之學，《春秋》最精，《禮》次之，具有功于先哲，而實非本于康成。至其從子葆琛氏，始究心於許、鄭，所著如《五經小學述》《弟子職集解》諸書，不可謂非漢學專門也。其《尚書今古文考證》，亦絶不同其世父之言。卿珊聞亦爲漢學，非專守家傳者。然侍郎雖不足爲醇儒，而無愧於通人。經制之學，亦昭代名家矣。《春秋正辭》等書，予已先讀之，不具論。

莊氏之《尚書既見》，向讀龔定盦所撰碑文云云，私揣其書必毛氏《古文尚書冤詞》之流，而侍郎素稱魁儒，又在毛氏後，既有爲而作，當更援據精慎，不似毛氏之武斷。乃今閱之，既無一字辯證其真僞，亦未嘗闡發其義理，但泛論唐虞三代之事勢，憑私决臆，蔓衍支離，皆于經義毫無關涉。其開首即論舜征苗事，謂此尚是舜攝位而未爲天子時，則枚書述益贊禹之言，明云帝初于歷山，舜但攝位而皋陶已稱之曰帝，不幾自相矛盾乎？又據《孟子》帝使九男二女以事舜于畎畝之中語，謂舜徵庸以後，未受堯官，故尚在畎畝，而有舜往于田號泣之事，皆逞辨無理。其書僅三卷，卷不及五千字，而辨成王非幼年即位一節，至七八千字，所引不出《孟子》，附會糾纏，浮辭妨要，乾隆間諸儒經説，斯最下矣。阮氏《學海堂經解》中屏之不收，可謂有識。

允臣爲其子娶婦，送分資六千。午後詣平景蓀，談近儒著述，予方閱鄒叔績《讀書偶識》，其中三引戴吉士震説，而俱以朱筆改吉士二字爲慎修，心疑未决，檢《春融堂集》中《戴東原墓誌》，《校禮堂集》中《戴先生行事略》，俱不言其字慎修，因憶《湖海文傳》中有洪氏榜《戴先生行狀》，將向景蓀借之。言次，方爲景蓀道《讀書偶識》中有一事大可疑，景蓀遽曰：『余亦久蓄一疑事，當急白。』乃先言曰：『他書或有稱戴東原爲戴慎修者，何也？』予撫掌曰：『頃所舉一疑，政爲此也！』相顧愕眙，亟取《湖海文傳》同閱之，則洪狀正言先生字慎修，一字東原也，眉批：江節甫《漢學師承記》亦同。乃相與悵歎，謂洪狀既載《文傳》，又載王鎏《皇清文述》中，《文傳》尤數閲之，而忽略至此，可見讀書之難矣。然景蓀（此處塗抹）。眉批：此景蓀自塗之，人之學問自有分董，不必過自諱也。博聞强識，實遠勝于予。今日言國朝地理之學，洪氏以後，當推徐星伯氏，而龔定盦專精于西北陲，何願船則傳龔氏之學者也。吾鄉爲漢學者，三（橋）

〔樵〕以後，當推山陰朱拙民明經元淳、會稽樊莫齋孝廉廷緒，向以顧廷綸、樊並稱，鄭薌實非莫齋匹也，皆爲至論。眉批：拙民先生與先大父敬齋公同受知于劉金門宫保，補府學生，時先生年十七，宫保稱其經學爲越中第一，先君子嘗言先生經學本之其父，蓋漢學之魁艾也，惜不能記其名字矣。景蓀言拙民著有《經義待訪録》數十巨册，曾見其一，搜揖繁富，殆無復遺，然先子稱其父之學遠勝拙民，不知有無著述也。拙民弟子周曰庠，號一峰，山邑諸生，嘗採輯三家《詩》得四册，更出近儒陳氏、馮氏書之上。又言傳吾鄉文獻之學者，黄氏、毛氏、邵氏廷宷以後，其族曾祖瑤海郡丞聖臺、族祖寬夫少農恕實爲繼起，惜其書皆不傳。予謂明代荒經學而喜述國事，爲知今而不知古，然其文獻可徵。昭代窮經學而罕談國事，爲知古而不知今，恐於掌故多闕。景蓀亦歎爲名言。日夕而散。

詣海門侍御談禪。海門素食而以餛飩肉麵設客，燭亦再見跋，遂雇車歸。秋泉招夜飯，遂赴之。同子蒓夜話，至三鼓後，各假榻睡。四更疾發。德甫惠羊毫筆一枝。

十八日辛卯　晴，風作寒。偕秋泉、子蒓、蓮舟諸君至慶樂園聽三慶班，夜飲同興樓，三更歸館。鏡珊來，不值。夜作片致鏡珊。

十九日壬辰　晴寒。曉臥時疾復動。同鄉沈彦卿秀才廷傑來訪，郡學中舊友也，以避亂至都。鏡珊來。子蒓來。偕鏡珊詣廣西同司張守敬郎中，復詣結局王與軒屯田思沂，下午歸，傍晚詣陝西同司李壽蓉主事，皆爲鏡珊出結事也，結局例由俊秀捐官者，須同鄉京官出具識認干結，鏡珊以此屬予，而予適無印結，今早兩遣人至署取之，未得，而吏部取結注册，又以明日上午爲限，過此即須至下月驗看，因借之同官，皆遭白眼。李主事處尤被揶揄，此非急務，李主事輩藞苴妄人，冷暖亦不足置意。書之以見小事詣人，便取此辱，而印結我所自有，一日不具，便如此作難，可知人生行動之細，不可一物不備也。晚詣鏡珊，不值而歸。

閲焦氏《左傳補疏》。焦氏之學，《周易》《孟子》爲最，《禮》學次之，算學尤爲專門。生平六經皆有撰述，漢學之外，于魏晉汔宋元諸儒經説，皆所鑽孯，誠通儒也。其《周易補疏》，謂輔嗣之注，雖參以己見，然其學淵源于劉表、王暢六書通借解經之法，尚未遠於馬、鄭。如讀彭爲旁，借雍爲甕，通孚爲浮而訓爲務躁，解斯爲廝而釋爲賤役，皆明乎聲音訓詁者。且天資察慧，時有悟心，於觀則會及全蒙，於損亦通諸剥道。惜秀而不實，識囿於年，局促揣摩，不足言通變神化之用。又貌爲高簡，故疏者概視爲空論耳。

其《尚書補疏》，謂東晉晚出《尚書》孔傳，至今日稍能讀書者，皆知其僞。然試置其僞作之二十五篇，而專論其不僞之二十八篇，且置其假託之孔安國而論其爲魏晉間人之傳，則同時之何晏、杜預、郭璞、范寧諸傳注可存，此傳亦何不可存？因言其善于鄭注者有七事。如『稽古』，鄭訓『同天』，傳訓『順考古道』，同天可加帝堯，不可施臯陶。『四罪而天下咸服』，鄭以禹治水畢乃流四凶，故王肅斥之云是舜用人子之功而流放其父，傳以舜徵用之初即誅四凶。《盤庚》三篇，鄭以上篇乃盤庚爲臣時所作，然則陽甲在上，公然以臣假君令，因而即真，此莽、操、師、昭之事，傳皆以爲盤庚即位後所作。《金縢》『我之不辟』，鄭讀爲避，謂周公避居于東，又以罪人斯得爲成王收周公之屬官，傳訓辟爲法，居東即東征，罪人即指禄父、管、蔡。《明堂位》以周公爲天子，漢儒用以説《大誥》，遂啓王莽之禍，鄭氏不能辨正，且用以爲《尚書》注，而以周公稱王。自時厥後，歷曹、馬以及陳、隋、唐、宋，無不沿莽之故事，傳特卓然謂周公不自稱王，而稱成王之命，勝鄭氏遠甚。爲此傳者，蓋見當時曹、馬所爲，爲之説者，有如杜預之解《春秋》，束晳等之僞造《竹書》。舜可囚堯，啓可殺益，太甲可殺伊尹，君臣易位，邪説亂經，故不憚改《益稷》，造《伊訓》《太甲》諸篇，陰與《竹書》相齮齕，又託孔氏傳，以黜鄭氏，明君臣上下之義，因恐觸當時之忌，故自隱其姓名。其訓詁章句之間，誠有未善，然三盤五誥諸奥辭，皆一一疏通，諸家雖或規難而辨正之，終不能不用爲藍本。

其《禮記補疏》，謂《周官》《儀禮》一代之書，《禮記》萬世之書。《記》之言曰『禮以時爲大』，此一言也，可蔽千萬世制禮之法。《周官》《儀禮》固作於聖人，乃亦惟周之時用之，必先明乎《禮記》而後可學《周官》《儀禮》。其言皆獨具深識，雄出古今，絶無經生拘閡之見。予嘗謂鄭氏之學，《三禮注》可與聖經並垂天壤，間有小小疏失，不過如日月之食。《詩箋》精于名物訓詁，亦經之功臣。若《易》若《書》，一則僅專家之孤學，一則僅傳經之緒餘也。雖其失皆在過于求密，又確守師傳，不容出入。如《金縢》諸説，蓋皆周秦以來諸儒相傳之舊義，然春秋戰國時，異説鋒出，漢承秦絶學之後，掇拾叢殘，不無擇焉不精之弊。若近來惠氏、張氏之《易》，王氏、孫氏、江氏之《書》，謂爲鄭氏一家之學則可，謂爲《易》《書》獨絶之學，則不可也。雕菰此論，可謂空前絶後者矣。

而其補疏《左傳》，抉摘杜氏作《集解》之私心，尤爲快論。其序云：杜預爲司馬懿之婿，其初以父幽州刺史恕與懿不相能，遂以幽死，故預久不得調。及昭嗣立，預尚昭妹，起家拜尚書郎，轉參相府軍事。蓋昭有簒弑之心，收羅才士，遂以妹妻預而使參府事。預出意外，於是忘父怨而竭忠於司馬氏。既目見成濟之事，將有以爲昭飾，且有以爲懿、師飾，即用以爲己飾，此《左氏春秋集解》之所以作也。懿、師、昭亂臣賊子也；賈充、成濟，鄭莊之祝聃、祭足，而趙盾之趙穿也；王凌、毌丘儉、李豐、王經，則仇牧、孔父之倫也。昭弑高貴鄉公而歸罪於成濟，已儼然託于大義，而思免于反不討賊之譏。師逐君，昭弑君，均假太后之詔以稱君罪，則師曠所謂其君實甚，史墨所謂君臣無常位者，本有以啓之，預假其説而暢衍之。射王中肩，即抽戈犯蹕也，而預以爲鄭志在苟免，王討之非，顯謂高貴討昭之非，而昭禦之爲志在苟免矣。師、昭而後，若裕，若道成，若衍，若霸先，若歡、洋，若泰，若堅，他如石虎、冉閔、苻堅，相習成風，而《左氏傳》杜氏《集解》適爲之便，故其説大行于晉、宋、齊、梁、陳之世。唐高祖之於隋，亦踵魏晉餘習，故用預説作《正義》，而賈、服諸家由是而廢。吾於左氏之説，信其爲六國時人，爲田齊、三晉等飾也。左氏爲田齊、三晉等飾，與杜預爲司馬氏飾，前後一轍，而孔子作《春秋》之義乖矣云云。深心卓見，尤爲聖人不易之論。蓋其論枚氏之僞作孔傳，猶屬意必之詞，雖雄辯絶人，而事無確證；若此所論，則論世知人，灼見幽伏，元凱百口不能解矣。左氏一書，自爲聖經羽翼，其中要不無取義未純，此蓋七十子之言，已皆不能無疵；又經戰國、秦、漢，至東京始列學官，尤不免後人羼入。王介甫、鄭漁仲皆因其紀及趙襄子之謚，疑爲六國時人，介甫所疑十一事，其説不傳，惟《書録解題》載介甫《左氏解》，專辨書韓、趙、魏殺知伯事，去孔子六七十年，決非丘明所及見。漁仲舉《左傳》紀韓、趙、知伯等事八驗，見《通志・六經奥論》。毛舉數端以概全經，不若近時姚姬傳言《左傳》蓋有吴起輩竄入以媚時者，如公侯之子孫必復其始語，尤其明驗。他紀魏氏及趙氏、韓氏、齊田氏等事亦多夸，非丘明本文，此論最爲近理。里堂仍介甫、漁仲、石林諸人之説，概指爲六國時作，亦未免武斷。然其論衛宣公烝於夷姜生急子一條，據洪容齋、毛西河年數不合之説，謂當據《史記》及《列女傳》《新序》諸書，以夷姜爲宣公夫人。烝，《廣雅》訓爲淫，烝夷姜猶《衛世家》所云愛夫人夷姜也，杜注誤依服虔上淫曰烝之訓，自足爲左氏功臣。竊謂此論與錢竹汀《潛研堂答問》謂衛戴公文公當依班氏《古今人表》爲公子黔牟之子，《左傳》以爲頑與宣姜所生者誤。二事皆足永垂寶書，不然以上淫君母之人，而衛人立之，石碏等純臣奉之；以鶉奔無良之孽，而衛人依之，齊桓、宋桓等賢諸侯輔之，則春秋之初，已無人心，康叔之澤，亦太衰矣。其關係于人倫世教，豈淺鮮哉！

焦氏此疏，其正杜氏助逆之旨者，如宋督弑其君與夷，桓公二年。鄭伯使祭足勞王，五年。鄭伯突出奔蔡，十五年。焦謂杜注譏突不能倚任祭仲，反與小臣造賊盜之計，故以自奔爲文，罪之。是明喻齊王芳不能倚司馬氏，而與李豐、張緝謀廢師也。衛侯朔出奔齊，十六年。宋萬弑其君捷，莊公十二年。晉里克弑其君卓，僖公十年。宋人弑其君杵臼，文公十六年。晉趙盾弑其君夷皋，宣公二年。鄭公子歸生弑其君夷，君子曰仁而不武。四年。焦謂杜注以例司馬昭本不許將士傷害高貴，故云初稱畜老憚殺爲仁。歸生不討子公，而昭能討成濟，是仁而且武矣，故云不討子公爲不武。凡弑君稱君，君無道也；稱臣，臣之罪也。焦謂左氏此二語最爲悖理，而杜氏《釋例》乃暢發其義，所以解昭之既弑高貴，而必假太后令，以甚言其無道也。民不與郤氏，胥童道君爲亂，故皆書曰晉殺其大夫。成公十八年。焦謂杜注言郤氏失民，胥童道亂，宜爲國戮，此司馬懿之殺曹爽、何晏，而罪爽之驕盈，晏之浮虛也。三郤、胥童殺而欒書不可制矣，曹爽殺而司馬氏起矣。枕尸股而哭。襄公二十五年。焦謂司馬孚哭高貴，全效晏嬰所爲，蓋當時左氏盛行，故王經諫高貴，亦引魯昭公不忍季氏之事。下車七乘不以兵甲。焦謂杜注齊舊依上公禮九乘。又有甲兵，今皆降損，以比昭弑高貴以王禮葬之。習氏《漢晉春秋》云，丁卯葬高貴鄉公于洛陽西北三十里，下車數乘，不設旌旐，全襲左氏此傳。凡十三條，皆徵引魏晉間事，以誅杜之隱衷。餘皆考證訓故名物，於地理尤詳，固非如宋人之純尚議論也。

夜擁衾閱江子屏《隸經文》，其《明堂議》《廟制議》《特廟議》《昭穆議》四篇，皆洋洋大文，説《禮》名家也。《諸侯五廟論》《祧廟説》，亦皆足明一家之學。他若《私諡非禮辨》，謂《儀禮·士冠禮》，死而諡今也，展禽諡惠，黔婁諡康，始于春秋時，不可謂不古。《列女傳》，黔婁先生死，曾子與門人往吊焉，曰：何以爲諡？若據張璠、荀爽之説，以私諡爲非，則曾子爲不知禮。《居喪不文説》，謂言不文者，即《禮》所云『斬衰之喪，唯而不對；齊衰之喪，對而不言』，《喪大記》所謂『既葬，君言王事，不言國事；大夫士言公事，不言家事。既練，君謀國政，大夫謀家事』也。蓋謂不文飾其言。近日士大夫居喪不爲詩文，以爲合乎《禮》經言不文之旨，非也。《答程在仁書》，言居喪不當稱棘人。《詩・檜風・素冠》正義云：『棘急也，情急哀戚，其人必瘦。』此棘人之義，自稱棘人，則儼然以孝自居矣。古人居喪本無稱謂，今必欲從俗，則居倚廬之時稱斬衰，或稱在苫；既葬之後稱受服；小祥則稱練；大祥則稱縞；禫則稱禫。《與伊墨卿太守書》，言《檀弓》鄭注，拜而后稽顙爲殷禮，稽顙而后拜爲周禮，此答來吊之賓拜也。若非來吊之賓，但稽顙而已。《雜記》鄭注，稽顙而后拜曰喪拜，此有三年之喪者；拜而后稽顙曰吉拜，此非三年之喪者；皆謂受問受賜者也，此答問賜之拜也。若訃書門狀，既無吊問之賓，又無賜與之事，丘瓊山創用泣血二字固妄，陰静夫改用稽顙拜、拜稽顙亦非，惟世俗之謝帖可用之。皆深于禮者之言。至《釋由》一篇，謂《説文》無由字，自是奪誤，由蓋甲字之倒文，同倒子爲𠫓之例。甲，孚甲也，字象草木枝條出地之形，由當作□，上丨象出地之枝條；下□象根坨之孚皮。草木枝條，皆以自出，故由引申訓從訓自。艮庭先生欲盡改《説文》從由聲之字爲從□省聲。段丈楙堂謂若然，則□從由聲又何説者，其言是也。《六甲五龍説》謂《説文》『戊，中宫也，象六甲五龍相拘絞也』，戊字五畫，有五龍之形，而無六甲之義；且戊字象形何必取五龍？按天數五，地數五，自甲至戊，其數五，居十之中。《漢書・律曆志》，五六者天地之中合，故曰戊中宫也，以天干加地支，爲六甲：甲子、甲戌、甲申、甲午、甲辰、甲寅也；五龍者，五辰也。皆小學之精義。

二十日癸巳　晴。早起作書致鏡珊。再遣王福至署取結。胡仲芬來。鏡珊來，以俟結未至，與同詣王與軒，取沈鑪青户部結而歸。晡後詣廠市，閲書遇景蓀、子蒓，遂同詣子蒓家止宿。同司王主事世遠來，不值。葉帆太僕來，不值。

二十一日甲午　晴。早起偕景蓀歸。作書致鏡珊，爲章秋泉轉詢劉縣丞近狀。以錢二千賀廷愷郎中嫁小妹。作書致子蒓、蓮舟昆仲，以《蘿庵游賞小志》《霞川花隱詞》及郭祥伯三種沈補堂詩文集寄閲。午後詣德甫，出至廠肆買《卷葹閣集》而歸。作片致碩卿，得碩卿復。夜裝釘《卷葹閣集》。擁衾再閲鄒叔績《讀書偶識》，近人之精漢學者也。是日以三千買《卷葹閣集》，以一千買此書。五更疾又動，蓋近日作事太拙，讀書太勞之故。

二十二日乙未　晴。晨起剃頭。作書致海門寄閲石注《金剛經》。作片致景蓀，再借《湖海文傳》，以《讀書偶識》寄閲。作片致春暘，借夏炘《景紫堂全書》。碩卿爲其世父小棠司馬開吊，送分資三千。得春暘、景蓀兩編修復并所借書。夜手補《史通》中蠹損數葉。

先儒稱《左氏傳》者，劉子駿謂左氏好惡與聖人同，賈景伯謂左氏義深君父，《公羊》多任權變，以及杜元凱《集解》序、孔冲遠《正義》序所言，要皆一家之詞，劉子玄《史通·申左》篇，謂左氏有三長，二傳有五短，則謹泛論時代先後，文辭優劣，不足以服人。近儒汪容甫著《左氏春秋釋疑》一篇，又僅舉天道、鬼神、灾祥、卜筮、夢五事，條繫左氏所言正而不巫者于下，以爲其言此五端，皆本人事，足釋攻者之疑，然其疑實有不能盡釋者。吕伯恭《春秋左氏傳續説》云，左氏只有三病，除此三病便十分好，左氏生于春秋時，視周室爲列國，如記周、鄭交質，此一病也。又好以人事傅會灾祥，此二病也。記管、晏之事則盡精神，説聖人便無氣象，此三病也。王厚齋《困學記聞》言王貳于虢，王叛王孫蘇，曰貳曰叛，不可以訓。洪景盧《容齋三筆》亦舉此二事，及晉平戎于王而曰單襄公如晉拜成，劉康公欲伐戎而曰欺大國，劉氏、范氏世爲昏姻，故周與范氏，而曰晉人以爲討，皆於名分不正。叔向數叔魚之惡而尸諸朝，其於兄弟之誼爲薄，而託仲尼之語云殺親益榮，以弟陳尸爲兄榮，尤爲失言。國朝全謝山又摘其『王使王孫蘇訟于晉』語，姚姬傳舉其言陳氏八世之後莫之與京，又其相胡公大姬已在齊矣，言魏氏爲公侯之子孫必復其始，明是六國人語。顧震滄《春秋大事表》斥其以荀息爲斯言之玷，以萇弘城周爲有大咎諸條，萬充宗《學春秋隨筆》斥其以歸生爲權不足及稱君君無道諸條，皆辭嚴義正，自不能强爲之辯。陳葦仁《左海文集》云，左氏之失者，以鬻拳爲愛君，以華耦爲敏，此説《正義》辯之。以荀息爲言玷，以萇弘爲違天，以文公納幣爲用禮，數端而已。余謂鄭氏『左氏善于禮』，朱子『左氏是史學』二語，可包括一部《左傳》。近人有謂叛字、貳字乃古人作常用語，未如後世有上下一定之名，曲爲申辯，殊可不必，至若啖助謂左氏以舊言孔父義形於色，遂妄以爲女色之色，而有美而艷之言，則真妄言，此殆助自道其文義不通耳。鄭漁仲所證《左傳》爲六國時作有八驗，如云不更、庶長之爵起于秦孝公，臘起于秦惠王，不特秦自襄翁已臘，不更特等爵級，孝公特更定之，非先皆無此號，考據疏舛，且左氏如果爲六國時人，亦不得以後日之官制追紀昔事。又若謂帝王子孫之説承于鄒衍，左師展將以公乘馬而歸，三代時有車戰無騎兵，尤迂繆瑣碎，不足置辨。明人郝敬作《春秋非左》，摘其紕繆三百三十餘條，未見其書，不具論。

三更後始就寢。

二十三日丙申　陰。楊湘芸觀察來話别。湘芸言自道光十五年入貲爲郎，分户部學習，其時予年甫六週也。湘芸與陳頌南侍御爲昏姻，故夙精經學，尤邃于天文曆算。生平難進易退，故久不調。至己未五月，時肅庶人勢灼甚，所爲多不軌，湘芸上書御史臺，請先帝速誅之。書入，樞臣擬以污衊大臣，應斬監候，先帝不許，僅降一級調用，遂不出。嗣楚撫胡文忠及今相國壽陽、湘鄉兩公争疏薦，今果蒙不次之擢，可爲吾道之幸矣。先帝寬仁，尤非前代所有者也。子莼片招夜飯。子莼來，同至其家晤琴巖、星五、景蓀、秋舫、蓮舟，夜談至四更始各就寢，與景蓀同榻。夜小雨。

邸鈔：曾國藩奏九月二十五日攻克秣陵關。又奏石埭賊首古隆賢等率衆降，九月二十八日收復石埭縣城，次日收復太平、旌德兩縣城。詔：賞古隆賢遊擊銜。

二十四日丁酉　陰。早起自子蒓家歸。

閲《景紫堂全書》，凡十七種，當塗夏炘著。炘字弢甫，一字心伯，道光五年舉人，今官婺源縣教諭。及交安化陶文毅、歸安姚文僖、江都汪孟慈諸公，卷端載其往還論學尺牘。其書先次第授梓，至去年之秋，湘陰左季皋中丞始爲合刻于婺源。首《檀弓辨誣》三卷。言《檀弓》之書，專爲詆呰聖門而作，爲之條舉辨正。次《述朱質疑》十六卷，皆辨明朱子一生之學術著述，及其師友出處，考覈群書，分類相次。次《三綱制服尊尊述義》三卷，謂周公制服，以尊尊爲主，而尊尊以三綱爲重。舉《儀禮傳》父至尊也、君至尊也、夫至尊也三語，發凡起例，包括《儀禮·喪服》一百四十餘條，以類比附。次《學禮管釋》十八卷，條舉《禮》文節目，逐事詮釋，不分門類，體例如惠半農《禮説》，而學兼漢宋，好駁近儒，頗多折衷於鄭氏。次《讀詩劄記》八卷，謂三家《詩》以齊《詩》爲優，謂《詩序》作於毛公以後，蓋出衛宏，舉有八證。其書申明毛公及朱子之説爲多。次《詩章句考》一卷，據《左氏傳》在《揚之水》卒章語，駁孔沖遠古詩口以相傳，未有章句之非。又詮次毛公、鄭氏、朱子章句之異同，兼採諸儒之説，附以己意。次《詩樂存亡譜》一卷，謂夫子未嘗删《詩》，笙詩未嘗無詞。據鄭康成《鍾師》『九夏』注『載在樂章，樂崩亦從而亡』語，謂笙管籥及金奏諸詩，俱職于樂師，非學士所肄業，本不在三百篇中。次《朱子詩集傳校勘記》一卷，校正俗本經文二十四條，傳文二十九條，更删合以馮嗣宗、陳啓源、史榮三家所校，共得經文三十九條，傳文四十九條。次《詩經廿二部古韵表集説》二卷，集顧亭林、江慎修、段茂堂、王懷祖、江晉三五家之説，分東中爲二，定爲二十二部。次《學制統述》二卷，上卷考成周立學之制，剌取經注之文，條撰成篇，自爲之注。下卷别爲問答，以發其意，皆主康成之義。次《六書轉注説》二卷，謂許氏所謂『建類一首，同意相受』者，即指部分而言，如老爲考首，而耆、耊、耇、耄等字即取類于老。推之松柏之屬，皆木之别名，故皆受類于木。而駁賈公彦、裴務齊等以考老爲左迴右轉，及鄭樵、楊慎、近世戴氏、段氏諸家論轉注之非。次《漢唐諸儒與聞録》六卷，論次大毛公、董仲舒、鄭康成、諸葛孔明、文中子、韓昌黎六君子事蹟論著，各爲一卷，仿《伊洛淵源録》之例，以見斯道所系。次《訏謨成竹》一卷，此書命意本無謂，所輯尤荒劣不成書，爲心伯著述中最下之作，其書名亦陋。本朱子言嘗欲寫出蕭何、韓信初見高祖，鄧禹初見光武，武侯初見先主時語，及王朴《平邊策》編爲一卷之意，益以明陶文憲公安初見太祖、我朝范文肅公文程説攝政王語共爲七篇，以見自漢迄今大臣戡亂氣象。次《息遊詠歌》一卷，本朱子愛誦《離騷》《出師表》《歸去來辭》之意，録取三君全文，稍加音釋考訂，不載《後出師表》，以爲僞作。附以朱子《齋居感興詩》二十首，以見紫陽忠君愛國之旨。以上三種，統名曰《養痾三編》，爲咸豐己未九月、十月間卧病時作，其年已七十一歲矣，故所作皆淺陋不足觀。次《賈長沙政事疏考補》一卷，以長沙疏首言可爲長太息者六，今闕其一，據《大戴記·保傅》後篇補之，因合班《書》、《新書》、《大戴記》録其全文，而注其字句異同于下。汪氏喜孫稱其奄然如析符復合。次《陶主敬年譜》一卷，以陶文憲爲守朱子之學而開有明儒術之先，言當塗建縣以來，道德功業文章一人而已。故比次全集，參考元、明二史，輯爲斯譜。陶文毅宫保致書深推重之。次《文集》十四卷，多考訂經史之作。如《古文孝經考》《孔子生年月日考》《鄭氏三禮注讀如考》《史記仲尼弟子列傳考》，引證詳密，尤有功于經學。其未刻者，尚有《春秋左傳祛疑》《春秋公穀存是》《易學旁通》《轉音紀始》《小窗日記》《聞見一隅録》等六種。

其著書大旨，以鄭氏、朱子爲本，禮學小學，尤所致力。少師歙汪氏萊衡齋，又嚴事績谿胡氏培翬，故學有本原。文集中《記益友胡竹村先生事》，言生平窮經之業，皆自先生啓之，受益不可勝數。蓋其父朗齋官徽州府訓導，名鑾，胡竹村爲作墓志銘，見《研六室文鈔》。衡齋、竹村時皆爲學宫弟子，而朗齋亦治經學，程氏瑶田爲著《琬圭疏證者》也。文集中《先考行述》，載其經説數條。心伯自十九歲時，竹村氏教以先讀江氏《鄉黨圖考》，爲讀注疏之地，故於江氏多所推重。易田與其父遊，故亦稱引其説，爲作别傳。其篤守朱子之學，蓋本庭誥，故頗攻戴氏《原善》、凌氏《復禮》、阮氏《論語論仁論》諸篇，殊偏戾不足據。於戴氏《孟子字義疏證》一書，尤加詆斥，此亦門户私心太過。綜其梗概，自爲近日經學名家，紫陽之學，更推嫡嗣。自紀其道光戊子已官吴江教諭，迄今三十六年，猶秉嫛鐸，皋比皓首，窮經不倦，東南師儒，當爲魁艾，不勝碩果之愛矣。

今日先畢讀其《檀弓辨誣》三卷。《檀弓》兩篇中所載古禮甚多，雖采擇不純，自不可盡廢。心伯概詆爲非毁聖門而作，亦涉武斷。然其所辨詰者，實有關于世教甚大，引證亦俱詳盡。卷上辨孔門三世出妻之誣，卷中辨孔子不知父墓之誣，防墓崩之誣，既祥彈琴之誣，彈琴食祥肉之誣，説驂賻舊館人之喪之誣，原壤歌而若弗聞之誣，夢奠兩楹之誣。卷下辨曾子、子貢入廄修容之誣，曾子責子夏喪明之誣，曾子易簀之誣，曾子之喪浴於爨室之誣，曾子指子游示人之誣，曾子荅有子喪欲速貧死欲速朽之誣，曾子母喪哭子張之誣，曾子居喪七日水漿不入口之誣，曾子論小斂在西方之誣，曾子論祖者且也之誣，有子既祥絲屨組纓之誣，有子欲去喪踴之誣，有子對哀公設撥之誣，曾點倚門而歌之誣，子路醢於衛之誣，冉子攝束帛乘馬之誣，子夏吊喪未小斂絰而往之誣，子游、子夏論異父同母之昆弟有服之誣，子游以禮許人及以叔孫武爲知禮之誣，皆足爲聖學干城，《禮》經羽翼。惟《檀弓》言伯魚之母死期而猶哭，夫子甚之，自是父在爲母期之禮。子上之母死一節，所謂先君子喪出母者，自謂其所出之母，即今云生母也。《檀弓》本無孔子及子思出妻之明文，惟云子思之母死于衛，蓋因伯魚早死，故其妻改嫁，是聖門本無出妻事也。康成《禮》注惟曰伯魚卒，其妻嫁于衛，而于伯魚之母、子上之母皆無注，可見其精慎，而穎達《正義》皆誤以爲被出耳。又粗讀《述朱質疑》一過，其鉤校推闡之功，可謂盡致。朱子書向推王氏懋竑用力最深，此殆過之，故于《白田雜著》時有指駁。其自卷一至卷五，斤斤于學問一日之先後，議論一字之出入，此等事本無關要旨，不足深辨，作者徒費心力，讀者多不耐煩。然稽貫精密，實不容泯，以備朱子一家之學可也。其卷六、卷七，皆跋朱子所著書。卷八、卷九，論同時金溪、潭州、金華、四明、永嘉之學。卷十論近儒之稱朱子醇駁不一。卷十一、十二，論朱子封事奏劄，皆表其立朝大節。卷十三、十四，記朱子外任政績。卷十五、十六，論朱子出處雜事。皆足資尚論。又涉閱文集之半，其辨論皆長而拙于敘事。

作書致楊湘雲詢行期，以湘芸將邀問月同往河東也。碩卿來謝，不值。作片致碩卿，得復。湘翁言準於後明日行。

二十五日戊戌　晴。

閱夏心伯《六書轉注説》。姚氏文田言，東南小學以戴海陽爲大宗，然以互訓解轉注，實乖祭酒之旨。此書反覆辨證，翳障一空。凡某之屬皆從某，即祭酒解轉注之例，尤直截了當云云，其推許可謂至矣。心伯自序，言此書作於道光丙戌，是其成最早，故文僖猶得見之。其書本小徐之説，以部爲類，以每部之首一字爲建類之首，而同部諸字，即爲同意相受，推之五百四十部，無一不合。上卷備論轉注之義，謂戴氏以互訓爲轉注，引《爾雅·釋詁》之例；段氏守其師説，引初哉首基等字，皆訓始以證之，不知此乃《爾雅》之例，非六書之例。六書造自倉頡，訓詁至周以後始有，不得以解經之義，爲造字之義。考訓老、（考）〔老〕訓考之類，亦《説文》之注例，出于後人之推闡，若造字之始，建老爲類首，而考、耇、耆、耋、𦒸、孝同意之字，皆轉相輸受，歸于一類，是謂轉注；非先有老之訓而制考，先有考之訓而制老也。又取戴氏指事、象形、形聲、會意爲體，假借、轉注爲用二語，謂指事、象形、形聲、會意四者，皆明一字之體，散無統攝。轉注則分別部居而有以貫之，假借則一字數用而有以通之；轉注者，自部首至部末，從而爲經；假借者，假一字爲數字，衡而爲緯。同意相受與會意不同。會意者，如武、信之類，合二體以成一字，而意僅及于一字也；同意相受者，合一部之字，皆从部首之意，文雖繁而意則一也。考老同部，與江河、上下同部不同。江河各有諧聲，故謂之形聲；上下就一字之體可識其意，故謂之指事。若考字在老部，所謂建類一首；考字即訓老，所謂同意相受也。《説文解字》凡某之屬皆从某者，即取六書轉注之例以爲部分，後人誤以爲分部之訓，而不知皆許氏解轉注之例。下卷歷辨宋鄭樵、張有、毛晃，元楊桓、劉泰、周伯琦，明趙古則、楊慎、趙宧光，國朝顧炎武，近儒戴震、段玉裁、曹仁虎、戚學標、同時朱駿聲字豐芑，官黟縣教諭，著有《説文通訓定聲》。咸豐初，經進其書，賜國子監博士銜。諸家論轉注之誤。謂顧氏最通古音，而亦沿張氏、楊氏之誤，以字之有轉音者爲轉注，蓋失之不考。東原知顧氏之誤，而以互訓爲轉注，言彌近理而大亂真。習庵知戴氏之誤，而謂字必部同義合音近者，始爲轉注，則又混轉注於諧聲。鶴泉以《説文》中某與某同意諸字爲轉注，是僅解得同意二字，而不解建類一首及相受二字。皆條分縷析，辨證極詳。其言六書次第，當依《説文》以指事爲第一，象形爲第二。班固、鄭樵、毛晃皆以象形爲首，小徐言六書起于象形；無形可載，有勢可見，則爲指事。不知古人畫字，必從一始，故曰惟初太極，道立于一。一者指事字也，有一而後累百累千之字由之以生，故指事之字最少，而六書必以爲首。有事而後有形，故象形次之。尤爲不易之論。蓋于許氏之學，貫串周浹，所著書中，當以此爲最矣。

以偏旁爲轉注，其論發之吾浙許氏宗彦。心伯言此書成後八年，見儀徵相國所刻《經解》中有許兵部《轉注説》一篇，其旨適合。又從朱豐芑《説文通訓定聲》中見引江艮庭先生論轉注一條，謂《説文》分部五百四十即建類，始一終亥即一首，凡某之屬皆从某，即同意相受；轉注者，轉其意也，注如挹彼注兹之注云云，尤見考古之心，後先一轍，因附録兩君之説于敘後。其末題甲午夏月。心伯蓋未見《鑑止水齋集》，而江氏《説文》本無傳書，其説自爲獨悟。然許氏解形聲之旨，謂江河是也，是以水爲形，工可爲聲，故曰以事爲名，取譬相成；从水者以事爲名，从工从可者取譬相成。江河从水，即部分偏傍之義也。推之考、耇、耋、耆等字，則耂者即偏旁也，部分也，以事爲名也，所謂形也。丂句至旨者，即取譬相成也，所謂聲也。是則由江氏、許氏及心伯之説，不幾混形聲于轉注乎？反覆思之，而知戴氏、段氏互訓之説終確不可易也。詁訓雖起于後世，然造字之初，何以既制老，復製考，是必先有訓義在矣。戴氏樸學深思，段氏于許書用力尤篤，豈有此等大義，尚思之未至者耶？可見乾嘉間諸大儒，著述精密，無可復議矣。心伯此書，以存一説可也。若欲以此輕前賢，奚其顛哉。

又閲《讀詩劄記》之太半，其書雖主《集傳》，攻《小序》，然謂序雖出衛宏，其中亦有古説，自不可廢，持論尚爲平允。又謂馬端臨言鄭伯如晉，子展賦《將仲子》；鄭伯享趙孟，子太叔賦《野有蔓草》；鄭六卿餞韓宣子，賦《野有蔓草》及《褰裳》《風雨》《有女同車》《籜衣》，此六詩皆朱子所斥爲淫奔，而當時施之燕饗，是知六詩當如序説云云。然序以《將仲子》爲刺莊公，《有女同車》《籜兮》皆爲刺忽，爲人臣子，歌本國之刺詩，播其先君之惡，必無是理，序之不足信益明。又辨葉紹翁《四朝聞見録》，載陳止齋識考亭以千七百年女史之彤管，與三代之學校，爲淫奔之具，偷期之所。然毛公彤管之傳，未見成文，所説彤管，亦不過御夕進退之法，千七百年女史之言，不知何指？以彤管爲淫奔之具，《集傳》中並無此四字。且淫奔之具，果係何具？鄙俚之談，實所未解。鄭釋城闕，以爲國人廢業，但好登高，毛公所謂乘城而見闕是也。朱傳輕儇放恣，亦是往來之貌。毛、鄭未嘗以城闕爲學校之地，朱子亦無偷期之所語，論皆近理。其詮釋文義，亦多宗毛傳及《説文》，於訓詁名物頗詳核，足資考證。所創新解，亦時有可取。自序謂道光癸巳著此書，時居京師下斜街，主其師通州白小山總憲家，前有總憲一序。總憲爲嘉慶己未進士，出朱文正、阮文達門，聞亦治經學者也。總憲嘗延心伯課諸子，今日詢之總憲孫子恒孝廉，言心伯館其家時，曾以五色筆五校《詩經》注疏，其用力之勤可想。子恒又言心伯以教官致富，居積至五萬金，然立品不苟。張文毅帥皖時，極尊禮之，所言必聽，而未嘗一厕軍功，邀議敘，是皆可紀者也。

白建侯吏部爲予推辰命一紙，言宜行煞印運，此後癸運，煞印相生，最爲佳境。予自謂煞强身弱，終恐非宜，然以前遇乙木運，則遭大故，遇甲木運，則連遘大病，又有期功之慘，比交戌運，竊意火庫幫身，冀得小益，而五年之内，離親破家，備嘗難險，豈以戌終屬土，食神得令，制煞太過乎？煞既不宜抑制，則癸誠有望命之理，微終不能祥。未知此生，尚有一日得履亨途否也。建侯名桓，亦小山總憲之孫。作書致張問月，得王屯田思沂書。濮苑尉丙鑅來，不見。作書致秦鏡珊。章秋泉來。夜得問月書。今日邀問月小飲廣和居，書去而問月他出，僕人復至其常所往來諸家蹤跡之，亦不得。予本候其來寓同往，既夕不來，遂罷。乃問月已徑詣酒家，待予不至，遂大怒，作書來罵，以爲僞札，可駭歎也，請客受辱，事有如此。問月窮而好詈人，拙而好忤世，予念其將别，故謀以杯酒治行，而忽授書相參，嗣因熙麟以恩麟係伊族弟，奏請迴避，復改派慶昀會同多隆阿查辦，尚未復奏。兹據潘祖蔭所奏各情節，與丁壽昌大略相符，其所遞信函内並有牽訴慶昀辦理偏袒之處，該將軍既有牽涉之款，自應一體迴避，所有恩麟被參各款，並慶昀辦理漢回互鬥之案，有無偏袒情節，均著交多隆阿秉公確查，據實具奏，毋稍徇隱。已革提督成瑞、已革道員和祥、寧夏縣知縣彭慶章被參各款，並著多隆阿一併嚴切查明，迅速復奏。陝甘辦理軍務，但分良莠，不分漢回，疊經諭令帶兵大員及地方大吏，剿撫兼施，持平妥辦，諒能懔遵，不致稍形偏袒，至九卿科道，原許其陳奏事件，惟潘祖蔭所遞甘省紳士信函，并無名姓，有類匿名揭帖，該紳士等如果因時勢迫切，何難聯名具呈，向都察院控訴。若隱匿姓名，動輒向京卿科道私宅懇其代奏，恐各省紳士紛紛效尤，致啓告訐之風，不可不防其漸。潘祖蔭率據匿名信函，代爲陳遞，實屬冒昧，不諳政體，著傳旨嚴行申飭。

大雪十一月節。　二十七日庚子　亥正初刻大雪節。上午陰，午後小雨。珊士來。作片致王與軒工部，支結銀六兩。

閲《景紫堂文集》。其《鄭氏三禮注讀各考》，專爲辨阮儀徵《論語論仁論》主仁字，《中庸》鄭注讀如『相人偶』之『人』而作。儀徵所言，固仁者人也之精義，心伯深訾之，未爲篤論。然此考于鄭注之例，條貫精密，言鄭注有詁音兼詁義者，但證所詁一字之義，不關全局之義，尤確。

封家書并作致慎齋書。得與軒復并銀。遣王福買磨菇五斤，杏仁五斤，杏脯二斤，桃脯二斤，計直三十四吊七百文，又買大頭菜十斤，京冬菜十斤，計直十二千八百文，將以歸奉家慈也，五年在外，蒲桃之寄，以此始矣。午後答拜林穎叔布政，不值。送子恂行，不值。詣鏡珊，詣曉湖，詣德甫，俱晤。再詣子恂，又不值。晚歸。作書致子恂，以所作稟家慈以下諸書及食物託寄。作書致碩卿，得復。夜雨。五更疾又動。

邸鈔：富明阿奏本月初七等日總兵陳國瑞等攻克苗逆渦河南岸李家圩賊營。得旨：剿辦甚屬奮勉，遊擊路得勝擢副將，都司李開春、蔡得勝、李坤均擢參將，餘升賞有差。陣亡之陝西延綏遊擊李仕貴照參將陣亡例從優議恤。上諭：翰林院編修車順軌派充實録館詳校官。詳校官向以部曹及中書等爲之，皆由總裁派授，此出特旨，非故事也。

二十八日辛丑　晴。再作片遣人送子恂，又不值，蓋尚未行。秋泉來。閆月書來謝罪。作片致德甫，致碩卿。得德甫復。手録洪北江《與崔瘦生書》一首，駢文中奇作也。夜大風，擁衾閲《指月録》，二更後風狂甚。

二十九日壬寅　晴，寒甚，風不止。鍾似山編修寶華來。作片致子恂，致仲芬，致曉湖。

閲郭嗣伯宗昌《金石史》二卷，明人趙子函崡《石墨鐫華》六卷。二書皆考證精詳，足繼趙德甫《金石録》而起，雖不及後來顧亭林《金石文字記》、錢竹汀《金石文跋尾》、吴山夫《金石存》之賅密，正可與曾宏父《石刻鋪敘》、王箬林《竹雲題跋》諸書驂驔後先。《四庫目録》謂趙、郭皆隸籍關中，故多見古刻，良不誣也。《石墨鐫華》臚列三代迄元諸碑，共二百五十四通，多引史籍以正之。古來名帖巨碑，大略皆備。《漢郃陽令曹全碑》，至是書始見著録。其辨《唐昭仁寺碑》爲虞永興書，非歐陽通書。余觀此碑筆法，亦不能確定爲永興，然子函據《舊唐書》貞觀三年之詔，論自有據。又據歐陽通本傳，校其年齒，不合書碑，尤確。《唐蘭陵公主碑》，公主太宗第十九女，名淑，字麗貞，下嫁慶州刺史竇懷哲，太穆皇后孫，銀青光禄大夫上柱國竇德素子也。史無德素名，而公主傳但言哲爲太穆皇后族子。《唐涼國公主碑》，公主先封仙源，嫁薛稷子伯陽，再嫁温彦博曾孫曦，而史遺曦不書。《郭敬之家廟碑陰》，言汾陽兄弟九人皆列大位，不止史所稱幼明一人。《西平忠武王李晟碑》，言公子十二人，而史云十五人，皆足以訂史傳之誤。其據郭、李兩碑所載汾陽、西平歷官次第，以校本傳異同之處，亦極詳密。

《金石史》所收僅五十三碑，《四庫書目》謂其好持高論，故所録僅此。然嗣伯識見實出子函之上，文筆亦較簡古。其據董氏《廣川書跋》，定石鼓爲周成王時物；辨《夏禹衡岳碑》之爲贋作；又謂《凉國公主碑》言公主名㒖，字華莊，而子函《石墨鐫華》謂公主碑名華莊，史作花莊，直以字爲名，殆似未見其碑。今鮑刻《石墨鐫華》作『公主碑名花莊，史作華莊，殆傳寫之誤』。然《唐書》公主傳明作字華莊，與碑本同。又論《漢司隸校尉魯忠惠峻碑》，謂私謚當復古。論《漢泰山都尉孔宙碑》，謂孔融卒在建安十三年，年五十六，當依范書；宙卒在延熹六年，時融年十一，當依碑。論《吴天發碑》，謂直是牛腹書。三代彝器，其文非不奇古，然皆爾雅典則，何曾爲牛鬼蛇神？又謂所謂彝器者，如彝常之必不可紊，作如是器，必作如是款，絲髪罔逾，此古昔足尚也，尤爲篤論。蓋郭氏論古，皆能自出手眼，不似趙氏拘守王元美、都元敬兩家之言。又考嗣伯明季未曾入仕，其卒在順治九年。至康熙二年，其友王無異弘撰始刻是書于金陵，《四庫書目》稱爲明人，似誤。

得曉湖復，知子恂昨午已行。傍晚至廠市閲書，買得《直齋書録解題》一部，浙江初三單本，價四千。又高江村《春秋地名考略》一部，價二千六百。皆賒之文焕堂。又至文華堂，閲常熟吴卓信立峰一字頊儒。《漢書地理志補注》一百零三卷，計二十册。立峰爲常熟老諸生，其稿初歸李申耆。道光二十八年，涇人包慎言孟開刻之。李記言其所著尚有《三國志補注》《廣説親》等書，已佚不傳。包序言李得此稿時，年已七十，篤老不復能手勘，故訛誤甚多。孟開屬其妹婿楊廷臚校正之。廷臚名傳第，常州人，辛酉殉親死汴中，予有詩哭之者也。又至修竹山房，買《道古堂集》、黄崑圃《史通通故釋》及新刻《晁氏叢書》，皆不成。暮歸。閱孔繼涵誧孟一字體生。《雜體文稿》《紅欄書屋詩集》《斵冰詞》。

邸鈔：福州將軍耆齡病故。詔：照將軍例賜恤。以山西巡撫英桂爲福州將軍，以户部侍郎沈桂芬署理山西巡撫。

三十日癸卯　晴。子蒓來。作書致伯寅。作片致楊理庵。

孔葒谷《雜體文稿》七卷。葒谷爲衍聖恭慤公毓圻之孫，與從子衆仲檢討同成進士，官户部郎，締交于戴東原氏，爲其子廣根娶東原女。嘗校刻《戴氏遺書》，又刻《微波榭叢書》，中如《五經文字》、《九經字樣》、宋刻《趙注孟子》、宋刻《國語音》等，皆世間希有之本。其學邃于算術，旁及名物音訓，文稿亦多考證之作。而好持高論，又文義僻澀，往往繁徵雜引，不能自明其意。其第七卷爲《孝感熊文端公年譜》，蓋葒谷之父一品蔭生傳鉦，娶孝感之女，故葒谷爲外家作譜。其自述有云：『涵九齡失怙，母氏嬰疾，而舅家兄弟，間居南北，恐數傳而後，罔識自出，用是編成一帙，期諸永永。』并爲熊氏世系女系兩表附于後。據沈歸愚集中《唐太孺人墓志銘》，言繼涵爲傳鉦側室所生子，而亦云熊太宜人有心疾，不省飲食寒暑，是葒谷固因嫡母無子，故恐後人不知所自出也。所纂文端事極詳，足資參考。《水經釋地》八卷，條舉《水經》，而專釋其所載地名，辨證古籍，而實指其今爲何地，自爲讀桑《經》者所不可少。《紅櫚書屋詩集》四卷。詩學宋體，而喜用經疏中冷典僻字。《斵冰詞》三卷，頗愛雕琢，亦有撏撦割綴之病，皆非當家。要之學人之文，雖工拙不侔，自與杜撰淺陋者異矣。

詣碩卿談，携彭文敬《歸樸庵文稿》三册歸。得伯寅復。得景蓀書，還鄒叔績《讀書偶識》，并以桐城章完素甫《如不及齋文鈔》兩册寄閲。夜風又起。

閲《歸樸庵稿》十二卷，文敬督學閩中時刻也。予題其首云：『相國之文，局于學識，體格未成，然生長故家，久官禁近，耳目濡染，自有見聞，較之憑《兔園》一書平進臺閣者，猶爲解事僕射耳。其《辨論語稽求篇》《書許氏説文後》及《中庸鍥》諸文，則又强作解事之害也。文敬後居政府，識闇而忮，即可於此覘之。』數言可以盡文敬一生政事學業矣，并録于此。

擁衾閲章完素《如不及齋文鈔》。完素一字子卿，由乾隆己亥舉人，宰江西東鄉縣，罷官。及交容甫、懋堂、易疇、鏞堂諸君，故學有指授，文亦簡雅。其《朕兆解》《跋且字考》，尤爲小學精言。《釋樓》一篇，足補《耒耜經》之闕，而文章古澤，可入雅書。《雉度解》《膚寸解》，亦名物之通詁也。

邸鈔：刑部右侍郎吴廷棟兼署户部左侍郎，管三庫事務。

孔體生《熊文端公年譜》雖詳略未當，然有國史所未及者，劄記於此：

賜履，字青岳，又字敬修，號素九，别號愚齋，湖廣漢陽府孝感縣人。父祚延，字祁公，主連奇書院講席，著有《弘毅齋集》。明末獻賊陷武昌，死之。皇清順治十七年，命祠于鄉賢。世廕一子爲博士弟子員，奉祀事。母李氏。賜履以崇禎八年乙亥十一月五日生。順治七年庚寅十六歲，充博士弟子員。十一年甲午二十歲，貢入成均。十四年丁酉二十三歲，以詩經舉鄉魁。十五年戊戌二十四歲，會試中式，殿試三甲，授國書庶吉士。十六年己亥二十五歲，授翰林院檢討。十七年庚子二十六歲，充順天鄉試副總裁。十八年辛丑二十七歲，冬十月，特改授秘書院檢討。眉批：改秘書院檢討時，特諭建直房于景運門外遴翰林入直以資勸講，未行而世祖升遐矣。康熙二年癸卯二十九歲，夏四月，升國子監司業，冬十一月，升秘書院侍讀。三年，請假回籍。四年，入都，補弘文院侍讀。六年丁未三十三歲，著《閑道録》成。時詔求直言，上疏幾萬言，極陳民生之病，請將現在督撫大加甄别。又言政事紛更，國體日傷，乞敕議政王等詳議制度，勒爲會典。又言漢官勿以阿附滿官爲工，堂官勿以偏任司官爲計，宰執不必以唯諾爲依容，臺諫不必以鉗結爲將順。七年，升祕書院侍讀學士，有《諫北巡》一疏，又有《請陳積習銷隱憂》一疏，奉嚴旨命明白回奏，覆疏謂前疏中已據理據事臚陳之矣。奏上，吏議降二級，詔免議。九年庚戌三十六歲，夏四月，升國史院學士。秋八月，充《世祖實録》副總裁。冬十月，改翰林院掌院學士，兼禮部侍郎。十年春二月，詔舉經筵大典于保和殿，命爲經筵講官，自是春秋經筵爲故事。三月又命爲日講官，日進講于弘德殿。夏四月，充太祖太宗聖訓副總裁。五月，充起居注官。七月，充《孝經衍義》總裁。十二年癸丑，會試總裁，得韓菼等百五十人，有薦舉原任直隸内黄縣知縣張沐、原任江南江都縣知縣軒轅眉一疏。冬，以《閑道録》進呈，上親題其籤曰『熊學士《閑道録》』，置之御几。十一月，吴三桂反。十四年乙卯四十一歲，春三月三十日，升内閣大學士，疏辭，不許，遂以武英殿大學士兼刑部尚書，理討逆事。十五年，《五緯陣圖解》成。秋，以票擬事致仕。時楚氛未靖，奉母居金陵青溪，長子志伊生。二十一年壬戌四十八歲，築下學堂貯藏書，爲《下學堂書目》一卷，載各書本末。二十三年，《下學堂劄記》成。二十四年，《學統》成。二十五年，《樸園邇語》成。二十六年，《些餘集》成。二十七年秋，起爲禮部尚書，冬，丁内艱。二十八年，上南巡，賜御題『經義齋』額，賞參十斤。二十九年，起爲禮部尚書，疏請終制，許之。三十年，入都，補禮部尚書。三十一年，調吏部尚書。三十三年甲戌，會試總裁。三十四年春，弟賜讚以捐納事奏對欺飾下獄，御史龔翔麟劾賜履僞學欺罔，請并治罪。上不問。冬，賜瓚亦獲赦。翔麟，賜履門生也。三十六年丁丑，會試總裁。三十八年己卯六十五歲，春，命入侍皇子進講，疏請解銓務，不允。冬，拜東閣大學士，仍兼吏部尚書。三十九年庚辰，會試總裁。四十一年壬午六十八歲，乞休不許。御書『澡修堂』額以賜。冬十一月，賜御書『存誠涵物理，守敬積天真』一聯，曰卿學本此，道其實也。十二月，特製《詠雁》詩賜之，以諭挽留之意。四十二年癸未六十九歲，會試總裁，屢疏乞休，乃許解機務，食俸留京師，著《澡修堂集》成。四十五年丙戌七十二歲，乞歸。十月，給傳，遣官護送還金陵。四十六年，上南巡，回鑾之日，解所服貂帽及團龍御服賜之，曰卿服之，如見朕矣。冬，自築壽藏于上元青龍山。四十七年，子志契生。四十八年己丑七十五歲，春，子志夔生，《悔園存稿》成。秋八月，薨于金陵，加贈太子太保，謚文端，長子志伊以京職用。六十年，復召志契、志夔入見，賜宅一區于京師，令子孫肄業焉。

十一月甲辰朔　晴，風。得德甫書。是日無俚，因手録王摩詰《山中與裴迪書》、白樂天《二林寺草堂與元微之書》、蘇子美《滄浪亭報韓持國書》以遺興。夜評點《香山集》中諸書。黄昏後風益横。

擁衾閲《如不及齋集》，文共三十六首。除昨日指出數篇外，其《衣絮解》，據《説文》『絮，挈緼也，一曰敝絮』，引《易》『雪有衣絮』，謂絜訓爲麻之一端，繆訓爲枲之十絜，緼訓爲紼，紼訓爲亂系。合以《玉篇》縿絮相著貌，知是捶亂麻綢繆成緼，用以充衣，故謂之衣絮。《韓詩外傳》『士褐衣緼著』，《禮儀·士喪禮》注：『著，充之以絮也，音義同褚。』皆即此也。古無木棉，貧賤之服，難得綿與絮著，率用絮。絮之正用在著衣，而以之彌補舟隙亦最宜，是以《廣雅》《玉篇》又訓絮爲塞，從其功用而名之也。《易本義》『繻有衣袽』引程子説，繻當作濡，衣袽所以塞舟之罅漏。此依《玉篇》袾袽之訓作敝衣解。揆之情事，舟之罅漏，微細已甚，非襤褸之所能納。許君所引『雪有衣絮』，傳受自屬古本，其説極精核。懋堂稱其深于《説文》之學，誠不虚也。餘若《世父釋》，以世父但專稱伯父之長，非通稱父之諸兄，則《禮》經本自明白。後人不知宗法，遂有如《顔氏家訓》所云世父當以次第稱之者矣。《天下老人傳》爲乾隆四十九年莆田郭鍾岳作。鍾岳以年九十二始隸諸生籍，年九十九己亥恩科賜舉人，明年賜進士，越五年百有四歲，賜官司業，明年入京預千叟宴，高宗賜詩有『誠云天下老』之句也。其文亦流暢，餘無甚可取，諸銘辭尤拙弱。然有此六七篇卓絶之作，傳後無疑矣。

是日邸鈔一條載次日下。

初二日乙巳　晴，風。曉卧中疾復動。終日爲人作俗事，不如意甚。得碩卿書。得理庵書，即復。秋泉來。東坡云：『樂事可慕，苦事可畏，此是未至時心爾。及苦樂既至，以身履之，求畏慕者初不可得，況既過之後，復有何物？』此論誠爲名言。然慕與畏猶有不同，慕于功名勢位，誠爲妄耳；若宫室妻妾飲食之慕，則臨時固尚可樂也。畏則雖極至碪斧鼎鑊，爾時若實已無法可免，當亦心死，不復覺可畏矣。以予自論之，平生所慕者書，所畏者事。書自性命所系，一日不得此書，一日不能不慕。若言所畏，家居時，或明日有小事必須出門，先日方寸即覺兀臬；今年到官後，更畏派差使，比雖四月不入署，然自惴惴恐書吏送知會來，以此類推，此心安得有一刻自在處？東坡謂比之尋聲、捕影、繫風、趁夢，四者猶有仿佛，誠可笑也。嗚呼，人生有幾許寒暑，乃盡爲此幻境消磨？吾心有幾許精神，乃禁得此細事膠擾？以後當痛定此心。爲近日所最畏者，户部請當月天壇派陪祀耳，彼進牢户戍絶域者，歲不知幾千人，何况入衙署宿郊壇乎？遇虎豹陷盗賊者，歲不知幾萬人，何况接同僚對吏役乎？

夜風更甚。擁衾閲邵子湘文數首。子湘文極自愛好，能翦裁，敘事有法。惜根柢尚淺，識力未高。其傳誌之作多可觀；寫節烈忠義事，尤有神采；論記諸作，則不免墮卑弱之趣，乏宏奥之旨矣。在國朝自當數一名家，擬之勺庭、望谿固不及，較之西河、西溟，亦似少遜，正可與堯峰、雪苑驂驔上下耳。五更疾又連動。

邸鈔：詔：荆州將軍富明阿幫辦欽差大臣科爾沁博多勒噶台、親王僧格林沁軍務。初一日報。

御史張盛藻疏請儲將才以衛京師。大略謂京師根本重地，我朝京營滿蒙漢之兵，悉歸都統、副都統領之，步軍則步軍統領及左右翼總兵領之，兵部尚書、侍郎但稽查册籍而已。而所謂領兵之都統總兵，則惟簡親貴之人軍器視爲具文，操演如同兒戲，一旦事起倉卒，則謂兵不可用，乃復募勇。應請自後簡用，都統統領總兵大員及兵部尚書侍郎，必擇知兵善戰之人。或在外省軍營中揀調來京，畀以重任，責其訓練。即將今之都統總兵等官，酌發軍營，學習歷練，陸續調回，仍歸京職。城内官兵，歸都統、總兵領之；城外練勇，歸兵部堂官領之。平時訓練操防，專其責成，庶緩急俱有可恃矣。得旨切責，謂此等政體實從來所未有，該御史初膺言職，于國家政務，並不求其事之可行，輒以此等荒謬窒礙之言，率行陳奏，實屬冒昧。竊謂盛藻此疏，雖未曉暢，然實京師根本之計也。國家萬年無事至幸耳，一不幸，則此言可念矣。近日當路頗厭言事者，臺官中固多不肖，要當擇而聽之，不以人廢言可也。至盛藻請以外城練勇，領之司馬，則猶未善。練勇必不可用，竟可議撤。不若以滿蒙騎兵，歸八旗都統，以漢營騎兵歸兵部尚書，步兵歸侍郎，滿蒙步兵歸提督，專其訓練，互相察稽。而月一分簡，季一大閲，歲終則更派王大臣合選視之，以精弛爲各大員之殿最，庶旌旗一變。蓋國朝京兵，損益有明之制而大致無異，故善于唐，强于宋，而弱于漢，非不足且盛也。軍散而無統，將兼而不專，其弊二者而已。

初三日丙午　晴，午後風又起。曉湖來。子蒓來。得結局片，送到十月分印結銀二十八兩八錢，隨封六錢，識認銀八兩四錢，前借銀八兩已扣訖，賞來使一千。梳頭。夜得潘芾翁書，以所刻《蝶園詞》一册屬爲點改，即復。爲白建侯吏部、子衡孝廉昆仲評寅命各一紙，予於子平珞琭之書，未曾寓目，惟據五行大義斷之而已。

邸鈔：詔優恤故湖南常德府知府候選道田祥，與其母洪氏、弟生員田祁等闔門男婦三十八人。從蘇撫李鴻章奏請也。田祥，浙江山陰人，道光戊戌進士，由户部郎官知府居縣之天樂山歡潭村。辛酉秋，粤賊陷紹興，始與同邑舉人朱球、優貢生李向榮、蕭山廪生王冕藻等，同起兵攻拔尖山、臨浦山、義橋、聞家堰、夏歷橋等處賊壘，敗僞來王陸順德衆四萬人于石浦橋，進攻蕭山縣城。而浙西援賊大至，遂敗散，球死之，冕藻佯狂免，祥挈家人入包山，依包立生。包立生者，奇士也，通兵法及天文遁甲之術。賊自諸暨入紹興，包山界諸暨、山陰兩邑間，峰嶺陡折，立生率山中人築石壘，力與賊抗，屢出兵擊賊。賊攻包山，死者數萬，屍滿谿壑，鑑湖水爲不流。賊以僞王七人，率八十萬衆，更迭攻之，卒不得近，乃築長圍困之。會去年夏，越大旱，村中水絶，至七月初一日，遂陷。山之居人及四鄉避寇至者數十萬人，無孑遺，立生亦死。然賊之不得悉力東犯甌閩者，立生力也。予所聞吾越起義者，包村外尚數千家，姓名可指者亦數十人，俟得其實，當合而傳之，以見會稽六千君子之遺風，奮發尚義如此，非江浙他郡所敢望，又重哀桑梓之受禍烈也。向榮、予舊學友。王先生冕藻，予少時舉業師也。

初四日丁未　晴。早詣廠肆，還文華堂書直三十千，借得葉丹穎《易守》，及姚文僖《邃雅堂集》。又還文煥堂書直六千，借得惲子居《大雲山房集》，歸。付王福銀四兩，隨封六錢。下午出門，唁陳同叔比部丁外艱，萬蓮初禮部丁内艱。送林穎叔布政行，不值。訪沈彦卿秀才，送蔣湘舟户部行，答拜鍾荏山編修，俱不值。詣子莼而歸。得荏山編修書。得碩卿書。得問月頻行再來謝罪書。爲子恂作《詢事考言疏》。夜詣子莼、蓮舟兄弟，同星五、琴巖、秋訪、景蓀作終夕譚，比曉而寢。是夕談次，景蓀言生平不能買書，而所至輒有書可借，亦是幸事，主講宿遷書院時，縣有王氏，藏國朝人文集甚富，得盡閲之，尤爲奇福。琴巖、子莼言每歲正月遊廠市，見胡刻《通鑑》，輒不勝垂涎，而汔不得。予入都五年來，日思購阮刻《十三經注疏》一部，夜輒夢之，然非二十金不辦，德甫嘗言案頭無《十三經注疏》及《史》《漢》《三國志》《通鑑》，便如無目人。備書之以見寒士讀書之難。

詢事考言疏

臣聞治天下之大典在任官，任百官之大柄在考績。考績之法，曰事曰言，賢否所區，斠若畫一。然臣竊讀乾隆初都察院左都御史孫嘉淦所上《三習一弊疏》，其謂由三習以成一弊者：語言奏對，君子訥而小人佞諛，則與耳習投；奔走周旋，君子拙而小人便辟，則與目習投；課事考勞，君子孤行其意而耻于言功，小人巧于迎合而工于顯勤，則與心習投。由是小人進而君子退矣。其致辨于言與事之間者，又何其深切而著明耶。誠欲堯舜其君，以正心誠意之學爲黜陟幽明之治也。夫三代而降，上之覈下以事者，不于獨而于同；察下以言者，不于異而于合。同者，計資格計勞績，所以便庸人；合者，爲揣摩，爲附和，所以便小人。名實溷淆，僥倖嘗試。孤節奇志之士，匿而不張，是非唐虞之世，所謂詢事考言之法矣。蓋詢者，謀也，考者，叩也。謀必敬其事而慎獨之功昭，叩必盡其言而勿欺之志見。上以主敬專一之心接其下，下以盡誠無僞之心應其上。惟敬故一，惟誠故精。堯之詔舜，詢事考言與允執厥中之語同出一時，其義可推也。後世若漢中宗，若唐宣宗，自謂綜覈名實，勤求治道。然中宗之舉循吏可謂覈于事矣，而王成之僞以容，宣宗之開延英，可謂察于言矣，而令狐之奸以進，蓋不能推誠相孚而以察爲明，則所蔽愈近，所習愈深。舉措貸歧，大率由此。臣伏念當嘉淦上疏時，高宗皇帝初蒞萬國，承世宗之後，朝野整飭，綱紀秩然。又奉孝聖憲皇太后同裁大政，上下内外，駿厲嚴肅，當無有瘝事曠官、辨言亂政者。而嘉淦憂慼危明，如恐不及。蓋慮幾微之間，或中于習，則效小忠之事，飾小信之言者，更試迭嘗，其弊遂賓。今幸值兩宫臨朝，天子恭默，孜孜求治，庶政聿新。而御極之初，即命史臣録嘉淦之疏以進，臣謹緣詢事考言之文，竊本正心誠意之旨，以傅三習一弊之義，庶聖功蒙養慎于厥初，君子小人之辨明，而諮詢考課之法無不得也。臣謹疏。

初五日戊申　晴。午自子蒓處喫飯歸。

閲姚文僖《邃雅堂集》。凡雜文四卷，進御册一卷，進御詩一卷，古今體詩三卷，賦一卷。文僖雖早登阮文達之門，又以己未龍首，領袖儒林，然其學出入漢宋，殊少家法。文亦無古意，不識記事體裁。是集第一篇爲《宋諸儒論》，首云三代以上，其道皆本堯舜，得孔孟氏而明；三代以下，其道皆本孔孟，得宋諸儒而明。又云漢孝文時，遺經稍出，惜諸儒抱殘守闕，僅令遺文不至失墜，而不能及乎其大。能知此者，惟董生而已。又云天下一日不昏亂，即宋諸儒之功無一日不在于天壤。至其著述之書，豈得遂無一誤？然文字小差，漢唐先儒亦多有之，未足以爲詬病。今之學者，粗識訓詁，自以爲多，輒毅然非毁之而不顧，此何異井蛙跳梁而不見江海之大也。其言深攻近儒，似并不爲師門地，而議論自爲醇正。予嘗謂自程朱生後，天下氣象，爲之一變。束髮之儒，耻仕兩姓；曳柴之女，羞醮二夫。尤其明效大驗。故雖雅不喜讀宋儒經説，尤厭其語録，而從不敢非毁之。蓋漢儒守經之功大，宋儒守道之功大也。

是集中《詩經匡説序》沈昆貽著。有云，漢去古未遠，其説典禮名物，終勝於後世，至深求其意義之所在，則來者難誣。何則？名物者，積久而愈晦，義理者，推闡而愈明也。數語尤爲精確。名物兩言，深鍥漢宋之要。文僖素研《説文》之學，集中《説文論》上下篇，其解轉注爲轉相貫注。如木部則義必皆木，水部則義必皆水，所謂建類一首，同意相受，許書五百四十部，其例自明，而詆休寧戴氏以《爾雅釋詁》爲轉注之謬，其論殊不可通。已於前日讀夏心伯書下詳言之。至云六書惟指事最難明，凡物皆有形可象，而事則託諸無形。故如上下之字，必先列一畫，而施直畫上行，謂之上；又施直畫下行，謂之下。此直畫者，非形非義，但以之表識而已。如尹從又又即手。握事，其爲事不可得名，則中作丿識之。本末言木之上下，其爲地不可得名，則以一上下識之。使人察之而自喻，故曰可以見意。既無形義可言，殆尚近結繩之意，故以爲六書之首。其論甚精。又謂《説文》自有遺漏之字，如紂字見康成《周禮注》，曲字見康成《儀禮注》，希字見《周禮注》，徐鉉等新附字固多舛繆，然如『濤，大波』『闠，市門』之屬，見《文選》注引《倉頡篇》，塾爲門側之堂，經傳習見之，是塾自有字，不得以埻字當之。昇字見《釋文》云，《易》升卦鄭本作昇，不得謂古止升字。劉鈘當作戉。屬，鎦，殺也，不得謂鎦即劉字。亦足見考訂之密。惟據《後漢書·西南夷傳》，謂叔重至桓帝時尚存，桓帝名志，《説文》無志字，當以上名而去之。按《西南夷傳》夜郎下云，郡人尹珍，自以生于荒裔，乃從汝南許慎應奉受經書圖緯。然許冲上其父《説文解字》，在安帝建光元年，時稱慎已病；至桓帝建和元年，凡歷二十六年，叔重雖或尚存，當亦篤老，不應復能講授，此自可疑者。又云漢人避諱極嚴，故許于上諱，皆不言義，原書如禾、艸、火、戈、示諸部，必于部首但言上諱而不載其字，其有此者，皆後人所加，則金壇段氏已有是説，錢竹汀氏已謂其不可信。要之文僖集中，固以此二論爲最可傳也。他若《佛法論》《春秋大事表序經序》《毗陵惲氏族譜序》《與孫雲浦論文書》，其識議皆可取。《唐虞至三代年譜序》，謂《竹書紀年》古書可貴，不得盡以爲妄，取《紀年》所述年世，以校《史記》，多所是正。《史記共和考》，謂當從《竹書》作共伯和，《索隱》引《魯連子》尤詳。《左傳》王子朝言居王于彘，諸侯釋位以間王政，若是周召二公，則本皆王朝卿士，不當言釋位，知《史記》之言爲不足據；而因《魯連子》有『共伯使諸侯奉王子靖爲宣王而歸國于衛』語，謂共伯和即衛武公和。衛本古共國，其稱共者，如晉稱唐、楚稱荆耳。共城今衛輝府輝縣，狄人之亂，戴公東徙，共民實從，亦一證也。其論新創，亦足備一説。

《金壇十生事略》及《重建姚公祠記》，敘順治己亥袁大受之獄，及文億之高祖江南按察使姚延著緣坐冤死事。十生者，吏部郎王重，字有三，崇禎四年進士。兩廣監軍道袁大受，字亦文，順治三年解元，四年進士。兵部主事王明試，字雍侯，順治八年進士。大理評事李銘常，字紀公，順治二年進士。布政使王夢錫，字納吾，天啓五年進士。建寧知府段冠，字文殊，號蘧覺，崇禎十年進士。杭州推官江潢，字度生，崇禎十六年進士。臨安知縣史宏謨，順治四年進士。紹興推官史承謨，順治八年進士。封御史馮徵元，字善長。也。其事因順治十六年六月，朱成功破鎮江，而金壇知縣任體坤山西貢生。遣諸生虞巽吉等詣府乞緩兵，而潛棄城遁。及成功敗，體坤欲掩其逃城罪，遂嫁禍士民，誣以通款。主謀者大受，發其事者徵元之子御史班，字而聞，順治二年進士。原審者按察使姚延著，覆審者按察使藍閏，推官劉源深，勘獄者侍郎葉成格厄滿。而體坤重賄要津，遂反誣紳士逼之送款。時提督哈哈又力主羅織，王重、大受等遂與縣丞、教官、諸生、書吏、耆民、團保六十餘人，駢斬于市。體坤以非本謀，減等論絞，班以叛孽遣戍死，延著以失出亦論絞。惟進士曹宗璠，號惕咸，崇禎四年進士。宗璠子刑部主事鍾浩，字持遠，順治(□□)〔十二〕年進士。編修蔣超字虎臣，順治四年探花。三人幸免。重、大受、銘常、明試皆多爲不法，大受尤凶狡，本欲借投誠殺諸生之不便己者，卒以自及。班以素與重有怨，遂草疏盡發重、大受前後奸狀，使兵科孫際昌入告，致移刃其父，而身亦連坐死。班爲諸生時，文尚險怪，督學耿某置末等。後耿巡撫甘肅，班誣以通虜，滅其家。夢錫、冠、潢鼎革後皆杜門不一出，宏謨、承謨皆端静自守；諸生虞巽吉等八人，恐邑遭屠戮，故公給資金間道詣府；蔡默等七人，皆足未嘗出里閈，且有城守功，爲大受所陷，皆以冤死。結案時十八年辛丑八月也，章皇帝已賓天矣，以叛逆故不蒙赦。予向知金壇己亥之獄，見稗史中有《金壇紀事》。未得其詳，兹文僖據《金壇公是録》及《十宦被戮本末》二書，參互考訂，最爲可據，并劄記于此焉。

得曉湖片，沈松亭柬請初七日聽戲。終日昏倦思睡。

邸鈔：李鴻章奏十月二十日僞忠王李秀成棄蘇州宵遁，僞慕王譚紹洸固守，官軍晝夜攻圍，二十四日僞王部雲官等殺紹洸以降，總兵程學啓、李朝斌等立將省城收復。詔：曾國藩交部從優議敘。李鴻章賞加太子少保銜，並賞穿黄馬褂。黄翌升、李朝斌均賞給雲騎尉世職。程學啓賞給雲騎尉世職，並賞穿黄馬褂。權授江蘇鎮總兵戈登賞給頭等功牌，並賞銀一萬兩。總兵劉士奇、陽利見、李助發均擢提督。餘升賞有差。陣亡花翎游擊張福等均優恤。僧格林沁奏十月二十六日親督大軍進援蒙城，大破賊衆，斬馘首逆苗沛霖，擒斬苗景開、張建猷等。詔：僧格林沁、富明阿、國瑞俱交部從優議敘，總兵陳國瑞擢提督，餘升賞有差。

初六日己酉　晴。文華堂書賈石姓送來畢氏《續通鑑》一部，計八帙六十四册，價六金。子蒓來。得壽玉溪天津書。邀子蒓、蓮舟昆仲及章秋泉飲廣和居。十一千。詣春暘，借得國史館《謚法》檔一册。並晤朱厚川。夜初更歸。

擁衾閲惲子居敬《大雲山房集》。子居與文僖爲昏姻，其學亦出入漢宋，而雜于佛氏。喜爲高古簡奥之文，頗盛自標置，詆訾明以後諸家，無一當意。其文其學，殆與姚姬傳並時驂靳，而碑誌諸作，峭潔精嚴，自成一子，乃遠非姬傳所及。其《大庾戴文端碑文》，尤極用意，固近世之奇作也。

邸鈔：唐訓方奏十月二十六日收復懷遠縣城，苗沛霖之黨張士端降。詔：賞士端遊擊銜。曾國藩奏十月初二日至十二日收復高淳、寧國、建平、溧水四縣，并攻克東壩賊壘，賊將楊友清、鄭魁武、楊柳谷、張得禄等斬僞跟王藍仁得以降。詔：兵部侍郎彭玉麟督師剿賊，所向有功，加恩賞穿黄馬褂。以河南歸德鎮總兵蕭孚泗爲福建陸路提督。

初七日庚戌　晴。曉卧中疾動。吴松堂來。子蒓來。作書致德甫。晡後詣藥王館，赴沈松庭之招。晤曉湖、春暘、梅卿。是日會者皆錢駔，徵伶選技，極都中之勝，惜少昆曲耳。簧旦蕙仙《濱紅鸞戲》一齣，頗可觀。二更辭歸。付車錢五千文。酒間，松庭言佩芳前月以飢寒死，尚著紗裙也，殊爲慘黯。

邸鈔：胡家玉補授鴻臚寺少卿。

初八日辛亥　早晴，午後陰。鏡珊來。琴巖來。星五來。思泉來。曉湖來。子蒓來。得德甫書，並還《定盦文集》。偕子蒓詣其寓，晤蓮舟及蕭山人婁雲楣，予曾屬其覓茂陵女子者也，言東城有一姝，待聘矣，約明日往相之。傍晚歸。作書致德甫。夜子蒓復來，邀再過之，二更歸。夻録《國朝謚法》。

邸鈔：毛鴻賓奏九月十九日收復廣東之信宜縣城，賊黨鄭金、劉超斬首逆陳金釭以降。二十六日，鄭金、劉超復隨官軍攻克廣西之岑溪縣城。詔：廣東陸路提督崑壽交部從優議敘，餘升賞有差。鄭金准其更名鄭紹忠，賞給都司銜。劉超准其更名劉維義，賞給守備銜。

初九日壬子　晴。曉卧時疾又動。作書致子蒓，屬代相桃根，並送去渡江舟檝費四千。得鏡珊片借狐袍。子蒓來言，所相不佳。終日校補《國朝謚法》。

初十日癸丑　重陰釀雪。得珊士書，即復。作書致伯寅，致辛芝。作片還杜蓮衢銀。付王福零用錢十千。夜剃頭。

十一日甲寅　晴，風。作書致德甫。洪省三來。得伯寅書。邸鈔：革雲南布政使蕭浚蘭職，以逾限三年尚未到省也。

冬至十一月中。　十二日乙卯　申初二刻六分冬至節。晴。曉湖來。作片致鏡珊。得辛芝書。秋泉饋餛飩二十枚。晡後偕曉湖詣思泉，并晤同鄉陶百甫縣尹森，留飯暢談，至夜初更而歸。買銅面盆一具，錢十二千五百文；手巾一方，錢五百文。

邸鈔：僧格林沁奏十月三十日克復下蔡、壽州及苗家老寨，搜斬苗沛霖妻孥，生擒苗希年父子，餘黨悉誅。以林鴻年爲雲南布政使，劉嶽昭爲雲南按察使。

十三日丙辰　晴。王揚庭來。子蒓來。午後出吊萬蓮初家，晤張曉蓮、德甫、同叔及温州孫蕖塘學士。答拜同鄉田縣尹大年。詣伯寅，久談而歸。付分貲四千，車錢三千。鏡珊來，不值。夜飯後，子蒓、秋舫來，談至更餘去。輯録《國朝謚法》，文臣已畢，武臣尚缺康熙至嘉慶四朝。三鼓後就寢。寒月皎甚，朔風漸起，筆凍手皴，冷不可耐，此中苦樂，不能自明也。

十四日丁巳　晴，風，極寒。早得蓮舟書，以書三種來還。星五來。琴巖來。得碩卿書，知前夕及初七之夕兩次過寓，俱不值。

閱歸安葉聞泩布政佩蓀所著《易守》，凡三十二卷。前有張侍郎師誠、潘文恭太傅兩序。佩蓀字丹穎，聞泩其别號也。乾隆十九年進士，官至湖南布政使，以事降知府，遂告歸。子紹楏，字□□，號琴柯，乾隆五十八年進士，官至廣西巡撫。紹本字紉之，號筠潭，嘉慶六年進士，官至山西布政使，左遷鴻臚少卿。葉氏父子三人俱以文學政績致位通顯，聞泩于《易》，致力畢生。朱文正作墓志言之極詳，王述庵亦相稱重。至道光壬辰，筠潭始刻以行世。

其書依經詮次，彖、象各繫于卦爻之下，章解句釋。每卦之終，更標舉大義，參互衆説，以爲之證，而不及《繫辭》《説卦》諸傳。卷首又别爲總論一卷，抉全經之要旨，明諸卦之定位。其學兼綜象理，而盡去納甲、卦氣、爻辰、卦變、太極、河洛之説；京、費、鄭、荀、虞、王、程、朱，皆所不滿，而駁詰荀、虞爲尤甚。于此經之學，頗爲樸實簡當，自成一家者矣。然予謂晚世説經，總以有家法者爲貴。蓋名物之學，漢儒已盡之，後人不過掇拾其散佚；義理之學，宋學亦已盡之，後人不過推演其緒餘。《易》之講象數者，漢家法也；講理藴者，宋家法也。王弼之《易》，僅漢之别子小宗，不足成家。後世有述者，或漢或宋，皆所不祧，而與其爲宋，不若爲漢。何則？宋儒説《易》之書具在，元明更推闡之，其理已明，無取屋下架屋。漢儒之書已盡亡，自王厚齋始拾遺舉墜，畸僻單零，容有未盡，區區汲古之士，從而輯綴之，實爲古學首功，是所謂篤信謹守者也。京、費所傳，豈無詭雜，鄭、虞之義，亦有支離，得失並存，無傷儒術。近儒若惠氏棟，漢之大宗；張氏惠言，其繼大宗者矣。若李文貞，宋之嫡子，朱文端其嗣嫡子者矣。我朝《易》學，有此四家，紹往嬗來，便足以卓立一代。至于毛氏奇齡，則支子挺生，焦氏循，則旁宗遞衍，不守師承；各有所得，取備一説可耳。葉氏此書，與胡氏煦之《函書》差等，而識力出胡氏之上，故持議較確，舉例較嚴，無其迂蒙之習。而自信過專，棄取太決，故亦不如胡氏之尚有程、朱家法。書中精言名論，多深得陰陽消息之理，不能具載。但以爲昭代一家之書，自不可廢，若云獨守孔子之傳，則吾未敢信也。

駱月樵來，不值。

邸鈔：御史劉慶疏奏前任湖北學政俞奎垣任滿後省其父甘肅知縣俞進麟于任所，隨侍回京，爲其兄奎文，弟奎端、百端構陷，本年二月間，行到涿州，被逼投井而死，奎文從臾伊父，不准知州查驗。又言進麟當去年賊逼涇州，不候交代，聞警逃逸，及奎文、奎端兄弟劣蹟。詔：派倭仁、李棠階會同刑部審訊。

十五日戊午　晴，風，極寒。閲《惲子居集》。子莼來。作書致春暘，還《謚法》檔。詣碩卿談。子莼、秋泉來。夜疾動。以《易守》還文華堂。

十六日己未　晴，風。買冷金重宣楹聯兩副，爲家慈六十求壽言也，一當乞大理卿賀壽慈書之，取其姓名吉祥也；一當丐大學士倭公書之，重其德望也。付紙價十一千六百文。子莼來。晡後詣文昌館，吊同叔尊人故甘肅鞏秦階道晉恩之喪，賻貲三千。晤德甫、研孫諸君。出詣吴松堂、勉齋兄弟。晚歸。付車錢一千四百文。夜擁衾閲畢氏《續通鑑》，畢二卷。

十七日庚申　晴，風止。作書致伯寅。詣廠市，遇海門侍御，遂共坐書肆中久談。以錢一千五百文買姚文僖《邃雅堂集》并續編。詣文華堂，賒得嘉定黄汝成潛夫《日知録集釋》一部，計直三十千文。晡詣曉湖小談，偕之詣倪葉帆太僕家。晤越湖。詣子莼、蓮舟兄弟，留飯暢談，遂止宿。以銀二兩買靴一雙。惺齋來，不值。得辛芝書。

邸鈔：李鴻章奏本月初二日李鶴章等攻克無錫金匱縣城，提督郭松林、副將周壽昌生擒僞潮王黄子澄父子。詔：李鶴章記名以道員簡放，餘升擢有差。

十八日辛酉　陰。早偕曉湖自子莼處出詣文焕堂，付《大雲山房集》價四千四百文，又舊欠六百文，即歸館。作書致倪葉帆太僕、越湖司務。以《邃雅堂集》還文華堂。下午詣子莼，並偕婁雲楣過高廟卜篷，有雛妳二人，其一略具面目，而索價至八百金，乃信燕趙間真羅刹地也。晚詣鏡珊，知其尊人友芝觀察被吏議降三級調用。夜歸，付車錢二千文。予自甲寅之歲，家慈謀爲置妾，歷相不當意，今十年矣，比以早衰多病，食用憂生，後嗣孑然，頗嬰懷抱，惟身事顛阨，無暇爲之。近日同人多相勸勉，予亦以慰親心者，此爲第一舉；而所值不偶，星在角張。嘗有日者推予寅命，須四十九歲，方得納姬，安用此耆頤之壽，染髭鬚媚床頭耶？此亦可笑者矣。先祖壽三十九，先父壽三十八，世父壽四十，仲父壽二十八，叔弟之亡，年二十三。予之尪羸，既遠不及祖父、伯叔之魁碩，即較叔弟，瘠彌甚焉。然今年已三十五矣。踐更險阻，日夕憂憤，又頗虛用其心，舊疾相纏，月必數發，自去年以來，更有衰徵三事：一不能蔬食，食必以肉；一大溲後即氣下陷，逾時始復；一作文章不能照顧前後。此三大徵也。外則目力亦覺漸退，牙齒日剥落。昨夕在子蒓家飯，喫冰豆腐，忽攪墮一牙，亦爲異事。得平景蓀書，借觀近來日記。周叔雲以其兄文之沐潤、崇之治潤之喪來赴。得越湖復。閱《邃雅堂集》一過。夜疾動。

邸鈔：前任安徽巡撫李續宜病故。詔：照總督軍營病故例賜恤，並於湖南、湖北、安徽省城、寶慶府城及原籍湘鄉縣城建立專祠，其歷年戰績著官文、曾國藩詳查具奏，宣付史館。伊父李登勝賞給人參四兩，伊子一人俟及歲時引見。以署理山東巡撫閻敬銘實授山東巡撫。

十九日壬戌　早晴，上午陰，終日多風。咳嗽。珊士來。作書致景蓀，以日記送閱，并借沈學子先生《學福齋集》，朱茮堂漕帥《蕉聲館集》。作書致子蒓、蓮舟，以江都秦氏所刻《詞學叢書》贈之，并借馮山公《解春集》。得敖金圃書借日記。子蒓、秋泉來。得景蓀復。

夜擁衾閱《解春集》。山公文疏雋可喜，而時不免小説家言。其力攻僞《古文尚書》，與並時閻氏相唱和，乃其生平最所致意之學。文集中第八卷、第九卷，皆駁古文，論疏證，與百詩相往復之書，而總題曰《淮南子洪保》，以與百詩訂交在淮南，而洪保者大安也，蓋猶晚明人著書之餘習。他所考證，亦多確核可傳。

比日患嗽，今晚尤甚，小腹間牽掣作痛，鼻衄並發。

二十日癸亥　晴。得曉湖片，言濮苑掾轉請聽戲，復片辭之。咳嗽不止，腹下氣大傷，病甚，以橘紅冰糖湯飲之。梳頭。鏡珊來，贈銀八兩爲別。傍晚再來，交盟牒，鏡珊小予六歲。付王福零用錢五千。夜以蜜蒸梨食之。是夜子時爲上元甲子之初甲，書紅帖一紙作吉讖，又爲居停諸閨閤書吉語數番。

二十一日甲子　上元開甲日也。晴和有好風。早起再書小勝，作三語云：『中興先甲開天元，福爲我母喜我昏，長生太平宜子孫。』寫履歷一紙，以明年皇太后萬壽覃恩，擬捐加一級，爲祖父母、父母請四品封典，託鏡珊料理。寫盟牒一通，與鏡珊結昆弟之好。敖金甫來，不晤。得子蒓片。下午詣寶名齋，爲鏡珊代購《寶賢堂法帖顔》一部，價銀三兩五錢。詣曉湖，並晤思泉。詣鏡珊，交履歷及盟帖。傍晚答金甫而歸。付車錢二千。咳嗽少止，仍喫蜜煮梨。

終日閲黄汝成《日知録集釋》。其卷首敘録，言采輯至九十六家，又得閻氏若璩、楊氏寧、字簡在，江陰人。沈氏彤、錢氏大昕四家校本，互相證核。書成後，又就正于武進李申耆、吴江吴山子、寶山毛生甫三君，亦可謂致慎致詳矣。然畸零漏略，采擇不當，間下己意，亦鮮所發明，非善本也。顧氏此書，自謂平生之志與業盡在其中，則其意自不在區區考訂。世人謂其經濟勝于經史，蓋非虚言。而阮文達據《四庫提要》所論，以爲矯枉過中，未可爲腐儒道，則予甘受腐儒之譏矣。嘗謂此三十二卷中，直括得一部《文獻通考》，而俱能自出于《通考》之外。後儒考古愈精，遂掎摭之，以爲疏舛，豈知先生者哉。有能如翁氏之注《困學紀聞》者，以注是書，誠儒林之鴻寶也。黄氏此釋，以爲嚆矢可耳。

邸鈔：詔：於二十四日親詣大高殿祈雪。

二十二日乙丑　晴。剃頭。得鏡珊書，即復。得楊理庵書，還詩集。德甫來。傍晚詣鏡珊，遂餞之西月墻同興樓，廿二千。初更歸。付車錢兩吊，付王福零用錢三吊。終日閲《日知録》。

二十三日丙寅　晴，稍和。終日閲書小極。令王福理架上《會典》，連夕喫蜜梨。

二十四日丁卯　晴和。得景蓀書，還日記，即復。以《大雲山房集》借之。思泉來。看書小極，咳嗽未止，腦漏又發。得金甫片。夜又風。

邸鈔：詔：以山東之劉德培、河南之李瞻、安徽之苗沛霖，皆由團練倡亂，直隸、山東團練已命官爲經理。河南省辦團事宜，即照直隸、山東兩省，統歸地方官以一事權，令巡撫張之萬督飭各守令，實心辦理。近日以諸生倡亂者，劉德培、苗沛霖也。以舉人倡亂者李瞻也。　以左庶子童華爲翰林院侍講學士。

二十五日戊辰　晴，風。作書致景蓀，致金甫。星五來。送叔雲賻資四千。

《顧命》柩前即位吉服稱王之禮，典據明白，近儒辨之詳矣，惟廟門二字，凌氏曙據《伊訓》奉嗣王祗見厥祖之文，及漢昭、宣、元、成、哀、平六帝皆即位後謁高廟，後漢和、安、順、質、桓、靈六帝皆即位後謁高廟及世祖廟，以證天子即位有謁見祖廟之事。然《伊訓》僞書既不足據，漢世中葉之事不得以證成周之禮，且漢諸帝皆速葬，已顯背《禮經》。而後漢帝紀所載謁廟皆在既葬以後，惟安帝在葬殤帝之前者，以安帝固嗣和帝，非嗣殤帝也。　是尤不足以證柩前即位之禮，經傳注義中，又皆絶無可考，不若從江氏聲、江氏藩、惲氏敬之説，以殯所在謂之廟，非祖廟之廟也。艮庭曰：『《雜記》：「至于廟門，不毁墻，遂入適所殯。」鄭注云：「廟，所殯宫也，以殯所在神之，故謂之廟。」諸侯出廟門者，出畢門也，畢門即路門也。成王之殯在路寢也。』子居曰：『孔傳云：「廟門，路寢之門也，成王之殯在焉，故曰廟。」且古者寢與廟同稱，《爾雅》室有東西箱曰廟是也。』其説皆精。艮庭據《檀弓》『殷朝而殯于祖，周朝而遂葬』二語，謂周無殯廟之文，而《左傳》僖八年，凡夫人不殯于廟，則弗致也。又三十二年，晉文公卒，殯于曲沃。曲沃，晉宗廟所在，是皆末世諸侯不遵周制者，不可據以説《顧命》妄謂成王之殯在祖廟，遂以廟門爲宗廟之門也，尤見辨覈精細。艮庭爲惠氏弟子，其于《禮》固專門絶學，故持論慎擇如此，偶見《日知録》第二卷中舊所附注一條，丁巳夏間所書。尚有未盡，故更記之。

得景蓀復，并借到《學福齋集》十册。閲《學福齋集》，華亭諸生沈大成字學子號沃田所著。凡文集二十卷：卷一爲論、説、解及與人書，卷二至卷七皆經史子集序，卷八爲贈人序，卷九爲壽序，卷十、卷十一爲記，卷十二爲辭、銘、贊、偈，卷十三爲書後文，卷十四爲題跋，卷十五爲碑表，卷十六爲誌銘，卷十七、十八、十九爲傳文，卷二十爲祭文、哀詞、雜著之屬。前有惠氏棟、江鶴亭春詩文合集序兩首，任氏大椿、程氏晉芳、戴氏震、張氏鳳孫文集序四首。凡詩集三十七卷：卷一曰《策衛詩鈔》，卷二曰《脩門詩鈔》，卷三至卷八曰《噉荔詩鈔》，卷九曰《西泠詩鈔》《浣江詩鈔》《蓺蘭詩鈔》，卷十、卷十一曰《近遊詩鈔》，卷十二至卷十八曰《百一詩鈔》，卷十九至卷三十七皆曰《竹西詩鈔》，而卷首冠以《花朝》《月夕》二賦。前有杭氏世駿序一首。乾隆間，吴中三布衣名最重，惠棟松崖、李果客山及先生也。惠精于經學而不爲詞章，李工于詞章而不究經學，兼之者先生而已。松崖經學，自非先生所能及，然汪大經作先生行狀，眉批：沃田父喬堂，以貢生援例授六合教諭，世宗時引見，奏對稱旨，擢直隸州知州，既改注知縣，選授天津青縣，以争減水河役忤巡道，自縊死。言其所校十三經、《史》《漢》、諸子、《説文》以及梅氏曆算諸書，無不精密。先生集中《釋悲文》，亦云手校書萬卷，而與松崖、東原兩君交。松崖爲作集序，言生爲古學，『求一彈見洽聞同志相賞者，四十年未睹一人，最後得吾友沈君，大喜過望』。又云：『沈君與余，不啻重規疊矩，其學邃于經史，又旁通九宫、納甲、天文、樂律、九章諸術，故搜擇融洽而無所不貫。』東原之序云：『先生之學，於漢經師授受欲絶未絶之傳，知之獨深。』又云：『先生于古人小學故訓，研究靡遺。』則其學之大略已可知矣。其文清雅簡秀，意味油然。而論經謹守漢儒，論學必本《説文》，論算術痛闢西法。釋道岐黄，皆所綜究。雖所傳止是，而宏儒梗概，固悉具也。

其《前蘇州府知府童公傳》，爲吾鄉心樸太守作，所述政績甚備，可以入郡邑志傳。略最于此云：公諱華，字心樸，浙之會稽人。年十六，爲博士弟子，數試南北闈不利。素爲高安朱文端公所知，雍正元年，文端爲主司，亦報罷。喟然曰：『吾之不能以科名進，命矣！』遂入貲，輪稾它阿爾泰軍營，以知縣用，年四十九矣。會纂修律例，文端以其名上，令再芟削，原書四十册，芟存十六。保任引見，命往直隸查賑，怡賢親王器之。補平山縣，至即開倉出粟七千石貸民。旋擢真定府，權按察使，户部議以私借倉穀例免官，奉特旨仍居職。丁未，怡賢親王奏理京南局水田營田，先後得田三百五十頃，移知蘇州府，務休養生息，有古循吏風。而發擿奸伏如神。越三年引見，命往陝西。經略鄂公檄辦九家窑屯政，穿直渠，溉屯田四千餘頃，民即屯所起祠。旋署肅州府，治如在蘇時。次年病免，而甘撫某誣劾之。乾隆元年，甘撫罷，起知福州，改漳州。福撫某嗛其抗直，甫越載，即中以事，失官還家，是冬遂卒，年六十五。所著有《請田太湖濱議》一卷，《稾它經》一卷，《九家窑屯工記》一卷，《銅政條議》一卷，《長岐紀聞》一卷，《忠臣傳》六卷，《詩文樂府》九卷，藏于家。其爲蘇州時，吴人稱之曰況公再世云。

夜又疾動。

二十六日己巳　晴，風。得子蒓片，即復。作書致曉湖，以舊藏原刻《日知録》一帙贈之，此書年來稍附評注，約有五六十條，曉湖虚心好學，又篤嗜予文，見所筆札者，輒晉録之，故以此爲報也。閱

《學福齋集》。詣允臣臥裏談，携《蠶尾詩文集》四帙而出。得曉湖復。芝翁招夜談。

邸鈔：大學士祁寯藻疏請表彰循吏。原任山東同知劉大紳、原任山東按察使李文耕、已故大順廣道劉煦，皆遺愛在民，乞下國史館編入循吏列傳。從之。又保舉直隸任縣知縣張光藻等六人，及江南優貢端木埰、山西舉人秦東來，乞備録用。詔：俱令送部引見，並諭各省大吏加意訪查，據實保奏。其伏處之士，潛修力行，堪膺循良之選者，一體察舉以聞。又詔：曾列薦章之貴州舉人鄭珍、莫友芝，前奉天知縣安徽進士張保衡、浙江附生朱燦、前廣西候補知縣陳勱、前浙江桐廬縣教諭王引孫、湖南候選訓導向師棣、候選知縣鄧瑤、候選同知朱宗程、江西進士鄭維駒、金溪舉人徐仗祖、廩生王其淦、江蘇候補縣丞趙玉文，即用知縣成果道，十四員均發往江蘇，以知縣用，並下吏部行知各員原籍地方督撫，迅飭前赴。

二十七日庚午　辰正二刻四分小寒節。晴和。揚庭來。

小寒十二月節。

閲《學福齋集》。沃田文既冲夷，詩亦清婉。如『小驛晴山滿，長江春水生。』『雨昏小市欒公社，風滿靈旗聖女祠。』《扶溝道中》。『晴瀑飛千樹，春禽響一山。』『嶽雲晴入寺，山月夜沉鐘。』『輦道孤花在，離宫落照開。』《石淙》。『重雲開二室，斜日滿三河。』《登中天臺》。『樹留殘照白，城納遠山青。』『人行野水平蕪外，秋在寒烟落照中。』『大堤平若水，獨樹遠疑人。』『平沙連積水，遠樹透微陽。』『野田翻水牯，小市上河魚。』『二十五年重泛此，岸沙依約舊時痕。』《泛泖》。『寒月無情沉浦暗，暮山作意出雲青。』『江山留過客，風雨送殘年。』『數家臨水孤城下，萬里依人半路中。』《弋陽元夜》。『秋燈昏客枕，疏雨下江城。』『佛桑花底家家社，併作天南一片秋。』《廣南中秋》。『月光猶在水，暮色忽移山。』『溪聲時近遠，山氣亂晴陰。』『沙沉高岸失，水載遠村浮。』『廿年湖海常爲客，八口饑寒獨累君。』《示内》。『春陰隨客艇，斜日下寒村。』『細雨催征棹，孤雲背暮城。』《去家作》。『山光青到地，江勢白浮天。』『雨氣平沉野，江聲遠入樓。』『寧王笛色銷沉久，金地山頭第一聲。』《石門宴集》。『仿佛建州江上過，一絲白雨送新凉。』《題畫》。『小白莪花連野色，半黄槲葉助秋聲。』『正是江南農事起，小橋摇出罱泛船。』『今日重過三宿地，藕花紅與曲闌平。』《訪僧》。『幾枝新柳不勝鴉，曲檻方疏一帶斜。向晚行春橋上望，深深簾影是誰家。』《石湖》。『春濃人去長淮戍，月落鶯啼短簿祠。』《虎丘别友赴淮上》。『睒睒秋燈一粟如，幽人抱膝獨翻書。不知甓社湖心月，已轉墻東老樹無？』《題寶應寫梅坡秋夜讀書圖》。『江聲楊子驛，帆影寄奴城。』《江上》。『僧房細雨梅開候，江路輕寒客到天。』『握手僧寮恨見遲，晚鐘乍歇雨絲絲。他年莫忘班荆語，細柳如烟壓帽時。』《石門馬釣堂邂逅僧舍》。『爲遣日長芟舊句，漸因徽近覓生衣。』《立夏日》。皆高者逼中唐，次亦不失宋人風格。其古詩亦有老成可取者。蓋所爲詩文，皆未嘗刻意求工，故于文之義法，詩之標格，俱有未逮，而紆餘曲暢，栖託清和，自是儒者之言，非專門名家比也。生平最相引重者，浙江布政使前廣東巡撫重慶王樓山恕，福建巡撫常州潘敏惠思榘，常依其幕府。交遊最摯者，惠、戴而外，則程綿莊、陳和叔、許竹素、黄莘田、程魚門，次則吾鄉傅玉笢及杭大宗、程易田、丁龍泓、王穀原、汪康古、王蘭泉諸公，想見一時人材之盛。而資其遊息者，則江橙里、鶴亭兄弟也。沃田少師黄唐堂，與秦樹峰尚書、陳和叔有三俊之目，見其《哭和叔》詩中。

傍晚遊廠市，順詣子蒓、蓮舟，又詣德甫而回。付王福零用錢三千。夜閲漁洋《蠶尾集》詩文。

邸鈔：世襲三等子爵鄂素病故無嗣。詔：念其曾祖那彦成嘉慶間攻復滑縣功，准以那彦成長子容安之子孫揀選承襲。浙江候補道汪曜奎革職發往新疆充當苦差。以久居勝保軍營，疊次辦捐，兼管營務，又在上海買送民女皮氏也。

二十八日辛未　晴和。星五來。琴巖來。作書致景蓀還《學福齋集》。又致德甫。星五邀同琴巖、春暘、子蒓、蓮舟飲福興居，晤李仲京、秦宜亭。夜詣子蒓家，共話，春暘先返，四更就寢。

邸鈔：詔：所有籍没逆黨田産，及荒廢地畝，分給流民耕種。

二十九日壬申　晴和。早自子蒓處歸。得景蓀復書，並還日記一册。得嚴贊清片招飲。遣人詣文焕堂，取田山薑侍郎《黔書》、劉金門宫保《存悔齋集》、趙味辛郡丞《亦有生齋集》。作片辭贊清。

閲《存悔齋集》，詩文共二十八卷，半爲應制之作。最可觀者，其《讀杜詩話》五卷，考訂頗密，議論亦多可取。宫保一生學問，在《五代史注》《全唐文》兩書。其居官時，值修《高宗實録》，獨總其成，故以文字受知睿廟最深。擢太常寺卿後，仍兼翰林侍讀學士，近世所無者也。後以任浙江學政，監臨戊辰鄉試，有諸生賄吏，得連鋪坐，宫保知而不問，事發，謫戍新疆，遇赦歸。戊寅，再起爲編修。其著作不自收拾，殁後遺散殆盡，此特奇零偶存者耳，不足見宫保之真矣。書爲其子元齡等所輯，而門人楊文蓀編録者。又附外集四卷，爲應制賦及排律詩。

得敖金甫片，即復。

卧閲《亦有生齋集》，共雜文二十卷，古今體詩三十二卷，樂府二卷，詞五卷。味青晚號牧庵，恭毅公之玄孫也，其才雖不及洪北江，而考訂精詳，文章爾雅，亦一代之秀也。

胡仲芬來。河南人丁士彬中書來，爲孫予恬明日京察不到事。曉湖來。惺齋來。芝翁招夜談。

邸鈔：總管内務府大臣户部尚書寶鋆疏劾壽莊和碩公主府首領太監張玉蒼，因上駟院騾馬不佳，出言無狀，並傳令親身排車。詔：張玉蒼倚勢作威，凌辱朝廷大臣，實屬膽大妄爲，此風斷不可長，著即革去首領太監，交慎刑司嚴行審訊。前任陜甘總督易棠病故。詔：易棠由部曹外任知府，薦擢總督，恪恭奉職，素著勤能。咸豐六年，因病開缺。兹聞溘逝，悼惜殊深。著照總督例賜恤。棠字（□□）（念園），湖南善化人，祖籍浙江山陰，道光己丑進士。吾鄉人之寄籍湖南至開府者，若前河南巡撫賀長齡藕庚，今雲貴總督勞崇光辛階，及易公，其尤著也，顧於鄉誼皆薄，勞彌甚云。

十二月癸酉朔　晴和。梳頭。潘紱翁來，以方散髮，不見。作片致思泉問行期。作片致子蒓。景蓀來，以阮文達《詩書古訓》四册見示，借去文達《揅經室初集》兩册、《陳司業集》一册。得思泉復片，言明日行。夜得陝西司、廣西司知會，言初四日京察過堂。思泉來話别，二更去。

終日小極，閲《亦有生齋文集》。味辛筆力散弱，無作家氣。而議論平實，碑誌之文，體例多不苟然，其人固繩尺士也。集中題跋頗可觀，尤留心於常郡文獻。其《與洪稚存勸速葬書》，深以其入都爲非，有云：『是月中正爲足下又期之期，祥禫之祭，既不可不歸；尋《問傳》之義，大祥後素縞麻衣，倘遊京師，恐無能以禮相處者，讀伐櫻桃之賦，可爲三太息也。』又規其求營葬之豐，有云：『在足下之意，以爲人子篤終，祇此可以自盡，不知瀧岡一表，爲他日顯揚者，正未有艾，固不在目前之觀瞻。古者遲葬皆不幸有大故，然後逾期。今足下徒以豐備之故，遂至停喪，則古不又有斂首足形還葬無椁之制耶？足下寒士，勢不能與世俗争侈。縱罄其家爲一日之費，亦僅邀賓客交遊之譽，非于先人有裨，况有識者并不以此多足下也。』盡言救正，可謂直道之交矣。其《答孫淵如》三書，皆淵如署山東臬使時所致，多論爲政之方，亦徵直諒。

他若《秋圃翁行狀》名彪詔，恭毅公弟編修申季之子，由諸生爲縣丞，所著有《稗俎》《毗陵見聞録》《邊州見聞録》《炙輠録》，《只可編》《緑雪軒雜志》《歷朝陵墓考》《錢譜》。申季于康熙四十三年由廣西知縣特旨入詞館者。《進士錢君行狀》名璟，字希宋，侍講名世之孫。父人龍，康熙己丑進士，山西知縣。兄官布政使。《内閣中書舍人莊君行狀》名選辰，禮部侍郎存與之子，乾隆戊戌進士，由台試官中書，著有《史考》，仿朱氏《經義考》例，爲篇目十二門。《先考趙府君事狀》名繩男，入貲爲户部員外，升刑部郎中，曾祖恭毅公，祖熊詔，官翰林侍讀，父侗斆，官兩浙江南都轉運鹽使。《特贈鴻臚寺卿禮科掌印給事中劉君碑文》名謹之，字樸夫，武進人。工部侍郎星煒之子。由舉人官中書，入軍機，歷主事、員外郎中、御史、給事，皆軍機行走如故，卒贈鴻臚卿。妻湯氏從死，特旨旌奬。《都察院左都御史周公神道碑銘》名興岱，字東屏，四川涪州人，兵部尚書謚文恭煌之子，由庶吉士歷官户部侍郎，降編修，再起至左都。婿即張問陶也。《甘泉縣訓導鄭君墓表》名環。《揚州府知府伊君墓表》名秉綬。《刑部奉天司主事金君墓誌銘》名德輿，字少權，號寒莊，休寧人。《總督淮陽等處地方提督漕運管公墓誌銘》名幹貞，成進士時，禮部改貞爲珍，乾隆六十年，有旨仍改原名。號松崖，武進人，乾隆三十一年進士。由翰林爲御史，即巡視南漕，遷通政司參議，協理漕運總督事。五十三年，以内閣學士協辦漕運總督。五十四年，由工部侍郎授漕督。明年賜孔雀翎、黄馬褂。六十年，復原名。嘉慶元年革職。《廣西荔浦縣知縣楊君墓誌銘》名倫，字敦五，武進人。乾隆四十六年進士，著有《杜詩鏡詮》、《九柏山房詩文集》。《四川布政使贈太常寺卿楊君墓誌銘》名揆，字同叔，號荔裳，無錫人。由召試舉人中書入軍機，從福文襄王征廓爾喀，洊升甘肅布政使，調四川，卒贈蔭有加。《翰林院編修洪君墓誌銘》名亮吉。《文學汪君墓誌銘》名大經，字書年，秀水人，以諸生充四庫館繕修。《户部員外郎前甘肅靈州知州楊君墓誌銘》名芳燦，字才叔，號蓉裳。布政使揆之兄。乾隆丁酉拔貢生，由知州改捐員外郎，在户部廣東司行走，尚書朱珪舉爲會典纂修官。《兵部侍郎劉公墓誌銘》名躍雲，（字）〔號〕青垣，武進人，文定公綸之子。乾隆丙戌進士第三人，故事廷試前十本例拆彌封進呈，是科始奉旨糊名，公名本第七，改第三，上喜曰：『此劉綸子，文理固優，不意朕竟得之。』甲辰，以詹事特旨充經筵講官，三品官得此職者，前惟故詹事張鵬翀。（眉批：按乾隆甲午董誥以翰林侍讀學士充經筵講官，以四品官得之，尤爲異數。）歷工部右侍郎，與大學士和珅不合，調禮部。乙卯，充會試副總裁，（眉批：按乙卯正總裁左都御史竇光鼐。）以新進十覆試多疵卷，又殿試卷祇八本可進呈，降補奉天府丞。仁宗親政，調大理寺卿，旋授禮部侍郎。甲子，調工部，御門誤班，降補閣學。乙丑，仍授兵部右侍郎，乞病歸。《湖北荆宜施道崔君墓誌銘》(字)〔名〕龍見，字曼亭。本山西永濟人，父琳，由進士官河南南汝光參議道，僑居常州，遂爲武進人。乾隆辛巳進士，由知縣至巡道，娶錢文敏公維城女。長子景儀，由翰林侍讀學士改知府，升南汝光道。婿户部員外吕子班。《河南南汝光道署按察使崔君墓誌銘》名景儀，字雲客，乾隆甲辰進士，由侍讀學士以京察用道府。《陝西邠州直隸州知州莊君墓誌銘》名炘，字似撰，武進人，由副貢授州判，以軍功擢知州，賞花翎。子逵吉，由陝西知府擢潼關廳同知。《劉贊善哀辭》，名種之，字存子。工部侍郎笙煒之次子。乾隆丙戌，與族兄躍雲同成進士，入翰林。皆足備考證。其中十九爲常産，尤想見一時人物之盛。其敍次頗謹嚴，於故舊之文，情辭哀備。

所爲駢文，如《劉謹之碑文》《汪大經墓誌》《劉種之哀辭》及《校刻獨孤憲公毗陵集序》《阸解》等文，雖未警卓，亦自清婉。《先兵部特徵御史辨》，爲恭毅公父繼鼎辨其入本朝無起用事，而黄叔璥《御史題名録》，乃以山東德州人有同姓名者，崇禎時官御史，國朝再起用，遂致誤合爲一。此事湯修業《賴古堂集》亦辨之。味辛自言童時好談桑梓軼事，及長從吾宗秋圃先生遊，又與湯君修業過從，兩人皆邑遺獻，遂復增益所聞，則其文獻之學，固有所受矣。

其考據之學，如《校刻國語序》《論語束修説序》《與洪稚存論妻喪書》《几席考》，皆足見一斑。《皇明修文備史書後》云：顧寧人所輯，凡四十帙，無卷數，所列書七十五種，而以《史乘考誤》終之，賅而且覈。然有援引，無斷制，蓋述而不作，有志於明史而未暇成書者。全紹衣所作《亭林神道表》，詳載著述，獨無此書。由是觀之，亭林生平撰述，恐尚不止此。《康氏武功志書後》云：帝王發祥之地，前志間亦載之，然帝王自有本紀，非郡縣之所得專，故近志往往不載。今《人物志》首載后稷，次載唐高祖、太宗。按《高祖本紀》云，隴西成紀人，《漢書·地理志》隴與成紀在天水郡，漦與武功在左馮翊，相去甚遠。即云高祖嘗爲岐州刺史，治武功，太宗實生于此，然仕宦所及與生長所在不能牽合而爲一也。《列女》首列姜嫄、太姜，直接蘇蕙，又直接有明之丁氏、喬氏、王氏三人，遥遥數千年中，僅此六人，罣漏恐不少矣。

《藏密齋文集跋》云吾鄉朱二采字立人號復亭所著，復亭爲明季遺老，貧困以終，自律曆、禮樂、學校、貢舉、田賦、兵制，以至救荒、弭盜、河漕之得失，古今之盛衰，靡不貫穿，尤長于議論，雖博大未及亭林、梨洲諸君，而守先待後，亦隱以自任。《姜西溟先生雜著手稿書後》，謂先生之書在汪退谷之上，識者推爲本朝第一。《書陽明釋毁録後》，謂當湖陸氏宰嘉定，及爲臺諫，蓋醇乎醇者。獨攻姚江不遺餘力，甚以爲明之天下不亡于流賊而亡于陽明，長洲彭氏南畇《釋毁録》一書，匪特爲王之功臣，抑可爲陸之争友，當湖復生，應亦自悔其失言。《書望溪文集後》，謂其喜删古書，官爵郡縣皆沿舊稱，猶染近代之習，然陳義甚高，時時以立言自任。至于遇國恤而昌言守次之制，居親喪而首嚴復寢之期。其弟卒，逾七月成昏，晚猶自訟其過，可謂心知禮意，非空言聚訟者所可同日語。《王文恪公手書謫解跋》，謂文恪告歸後，雖朝廷眷禮不薄，特以未能得志行道，耿耿于中，故設爲問答，作此解以明志，而卒歸于《大易》之見幾而作。夫李茶陵、葉福清，皆有明一代賢相，其初亦欲以挽回自任。然自古君子不能勝小人，無有不被其齮齕者，迨奸黨勢成，悔已無及，求如公之引退幾先皭然不滓者，豈可得哉？《跋王文成公家書後》，謂當時禍變叵測，微先生，東南事幾殆，而詆之者，顧謂明之天下，不亡于流賊而亡於陽明，噫，是何言歟！先生一屈于嬖倖，再屈于桂萼，迄于今詆訶未熄，道高毁集，何其窮也。此先生與父太宰公書，與父書書姓，當時風尚使然，揭之以語不知者。《跋王文成公與徐曰仁書後》，謂黄梨洲曰：今之敢于罵象山、陽明者，以晦翁爲之主，如豪奴之慢賓客，猘犬之逐行人，雖未免過當，然戟手怒目以助晦翁，晦翁必不喜也。《王文成詩卷跋》，謂先生不以書重，而書之遊行自得，機趣盎然，已兼諸家之妙。《唐襄文公手書詩卷跋》，謂公晚以趙文華薦，商出處于羅達夫。達夫勸之，遂出。然分宜以達夫同鄉，擬假邊才起用，仍又力辭，則達夫是舉亦似不恕。論者至謂太倉王民應之死，實由于公。太倉嘗以張擇端《清明上河圖》貽嚴氏，公指圖中博者張口喝六證其贋，不知此東坡論李伯時《賢已圖》事。且公于嘉靖三十九年春汛期至，力疾泛海，至通州卒。是年冬，民應始死西市，此不待知者明之也。總之，民應之禍，其積釁于嚴氏父子者，已非一日，故灤河變聞，遂行其計。而公爲兵部郎中時，嘗覈薊鎮兵籍，還奏缺伍三萬有奇，見兵亦不任戰，民應降俸二級。公又嘗序《鈐山堂集》，跡與分宜近，世人好爲議論，遂緣此附會。顧世之士大夫慎于出處，偶一失足，衆謗集焉，雖賢如公，亦不免也。《董文敏書跋》，謂董文敏集書之大成，其書約有三種：一則凝重古拙似顏平原，一則紆徐妍溢似李北海，此皆香光上乘。今世所行多非經意筆。《題祝希哲臨茶録卷》，謂希哲真書爲勝國第一，惟王履吉近之，然已不逮。《王履吉各種書跋》，謂明人多善書而深于晉者，宋仲温、祝希哲而外，惟推履吉。皆識議甚高，卓然可傳者也。

其《跋從曾祖太原公書》，謂公平日賦性慷慨，勇于爲人，後日虧累，半基于此，親禱雨捕蝗，皆愛民實政，故雖被禍，至今頌聲未息，則辨恭毅仲子太原知府鳳詔伏法事，私家之言，恐難據信。至譏康氏《武功志》，謂其敘事多無關係，載典史張儀死事，直類小説。不知此對山特著之以爲炯戒者。又譏其于校官或稱名，或稱先生，又往往以『滸西子曰』斷之，率意而書。然此亦史家本有之法，況對山意專勸懲，不必以地志通例概之。又謂王貽上以爲文簡事覈，訓詞爾雅，宋牧仲以爲簡潔並馬班，皆耳食之論，亦似過刻。此志文章自佳，未可輕議。《李夢陽論》，謂夢陽特一意氣用事、中無執持之人，不足與于君子之列。又謂其爲尚書韓文畫策，遂代屬草劾劉瑾。夢陽誠激于義憤，則當露章劾瑾，乃計其利鈍而爲他人草奏，則言迂刻而無當。獻吉之進説韓忠文，固以時劉、謝二公尚在閣，瑾猶未敢肆行，故言比臺臣劾群奄，閣臣持其章甚力，誠能率諸大臣伏闕争，閣臣必應之，去若輩易易耳，未可謂非老謀深算。《空同文集》中自敘此事甚詳。其不效也，徒以諸大臣心力不齊，遷延恇擾，遂爲瑾黨所乘，非主謀之過。使僅責空同以一部郎孤疏擊之，必犯嚴譴，而于事無濟。空同惟氣過矜厲，果于報復，不能知機遠禍，爲可議耳。若謂不足列於君子，豈非過歟！《零丁爲翁學士作》，求唐搨化度寺帖，殊爲無謂。《零丁》之作，戴文讓爲失父者言，味辛雖由徇覃谿之請，然以金石之好而比于生我之戚，怪僻不經，求者作者，皆失言矣。又作《先妣大祥禮斗青詞》，齋醮之文，雖亦孝子所不禁，顧以縞冠素紕之祭，而爲妃青儷白之詞，亦似可不必也。

詩集淺弱粗浮，全不足采。樂府俚率，詞尤拙劣。味青自序總集，謂詩多牽率酬應，涉筆凡庸，文限于才，議論波瀾，素非所擅，詩餘一道，尤非性之所近。是固非不自知者矣。

味青在同輩諸君中，最爲老壽。至道光初元，自題牧庵小像，作隸字猶秀勁，今并像刻入集中。其生平嘗欲爲韋氏《國語解》作正義，未果；又欲仿裴世期《三國志》注例，注《五代史》，以彭文勤爲之，遂輟作，見所作《牧庵年譜序》及《校正國語》《徐氏炯五代史補注》殘本諸序文中。

亭林《皇明脩文備史》所采書目：

《皇明帝系圖》《皇明帝后紀略》《皇明寶訓》《穆皇登極儀》《神宗步禱儀》附《謁陵儀》。《獻寶》上下。《儲匱餉增疏》《兵制志》《簡閱軍器疏》《太倉考》《太常紀》《諡紀考》《廠庫須知》上下。《九邊考》《北邊世系考》《大同板升考》《平播日録》《平播碑》《東三邊速把亥列傳》《炒花花大列傳》《黑石炭列傳》《董狐狸兀魯思罕長委列傳》《長昂列傳》《宣大鎮史二官及車達鷄列傳》《寧夏鎮哱拜哱承恩列傳》《朝鮮國倭奴情形疏》《回夷列傳》《播酋揚應龍列傳》《巢賊賴元爵藍一清諸酋列傳》《黎岐列傳》《十寨諸獞傳》《礦盗王張住傳》《京營叛兵傳》《王之佐列傳》《全虔劉堂艮及草坪石纂禄列傳》《浙江大營叛兵馬文英及象山昌國營叛兵何中列傳》《叛兵陸文緒傳胎子列傳》《叛兵王禮董承恩張瑣兒張勝豪列傳》《湖盗殷應寀列傳》《崇明江陰諸鹽盗傳》《貴州安國亭及安智列傳》《奢效忠及土婦奢世統奢世續列傳》《雲南鐵鎖菁羅思諸夷列傳》《緬甸列傳》《羅榮者繼榮必六列傳》《安南英茂洽列傳》《可齋雜記》《水東日記》《守溪長語》《寓圃雜記》《損齋備忘録》《清溪暇筆》《瑯琊漫鈔》《謇齋瑣綴録》《菽園雜記》《野記》《後鑒録》《西征石城記》《撫安東方記》《興復哈密記》《東征紀行録》《雲中紀變》《庚戌始末志》《防邊紀事》《伏戎紀事》《撻國紀事》《靖夷紀事》《綏廣紀事》《平夷賦》《平番始末》《平蠻録》《炎徼紀聞》《安南奏議》《西南紀事》《議處安南事宜》《史乘考誤》。自《議處安南事宜》以上，共七十五種，而亭林自作考誤以正附會之失，又有《海防江防諸論》及《疆臣部臣各邊防疏》，另爲一帙。

初二日甲戌　晴和。子蒓來。

閲田雯蒙齋《黔書》，凡二卷，八十七則，眉批：《漁洋集》作七十八則，誤倒。乃其撫黔時所作。前有徐嘉炎華隱序。此書王阮亭極稱之，謂其篇不一格，有似《爾雅》《考工記》《公》《穀》《檀弓》《越絶書》者，讀之如觀偃師化人之戲，推許可謂至矣。然文章雖尚雅飭，而時不免俗氣，蓋猶染明季餘習；間爲騈文，亦近平弱。《牡丹》《紫薇》諸篇，尤散冗。下卷既有《人物》《名宦》，而復有《許長史》等篇，皆於黔無所關係，殊病繁碎。人通馬語、馬通人語等，幾近小説，即阮亭所舉《苗蠻種類》《水西馬》《烏蒙馬》《朱砂》《雄黄》《蒟醬》《邛竹》《凱里鉛》等篇，雖敘次簡潔，亦未見有警絶者。惟所記風俗及治黔治苗之方，深悉利弊，極有裨於時政。其《土官》篇，深致美於高拱不從撫臣剿安國亨之請，《平亂》篇以李化龍討播蠻而克平，王三善之討水西而致亂，備舉其方略得失，兩兩相形，俱爲至論。《甲秀樓》篇論及經學理學之分，謂言敬言誠言禮言格物致知，莫不本于經學，苟于嬴氏灰燼之餘，非得漢儒諸人，經各有注，傳各有釋，火盡薪傳，以聞于後世，彼宋儒欲直接洙泗之淵源，詎可得乎云云。時當國初宋學極盛之時，而能爲此言，尤爲卓識獨出。《白雲山》篇，深疑建文行遯之事；《詹廣文》篇，極言王驥征黔之罪，皆有裨史乘。《方言》《蠱毒》《瘴癘》諸篇，尤入黔者所不可不讀。它所記山水之勝，多警秀有六朝語，則侍郎本長于詩文故也。書向與其《長河志籍考》，同附其《古懽堂集》。此本乃嘉慶時貴州布政使太湖李氏重刻者，頗多烏焉之訛。雯字綸霞，蒙齋其號，山東德州人。

付王福工錢八千，零用二千。

初三日乙亥　晴和。得德甫書。作書致碩卿。以《亦有生齋集》《黔書》還文焕堂，付《存悔齋集》錢兩吊。碩卿來。曉湖來。理庵來。詣駱越樵，賀其子娶婦，送分貲四千。詣答潘紱翁，晤伯寅。詣理庵，理庵招同謝工部輔坫、童工部某等夜飲宴賓齋，人定時歸，付車錢三千。景蓀來，不值。夜有風。閱《解春集》。

邸鈔：李鴻章奏平湖賊目陳殿選赴營乞降，道員潘鼎新于十一月初八日收復平湖縣城，進逼乍浦，踞賊熊建勛率衆降，遂于十二日收復乍浦城，次日潘鼎新即令熊建勛往諭海鹽及澉浦鎮之賊，同時投誠，遂又收復海鹽縣城及澉浦鎮。詔：陳殿選賞給遊擊銜，熊建勛賞給三品頂帶花翎。

初四日丙子　晴陰相間。曉夢中疾動。得景蓀書，并還《惲子居集》《陳司業集》，即復。巳刻赴署，午刻京察過堂，申刻歸。付廣東司錢八千，廣西司錢六千，車錢三千。予恬自河間回。子蒓來，不值，留書而去。作書致子蒓、允臣，約同看桃葉。

初五日丁丑　多陰，下午漸增寒意。潘伯寅送楹聯來，即復。揚庭來惠阿膠一合。予恬移寓炭兒胡同沈松亭家。星五來。閱劉金門少宰《杜詩話》。夜讀《惲子居集》。秋泉來。芝翁招夜談。跋《大雲山房集》一通。略謂其文從子家入，由史家出，故簡潔峭深。其學本于法家，故其言峻刻寡情。然嘉慶以來，無其敵也。作書致理庵，致紱翁。

初六日戊寅　晴。印結局送來十一月分銀二十五兩二錢，隨封六錢，賞來使錢一千四百文。作書致曉湖、致予恬。付文華堂《續通鑑》錢六十千文，付王福工直八千文，隨封六千文，零用四千文。付十月十一月分邸報錢四千文。午後風起。下午至廠市閱書，詣子蒓、蓮舟，並約允臣同往，以予薦蓮舟司商城書記也。晚詣德甫，留飯暢談，并晤寶珊觀察，初更歸，賞車夫錢五百文。夜疾復發。

邸鈔：前署廣西提督貴州巡撫江忠義病故。詔：照總督例賜恤，予謚，其生平戰績宣付史館立傳，並于江西省城、安徽青陽及本籍地方建立專祠。伊子江孝詒，俟及歲後，由吏部帶領引見。詔略云：江忠義由文員帶兵勦賊，隨其堂兄原任安徽巡撫江忠原，轉戰湖北、江西、安徽等省，屢復名城，戰功迭著，以道員擢署貴州巡撫，復歷署貴州廣西提督，援黔援粵，懋著勳勤。本年夏間，督兵赴援江西，敗賊于湖口、青陽，江境肅清，皖南漸次底定，厥功尤偉。兹據沈葆楨馳奏該員以傷疾舉發，竟于新建縣屬之吴城病故，中道殞折，未竟其才，披覽遺章，殊深悼惜云云。

初七日己卯　晴。顧一童奴名之曰狌。得景蓀書並還《揅經室初二集》。得德甫書，并開示尊翁行略，屬撰六十壽序，作片致倪越湖屬轉催倭公壽聯。付王福零用錢六千。買皀胰、紅片、杏仁粉等物。買修竹山房《道古堂全集》兩函，付錢十二千。曉湖來。爲相國作致東撫、東藩兩書。

夜閱《道古堂集》。大宗史學勝于經學，其文頗取藻于班、范，得氣于韓、蘇，而體例未精，純駁不一。碑誌之作，多沿俗稱，以徇時好，然古雋爽勁，時有可觀。蓋學人之才製，非作家之峻裁，雖不免詞科習氣，亦一世之傑矣。予嘗品浙人之登大科者，康熙己未，則西河鴻而不博，竹垞博而不鴻。乾隆丙辰，則息園博而不鴻，堇浦鴻而不博。合而斠之，則齊之腹笥，已儉于蕭山，杭之才華，實遜于秀水。若言毛之天姿，朱之學力，則又二君折軸喘牛所不能騁，先後懸隔，非可強也。

初八日庚辰　晴寒。爲相國作致直臬、閩臬書。煮臘八粥祭先人。跋《道古堂集》《存悔齋集》各一通。夜同七兒喫粥，有點綴歲時童冠與偕之意。

初九日辛巳　晴。閲《道古堂集》。其論辨説議諸作，予于甲寅之夏，曾手録一過，今日讀之，彌見其佳。與人書亦多雋作。《漢爵考》及所條盧氏《禮注》，尤爲精密。狌兒去，鸛兒來。揚庭求以縣令發江蘇，予爲居間于芝翁，竟得報。生喜噓植士類，而恨在下位，不得自行。今館此間，爲吾鄉寒畯道地者，孫毓芳、壽祝堯及王觀光三人矣。蓮舟來上館。揚庭來謝，不晤。夜小飲。

初十日壬午　早陰。剃頭。上午晴。得德甫書，以《世本》一册見還，并借《蘿庵小志》，即復。揚庭來。付鸛兒小車錢四百文，付王福零用錢一千六百文。爲程韵仙宜人代致與外書。在齋頭閲雜書，隨手批《四朝聞見録》中四條。夜月甚佳，卧至次晨疾動。

邸鈔：李鴻章奏十一月二十三日攻克江浙交界之平望鎮賊壘，擒斬賊目二千餘人，悍黨四五千人，燒賊船五百餘艘。詔：記名提督劉士奇等升賞有差。安徽巡撫唐訓方降爲布政使。以蒙城之役調度乖方也。以江寧布政使喬松年爲安徽巡撫。調江蘇布政使萬啓琛爲江寧布政使。以江蘇按察使劉郇膏爲布政使。以蘇松糧儲道郭柏蔭爲江蘇按察使。温葆深補授宗人府府丞。

十一日癸未　晴和。子蒓來。校勘凌次仲氏《禮經釋例》。作書致金甫，金甫來。夜爲德甫尊翁撰六十壽序，文別存。月好如前夜。

十二日甲申　晴。詣碩卿小談而返。得德甫書。作書致德甫，再得德甫書。得予恬、曉湖書。復曉湖、予恬書，以閻注《困學紀聞》一部贈予恬。昨買茶碗兩枚，付錢三千五百文，今日又付零用錢三千五百文。夜作書致碩卿。敬書家慈壽文節略致曉湖。

大寒十二月中。　十三日乙酉　丑初三刻四分大寒節。上午陰，下午晴。得碩卿書。晡後詣曉湖晤談，拜賀雲甫廷尉，訪倪葉帆少僕，並晤越湖，答拜慈溪謝大令輔纓，詣金甫暢談，乘月而歸。付車錢二千八百文。仲京來，不值。得德甫片。夜作書致德甫。作致金甫書，以近日湘鄉督相有書諭金甫，致予幕府也。略云：『湘鄉帥幕之辟，仰荷推轂，深愧過情。弟自幼讀書，本無大志，詞章以外，鮮所留意。及世故紛紜，始稍究經濟之業，漸有論著。然獨不敢言兵。嘗謂書生知此事者，若唐之杜牧，宋之尹洙，所論或未盡可用。劉秩著作，一代通才，而青阪、陳濤，房琯以敗，況其他乎？入都以後，乖迕時好，益自沮喪。遂反而爲考訂章句之學，既苦健忘，又累寒餓，病與懶臻，終無所得。當庚申、辛酉間，時事益棘，痛憤之深，往往酒後與一二知交者言，稍自流露。士友過聽，或以爲有用世之具，而弟實無所知也。新政以來，朝局一變，上書言事者肩背相望，愛我者争相從臾，謂可驟進。弟深耻之。竊以爲朱朴、陳亮輩，能少出一人，亦國家之福也。去歲之春，以窮無所得食，乃假館于商城相國家。東閣之窺，已非義山素志。今夏分曹户部，稍仰印結例銀，可濟饘粥。秋間即欲解館，而相國固留，三辭不聽，老母在越，日夜思念。南歸之計，準期來春。便謁湘鄉，豈非甚願？但弟素性蹇拙，不樂自見。近日曹長如倭公、羅公、寶公，或于弟微有淵原，或有交游，爲之道地。羅公尤喜薦達，或諷弟以所業贄之，弟終不往。少司寇靈公累致殷勤，將欲往見，適靈公來攝少農，遂中止。同鄉如朱太宰輩，五年未通一刺，此皆戚友所共知者。今既未奉檄召之命，又素乏承籍之資，道里數千，貿然遄發，稱娖懷刺，待命戟轅，身未分明，自媒求鬻，固弟之所甚羞，亦軍府之所輕笑也。平生仰望湘鄉，斗極岱宗，常懸心目，深以不得見爲恨；又聞其幕中人材，極一時之選，弟又喜爲文章，嘗欲撰《軍興以來忠節小傳》，而楚南産者居十之九，羅忠節、胡文忠、王壯武及江氏、李氏、蕭氏諸公，曾氏愍烈、靖毅兩公尤奇績照耀，意幕中必有遺聞佚事可訪采者，庶幾輯集以償夙志。至于横戈躍馬，固非所能；即磨盾草檄，亦恐不足當帳下兒耳。曹丘之辱，有累良友。如何如何，惟裁覆焉。不宣。』

附録前夕所撰壽序。《封奉直大夫工部都水司主事兩淮新興場鹽課大使陳君六十壽序》云：『粤賊之起，數千里無完郡縣，而江右省垣最先受兵，獨至今十餘年，屹然成大藩。其先捍大患者，巡撫張文毅公、按察江忠愍公及陳尚書孚恩功爲最。慈銘嘗伏讀顯皇帝《實録》，載南昌被圍自癸丑之春，汔秋不解，天子焦勞，顧無由遣將帥爲援，上游楚師亦按堵不出，而卒能保全危疆者，蓋由餉道之不絶。其餉道不絶者，實恃忠愍以奇軍合建昌之義師，扼進賢門外武陽渡，爲城中聲援，以通撫、建兩郡之路。其總義師者，則尚書之從弟伯海君，及楊郡守堃、吴編修嘉賓也。圍解，當事者上功，君獨力辭，名亦卒不達天子。嗚呼，觀于辭者與聽其辭者，則人之賢否可見，而國家軍府之事可太息矣！慈銘惟新城陳氏，自凝齋先生以道學文章，提倡南服，後嗣蔚興，蟬冕相耀。慈銘又讀近儒姚鼐、惲敬兩君文集，其推美陳氏世德之厚與積慶之長。蓋我朝二百年中，所謂鈒鏤龍甲者也。君之大父侍郎公，以清節幹才受知仁宗皇帝，歷數藩，督京庾，皆仕宦膏腴地，而再世之後産不給食，君俯首就吏，浮湛鹽筴之間，素風彌劭。至南昌之役，君早以憂歸，世業垂盡，猶復盡斥所有，毁家以紓一省之難，既口不言功矣。避賊轉徙，八口莫饘，仍以原官挈孥淮上，栖栖垂老，始獲版授。然則君之所遇，可爲用人者惜；而君之所行，則固世家喬木之所重賴者也。今年六月，爲君六十覽揆之辰，君子工部主事驤與慈銘爲執友，屬慈銘一言以壽君，慈銘世之棄人也，言何足以詡世。而驤之請不可却也，爰從驤受君事略。驤績學氣節士，其言可信，敬次其大者以侑觴。驤又言曰：「家君爲學醇持躬謹，待族黨有恩；其始仕淮，以緝屯私、清鹽引爲邵陽魏源所知。此皆非君之所重，故不最。」』

十四日丙戌　晴，上午風起。得德甫書。下午詣夏鏡人比部，不值。進城詣揚庭、珊士，俱不值。詣琴巖、詣星五、梅卿，俱晤。上燈時出城詣德甫，並晤寶珊，即歸。付車錢三千文。夜風。

十五日丁亥　薄晴。爲仲京題《聽瀑眠松根圖》三絶：『天台石畔記三生，昨夢分明畫國清。一路古松深雪裏，坐聽巖瀑裂冰聲。』予甲寅戊午兩次病熱危甚，俱夢至天台國清寺坐石聽瀑聲而愈，前生蓋此寺僧也。『蓆帽紅塵太可憐，一官賣盡故山田。空庭落木蕭蕭夜，麥顆風爐聽煮泉。』『吾宗華萼擅清才，烟思居然五字推。何日相期投劾去，駝峰頂上看濤來。』仲京家駝峰之前，爲三江海口，予嘗賦《駝峰觀濤歌》。揚庭來言，今早進名單，已蒙鈐用。景蓀來，子蓴來，秋訪來，秋泉來。作書致仲京還圖。晡後揚庭邀同諸君飲福興居，夜同至子蓴家暢談，二更偕蓮舟歸館。

十六日戊子　陰寒。作書致子蓴，屬代購姚石甫《中復堂全集》，錢心壺《衎石齋集》。寶珍堂書肆送《中復堂全集》兩函來，付直十四千文。其集分十部，曰《東溟文集》六卷，《東溟文外集》四卷，《東溟文後集》十四卷，《外集》二卷，《東溟奏稿》四卷，《後湘詩集》九卷，《二集》五卷，《續集》七卷，《東槎紀略》五卷，《康輶紀行》十六卷，《寸陰叢録》四卷，《識小録》七卷，《姚氏先德傳》五卷，共十三種，八十八卷。子蓴來。得金甫書，即復。得予恬書，即復。作小札問允臣病狀。胡廷襄來。金甫來。

夜閱《東溟集》。石甫吏材，其治臺灣甚有名，及咸豐初，召起爲廣西臬司，乃無所見，蓋時已老病矣。石甫承其曾祖南青先生、從祖姬傳郎中之學，治經兼漢宋而不喜考證，文章似本其鄉劉海峰，頗與姬傳異軌，魁磊自喜，苦少剪裁，正如邊塞健兒，襲冠帶，行闕廷間，舉止闊大，而多不中度。惟論事之作，較爲勝耳。其《與桐城張阮林書》，以時國史方修儒林、文苑傳，有咨取南青著述者，阮林責其僅上《援鶉堂詩集》而不及校論諸書，于闡揚先人之大，舍本而存末，其言真直諒之友。乃石甫以爲先人之傳與不傳，不在史之立傳；又以爲南青先生之所重在道不在書，是則國史可不作，而先人之著書，皆可任其散失矣。即此一端觀之，其怙過愎諫，議論恣肆，已可概見。至以阮林言南青之學，可差肩于閻、惠，而謂二君于聖人之道未闚藩籬，其與宋人爲難，如欲以寸莛破巨鐘，乃以先曾祖並論爲可駭。豈知《援鶉堂筆記》中，其推服閻、惠者甚至，於松崖訓詁，尤拳拳服膺，不敢一字出入。今石甫言如此，不特其攻二君正如寸莛破巨鐘，亦可謂自誣其祖者矣。其《覆黄又園書》，謂自四庫館開之後，當朝大老，皆以考博爲事，無復有潛心理學者，是以風俗人心日壞，不知禮義廉耻爲何事，至于外夷交侵，輒皆望風而靡，無耻之徒，争以悦媚夷人爲事，而不顧國家之大辱，豈非毁訕宋儒之過云云，尤猖狂無理。道光中年以後，時事日亟，正坐無讀書人耳。夷變時，當國者潘、穆二公，非能爲漢學者也。廣事壞于耆齡、琦善、弈山，江事壞于牛鑑，浙事壞于烏爾恭額、伊里布、弈經、[文蔚]，閩事壞於顔伯燾、怡良，皆不識一字者也。而御史陳慶鏞一疏，最足持當時朝局之敝，陳固漢學名家也。石甫非世外人，何竟混沌至此乎？又謂惜抱先生孤立于世，與世所稱漢學諸賢異趨。夫惜抱以郎中告歸不出，誠爲恬漠，然漢學諸賢中，若西莊以閣學左遷光卿時，仕僅五稔，年力方盛，遽遂杜門。竹汀以少詹，抱經以學士，皆清華首選，畢志名山。蘭皋官户部，十餘年不轉一階，此豈皆出姬傳下者。他若興軒之死孝，北江之孤忠，皋文之鯁直，虚谷之廉峻，鄦齋之循良，南江之清介，以論風節，奚愧宋儒？

而檠齋、左海，則脱屣詞林；芝田、頤谷，則投簪臺府；小雅、孝臣，終身進士；里堂、辰叔，絶意公車；懋堂、申琦，宰縣而早歸；溉亭、仲子，注縣而改教；又豈以鄭、許爲繫援，蟲魚爲釣弋者乎？ 眉批：北江上疏事，以不喜漢學人議之，必將爲狂，爲好名，爲多事。予初目之曰戇直，繼改曰樸忠，又曰忼激，後直定曰孤忠。蓋北江時已乞假將歸，徒以身侍講幄，深悉親政之始，敬肆所由分；誅奸之後，治亂所從出；而府庫已虧，盗賊四起，大臣雍容，憚於整飭，上下弛緩，責難無聞。故冒死上言，直繩聖德，冀以殺身悟主，朝野震悚，得不謂之孤忠乎？ 厥後赦書下而甘雨降，尤其忠感之應也。

邸鈔：上諭：本日引見之候選知縣端木埰著以内閣中書即補。

十七日己丑　晴。閲姚石甫《識小録》《寸陰叢録》。其考據之疏謬，議論之迂僻，不勝指駁。至以李鄦齋之獄而極稱汪稼門，深詆孫文靖。曰紳士與李厚者，指陳恭甫也。曰大臣與李厚者，指王伯申也。謂閩人之請爲李建祠，由文靖陰謀以甚汪之罪。又謂李止一子，有神童稱，李死後二歲亦夭，蓋若幸其有天道焉。是不特顛倒黑白，亦全無人心者矣。眉批：平景蓀言爾時平反此獄者，欽差尚書熙昌公、王文簡公。近儒作文簡墓誌，盡歸美文簡，而不知實由于熙公。然以予所聞，熙、王二公實皆持兩端。甫抵閩，督撫逆之郊，已私定計坐罪鄦齋，閩人知之，相率具狀詣使者行署，訟李公冤，日千百計。二公迫衆議，遂不能爲督撫地云。時爲巡撫者，吾郡王畹馨先生，亦漢學名家，劾于總督，蒙議削官，深可惜也。　惟其紀述時事人物，終有裨于史乘。嘉慶以來，談獻談故之書絶少，此亦有可貴者。其載夷事、敘佛教甚詳，尤足廣見聞。論古今經世之業，亦多可聽，而屢以明道自任，概斥漢唐諸儒及近來漢學諸賢爲不究天人之理，則自是桐城錮習，最令人厭者耳。

付王福零用錢十千文。

邸鈔：御史孟傳金爲南宮縣紳士郝來麟奏請賞换花翎以道員儘先選用。詔責其不俟部臣確核，不待外省詳查，擅請恩允，不識政體，且難保無輾轉屬託情弊，姑從寬免其深究，著仍回原衙門行走，以示薄懲。傳金素無士行，由禮部郎入臺，首發戊午科場事，致興大獄，去年再補官，益恣穢。此事之請，贓私顯然。庚戌進士以言官獲咎者，錢桂森、吴台壽、許其光、尹耕雲及傳金五人矣。兵部尚書愛仁由山西差竣回京，本月初九日病卒于正定旅次。詔：愛仁由繙譯舉人供職部曹，轉升詞館，洊躋正卿，清慎恪恭，克勤厥職，著加恩照尚書例賜恤。以左都御史載齡爲工部尚書。工部右侍郎全慶爲左都御史。盛京户部侍郎和潤爲工部右侍郎兼管錢法堂事務。内閣學士寶珣爲盛京户部侍郎兼管奉天府府尹事務。雲南提督福升革職，駱秉章劾其不赴昭通駐劄也。以四川重慶鎮總兵唐友耕爲雲南提督。詔：山東東昌府一缺改爲題調要缺，由外揀員奏補，不歸部選。

十八日庚寅　寒陰釀雪，微有曦景。得芾翁書，即復。夏鏡人來，不晤。子蒓來。作書致景蓀，並還阮氏《詩書古訓》。作書致子蒓，送繳《衎石齋集》價六千。子蒓饋銀魚一器。得子蒓復片，言以《衎石齋集》相贈，不收錢。景蓀來，借去《卲青門集》一帙、姚石甫《識小録》《寸陰叢録》共四册、禮部新刻《文廟祀位》一本。琴巖來。子蒓來。夜雪積寸許。五更疾動。

邸鈔：以文煜爲廂黄旗蒙古副都統，照祥爲正紅旗蒙古副都統。寶鋆充實録館總裁官，靈桂充副總裁官，額勒和布充國史館副總裁。都興阿奏前任陜西延綏鎮總兵王萬清于清江途次傷發病故。詔：王萬清由廣西轉戰數省，勇敢素著，今秋赴援臨淮，手殲巨逆苗沛霖，著加恩照提督立功後因傷病故例賜恤。

十九日辛卯　晴，風，嚴寒。

閲《康輶紀聞》，乃道光甲辰、乙巳、丙午間，石甫以四川蓬州知州，奉使至察木多，訊乍雅兩呼圖克圖争劫事所作也。凡十六卷，多紀藏屬山川道里、風土人物，而意主于究悉印度各國形勢。其最詳者剌麻諸教源流，及英俄疆界廣狹，此石甫一日不忘英夷之志也。曰康者，以察木多之地本曰康，非《新唐書》南依葱嶺之康國也。其所紀載，多關係中外大局，有心世務者不可不知。末一卷爲《輿地諸圖説》。惟其書逐日次敘，如日記之例，本不分條目，而撮舉其目于卷首，復各注其目於條下，意以便檢尋，然殊病非體，何不總其使事首尾月日及道里所經次第，別爲一編，而紀事諸條，各立門目，則較爲簡括。今既輕重雜糅，又載紀行諸詩及泛論古今學術語，其詩已別有集，不宜複收。石甫本不知學，稍有論辨，無不荒謬，自累其書，爲可惜也。

邸鈔：詔：于二十二日舉行三壇祈雪禮，恭親王奕訢祀天神壇，惇親王奕誴祀地祇壇，醇郡王奕譞祀太歲壇。　載齡管理户部三庫事務。

二十日壬辰　晴寒。梳頭。子蒓來。秋舫、秋泉來。同子蒓、蓮舟昆季、秋舫、秋泉詣子蒓家，夜飯後曉湖、雨田亦來，談至二更，同蓮舟歸館。得伯寅書，送來王孟調《西鳧殘草》五十部，即贈蓮舟、子蒓各一部。付王福零用錢七千文。閲《結埼亭集》。

二十一日癸巳　晴寒。作書復伯寅。伯寅送賀壽慈廷尉壽聯來。子蒓饋年糕角黍，即復謝。惺齋來。閲《知足齋集》。

邸鈔：禮部奏尚書銜前太常寺卿廖鴻荃、前光禄寺卿楊慶琛，重宴鹿鳴，請加恩賞。詔：廖鴻荃賞加太子少保銜，楊慶琛賞給二品頂帶。

二十二日甲午　晴。理庵饋筒鷄、醬肘，即復謝。作片致子蒓，贈以《知足齋集》，子蒓以錢新梧《衎石齋記事稿》見惠。换銀十三兩一錢，得京錢百四十六千三百文。與錢鋪靳姓關説今年所欠五十金不能還，期以來春，靳姓竟慨然許諾，君子人也，可感哉。付王福買辦禮物錢十千。作片致惺齋，饋以鷄一、豚肩一。作片致子蒓，饋以鷄一、豚肩一，餅餌一苞，豆腐幹兩封。吴松塘來。錢秋舫來。揚庭來，贈墨一挺，紫毫兩枝。得署中知會，二十九日祭太廟，派齋戒。子蒓來夜談。夜閱《西凫殘草》，伯寅得發刊時，屬珊士校讎，珊士曾以示予，予時無暇，未爲一勘，今日閱之，頗有應删之作，題目及小注處，亦多未妥，深悔日前草草，幽獨之中，負此良友，因重爲校正數處，將寄伯寅更刊削之。又於已印各本，一例改定，將以分貽都中知好焉。聞今日市中凌遲者兩人，皆賊目潛行至京謀捐官，事覺被獲也。事例之開，其害至此。夜疾動。吏部奏通政使參議那清阿自縊。

二十三日乙未　晴。得葉翁太僕書，送艮峰相國所撰家慈壽聯來，即復。星五來。作書致胡壽謙，爲葉翁代催邑館捐款。以紅蠟二斤、餅餈四斤饋理庵。以紅蠟二斤、粉麵十筒饋章秋泉。作書致碩卿，得碩卿復。賞館中諸僕壓歲錢十五千。夜聞人家送竈爆竹聲，鄉思黯然，成《金縷曲》一解，並録於此：

金縷曲　癸亥送竈戲作

爆竹闐填起。又家家，花餳秸馬，郭禪行矣。局促春明常寄食，五載一瓢而已。總不見，釜魚甑米。絶倒平津成久客，衹闌干，苜蓿煩料理。彈鋏送，爲君禮。　年時最憶家園裏，簇團欒，生盆綵勝，母妻兄弟。飣座湯圓同拜祝，百歲清門風味。吾家舊例，祀竈有湯圓。驀回首，烽飛鄉里。指日定攜如願返，結山廚，小賃梅花地。親壓酒，君須醉。時有買妾之議。

邸鈔：張之萬奏河南帶勇哨官守備蘇大起以藏留賊中救出婦女，訊明正法。德興額奏請將發遣新疆已革河督庚長，改發軍臺，責令呈繳台費，買補馬匹。詔不准。

二十四日丙申　晴有風。得子蒓片，招晚飲。子蒓今日續昏于杭州吴氏也。署中送養廉銀四兩四錢來。以王孟調詩分貽金甫、理庵、允臣、景蓀、曉湖、予恬、琴巖諸君。作書致伯寅，爲改正《西凫殘草》事。作書致景蓀，借以姚石甫《康輶紀行》。作書致理庵、金甫。付王福錢四千，買新曆一本五百文，水筆兩枝一千二百文，日記簿一冊二千文，及食物少許。晡後步詣吴縣蔣子良侍御彬蔚久談。出赴子蒓之招，晤蓮舟、琴巖、揚庭及湖州人陸縣令、同鄉張姓，更餘偕蓮舟歸。商城送束脩十二金，年敬四金來。得景蓀復書，以洪北江《外家紀聞》《伊犁日記》《天山客話》三種，王蘭泉《征緬紀聞》《征緬紀略》二種及吴鼎雯所輯《順治至嘉慶館選録》兩冊見借。得伯寅復。夜近爐睡，覺熱甚不快。

二十五日丁酉　晴和，可去爐。前日商城屬撰漕帥袁端敏輓聯，予始擬云：盡瘁在江淮，身去功成，千載猶思羊太傅；哀榮備葬冊，子先母老，九原遺恨李臨淮。上聯謂端敏移疾後以苗練復叛，奉詔辦團，旋卒于防所，今苗逆已平也。下聯謂端敏太夫人猶在堂也。芝翁謂佳則佳矣，然太蕭，請更易之，因改撰云：名揚臺府，功在江淮，更喜能軍傳令嗣；史炳丹青，廟崇俎豆，只憐臨奠有高堂。芝翁大喜曰：『此真字字親切，不特端敏一生包括，并其家世及身後優崇之典，事事都到，情致纏綿，固非君不辦此也！』因激賞不已。予所撰先後之優劣，識者自能辨之，特記于此以示爲貴人作文字之法。爲德甫乞商城書其尊人壽聯，又爲鏡珊乞書楹聯，俱立索寫成。星五來，爲一鄉親書直幅一紙。又爲子蒓第二郎書放翁家訓二則。久不作楷，爲之甚疲。曉湖來。秋舫來。碩卿來。大理卿賀雲甫來答拜。作書致德甫，送去壽聯并《西凫殘草》一冊。連日雜閱諸書，雖亦時有考訂，苦無倫次，不能記也。

邸鈔：李鴻章奏十一月二十八日逆首陳占榜、余嘉鰲以嘉善縣城降。詔：賞占榜遊擊銜，嘉鰲都司銜。詔：已革安徽巡撫翁同書加恩發往新疆，效力贖罪。浙江會稽縣缺，湖北舉人詹儀桂選補。原任知縣管壽仁病故。

二十六日戊戌　晴和。昨夜卧中暖甚，疾復動。曉間憊，幾不能起。

閲洪稚存《外家紀聞》《伊犁日記》《天山客話》。三書各家誌傳中皆云未刻，今此本惟《天山客話》前有徐星伯小序數行，其末紀年曰道光甲午，蓋稚存幼子詒孫所刻者也。《外家紀聞》二十一葉，《伊犁日記》附《出塞紀聞》共二十葉，《天山客話》九葉。三書合爲一册，雖寥寥而敘致簡雅，亦多足資考證。徐序謂『余居伊犁八年，曾奉檄回疆，又纂成《識略》，蒐輯粗具梗概。今讀《天山客話》，尚有數事余未及收録者，先生居伊犁僅百日，而見聞賅洽如此』云云，則其書之不苟作可知矣。《外家紀聞》皆述其幼時居蔣氏時瑣事，而故家承平之態，毗陵繁盛之觀，第宅清華，子弟藴籍，俱可想見。余嘗欲編家世舊聞，亦此志也。稚存此書，作于戍塞上時，余則作于滄桑之後，寄托雖均，感喟益結矣。

得德甫書。饋潞參兩束，南脯一挺，并贈侍郎公遺研一方，歙墨一匣，爲壽文潤筆也。受研、脯，反參、墨，復書謝之。令僮僕掃室。章秋泉來。子蒓來。是日撰卧室春聯云：餘事衹修文苑傳；閑身且署户曹郎。作書屬碩卿寫之。以明日生辰，付王福錢四千，買燭麵等物。夜剃頭。付年賞一千。

夜閲王蘭泉先生《征緬紀聞》，計二十八葉，《征緬紀略》，計二十一葉。據阮文達所撰《述庵墓志》，言其著述若《天下書院志》《征緬紀聞》《屬車雜志》《朝聞録》等書，尚藏于家。又江節甫《漢學師承記》，稱其未刊行者有《滇南日録》三卷，《征緬紀聞》三卷，《蜀徼紀聞》四卷，《屬車雜志》二卷，《豫章行程記》一卷，《重遊滇詔紀程》一卷，《雪鴻再録》二卷，《使楚叢談》一卷，《臺懷隨筆》一卷，《青浦詩傳》三十六卷，《天下書院志》十卷，所載較文達爲詳，而無《朝聞録》一書。今此本景蓀得之廠肆，紙已破壞。其書面僅存半葉，有簽題云『雜記八種』，下又雙行注云：《征緬紀聞》《征緬紀略》其餘六種不知何書，亦不知何時所刻，前後皆無序跋可考。《紀聞》于進征撤師事，逐日記載。《紀略》乃總敘緬酋叛款始末，筆意簡潔可觀。征緬之役，論者頗咎諸帥失天時地利，又不知用暹羅夾攻之策，故卒無成功。觀二書所述瘴癘之苦，將帥死亡之多，緬酋守禦之密，則當時文忠、文成兩公及幕府諸才士未能留心蠻徼可知。述庵親在行間，故所記詳密，多足補趙翼《武功紀盛》、魏源《聖武記》之遺。

邸鈔：賈洪詔奏調户部員外郎吴廷溥、知府謝廷榮、前任重慶鎮總兵尹善廷、知縣黄成束赴營差委。又奏參提督福升父子謬妄營私。得旨：吴廷溥等迅速前往。福升前已革職，著與其子郭拉豐阿一併勒令回旗，毋任在川逗留。　倭仁、李棠階等奏審結學政俞奎垣自盡一案，俞奎垣實因被父訓斥，輕生自盡，俞奎文、奎端兄弟素皆和睦，并無唆逼構陷及索財攔驗各情，其父俞進麟係告病開缺，交卸後，回京就醫，亦無聞警潛逃之事。詔：俞奎文、奎端不善調處家庭，均照不應律笞四十，准其納贖。俞進麟不俟交代清結，擅自回京，伊子自盡，并不報官相驗，揑報病故，殊屬不合，著先行交部議處。其涇州任内交代曾否算結，著陝甘總督迅即查明辦理。俞奎文誥命免其追奪，所繼俞奎垣之子，著照嫌隙另繼之例，斷令歸宗。御史劉慶所奏殊屬失實，姑免其置議。　命禮部右侍郎吴存義提督浙江學政。原任學政吴保泰憂去。以内閣學士殷兆鏞署理禮部右侍郎。